UTB 8192

Eine Arbeitsgemeinschaft der Verlage

Wilhelm Fink Verlag München
A. Francke Verlag Tübingen und Basel
Paul Haupt Verlag Bern · Stuttgart · Wien
Hüthig Fachverlage Heidelberg
Verlag Leske + Budrich GmbH Opladen
Lucius & Lucius Verlagsgesellschaft Stuttgart
Mohr Siebeck Tübingen
Quelle & Meyer Verlag Wiebelsheim
Ernst Reinhardt Verlag München und Basel
Ferdinand Schöningh Verlag Paderborn · München · Wien · Zürich
Eugen Ulmer Verlag Stuttgart
Vandenhoeck & Ruprecht Göttingen und Zürich
WUV Wien

Erziehungswissenschaft in Studium und Beruf
Eine Einführung in vier Bänden

Herausgegeben von
Hans-Uwe Otto
Thomas Rauschenbach
Peter Vogel

Redaktion: Karin Bock

Band 1:
Erziehungswissenschaft:
Politik und Gesellschaft

Die weiteren Bände:

Band 2
Erziehungswissenschaft: Lehre und Studium

Band 3
Erziehungswissenschaft: Professionalität und Kompetenz

Band 4
Erziehungswissenschaft: Arbeitsmarkt und Beruf

Hans-Uwe Otto/Thomas Rauschenbach/
Peter Vogel (Hrsg.)

Erziehungswissenschaft: Politik und Gesellschaft

Springer Fachmedien Wiesbaden GmbH

Gedruckt auf säurefreiem und altersbeständigem Papier.

Die Deutsche Bibliothek – CIP-Einheitsaufnahme
Ein Titeldatensatz für diese Publikation ist bei
Der Deutschen Bibliothek erhältlich

ISBN 978-3-663-07851-7   ISBN 978-3-663-07850-0 (eBook)
DOI 10.1007/978-3-663-07850-0

© 2002 Springer Fachmedien Wiesbaden
Ursprünglich erschienen bei Leske + Budrich, Opladen 2002

Einbandgestaltung: Atelier Reichert, Stuttgart

Inhalt

Grundlagen

Kontroversen

Materialien

Zur Einführung

Hans-Uwe Otto/Thomas Rauschenbach/Peter Vogel

I.

In den letzten 50 Jahren hat die Pädagogik, oder wie das Fach an den bundesdeutschen Hochschulen inzwischen zunehmend genannt wird: die Erziehungswissenschaft, einen weitreichenden Gestaltwandel vollzogen. Bis in die 1960er-Jahre hinein war sie gekennzeichnet durch die Tradition der geisteswissenschaftlichen Pädagogik. Eingebettet in die Lehrerbildung war die Erziehungswissenschaft damals an den Universitäten – ungeachtet ihrer prägenden Persönlichkeiten und deren pädagogischer Entwürfe – ein kleines Fach. Auch mit den in dieser Zeit entstehenden Magisterstudiengängen konnte die Pädagogik zunächst keine besondere Aufmerksamkeit auf sich ziehen. Zentrale Bedeutung erlangte des Fach in dieser frühen Phase allein durch die Lehrerbildung an den damals noch flächendeckend vorhandenen Pädagogischen Hochschulen.

Diese überschaubare und wenig Veränderungsbedarf signalisierende Lage änderte sich ab Mitte der 1960er Jahre einschneidend durch drei Entwicklungen,

- durch den rasant steigenden Lehrerbedarf in Deutschland im Gefolge der demographischen Entwicklung einerseits und der Erhöhung der Bildungsbeteiligung ab Mitte der 60er bis Ende der 70er Jahre andererseits;
- durch die explosionsartig steigende Nachfrage nach erziehungswissenschaftlichen Studienplätzen im Zuge der bundesweiten Einführung des Diplomstudiengangs ab Anfang der 70er Jahre;
- durch die sukzessive Umwandlung der Pädagogischen Hochschulen in Wissenschaftliche Hochschulen bzw. deren Integration in bestehende Universitäten in den 70er und frühen 80er Jahren.

Alle drei Entwicklungen zusammen haben für die Erziehungswissenschaft grundlegende Veränderungen mit sich gebracht, deren Auswirkungen innerhalb und außerhalb des Faches bis heute zu spüren und noch lange nicht in das Bewusstsein aller gedrungen sind.

II.

Inzwischen gehört die Erziehungswissenschaft zahlenmäßig zu den zehn großen Universitätsfächern. Dies gilt mit Blick auf die Zahl der Studierenden und der Absolventinnen bzw. Absolventen ebenso wie mit Blick auf die Summe der Hochschulstandorte mit einem erziehungswissenschaftlichen Studienangebot und die Zahl der Professuren. Die Erziehungswissenschaft ist heute aus dem universitären Erscheinungsbild nicht mehr wegzudenken. Als integraler Bestandteil einer modernen Lehrerbildung, als einer der größten universitären Diplom- sowie inzwischen auch einer der größten Magisterstudiengänge in Deutschland hat sich das Fach innerhalb der wissenschaftlichen Ausbildungslandschaft auf breiter Ebene etabliert.

Diese Entwicklung ist in vielfacher Hinsicht nicht folgenlos geblieben. Die Erziehungswissenschaft musste versuchen, gewissermaßen bei laufendem Geschäftsbetrieb, ihre Grundlagen, Ziele, ihre Ausstattung und Inhalte den wissenschaftsimmanenten und gesellschaftlichen Rahmenbedingungen anzupassen. Die damit verbundenen Prozesse des personellen Ausbaus, der disziplinären Institutionalisierung sowie einer verstärkten Ausweitung der Teildisziplinen und Fachgebiete führte zu einer erheblichen fachinternen Dynamik. Dies hat die Erziehungswissenschaft weitaus mehr gefordert – bisweilen auch überfordert – als ursprünglich zu vermuten war.

Trotz dieser Entwicklungen wird die Erziehungswissenschaft auch heute noch vielfach in ihrer tradierten Form wahrgenommen oder aber mit langlebigen Vorurteilen konfrontiert:

- Noch immer wird die Pädagogik vielerorts gleichgesetzt mit der Lehrerbildung, werden ausgebildete Pädagoginnen und Pädagogen gleichgesetzt mit dem Berufsbild der Lehrerin/des Lehrers;
- noch immer wird die Mehrzahl der pädagogisch Examinierten in der Außenwahrnehmung im Anschluss an das Studium trotz anders lautender Befunde entweder arbeitslos – oder weicht auf fachfremden Tätigkeitsbereiche aus;
- noch immer wird die Ausbildungsverantwortung für die große Zahl der Studierenden nicht durchgängig als eine eigenständige akademische Aufgabe und Herausforderung anerkannt, die mehr sein muss als die Weitergabe allein disziplinären Wissens.

Dieses Spannungsverhältnis zwischen disziplinärem Beharrungsvermögen und professionellem Veränderungsbedarf ist der Ausgangspunkt des vorliegenden Einführungskurses in vier Bänden. In ihm sollen nicht nur die unverzichtbaren und elementaren Aufgaben der Modernisierung der Erziehungswissenschaft als akademische Disziplin im Rahmen ihrer theoretischen Weiterentwicklung und empirischen Forschung sichtbar werden. Er basiert darüber hinaus zugleich auf der Überzeugung, dass die Erziehungswissenschaft als großes, universitäres Fach ihre umfassende Verantwortung für die Gestaltung einer wissenschaftlichen Ausbildung offensiv übernehmen und sich der Frage nach den beruflichen Anforderungen und Perspektiven für die zahlreichen Absolventinnen und Absolventen eines erziehungswissenschaftlichen Studiums gezielt stellen muss – und dieses gerade auch dann, wenn es um hoch qualifizierte Tätigkeiten außerhalb von Forschung und Lehre geht. Die damit einhergehenden Verpflichtungen einer gleichermaßen reflexiven, wissenschaftlich ambitionierten wie qualitativ hochwertigen und kompetenzfördernden Ausbildung sollte am Ende zu dem führen, worum in Deutschland immer noch gerungen wird: zu einer Professionalisierung akademisch-pädagogischer Berufe. Diese Herausforderung muss unausweichlich auch zu einer Klärung der erforderlichen Qualität beruflichen Handelns in Bildungs-, Erziehungs- und Lernprozessen führen, die allemal mehr ist als eine bloße Anwendung von Erfahrungsregeln in Alltagsroutinen.

Der Einführungskurs »Erziehungswissenschaft in Studium und Beruf« will hierzu einen grundlegenden Beitrag leisten. Sein eigentlicher Ort ist die wissenschaftliche Auseinandersetzung an der Schnittstelle zwischen disziplinärem Wissen und professionellem Handeln. Dazu bietet er eine Fülle von Analysen, Informationen und Anregungen, die sich sowohl auf die Lage des Faches, seine Studiengänge und die beruflichen Perspektiven beziehen, zugleich aber auch die zentralen Anforderungen an ein modernes Kompetenzprofil für Erziehungswissenschaftlerinnen und Erziehungswissenschaftler zum Gegenstand haben, seien es nun die Lehramtsstudiengänge, das Diplom- oder Magisterstudium oder auch die neuen Bachelor- oder Masterstudiengänge.

Der Aufbau des Einführungskurses wurde so gewählt, dass die wesentlichen Bereiche einer modernen Erziehungswissenschaft mit Blick auf die Formen und Strukturen professionellen Handelns sichtbar werden. Unter dieser Aufgabenstellung werden in den vier Bänden unterschiedliche Perspektiven aufbereitet, die von Studierenden als eine erste Annäherung ebenso gelesen werden können wie auch als weitergehende Selbstvergewisserung. Im Mittelpunkt stehen vier Themenschwerpunkte:

- Politik und Gesellschaft
- Lehre und Studium
- Professionaliät und Kompetenz
- Arbeitsmarkt und Beruf

Damit werden zentrale Bezugspunkte einer modernen Erziehungswissenschaft aufgegriffen, wesentliche Orientierungen für Studium und Beruf geliefert sowie für alle Studiengänge und Berufsgruppen grundlegende Entwürfe, Perspektiven und Wissensbestände aufbereitet.

III.

Ausgangspunkt und Impulsgeber für die vorliegenden Bände war eine erste professionspolitische Konferenz, die im Frühjahr 1999 in Dortmund stattfand und von der Deutschen Gesellschaft für Erziehungswissenschaft zusammen mit der dortigen Universität ausgerichtet wurde. Auch wenn die vorliegende Veröffentlichung weit über die unmittelbaren Konferenzergebnisse hinausgeht, hat diese doch mehr als augenscheinlich gemacht, dass nach wie vor ein großer Bedarf an einer Auseinandersetzung mit den fachlichen Eckwerten und den Fragen einer professionellen Identität besteht. Erstmalig für das Fach Erziehungswissenschaft versuchen die vorliegenden Bände hierauf umfassend und gezielt einzugehen und aus unterschiedlichen Perspektiven Antworten zu formulieren.

Alle Bände sind nach einer einheitlichen Struktur in drei Teile untergliedert, in Grundlagen, Kontroversen und Materialien. Durch diesen Aufbau soll sichergestellt werden, dass zunächst in die jeweilige Bandthematik eingeführt und ein grundbegrifflicher Überblick gegeben wird. Unter kontroversen Gesichtspunkten werden im Anschluss daran zentrale Fragestellungen so verhandelt, dass die dahinter liegenden Ambivalenzen und Dilemmata nachvollziehbar werden. In den Materialien schließlich wird die Brücke zwischen aktuellen Wissensbeständen und historischen Quellen ebenso geschlagen wie zwischen konzeptionellen Entwürfen und empirischen Analysen.

Durch diese Kombination verschiedener Präsentationsformen und die interne Strukturierung der jeweiligen Themenbände wird die Möglichkeit eröffnet, unverzichtbare Wissensbestände der Erziehungswissenschaft als studiennahe Informationen und als Orientierungspunkte zur Entdeckung einer Disziplin und ihrer professionellen Anforderungen zu nutzen, die insbesondere am Studienbeginn nicht leicht zu überblicken sind. In diesem Sinne handelt es sich in der Zusammenschau der vier vorgelegten Bände um einen thematisch kompakten und in Fragen der professionellen Identität grundlegenden Einführungskurs.

Das Zustandekommen dieser Veröffentlichung verdankt sich dem Engagement zahlreicher Autorinnen und Autoren, die sich freundlicherweise in dieser großen Zahl den Wünschen der Herausgeber gestellt haben. Ein besonderer Dank gilt Karin Bock, die die mühsame Gesamtkoordination der vier Bände übernommen und manche unüberwindlich erscheinende Hürde vorzüglich gemeistert hat, sowie Sabine Menz, die mit ihr zusammen die vielfältige redaktionelle Kleinarbeit mit Geduld und Souveränität erledigt hat. Die technische Herstellung der Bände lag in den bewährten Händen von Matthias Schilling und seinem Team. Ihnen allen sei Dank für die geleistete Arbeit, die sich bei einem so umfangreichen Werk als sehr aufwendig erwies.

10

Grundlagen

Erziehungswissenschaft im Spiegel der Politik

Ingrid Gogolin

Dass die Erziehungswissenschaft sich öffentlich äußert, ist mehr als notwendig in einer gesellschaftlichen Lage, in der sich die Rahmenbedingungen für Erziehung und Bildung rasch und einschneidend wandeln. Massive Eingriffe in das gesamte System von Erziehung und Bildung sind dabei, vollzogen zu werden, oder sie stehen absehbar bevor. Angesichts dessen sollte man meinen, dass die Wissenschaft, in der die Expertinnen und Experten für Erziehung und Bildung versammelt sind, aufmerksam gehört und intensiv konsultiert würde. So einfach ist es aber nicht; zuweilen ist es gar nicht leicht für die Erziehungswissenschaft, im lauten und vielstimmigen Konzert von Äußerungen über Erziehung und Bildung Gehör zu finden. Zum Beitrag zu diesem Konzert fühlen sich viele berufen. Nicht wenige sind durch nichts dazu legitimiert außer dadurch, dass sie selbst einst erzogen wurden, ein Bildungssystem durchlaufen haben und inzwischen öffentliche Aufmerksamkeit genießen, weil sie in irgendeinem Beruf erfolgreich sind oder ein öffentliches Amt innehaben; sie liefern also indirekt Belege für Erfolge des Bildungswesens, was freilich manche eher zu vergessen geneigt sind.

Reformeifer

Dabei wäre es gerade jetzt überaus dringlich, dass die Debatten über Erziehung und Bildung mit mehr Ruhe und Sachverstand geführt würden, als dies gelegentlich der Fall ist. Allzu oft ist das öffentliche Reden – und bedauerlicherweise auch: das Planen und Handeln – davon bestimmt, dass Kausalzusammenhänge suggeriert und unbegründete Behauptungen aufgestellt werden. Ein paar Beispiele dafür will ich andeuten.

Es gehört augenblicklich zum common sense weiter Kreise, dem öffentlichen Bildungssystem – von der Grundschule bis zur Universität – zu unterstellen, dass die Ursache für einen Großteil seiner Schwächen in der staatlichen Alimentierung liege. Aufgestellt wird die Behauptung, die Steuerung des Bildungssystems durch Instrumente der Ökonomie sei geeignet, zu Qualitätsverbesserungen beizutragen. Stichhaltige Beweise für diese Behauptung sind, auch bei wohlwollender Prüfung, vorerst schwer zu finden. Leichter zu finden sind Beweise für das Gegenteil:

Ökonomische Steuerung des Bildungssektors

Die Ergebnisse international vergleichender erziehungswissenschaftlicher Forschung belegen unzweifelhaft, dass in all solchen Gesellschaften, in denen die ökonomische Steuerung des Bildungswesens bereits gegriffen hat, massive Qualitätsminderungen vonstatten gehen. Freilich muss man zur Kenntnis nehmen, dass sich dies vor allem darin äußert, die Kluft zwischen Besitzenden und Nichtbesitzenden immer größer werden zu lassen. Erhöht werden konnte, so etwa im englischen Bildungssystem nach Margret THATCHER, die Qualität von Bildungsangeboten, an denen die gesellschaftlichen Eliten teilhaben. Das sind zugleich die Angebote, in die bei ökonomischer Steuerung des Bildungssystems die Investitionen erhöht werden. Der Bildung der »breiten Masse« aber, die eine Errungenschaft der Moderne ist, wird die materielle Basis nach und nach entzogen; das allgemeine, nicht exklusiv für die gesellschaftlichen Spitzen offenstehende Bildungswesen wird dem Zerfall ausgesetzt (vgl. z.B. COOKSON 1994; STEINER-KHAMSI 1997; SHORE/WRIGHT 1999; KIRCHHÖFER 1999; LOHMANN 2000). Es bedarf keiner überschießenden Phantasie, vorherzusehen, dass die mittel- bis langfristigen Folgen dieser Entwicklungen negativ sein werden – auch in ökonomischer Hinsicht. Freilich haben wir allen Anlass, den Verdacht zu hegen, dass die negativen Konsequenzen ihres Handelns weder für die politische Klasse übermäßig relevant sind – kann doch die Halbwertzeit ihrer Entwürfe in Wahlperioden angegeben werden –, noch übermäßig beeindruckend für die Eliten im ökonomischen Feld, denen der kurzfristige eigene Gewinn mehr bedeuten wird als der Verlust, der von der Gemeinschaft zu tragen ist, der also nicht persönlich und vielleicht nicht mehr in der eigenen Lebenszeit hinzunehmen ist.

Dies ist eines der vielen Beispiele dafür, dass unbegründete Behauptungen aufgestellt und für die Steuerung des Bildungswesens handlungsleitend werden. Ein anderer Komplex, in dem reichlich Exempel für die Suggestion nichtexistierender Kausalzusammenhänge vorfindlich sind, sei hier noch angeführt: es ist der Komplex der behaupteten Folgen einer Ausbildung in der Erziehungswissenschaft. Hieran ist mehreres eigenartig.

Eigenartig ist zunächst, dass die Erziehungswissenschaft in der Öffentlichkeit zumeist mit einem einzigen Handlungsfeld identifiziert wird: nämlich dem der Schule, des Unterrichthaltens, oder auf die akademische Lehre bezogen: der Ausbildung für das Lehramt. De facto aber ist die Erziehungswissenschaft keineswegs als die Leitdisziplin der Ausbildung für das Lehramt etabliert worden. Dies ist in den 1970er Jahren – in der relativ euphorischen Phase der Bildungsreform, in der die Integration der Lehrerbildung in die Universitäten in Gang gebracht wurde – am Widerstand jener gescheitert, die die Unterrichtsfächer vertreten haben und somit in etablierten, und daher auch mächtigeren, universitären Bereichen verankert waren (und sind). Die Lehrerbildung ist in jener Zeit eher auf eine Weise institutionalisiert worden, die dazu führte, dass ihre Stärkung, die die Einbindung in die Universitäten mit sich bringen sollte, zugleich ihre Schwächung bedeutet hat. Das Studium der Erziehungswissenschaft im Rahmen einer Lehramtsausbildung ist nämlich, von wenigen Ausnahmestandorten abgesehen, an den Rand der Lehrerausbildung platziert worden. In einigen Bundesländern und Studiengängen ist dieser Ausbildungsanteil völlig marginal, zurechtgestutzt auf ein »vier-Semesterwochenstunden-Sitzscheinstudium«. Richtigerweise wird in öffentlichen Debatten, die über die Qualität des Lehramtsstudiums zunehmend geführt werden, festgestellt, dass die Universitäten zwar hohe Gewinne von dieser Ausbildungsaufgabe erzielen – an manchen Standorten »leben« ganze Fächer von den Studierenden für das Lehramt. Gleichwohl, so die kritischen Stimmen, haben sich die Universitäten überwiegend dieser Aufgabe nicht ernsthaft angenommen (so z.B. Feststellungen des Wissenschaftsrats zur Lehrerbildung an Berliner Hochschulen). In der gutachterlichen Stellungnahme des »Expertenrats Nordrhein-Westfalen« heißt es explizit: »Der Lehrerbildung wurde bisher an den sie betreibenden Universitäten in der Regel nicht der ihr zukommende Stellenwert eingeräumt. Der Schwerpunkt der

Ausbildung, insbesondere für die Lehrämter für die Sekundarstufe II, liegt auf der fachlichen Komponente« (vgl. EXPERTENRAT NRW 2001: Empfehlungen zur Lehrerbildung). Es nimmt angesichts dessen einigermaßen wunder, dass in öffentlichen Debatten, die über Schwächen der Lehrerausbildung geführt werden, dennoch der Erziehungswissenschaft die alleinige Urheberschaft für vieles Missliche angelastet wird, statt dass die Frage zu klären versucht wird, welche unerwünschten Begleiterscheinungen es hat, dass die Lehrerausbildung ohne ausreichende, federführende Beteiligung der Erziehungswissenschaft etabliert wurde.

In jüngeren Vorschlägen bzw. Verordnungen, die einer Verbesserung der Lehrerbildung gewidmet sind – und meist darüber hinausgehend: einer Reform der deutschen Hochschulen überhaupt –, ist geradezu eine Verfestigung der (oft von derselben Seite beklagten) Verhältnisse vorgezeichnet. Dies gilt ganz besonders für einige Ansätze zur Einführung gestufter Studiengänge in die Lehramtsausbildung (vgl. die Auffassung der Deutschen Gesellschaft für Erziehungswissenschaft zu gestuften Studiengängen: www.dgfe.de/dgfe-aktuell: Stellungnahme zu BA/MA-Studiengängen; Stellungnahme zum Kernstudium Erziehungswissenschaft; Stellungnahme zur Reform der Lehrerbildung). Aus meiner Sicht unangemessen sind insbesondere solche Vorschläge, die einen »grundständigen BA-Abschluss« nach sechs Semestern favorisieren und damit ein Fachstudium meinen, auf das ein erziehungswissenschaftlicher MA-Studiengang für das Lehramt aufgesattelt werden können soll (vgl. z.B. Ministerium für Schule, Wissenschaft und Forschung des Landes Nordrhein-Westfalen vom 15. Februar 2001). Diese Konzeption bietet scheinbare Vorteile: die Erstausbildung soll verkürzt werden können; sie soll »polyvalent« sein – also unterschiedliche Berufsperspektiven offen halten; sie soll international akzeptierbar sein und sie soll wenig Aufwand bei der Reorganisation des Studiums mit sich bringen. Bei genauerem Hinsehen entpuppen sich mindestens Teile dieser Vorteile als absehbare Hindernisse für die Verbesserung der Lehramtsausbildung. Diese Konzeption erlaubt es, dass die ausbildenden Fächer noch weniger als bisher Rücksicht auf das spätere Berufsfeld nehmen – der erste berufsqualifizierende Abschluss wird also gänzlich ohne Berufsfeldbezug erworben. Gravierend ist ferner, dass unsinnigerweise Schulfächer und wissenschaftliche Disziplinen in eins gesetzt werden – eine Vorstellung, die nicht einmal den relativ dicht an sie heranreichenden Lehrämtern für die Sekundarstufe II entspricht. Es zeichnet sich also ab, dass solche Konzeptionen zur Vergrößerung der bisherigen Schwächen in der Lehramtsausbildung beitragen werden.

Reformvorschläge für die Lehrerbildung

Aus der Sicht des Faches Erziehungswissenschaft ist an diesen Debatten positiv zu würdigen, *dass* sie geführt werden. Die Vertreterinnen und Vertreter des Faches sollten an der Hoffnung festhalten, dass die Beratungen ergebnisoffen vonstattengehen und die besseren Argumente – nicht die stärkere Position in den Universitäten, ebenso wenig die tiefsitzende Vorurteilsstruktur gegen die Pädagogik – zum Zuge kommen können.[1]

Nicht minder eigenartig ist es, wenn hartnäckig öffentlich ignoriert wird, dass die Ausbildung für das Lehramt ein zwar gewichtiger, aber keineswegs der einzige Bereich ist, für den die Erziehungswissenschaft Lehre (und Forschung) erbringt.

Erziehungswissenschaft im Hauptfach

---

1 Dass diese Hoffnung nicht unbegründet ist, zeigt sich daran, dass auch dezidiert anders als die Dargestellten argumentierende Vorschläge zur Reform der Lehrerbildung vorliegen; vgl. vor allem TERHART 2000; KEUFFER/OELKERS 2001.

15

Sie hat vielmehr Verantwortung für ein darüber hinausgehendes, ausdifferenziertes Ausbildungsangebot für nicht-schulische pädagogische und soziale Berufe entwickelt. Seit der Einführung des Diplom-Studiengangs »Erziehungswissenschaft« Anfang der 1970er Jahre, das neben das Magisterstudium als erziehungswissenschaftliches Hauptfachstudium trat, sind an deutschen Universitäten und Pädagogischen Hochschulen mehr als 60.000 Hauptfachstudierende der Erziehungswissenschaft ausgebildet worden, die überwiegende Zahl von ihnen (ca. 54.000) als Diplom-Pädagoginnen und -Pädagogen (vgl. RAUSCHENBACH/ZÜCHNER 2000a, S. 48). Selbstkritisch ist hierzu zu vermerken, dass bedauerlicherweise nicht der überwiegende Teil derjenigen, die ein Diplom- oder Magisterstudium der Erziehungswissenschaft aufnehmen, dieses auch abschließen; im letzten Jahrzehnt haben von 100 Studierenden, die mit einem Diplom-Studium begonnen haben, nur zwischen 50 und 60 dieses Studium auch abgeschlossen (vgl. ebd., S. 52). Hier deutet sich also durchaus ein Reformbedarf an, dessen das Fach sich annehmen muss. Schritte in diese Richtung werden vielerorts getan; dazu gehören beispielsweise Ansätze zur stärkeren Strukturierung des Studiums sowie zur Einführung von Kernstudien bzw. Kerncurricula (vgl. hierzu z.B. die auf der Homepage der Deutschen Gesellschaft für Erziehungswissenschaft dokumentierten Vorschläge unter www.dgfe.de /dgfe-aktuell; siehe auch WIGGER 2000). Trotz dieses keineswegs zufriedenstellenden Befundes, der das Fach zu verstärkter Anstrengung auffordert, kann die Geschichte der erziehungswissenschaftlichen Hauptfachstudiengänge durchaus als Erfolgsgeschichte gelten. Gemessen an den Zahlen der Absolventen und Absolventinnen rangiert die Erziehungswissenschaft auf Platz 7 unter den zehn größten Studienbereichen an Hochschulen (bezogen auf das Prüfungsjahr 1997; vgl. RAUSCHENBACH/ZÜCHNER 2000a, S. 54).

Zu den Erfolgen zu zählen ist, dass – anders, als es die von interessierter Seite hartnäckig verbreiteten Gerüchte behaupten – die Absolventinnen und Absolventen der erziehungswissenschaftlichen Hauptfachstudiengänge durchaus berufs- und lebenstüchtig aus dem Studium hervorgehen. Einen Indikator hierfür liefern die vorliegenden Daten zur Berufseinmündung bzw. zur Arbeitslosigkeit. Im Vergleich zur Entwicklung der Arbeitslosigkeit von Akademikern insgesamt zeigen sich bei Diplom- und Magister-PädagogInnen weitaus weniger Schwierigkeiten beim Unterkommen im Arbeitsmarkt. Während die Arbeitslosigkeit etwa bei Architekten, Juristen und Wirtschaftswissenschaftlern in der letzten Dekade kontinuierlich zunahm, sank sie allmählich bei den PädagogInnen. Ihr Risiko, in einen Beruf einzumünden – gemessen am Verhältnis zwischen arbeitslos gemeldeten AbsolventInnen und der Zahl der im Laufe eines Jahrgangs neu hinzukommenden Examinierten – ist geringer als in den Nachbarfächern Psychologie und Politik/Sozialwissenschaft; er entspricht etwa dem in den Wirtschaftswissenschaften erreichten Stand (vgl. RAUSCHENBACH/ZÜCHNER 2000b, S. 64). Auch die Zukunftsaussichten der Studierenden der Erziehungswissenschaft sind eher positiv, entwickelte sich doch das Segment Sozial-, Erziehungs- und Bildungswesen »als einer der wichtigsten, wenn nicht sogar der wichtigste Wachstumsmarkt in Deutschland« (ebd., S. 73). Ein Studium der Erziehungswissenschaft eröffnet also positive Zukunftsaussichten. Und: was immer die schwachen Momente eines erziehungswissenschaftlichen Studiums sein mögen – zu seinen Stärken gehört offensichtlich die Vermittlung und Aneignung einer gewissen Tüchtigkeit dafür, sich selbst in Lohn und Brot zu bringen.

Berufstüchtigkeit der AbsolventInnen

16

Kann man solche Diskrepanzen zwischen der Realität und den über sie verbreiteten Behauptungen noch als Denk- und Merkwürdigkeiten abtun, so wird es an anderen Stellen noch ärgerlicher. Ein Beispiel dafür ist das öffentlich gern gepflegte Herstellen einer Kausalbeziehung zwischen den (vermeintlich oder tatsächlich) nicht zufriedenstellenden Resultaten der Lehrerausbildung und der (vermeintlich oder tatsächlich) unzureichenden Qualität der Schule. In dieser Hinsicht hat sich nämlich der Arbeitsmarkt in den letzten zwei Jahrzehnten deutlich ungünstiger dargestellt. Zwar stieg die Zahl der Absolventinnen und Absolventen des sog. Vorbereitungsdienstes, also der »Zweiten Phase« der Lehrerbildung; in den Jahren von 1993 bis 1998 hat sie sich beinahe verdoppelt (1993: 11.500; 1998: 22.900; vgl. BELLENBERG/BÖTTCHER/KLEMM 2001, S. 119). Bis zum Jahr 1995 sank aber die Zahl der jährlich neueingestellten Lehrkräfte kontinuierlich. Seither steigt sie moderat; im Jahr 1998 wurden 70 Prozent der AbsolventInnen des Vorbereitungsdienstes desselben Jahrganges in den Schuldienst übernommen. Bei einer Einschätzung dieses Werts ist allerdings zu bedenken, dass einerseits viele AbsolventInnen vorheriger Jahrgänge nicht im Lehramt unterkommen konnten; ferner fällt ins Gewicht, dass zahlreiche Neueingestellte in befristete Dienstverhältnisse aufgenommen oder nicht mit voller Stundenzahl beschäftigt wurden (vgl. ebd., S. 120).

Selbst wenn die Lehrerausbildung so schlecht wäre, wie man es ihr in übelwollendster Weise unterstellen würde, wäre es angesichts der seit langen Jahren praktizierten Einstellungspolitik der Länder geradezu grotesk, den frischausgebildeten Lehrkräften einen nennenswerten Anteil daran beizumessen, wie die Qualität der Arbeit in Schulen ausfällt, da ein großer Teil der Absolventinnen und Absolventen einer Lehramtsausbildung über viele Jahre gar nicht in eine regelmäßige Arbeit in der Schule einmündete. Bemerkbar macht sich das daran, dass der Altersdurchschnitt in westdeutschen Lehrerkollegien inzwischen bei 50 Jahren liegt. Seit dem Schuljahr 1993/94 bis zum Jahr 1998/99 hat sich der Anteil der Lehrerinnen und Lehrer im Alter zwischen 55 und 60 Jahren nahezu verdoppelt; der Anteil der unter 40jährigen lag bei knapp einem Fünftel. Eine Generation von Lehrkräften wächst also dem Pensionierungsalter entgegen; ihre jungen Nachfolgerinnen und Nachfolger sind weit abgeschlagen in der Minderzahl (vgl. BELLENBERG/BÖTTCHER/KLEMM 2001, S. 107 ff.). Ob die Erstausbildung für ein Lehramt also gut oder schlecht war, ist für die Qualität einer heute arbeitenden Schule vermutlich weit weniger relevant als die Zeitspanne, die die Ausbildung zurückliegt und die eine Lehrkraft von ihr für den pädagogischen Alltag zehren muss. Hier kommt erschwerend hinzu, dass bislang die sog. drei Ausbildungsphasen – universitäre Erstausbildung, Vorbereitungsdienst, Fort- und Weiterbildung – relativ unverbunden nebeneinandergestellt sind (wenn nicht gar manchmal wie verfeindete Schwestern agieren) und es einer praktisch tätigen Lehrkraft weitgehend selbst überlassen wird, ob sie sich der regelmäßigen Fort- oder Weiterbildung unterzieht oder nicht (vgl. zum Verhältnis der drei Ausbildungsphasen TERHART 2000, vor allem Kap. 7; KEUFFER/OELKERS 2001, S. 29 ff.).

Die Erziehungswissenschaft ist also eine Disziplin, der man vieles Unliebsame gern zuschreibt und der man zugleich weniger zutraut, als sie nachweislich leistet. Ich will noch einige Zeilen auf Spekulationen darüber verwenden, wie es zu dieser gleichzeitigen Unter- und Überschätzung des Faches wohl kommt.

Berufseinmündung im Lehramt

17

Nicht von der Hand zu weisen ist, was schon angedeutet, dass es vielen Menschen sehr leicht fällt, sich für ein Urteil über die Disziplin Erziehungswissenschaft und ihre Leistungen kompetent zu fühlen – berechtigt und befähigt schon durch die eigene Erfahrung mit dem Erzogen-, Unterrichtet-, Belehrtwerden, die für viele gewiss eine Leidenserfahrung ist. Aber dies allein kann nicht dafür ausschlaggebend sein, dass Merkwürdigkeiten wie die geschilderten in der Welt sind und sich hartnäckig halten. Wo sind also Zusammenhänge zu suchen?

Höchst wahrscheinlich liegt ein Ursachenkomplex darin, dass die Disziplin Erziehungswissenschaft in ihrer jetzigen Erscheinungsform unter einer Reihe von »Geburtsfehlern« zu leiden hat. Sie hat, wie angedeutet, in den 1970er Jahren zunächst eine enorme Expansion erlebt, getragen von der Euphorie, in die das wirtschaftliche Wiedererstarken nach dem Zweiten Weltkrieg dieses Land versetzt hat. Dies äußerte sich unter anderem in der Form einer von Optimismus und Vertrauen in den »Fortschritt« getragenen Bildungsreformanstrengung. Die Expansion des Faches Erziehungswissenschaft geschah nicht auf die Weise, dass eine starke Leitdisziplin mit Verantwortung für alle pädagogischen Berufe geschaffen worden wäre, sondern in halbherziger Verstreutheit über verschiedene akademische Bereiche. Damit war auf der einen Seite dem Umstand Rechnung getragen, dass die Erziehungswissenschaft eine Disziplin ist, zu deren Selbstverständnis die »Grenzüberschreitung« gehört. Die komplexen Zusammenhänge, in denen sich Erziehung und Bildung vollziehen, können nur in interdisziplinärem Modus angemessen bearbeitet werden.

Zugleich aber war damit der Erziehungswissenschaft die heimliche Zusatzaufgabe einer Innovation des stark versäult konzipierten deutschen Universitätssystems zugemutet worden. An der Lösung dieser Aufgabe ist die Erziehungswissenschaft offenkundig, zumindest partiell, gescheitert. Sie hat wahrscheinlich daran scheitern müssen, weil man ihr die materielle und ideelle Sicherung versagt hat, die eine Voraussetzung dafür gewesen wäre, dass sie mit Gewicht und Stimme gegen hergebrachte, stabile und sich selbst keineswegs fragwürdig gewordene Universitätsstrukturen ankommen konnte. Eines, das es für die Erziehungswissenschaft also dringend zu überdenken gilt, ist – nicht nur vor diesem Hintergrund – ihr Verhältnis zu den anderen Wissenschaften im Universitätssystem.

Ein übriges zu Ungunsten der Erziehungswissenschaft tat es vermutlich, dass der Bildungssektor schon recht rasch nach dem ersten euphorischen Ausbau starken ökonomischen Schwankungen unterworfen wurde. Darunter hatte auch die Erziehungswissenschaft zu leiden. Sie hat nicht das Glück gehabt, nach einer Phase der raschen, vielleicht zu hektischen Expansion in eine Phase der ruhigen Konsolidierung überzugehen. Vielmehr musste sie den nahtlosen Umschlag in den Zustand der Mangelverwaltung hinnehmen, gefolgt von der Phase der Verteidigung vor dem Kahlschlag, in der wir uns noch befinden (die aber, wenn man Optimisten glauben darf, ihren Zenit erreicht hat). Ein jüngeres Beispiel dafür, wie widersinnig dieser Modus der Steuerung des Bildungswesens ist, bei dem die Ökonomie das letzte Wort hat, ist die Schaffung reformierter erziehungswissenschaftlicher Fachbereiche in den ostdeutschen Ländern. Noch bevor der institutionelle Aufbau der neukonzipierten wissenschaftlichen Einrichtungen abgeschlossen ist, wird mit dem Abbau derselben begonnen; dort wie anderswo wird in geradezu zynischer

Weise in Kauf genommen, dass fachlich nicht verantwortbare strukturelle Schieflagen entstehen und zementiert werden.

Dies alles und mehr gibt der Erziehungswissenschaft Anlass, sich öffentlich zu Wort zu melden. Sie muss ihre Stimme laut machen als Disziplin, zu deren Gegenstandsfeld es gehört, die Entwicklung des Erziehungs-, Bildungs- und Wissenschaftssystems kompetent und kritisch zu beobachten und, falls nötig, auf die unerwünschten Nebenfolgen einer Planung oder Praxis aufmerksam zu machen. Selbstverständlich hat die Disziplin Erziehungswissenschaft auch Anlass, sich kritisch mit sich selbst zu befassen und Bilanzen ihrer Stärken und Schwächen zu ziehen. Bei aller Selbstkritik aber, die schon deshalb zu üben ist, weil eine Wissenschaft gehalten ist, sich reflexiv mit dem eigenen Tun und seinen potentiellen Folgen zu befassen, kann es das Fach sich nicht nehmen lassen, die bildungspolitische Öffentlichkeit darauf aufmerksam zu machen, wo sie fehl steuert; wo sie allen vollmundigen Sonntagsreden zum Trotz darangeht, unserer Nachkommenschaft gewollt oder ungewollt zu schaden, indem sie ihr Bildung verweigert oder das Bildungssystem schwächt.

Literatur

BELLENBERG, G./BÖTTCHER, W./KLEMM, K.: Schule und Unterricht. In: BÖTTCHER, W./ KLEMM, K./RAUSCHENBACH, Th. (Hrsg.): Bildung und Soziales in Zahlen. Statistisches Handbuch zu Daten und Trends im Bildungsbereich. Weinheim/München 2001, S. 93-126.

COOKSON Jr., P.W.: School Choice. The Struggle for the Soul of American Education. New Haven/London 1994.

EXPERTENRAT NORDRHEIN-WESTFALEN: Abschlußbericht. Zit. nach: www.mswf.nrw.de/miak/ aktuell/top-thema/Expertenrat/Abschlussbericht.html

KEUFFER, J./OELKERS, J. (Hrsg.): Reform der Lehrerbildung in Hamburg. Abschlussbericht der von der Senatorin für Schule, Jugend und Berufsbildung und der Senatorin für Wissenschaft und Forschung eingesetzten Hamburger Kommission. Weinheim/Basel 2001.

KIRCHHÖFER, D.: Bildung als Ware. In: HOFFMANN, D. (Hrsg.): Rekonstruktion und Revision des Bildungsbegriffes. Weinheim 1999.

LOHMANN, I.: Bildung und Eigentum. Über zwei Kategorien der kapitalistischen Moderne. In: ABELDT, S., u.a. (Hrsg.): »...was es bedeutet, ein verletzbarer Mensch zu sein«. – Erziehungswissenschaft im Gespräch mit Theologie, Philosophie und Gesellschaftstheorie. Mainz 2001 (im Erscheinen).

OTTO, H.-U. u.a.: Datenreport Erziehungswissenschaft. Schriftenreihe der DGfE. Opladen 2000.

RAUSCHENBACH, Th./ZÜCHNER, I.: Absolventen. In: OTTO, H.-U. u.a.: Datenreport Erziehungswissenschaft. Schriftenreihe der DGfE. Opladen 2000, S. 47-56 (a).

RAUSCHENBACH, Th./ZÜCHNER, I.: Arbeitsmarkt. In: OTTO, H.-U. u.a.: Datenreport Erziehungswissenschaft. Schriftenreihe der DGfE. Opladen 2000, S. 57-75 (b).

SHORE, C./WRIGHT, S.: Audit culture and anthropology: neoliberalism in British higher Education. In: The Journal of the Royal Anthropological Institute, Vol. 5, No. 4 (1999), pp 557-576.

STEINER-KHAMSI, G.: Lehren aus Deregulierung und Schulwahl in den USA: Was kann das Schweizer Bildungssystem als »Späteinsteiger« erwarten? In: VPOD Magazin, Nr. 102 (1997), S. 29-39.

TERHART, E. (Hrsg.): Perspektiven der Lehrerbildung in Deutschland. Abschlussbericht der von der Kultusministerkonferenz eingesetzten Kommission. Weinheim/Basel 2000.

WIGGER, L. (Hrsg.): Beiträge zur Diskussion um ein Kerncurriculum Erziehungswissenschaft. Vechta 2000 (Schriften des Instituts für Erziehungswissenschaft, Heft 2).

Zwischen Lebensbegleitung und Interventionswissen

Dieter Lenzen

»Humanentwicklung im Lebenslauf« – Gibt es in diesem Zusammenhang etwas, wozu die deutsche Erziehungswissenschaft sich noch nicht mit Untersuchungen, Analysen und Empfehlungen geäußert hätte? Etwas grundlegendes Neues? Haben wir nicht seit nunmehr 30 Jahren mit wachsender Präzision für jede Phase der menschlichen Entwicklung, für jede Bildungsphase des Lebenslaufs Daten gesammelt, veröffentlicht, gewarnt, empfohlen, Alternativen ersonnen und Misslungenes verworfen? Gibt es wirklich einen qualitativen Sprung, Globalisierung oder Individualisierung oder andere auf hohem Abstraktionsniveau formulierte Zeitdiagnosen, die in der erziehungswissenschaftlichen Forschung noch nicht angekommen wären?

Humanontogenese

Und doch: Wir schlagen die Zeitungen auf, blicken ins Fernsehen und erfahren vom völligen Versagen des deutschen Erziehungs- und Bildungswesens. Natürlich: Verwüstungen eines Wirbelsturms verkaufen sich besser als Berichte über freundliches Urlaubswetter, aber wir machten es uns wohl zu leicht, wenn wir sie als das Resultat reiner Sensationsgier abtäten. Auch die wildeste Presse berichtet nicht über Hurricans an einem Strand, an dem sich kein Lüftchen regt. Ich denke also, dass das deutsche Erziehungs- und Bildungswesen jüngst durch ein an sich ja willkommenes öffentliches Interesse herausgefordert wird. Diese Herausforderung ist auch eine Herausforderung für die Erziehungswissenschaft. Dieses allerdings nicht in dem Sinne, dass sie sich das jetzt beklagte Versagen zurechnen lassen müsse, ganz im Gegenteil, die heute kritisierten Zustände sind vorausgesehen worden und in ihren Ursachen auch zu bezeichnen.

Zum Beispiel Lehrerbildung: Wer sich heute über pädagogische Qualifikationsdefizite wundert, darf doch nicht übersehen, dass am Beginn der 70er Jahre darum gekämpft wurde, die Lehrerausbildung zu professionalisieren, d.h. wie in anderen Ländern auch die Berufstätigkeit und nicht die Inhalte der Unterrichtsfächer zum Zentrum des Studiums zu machen. Tatsächlich wurde die erziehungswissenschaftliche Ausbildung marginalisiert. Man muss der Öffentlichkeit in Erinnerung rufen, dass der Anteil berufsbezogener Ausbildung unserer Lehrer heute, je nach Bundesland, nicht mehr als zwischen fünf und zehn Prozent des gesamten Studiums ausmacht. Den Studierenden wird durch die maßlose Überbetonung des Studiums der Unterrichtsfächer suggeriert, sie seien eigentlich zu Höherem berufen, zu Dichtern, Diplomaten und Dateningenieuren, und nur ein ungnädiges Schicksal verschlage sie in den Schuldienst. Angesichts der Marginalisierung des erziehungswissenschaftlichen Studiums können sie auch einen berufsbezogenen Habitus, ganz anders als übrigens die Mediziner, nicht herausbilden. Sie können

Lehrerbildung

nicht diejenigen sein, die die neuesten Resultate aus den erziehungs- und bildungs-relevanten Disziplinen, allen voran der Erziehungswissenschaft zur Kenntnis neh-men und in ihrer täglichen Praxis umsetzen. Sie können aufgrund ihrer fehlgeleite-ten Ausbildung damit schlicht nichts anfangen. Leider müssen wir heute allerdings auch zur Kenntnis nehmen, dass die Universitätsdisziplinen, die eine solide Fach-kenntnis versprachen, offensichtlich völlig versagen. Auch wenn die Resultate des Ifep-Instituts nicht gerade methodische Meisterwerke sind, lässt sich doch nicht übersehen, dass die Kenntnisse materialer Allgemeinbildung auch bei den Lehrern besorgniserregend sind. Nun könnte man ja meinen, das läge an der fachlichen Spezialisierung des Studiums, und Lehrer sollten noch mehr Unterrichtsfächer stu-dieren. Dagegen spricht indessen das Resultat einer kleinen Untersuchung, die ich selbst unter Lehramtsstudenten durchgeführt habe. Darin waren nur 5,3 Prozent al-ler Befragten imstande zu berechnen, wie viel Zinsen jemand erhält, wenn er zwan-zig Tage 1.500 DM zum Zinssatz von 5 Prozent verleiht. Von den Mathematikstu-

Studierfähigkeit denten wussten es nur 10 Prozent. Die Frage nach der Bedeutung der englischen Wörter, die in jedem wissenschaftlichen Text viele Male vorkommen, konnte für den Begriff *notion* nur zu 10,6 Prozent, für *applied* nur zu 25,8 Prozent und für *re-view* jedoch zu 78,8 Prozent von den Studierenden beantwortet werden. Die Frage nach der chronologischen Reihenfolge, in der die Komponisten VIVALDI, MOZART und BEETHOVEN gewirkt haben, konnte von den Studenten der Geisteswissen-schaft (Fremdsprachen, Philosophie, Erziehungswissenschaft, Theologie u.a.) nur zu 30,7 Prozent richtig beantwortet werden. Ein Student schrieb sogar: »MOZART war BEETHOVENs Schüler«.

Aber werfen wir nur mit Steinen, wenn wir über bruchsicheres Glas verfügen. Ein anderer Grund für die relative Wirkungslosigkeit erziehungswissenschaftli-chen Wissens im professionalisierten Erziehungs- und Bildungssystem liegt zwei-fellos in der Erziehungswissenschaft selbst begründet. Wie wenige andere hat sie es nicht vermocht, minimale Verbindlichkeiten an Wissen, an Reflexionsniveau, an professionellen Verhaltenserwartungen für künftige Pädagogen im Konsens der Fachvertreter zu formulieren und durchzusetzen. Ein zunächst politisch motivier-ter, später der Konfliktvermeidung oder einfach nur der Bequemlichkeit geschul-deter falsch verstandener Liberalismus, der die Unverbindlichkeit auch noch theo-retisch begründete, rächt sich dann, wenn ökonomische Ressourcenknappheit die Frage aufwirft, welche Teile des öffentlichen Studienangebots wegen offenkundi-ger Unverbindlichkeit am ehesten liquidiert werden können. Wenn sich die deut-sche Erziehungswissenschaft in dieser Hinsicht nicht bald organisiert, etwa nach dem beispielhaften Vorbild der Psychologie, kann sie auch gar nicht glaubhaft be-gründen, warum es sie geben sollte, außer in der Gestalt einer Art Reflexionsse-mantik, in deren Medium man mit künftigen Pädagogen unverbindlich Meinungen über Erziehungsziele austauscht.

Ein bedeutsamer, vielleicht der wichtigste Grund für das Ausbleiben *direkter* Wirkungen erziehungswissenschaftlichen Wissens in der pädagogischen Praxis liegt indessen nicht in den externen oder internen Versäumnissen entweder der Poli-

Systemdynamik tik oder des Faches, sondern in einer empirischen Tatsache begründet, die ich für die eigentliche Herausforderung halte, auf die ich heute die Aufmerksamkeit lenken möchte. Deren Unkenntnis hat in den zurückliegenden Jahrzehnten ein Politikver-ständnis kultiviert, welches immer noch davon ausgeht, man könne durch einzelne

22

politische Entscheidungen eine zielführende Wirkung hervorbringen. – Wir wissen im Gegenteil heute, dass soziale Systeme und ihre Subsysteme, zu denen auch das Erziehungssystem und seine Untergliederungen gehören, erfolgsresistent gegenüber politischen Intentionen sein können. Soziale Systeme wie das Erziehungssystem schotten sich gegenüber jedem direkten Veränderungsversuch ab, indem sie Umweltirritationen so ihrer eigenen Logik anpassen, dass sie für das System keine bestandsbedrohliche Veränderungsnotwendigkeit bedeuten.

In der Soziologie ist dieser Mechanismus unter dem Titel »Eigendynamik sozialer Systeme« früh erkannt worden. Dort hat man deswegen versucht, die naive Vorstellung von linearen Steuerungsmodellen zu begraben und durch ein doppeltes Konzept von Kontextsteuerung und Steuerungskontrolle zu ersetzen. Was bedeutet das? – Wenn man davon ausgeht, dass ein System wie das Bildungssystem politisch direkt kaum zu beeinflussen ist, weil es solche Veränderungsversuche bekämpft, dann kann versucht werden, den Kontext des Systems so zu verändern, dass die Irritationen nicht absorbiert werden können, sondern zu Verhaltensveränderungen zwingen. Dieser Prozess muss einer laufenden Kontrolle unterzogen werden, so dass auch die Steuerungsziele laufend geändert werden können. Was heißt das auf Deutsch? – Das politische System muss, wenn es Veränderungen im Bildungssystem durchsetzen will, dessen so genannte Druckpunkte, seine Schwachstellen, angreifen, um es zur Selbststeuerung zu zwingen: Dazu muss das Bildungssystem in die Lage versetzt werden, sich selbst zu steuern. Jeder Versuch von *direkter* Außensteuerung durch die Politik ist sinnlos.

Für die Wissenschaft hat diese Veränderung der Perspektive erhebliche Folgen. Wenn sie tatsächlich an einer Veränderung des Erziehungs- und Bildungssystems interessiert ist und nicht nur daran, die Bestände zu sichern, indem sie Irritationen gleichfalls abwehrt, dann kann sich die Erziehungswissenschaft, – wie übrigens auch andere Wissenschaften, die als Beratungswissenschaften für das politische System in Betracht kommen, – nicht mehr darauf beschränken, Beschreibungen und Erklärungen zu Erziehungs- und Bildungsvorgängen zu liefern, sie kann sich nicht darauf beschränken, technisches oder normatives Wissen für den Gebrauch in der Praxis zu liefern, zu dem es gar nicht kommt. Sie muss einen qualitativen Sprung unternehmen: Die entscheidende Herausforderung für die Erziehungswissenschaft liegt deshalb heute darin, einen Typus von Interventionswissen hervorzubringen. Damit meine ich Wissen, welches geeignet ist, das Beharrungsvermögen der Teilsysteme des Bildungssystems so zu irritieren, dass diese, gewissermaßen vom Kollaps bedroht, eine Umorganisation ihrer selbst vornehmen. Denn es gilt: Soziale Systeme können sich nur selbst verändern, sie können nicht verändert werden.

Die Erziehungswissenschaft muss zur Therapeutin des Erziehungs- und Bildungssystems werden. Das bedeutet, ihre Aufmerksamkeit weniger auf die vielen kleinen Details des pädagogischen Alltags zu lenken, als vielmehr auf die zentralen Probleme, von denen man annehmen kann, dass sie die erstarrte Existenzweise der Teilsysteme sehr stark in Frage stellen. Es ist nicht ganz leicht, solche zentralen Probleme zu identifizieren. Nach allem, was wir über die basale Zirkularität von sozialen Systemen wissen, handelt es sich immer um eine sehr kleine Zahl von wesentlichen Elementen. Wenn ich deshalb jetzt einige exemplarische Probleme, einige Druckpunkte, benenne, dann ist dieses nicht mehr als ein hypothetischer Ver-

Systemsteuerung durch Interventionswissen

23

such. Entsprechend sind die überspitzten Vorschläge hypothetische Imperative für die Kontextsteuerung für einige Sektoren, die ein relatives Eigenleben führen.

Der erste Abschnitt des Bildungslaufes markiert die Lebenszeit von der Geburt bis zum Schuleintritt. Ein Vorschulsystem unter Einschluss von Krippen, Horten, Kindertagesstätten und Vorschulen gehört dazu. Einer der entscheidenden Druckpunkte dieses Bereichs scheint der Widerspruch zwischen familienersetzender und familienergänzender pädagogischer Betreuung zu sein. Kurz gesagt: Sollen diese Einrichtungen als ergänzende ein Angebot erbringen, welches die Familie nicht leisten kann, etwa Vorbereitung auf die Schule, oder sind sie ein Ersatz für Eltern, die beispielsweise durch die Erwerbstätigkeit an der Wahrnehmung ihrer Erziehungsaufgaben gehindert sind? Die sensible Frage heißt: Wo erhalten kleine Kinder das, was sie am dringendsten benötigen, dringender als die Befähigung zum selbständigen Bedienen eines Reißverschlusses, wo erhalten sie Liebe und Wärme? Wenn öffentlich diskutiert wird, dass professionelles Personal familienersetzender Einrichtungen damit grundsätzlich überfordert ist, dann hieße die Irritation an dieses Teilsystem: Die politische Seite fördert finanziell und juristisch neben den Kindergärten deutlich vermehrt auch Eltern bei der Selbstorganisation der Betreuung ihrer Kinder. Der Staat fördert Eltern, die Kindergruppen unter ihrer eigenen, wechselnden halbprofessionellen Leitung zusammenstellen. Die Kinderladenbewegung hat dieses, wenngleich aus anderen Motiven, vorgemacht. Wenn man in diese Richtung weiterdenkt, müsste die Erziehungswissenschaft Interventionswissen bereitstellen, welches solche Formen der Halbprofessionalität erleichtert. Dem Staat käme dann die Aufgabe zu, die elterlichen Betreuungspersonen finanziell zu unterstützen und die Erziehungswissenschaft in die Lage zu versetzen, Elternbildung zu einem wichtigen Gegenstand ihrer Arbeit zu machen. Ich weiß, dass ein solcher Vorschlag nicht auf Gegenliebe bei Erzieherorganisationen treffen kann, das ist aber auch gerade nicht die Aufgabe intervenierender Wissenschaft. Angesichts des Zustandes der öffentlichen Kassen kommt es für eine verantwortlich denkende Erziehungswissenschaft darauf an, bei den sich abzeichnenden Prozessen der Umprofessionalisierung oder besser der Betroffenenselbstorganisation sicherzustellen, dass der erreichte Wissensstand für das Gedeihen kleiner Kinder nicht verloren geht.

Welches ist ein Kernproblem des für die nächste Lebensphase zuständigen Teilsystems, das der Elementarerziehung, der Primarschule für die – in der Regel – Sechs- bis Zehnjährigen? Ein Blick in die Presse verrät es: Mangelhafte Rechtschreib-, Lese-, Ausdrucks- und Rechenfähigkeiten. In einer solchen Reihenfolge stehen die Elemente auch im Zeugnis der Grundschüler, und darin drückt sich die ganze Problematik aus. Am Ende eines reformpädagogischen Jahrhunderts nährt unser Schulwesen immer noch die Vorstellung, in den Köpfen der Kinder befänden sich dieselben Schubladen, wie die Titel der Unterrichtsfächer, denen selbst wiederum Fächer der Lehrerausbildung korrespondieren. Immer noch zerlegt Schule die Wirklichkeit in Elemente, die als diese abgeschotteten Elemente in keiner Berufs- oder Lebenswirklichkeit vorkommen. Das Fächerprinzip ist schlicht lebensfremd. Aber es ist ultrastabil, weil es soziale Probleme von Schule, Lehrern und Hochschullehrern löst. Wenn man Fächer hat, kann man Professor für ein Fach sein, man kann Lehrer für ein Fach sein, man kann Schüler sortieren in solche, die das eine Fach besser beherrschen als das andere, man kann Noten für Fächer geben, man kann die einen versetzungswirksam sein lassen, die anderen nicht, wodurch

24

man eine soziale Hierarchie im Lehrerzimmer begründet und vieles mehr. Es liegt deshalb auf der Hand, dass im Fächerprinzip ein sozialer Druckpunkt des erstarrten Systems auch der Grundschule zu suchen ist. Vom Boden unserer Disziplin existieren zu diesem Thema zahllose Untersuchungen und Entwicklungsvorschläge zum fächerübergreifenden Unterricht, in den die Vermittlung der Elementaria eingebettet werden kann, dass die Kinder einen Sinn darin sehen können, formale Kompetenzen wie Rechtschreibfähigkeit oder Grundrechenarten zu erwerben, weil sie sie schlicht benötigen. Aber wie reagiert das politische System auf die Nachricht von schlechten Rechtschreibleistungen? In der Regel mit noch mehr Rechtschreibunterricht, mit Förderunterricht im günstigeren Fall, im schlimmsten mit einer Absenkung aller Noten in allen anderen Fächern bei schlechten Rechtschreibleistungen. Was lernt ein Kind dadurch? – Dass man Rechtschreibregeln bimsen muss, um die Schule zu überleben, nicht um im Rahmen eines wirklichkeitsnahen Unterrichts Briefe zu schreiben, die auch verstanden werden. Für die Erziehungswissenschaft heißt das: Sie muss ein Interventionswissen produzieren, mit dessen Hilfe es möglich wird, das erstarrte Fachprinzip von innen aufzuweichen, zum Beispiel durch eine gezielte direkte Adressierung an Kinder und ihre Eltern, weil das System nicht bereit ist, sich beraten zu lassen. Durch diejenigen, für die es zu arbeiten vorgibt, die Kinder und ihre Eltern, ist es möglich, die Druckpunkte zu berühren, die zu einer selbstorganisierten Reform führen.

Was für den Primarbereich galt, gilt auch für die Schulen, die sich – wie es im ärgsten Amtsdeutsch verräterisch heißt – mit der Beschulung der Zehn- bis Fünfzehnjährigen befassen. Die im *Stern* veröffentlichten Ergebnisse einer Untersuchung über den Allgemeinbildungsstand dieser Kinder scheinen zu bestätigen: Der Kenntnisstand ist katastrophal. Aber: Halten wir doch einmal einen Augenblick inne, und fragen wir uns: Was wäre eigentlich für die Kinder, für unsere Gesellschaft Sekundarbereich gewonnen, wenn nicht 50, sondern 100 Prozent aller Kinder die Bedeutung der fünf olympischen Ringe kennen, wenn nicht 18 Prozent, sondern alle Kinder wissen, wann das deutsche Kaiserreich endete, wenn nicht 70 Prozent, sondern alle Kinder wissen, dass das Ahornblatt die kanadische Nationalflagge ziert? Werden diese Kinder dann alle reich, schön und glücklich, und wird Deutschland die gebildetste Nation »über alles«? – Ich glaube nicht, dass wir ein Problem mit der mangelnden Allgemeinbildung unserer Kinder haben, sondern wir haben ein Problem mit dem Allgemeinbildungsverständnis einer Bildungspolitik, die jetzt lauthals »Haltet den Dieb!« ruft. Mit anderen Worten: Wir müssen unsere Allgemeinbildungsvorstellung überdenken. So wie sie jetzt öffentlich diskutiert wird, handelt es sich ohnehin um nichts anderes als das, was ADORNO als Halbbildung bezeichnete. Zu dieser grundsätzlichen Infragestellung sind wir heute vielleicht eher in der Lage, weil niemand, der bei Verstand ist, uns noch weismachen wird, dass die Arbeitsplatzchancen für Fleischer und Kosmetikerinnen, für Klempner und Supermarktkassiererinnen und viele andere Berufe, also für 80 Prozent eines Altersjahrgangs gerechter und besser werden, wenn sie wissen, wer das Weihnachtsoratorium geschrieben hat.

Also: Wir benötigen für die Sekundarstufe I eine Umorganisation des Curriculums. Um es gleich im Sinne einer nötigen Irritation zu formulieren: Auflösung des Jahrgangsklassenprinzips, Reorganisation der Lerngruppen nach Neigungsprofilen, die an typischen Gruppen künftiger Berufstätigkeiten orientiert sind und Einbezug

25

von Vertretern der Berufspraxis in den schulischen Unterricht, und zwar in gleichen Funktionen wie Lehrer. Für solche Praxisvertreter und für die Reorganisation von Schule und Lehrplan im Sinne dieser Wirklichkeitsorientierung wird künftig pädagogisches Wissen bereitstehen müssen.

Vor diesem Hintergrund würde übrigens die nationale Schicksalsfrage nach der Gesamtschule oder nach einem wie auch immer gegliederten Schulsystem entschärft. Wenn eine Schülergruppe sich in einer Schülerfirma an die Lösung eines wirklichen Problems des Berufslebens da draußen macht, ist es, ebenso wie da draußen, nicht sinnvoll, künftige Ingenieure und künftige Metallarbeiter voneinander zu trennen. Die Produktion im Berufsleben ist eine kooperative Tätigkeit, nur die Schule, die dahin führt, meint, sie müsse es nicht sein?

Dieser Gedanke lässt sich für die Schule der Sechzehn- bis Achtzehnjährigen nicht fortsetzen, obgleich die Problemlage, wenn man der öffentlichen Diskussion Glauben schenken mag, dieselbe ist. Wir müssen davon ausgehen, dass 30 bis 50 Prozent der Abiturienten nicht über eine hinreichende Studierfähigkeit verfügen. Die Problemlage bei den Lehrlingen ist eine andere: Hohe Abbruchquoten aufgrund von Dissonanzen mit dem Arbeitgeber, Motivationslosigkeit in der Berufsschule. Die Berufsschule muss wieder eine Berufsschule sein und nicht die Fortsetzung der Sekundarstufe I mit schlechteren Mitteln. Aus der Vorverlagerung des dualen Systems in diese durch Beteiligung der Berufspraxis am Unterricht folgt eine Beendigung der Halbbildungszumutung in der Berufsschule.

Für die gymnasiale Oberstufe ist indessen ein anderer Weg einzuschlagen: Da das Gymnasium offenbar nicht in der Lage ist, die Anforderungen eines erfolgreichen Studiums zu antizipieren, muss die Hochschule die Herstellung von Studierfähigkeit selbst in die Hand nehmen. In vielen Fächern ist dieses, wie etwa in der Mathematik mit Vorkursen, längst der Fall. Ich sehe nur zwei Möglichkeiten, die – allerdings modifizierte – Wiederbelebung des HENTIGschen Oberstufenkolleg-Gedankens einer Verzahnung von Gymnasium und der Eingangsstufe der Hochschule oder die Umstellung des Grundstudiums auf einen Typus von »general studies«, der auch wirklich zur Studierfähigkeit führt. Für beide Alternativen muss die Erziehungswissenschaft in die Rolle der universitären Moderatorin für die curriculare Gestaltung einer solchen Eingangsstufe eintreten, um zu verhindern, dass die Allgemeinbildung wieder als materiale missverstanden und zum Zankobjekt unterschiedlicher Fächerinteressen wird.

Die unausgesprochene Arbeitsteilung zwischen Gymnasium und Universität, wonach das Gymnasium noch für die Erziehung, die Universität dafür aber gerade nicht zuständig sei, ließe sich auf diesem Wege auflösen. Wollte man nämlich einen der Druckpunkte der Hochschule identifizieren, an dem sehr viel ihrer Misere liegt, so sind das für mich nicht faule Professoren, unbegabte Studenten und übermächtige Verwaltungen, obwohl dieses im Einzelfall alles zutreffen mag. Was der Hochschule fehlt, ist indessen ein Konsens zwischen Lehrenden und Lernenden über etwas, was ich als akademische Verbindlichkeit bezeichnen möchte. Damit meine ich nicht einen höflichen Umgangston, der natürlich auch nicht schadet, sondern den Konsens über Leistungsstandards. Dazu gehört die Einigung über verbindliches Wissen, das zu vermitteln und zu lehren ist, über verbindliche Anstrengungen der Lehrenden wie der Lernenden, über verbindliche Qualitätsurteile und die verbindliche Bereitschaft, Verantwortung zu übernehmen. Viel zu lange ist die Hochschule ein Schonraum gewesen, der einst der Grundschule zugedacht war. Ihre Freiheit ist einer Unverbindlichkeit gewichen, in der das nicht funktioniert, was für ein existenzwilliges System unabdingbar ist: Selbstorganisation durch Ernsthaftigkeit, Affektkontrolle, Lebensorientierung. Deshalb heißt auch hier wie in den vorgenannten beiden Lebens- und Bildungsphasen die Formel: Macht die Unis auf, lasst die Wirklichkeit hinein. Der curricularen Verbindlichkeit einer Eingangsstufe ist deshalb eine studienplanbefreite Phase nachzuordnen, in der die Studierenden überhaupt die Möglichkeit zur Selbstorganisation haben, zur Persönlichkeitsentfaltung und Profilbildung. Dabei sind beide, Verbindlichkeit und Freiheit, aufeinander angewiesen.

Unser Erziehungs- und Bildungssystem befindet sich nicht in einer Krise. Das ist bedauerlich. Es befindet sich vielmehr in einer Erstarrung, die im Wesentlichen darin besteht, dass es sich durch immer weitere Ausdifferenzierung gegen Veränderungen weitgehend immun gemacht hat. Das bedeutet: Es bedarf geradezu einer Krise, um sich zu reorganisieren. Diese Krise zu erzeugen, wird eine der Aufgaben von Wissenschaft sein, indem diese:

Erziehungs- und Bildungssystem

Krise

- *Erstens* den zahlreichen Differenzierungsformen das Prinzip der Verdichtung entgegensetzt. Das betrifft die Entstehung immer neuer pädagogischer Spezialberufe, die fortgesetzte Auffächerung des Wissens, die Spaltung von Bildung und beruflicher Wirklichkeit, die Altersgruppendifferenzierung, die inhaltliche und habituelle Unverbindlichkeit, um nur einige zu nennen.

Prinzip der Verdichtung

- *Zweitens* darf sich die innovative Tätigkeit der Erziehungswissenschaft nicht mehr auf die bloße Bereitstellung von Alternativen beschränken, sondern ihre Vertreter müssen sich gegenüber der Bildungswirklichkeit öffnen, indem sie in ihr selbst etwa nach dem Muster des Coaching, was gerade keine Besserwisserei ist, tätig werden. Um ein solches Bildungs-Coaching zu vollziehen, bedarf es:

Bildungs-Coaching

- *Drittens* der Produktion von systemischem Interventionswissen. Es besteht darin zu lernen, die Druckpunkte eines erstarrten Systems zu erkennen und so zu stimulieren, dass die Teilnehmer dieses Systems sich zur Veränderung genötigt sehen. Dazu ist, wie bei einem guten Therapeuten, Enttäuschungsprophylaxe nötig, denn die sich selbst organisierenden Systeme werden sich immer in eine andere Richtung entwickeln, als ihr Coach es vielleicht für richtig halten mag.

Interventionswissen

Die neuen Herausforderungen für die Erziehungswissenschaft sind also von einer Qualität, dass sie dieses Erbe der Pädagogik, Animation zur Selbstorganisation, was im Bildungsbegriff oftmals mitgedacht war, geradezu benötigen. Übrigens: Auch die Erziehungswissenschaft gehört als Hochschuldisziplin zu diesem System und bedarf deshalb massiver Irritation zur Selbstorganisation, wenn sie sich nicht selbst verfehlen will.

Erziehungswissenschaft im Diskurs medialer Öffentlichkeiten

Jochen Kade/Sigrid Nolda

Inhalt

Seit der Aufklärung steht die Pädagogik zur Kategorie der Öffentlichkeit in einer fast intimen Beziehung. Als höherstufige Intersubjektivität begriffen, teilt sie mit der Pädagogik den normativen Bezug auf Vernunft als Leitprinzip, die Orientierung an symmetrischer Kommunikation als Sozialform und die Beziehung auf den Staat, gerade auch indem sich von ihm abgesetzt wird. Die Idee der Bildung ist an die Vorstellung einer machtfrei strukturierten Öffentlichkeit gebunden, in der sich die Gesellschaft selbst repräsentiert (vgl. OELKERS 1992). Diese normative und strukturelle Parallelität, die sich aus gemeinsamen Wurzeln in der Aufklärung ergibt, besteht auch gegenwärtig fort. An die Seite dieser Sichtweise, die aus klassischen Vorstellungen über Aufklärung im Sinne einer Vernunftsteuerung der Gesellschaft resultiert, sind jedoch inzwischen – ergänzend oder auch sie verdrängend – neue Thematisierungen des Verhältnisses von Pädagogik und Öffentlichkeit getreten. Entstanden sind sie als Ergebnis einer umfassenden Vergesellschaftung und Institutionalisierung pädagogischen Handelns, einer seit den 60er Jahren stattgefundenen Versozialwissenschaftlichung und Empirisierung der Erziehungswissenschaft und nicht zuletzt der Veränderungen politisch-sozialer Verhältnisse sowie der neuen technologische Möglichkeiten digitalisierter Datenübermittlung und Datenspeicherung.

Im Folgenden wird keine strenge historische Entwicklungslinie – etwa von der ursprünglichen Verschmelzung von Pädagogik und Öffentlichkeit bis zu deren Auflösung oder In-Frage-Stellung – nachgezeichnet. Es werden statt dessen die wesentlichen Relationsmuster in ihren traditionellen und aktuellen Ausprägungen als päd-

Alte Parallelitäten und neue Thematisierungen

Traditionelle und aktuelle Relationsmuster

29

agogische Thematisierungen und erziehungswissenschaftliche Zugänge zu beschreiben versucht, wobei den gegenwärtig dominierenden Mischungsverhältnissen von Pädagogik und Öffentlichkeit eine besondere, bisher noch wenig zur Kenntnis genommene Bedeutung gegeben wird.

1. Voraussetzungsverhältnisse

Der pädagogische Programmatiken und Praktiken weithin prägende Impetus der Aufklärung sieht das Ziel pädagogischer Bemühungen in der Teilhabe möglichst vieler Menschen an der nach den Prinzipien der Vernunft und des verbalen Austauschs geregelten Öffentlichkeit. Pädagogik tritt hier in die Rolle des Mediums, das bürgerliche Öffentlichkeit – im Sinne von Jürgen HABERMAS (1962) – dadurch erst ermöglicht, dass es ihre Akteure hervorbringt. Dieser öffentlichkeitsgenerierende Aspekt hat sich als wichtiges Moment der pädagogischen Entwicklung selbst erwiesen, indem nämlich die Ausweitung der Gruppe möglicher Teilnehmer am öffentlichen Diskurs die Adressaten pädagogischer Einwirkung (z. B. durch die Einbeziehung Erwachsener) vervielfachte und eine Spezialisierung auf Gruppen mit tatsächlichen oder vermeintlichen Defiziten (Frauen, Ausländer, Behinderte) legitimierte. Auch wenn teils explizit, teils implizit zwischen der Gruppe der das öffentliche Räsonnement Bestreitenden und der dieses Räsonnement Verfolgenden unterschieden wurde und wird, bestimmt das Konzept der Teilhabe gleichwohl sämtliche pädagogischen Praxisfelder; zumal die Trennung in Produzenten und Rezipienten keine starre ist, sondern sich als wechselseitig austauschbare oder aber als Stufenmodell denken lässt, das die Rezeption als Voraussetzung von Öffentlichkeit mit einschließt. Pädagogik wird so zur Voraussetzung einer funktionierenden Öffentlichkeit.

Pädagogik als Voraussetzung von Teilhabe

Das Wissen und die Fähigkeiten, die vermittelt werden, müssen dementsprechend durch den öffentlichen Nutzen, der ihnen beigemessen wird, gerechtfertigt sein. Das Ziel der Teilhabe am öffentlichen Diskurs bestimmt somit die pädagogischen Inhalte. Eingeschlossen ist darüber hinaus aber auch die Möglichkeit, bisher öffentlich Unbefragtes und Nichtbeachtetes von den Betroffenen zur Sprache zu bringen und damit zur Erweiterung von Öffentlichkeit beizutragen. Auch wenn inzwischen verschiedentlich auf den utopischen Charakter dieser Vorstellung oder die nie oder aber nur für eine kurze Zeit mit einer begrenzten Gruppe verwirklichte Konstruktion einer gebildeten Öffentlichkeit (vgl. MACINTYRE 1992) hingewiesen wird, beherrscht die von CONDORCET bis HABERMAS verfochtene Idee der Teilhabe am öffentlichen Gebrauch der Vernunft den pädagogischen und erziehungswissenschaftlichen Diskurs gleichwohl bis auf den heutigen Tag – gerade auch dann, wenn sie nicht mehr explizit oder gar emphatisch geäußert und begründet, sondern formelhaft von Bildungspolitikern und Bildungspraktikern verwendet wird.

Teilhabe und Erweiterung von Öffentlichkeit

Es ist nur konsequent, dass eine Pädagogik, die sich für die Herstellung von Öffentlichkeit durch eine entsprechende Erziehung ihrer (künftigen) Akteure verantwortlich fühlt, sich selbst auch als öffentlich und damit als transparent begreift; insbesondere in Gestalt des öffentlichen Erziehungssystems mit seinen Leistungen für die Erziehung und Bildung von Kindern, Jugendlichen und Erwachsenen (vgl.

Öffentlichkeit als Voraussetzung von Pädagogik

BECK/HERRLITZ/KLAFKI 1988; OELKERS/OSTERWALDER/RHYN 1998). Denn nur dann, wenn der Zugang zu Bildung für jedermann möglich ist und die Orte, an denen sich diese Bildung vollzieht, der öffentlichen Kontrolle und damit auch der öffentlichen Förderung unterliegen, kann der demokratische Kern der Idee der Teilhabe bewahrt werden. Öffentlichkeit wird so zur Voraussetzung einer vernünftigen Pädagogik. Ein Beispiel aus der Geschichte mag dies verdeutlichen: Als im 18. Jahrhundert Wissen in für jedermann offenen Technik-Museen öffentlich zugänglich gemacht wurde, verwandelte sich das thesaurierte in ein zirkulierendes Wissen (vgl. BAXMANN 1999, S. 244). Das pädagogisch für die Öffentlichkeit zur Schau gestellte Wissen wurde durch diesen Kontakt dynamisiert und in seinen Wirkungen potenziert. Die allgemeine Distribution von Wissen wurde als dem Gemeinwohl förderlich eingestuft.

Der Gedanke einer solchen Identität von Pädagogik und Öffentlichkeit bestimmt bis auf den heutigen Tag die pädagogischen Institutionen. So bezieht das öffentliche Schul- und Hochschulwesen sein Selbstverständnis aus der weitgehenden Unabhängigkeit von speziellen weltanschaulichen Gruppierungen oder auch von der Ökonomie. Die Bezeichnung 'öffentlich' kennzeichnet dabei – wie auch in der Erwachsenenbildung (vgl. KADE 1994, S. 481) – den Rechtsstatus und die Finanzierung, aber auch die Relevanz des pädagogischen Geschehens für die Gesellschaft. Die Zunahme privater Schulen und Hochschulen und die Expansion betrieblicher, d. h. öffentlich nicht einsehbarer und öffentlich nicht geförderter Weiterbildung stellt die Gleichung von Pädagogik und Öffentlichkeit indes wieder in Frage: Während die betriebliche Weiterbildung Exklusion über die Zugehörigkeit zum Betrieb und über in der Regel nichteinsehbare Zulassungsmodalitäten herstellt, verhindern privaten Schulen und Universitäten – trotz eventuell vorhandener Stipendiatenregelungen – die in der öffentlichen Bildung bestehende Inklusion über ihre Gebühren.

Weiterführung und Infragestellung der Identitätsrelation

2. Kommentierungsverhältnisse

Pädagogik und Öffentlichkeit können jedoch auch als voneinander getrennt gedacht werden. Dies zeigt sich beispielsweise an den Frustrationsbekundungen, die von Vertretern der Pädagogik angesichts der mangelnden Würdigung ihrer Arbeit durch die Öffentlichkeit abgegeben werden. Öffentlichkeit ist in diesem Fall gleichzusetzen mit den Massenmedien. Diese thematisieren Pädagogik ihren Selektionskriterien gemäß nur dann, wenn sie Nachrichtenwert hat: d.h., wenn es sich um Ereignisse handelt, die neu, aktuell, ungewöhnlich, skandalös und auf Personen zurechenbar sind (vgl. LUHMANN 1996, S. 58 ff.). Typisch dafür ist etwa die Einschätzung der US-amerikanischen Berichterstattung über Gewalt an den Schulen als 'dramatisierend' und 'die sachliche Einschätzung erschwerend' (vgl. DICHANZ 1997). Von einem solchen öffentlichen Berichterstattungswesen sieht sich die Pädagogik meist missverstanden. Ebenso wenig wird die bei Journalisten beliebte Humor-Metaphorik auf Kosten von Oberlehrern, Proseminaren und Selbsterfahrungs-Kursen (vgl. NOLDA 1995) von den pädagogisch in den entsprechenden Institutionen Tätigen in der Regel geschätzt. Auch die gegenwärtige Lehrer- und Pro-

Berichterstattung über Pädagogisches in den Massenmedien

31

fessoren-Schelte dürfte von den Betroffenen kaum goutiert werden – auch und gerade dann nicht, wenn sie von mehr oder weniger abtrünnigen Mitgliedern dieser Statusgruppe stammt. Die Öffentlichkeit, an die diese Erwartungen gerichtet werden, erscheint als machtvolle mediale Kommentierungsinstanz, deren Urteil ohne Möglichkeit eines wirksamen Einspruchs ertragen werden muss. Gerade wenn es Kennzeichen der modernen Medien-Öffentlichkeit ist, dass sie nicht (mehr) räsoniert, sondern resoniert (vgl. HÖRISCH 1996, S. 98), dann erscheint ein auf geteilten Grundüberzeugungen basierender Dialog prinzipiell unmöglich zu werden. In der Erwartung an eine möglichst positive Kommentierung der pädagogischen Arbeit durch die Öffentlichkeit drückt sich also noch einmal der Verlust der Vorstellung einer Einheit, eines Gleichklangs von Pädagogik und Öffentlichkeit aus.

Aber auch umgekehrt kommt es zu einer kommentierenden Beobachtung: Nachdem in den 70er Jahren das Thema Öffentlichkeit in der Regel vorzugsweise politisch behandelt wurde, ob in der Version von HABERMAS (1962, 1990) als aufklärungsbezogene bürgerliche (Diskurs-)Öffentlichkeit oder in der von NEGT/ KLUGE (1972) als alternative bzw. proletarische Gegenöffentlichkeit, zeichnet sich gegenwärtig ein Übergang von der Diskurs- zur Medienöffentlichkeit ab (vgl. MARESCH 1996; MARESCH/WERBER 1999). In diesem Zusammenhang geht es um Fragen der Veränderung der Öffentlichkeit und um Veränderungen des Verhältnisses der Pädagogik zu einer durch Kommerzialisierung und Mediatisierung gekennzeichneten Sphäre gesellschaftlicher Kommunikation. War Öffentlichkeit im 18. und 19. Jahrhundert interaktionsbezogen am Leitbild der Geselligkeit gedacht, so wird sie heute am Leitbild medial vermittelter Kommunikation entworfen (vgl. OEVERMANN 1995). Dadurch ergeben sich neue Impulse und Irritationen für das Selbstverständnis der Pädagogik. Während Öffentlichkeit für die Aufklärung und die an ihr orientierte Pädagogik und Erziehungswissenschaft realer oder beanspruchter sozialer Ort der Einlösung pädagogischer Zielsetzungen sein konnte, wird Öffentlichkeit unter den Bedingungen ihrer Kommerzialisierung und Mediatisierung zu einem Ort pädagogischer Sorge. Sie wird thematisiert als Problemfeld, das die Verwirklichung pädagogischer Zielsetzungen und Aspirationen gefährdet, damit aber zugleich das Insistieren auf ihrer weiteren Verfolgung legitimiert. In diesem Sinne gehört es zum genuinen Selbstverständnis der Pädagogik, gesellschaftlichen Tendenzen der Gefährdung des Humanen entgegenzuwirken und sie zu bekämpfen.

Diese pädagogische Tradition der Kommentierung der Öffentlichkeit unter Gefährdungsaspekten reicht von der frühen Klage über den gefährlichen Einfluss des Lesens von Romanen auf das Gemüt von Frauen über Versuche des Verbietens von sog. Schundliteratur und Populärfilmen nicht nur in den 1920er Jahren mit Hilfe etwa der Einführung von Jugendschutzgesetzen und Institutionen freiwilliger Selbstkontrolle bis zur wachsenden, den gegenwärtigen pädagogischen Diskurs prägenden Rede von der Gefährdung Jugendlicher und Erwachsener durch die sogenannten Neuen Medien, wobei neben negativ besorgten immer auch positiv optimistische Sichten auf deren pädagogisches Potential eingenommen werden.

Medienöffentlichkeit als
Ort pädagogischer
Reflexion

3. Instrumentalisierungsverhältnisse

Während die wechselseitige Kommentierung als Diskursphänomen bezeichnet werden kann, ist die hier als dritte Relation vorgestellte wechselseitige Instrumentalisierung auf der Ebene des Handelns angesiedelt. So übersetzt das Konzept der Öffentlichkeitsarbeit, das pädagogische Einrichtungen von der Wirtschaft übernommen haben, die Unwahrscheinlichkeit, wenn nicht Unmöglichkeit der Anerkennung der Pädagogik durch die Öffentlichkeit in die Schwierigkeit eines operativen eigenen Anschlusses an sie. Solange der Staat die Verantwortung für Bildung und Ausbildung über inhaltlich-formale Kontrolle und finanzielle Förderung noch voll getragen hatte, war das Verhältnis der solcherart betreuten Bildungseinrichtungen zur Öffentlichkeit ein unproblematisches: Die staatliche Förderung schien die öffentliche Bedeutung und Billigung zu gewährleisten. Mit der Reduktion dieser Förderung wird jedoch ein anderer Begriff von Öffentlichkeit virulent. Unter diesem Stichwort geht es dann nicht mehr um einen einzigen Geldgeber, sondern um eine Vielzahl von zusätzlichen möglichen Sponsoren einerseits und um (zahlende) Kunden andererseits. Und um diese muss sich im Rahmen von Öffentlichkeitsarbeit bemüht werden. So sind Schulen und neuerdings auch Kindertagesstätten vielfältig um Kontakte mit der Lokalpresse bemüht (vgl. GRUSCHKA 1991; WERNER 1994). In diesem Sinne machen sich auch Weiterbildungseinrichtungen Gedanken um ein corporate design, das sie in der Öffentlichkeit auf den ersten Blick (wieder)erkennbar macht. Oder Hochschulen übernehmen amerikanische Modelle des fund raising und bieten ihren nach dem Umfang eingeworbener Drittmittel bewerteten Hochschullehrern Seminare über den richtigen Umgang mit den Medien an. Im Zusammenhang solcher Tendenzen deutet die Pädagogik die Öffentlichkeit als potentiellen Kunden, der vom Wert einer angebotenen Ware überzeugt werden muss.

Andererseits ist auch die Öffentlichkeit nicht frei von der Versuchung, den pädagogischen Institutionen Aufgaben zuzuweisen, die als Instrumentalisierungen interpretierbar sind. Das ist keineswegs ein Kennzeichen totalitärer Staaten, die über Eingriffe in Lehrpläne und über Ausschließungsregelungen die Erziehung von staatstreuen Bürgern sicherstellen wollen. Auch in demokratischen Gesellschaften erfolgen Aufgabenzuweisungen an die Pädagogik, die nicht unbedingt mit deren eigenen Zielsetzungen kompatibel sind: Dies geschieht, wenn etwa die Lösung von Problemen der Arbeitslosigkeit oder der Integration von Ausländern allein der Pädagogik zugemutet wird, ohne die politischen, sozialen und ökonomischen Rahmenbedingungen zu ändern. *Aufgabenzuweisung an die Pädagogik*

4. Eine Zwischenbilanz: Pädagogik und Erziehungswissenschaft, Öffentlichkeit und Teilöffentlichkeiten

In den bisher erläuterten Relationsmustern von Pädagogik und Öffentlichkeit sind sowohl verschiedene Formen von Pädagogik als auch verschiedene Formen von Öffentlichkeit angesprochen bzw. mitgedacht. Unterscheidet man im Anschluss an neuere Diskussionen (vgl. KADE 1999b) zwischen pädagogischer Praxis, normati- *Pluralisierung von Pädagogik und Öffentlichkeit* ver Pädagogik und reflexiver Erziehungswissenschaft, wobei sich die normative Pädagogik einerseits der Maßgabe der Aufklärung, andererseits der Maßgabe der Qualifizierung verpflichtet fühlt, so lassen sich die beschriebenen Spielarten des Verhältnisses von Pädagogik und Öffentlichkeit zusammenfassend folgendermaßen charakterisieren: Im Rahmen des Relationsmusters 'Pädagogik und Öffentlichkeit als wechselseitige Voraussetzungen' ist es die normativ-aufklärerische Pädagogik und die ihre Konzepte übernehmende Praxis, die von der Absicht bestimmt ist, Kinder (und dann auch Erwachsene) zu befähigen, am öffentlichen Leben teilzuhaben. Die Spannbreite dieser Teilhabe reicht von der Übernahme einer aktiven Rolle beim öffentlichen Räsonnement bis zur Schaffung von Voraussetzungen, die es allen ermöglichen sollen, die Diskussion öfflicher Angelegenheiten zu verfolgen oder aber bisher unterdrückte Standpunkte öffentlich zu Gehör zu bringen. Öffentlichkeit ist in diesem Fall gleichzusetzen mit vernunftbasierter Kommunikation über relevante Angelegenheiten der Gesellschaft. Auch die Angleichung von 'pädagogisch' und 'öffentlich' im Sinne von Transparenz und allgemeiner Zugänglichkeit wird von einer normativen Pädagogik und ihrer Praxis vertreten. Hier tritt aber die qualifikatorische Variante der normativen Pädagogik stärker in den Vordergrund: Pädagogik stellt sich bewusst in den Dienst öffentlich geforderter Qualifikationen. Sie sorgt im Idealfall für eine alters- und begabungsmäßig angemessene Ausstattung mit Wissen und Kompetenzen, aber auch für Korrekturen bisheriger Bildungsgänge und Anpassungen an neue Erfordernisse, wobei sie im Gegensatz zur nichtöffentlichen Bildung dem Gebot der Inklusion folgt. Öffentlichkeit ist hier mit dem Verbot der Ausschließung identisch. Im Fall der Klage über die inkompetente Darstellung pädagogischer Arbeit durch die Massenmedien im Relationsmusters 'Pädagogik und Öffentlichkeit als wechselseitige Kommentierungsinstanzen' sind es vor allem die Praktiker und Funktionäre oder aber sich als Praxisbetreuer verstehende Wissenschaftler, die als Sprecher ausgemacht werden können. Öffentlichkeit ist hier gleichzusetzen mit der in den Massenmedien verbreiteten öffentlichen Meinung. Die Massenmedien als Öffentlichkeit sind auch das Objekt der sorgenvollen Kommentierung durch die normative Pädagogik, die die Ideale der Aufklärung gefährdet sieht. Bei der Instrumentalisierung von Öffentlichkeit durch die Pädagogik im Relationsmuster der Instrumentalisierung ist die pädagogische Praxis die Vorreiterin. Sie versteht unter Öffentlichkeit zu umwerbende Geldgeber und Kunden, die ihr ihre Existenz sichern helfen. Dabei kann es durchaus darum gehen, mit Hilfe der solcherart akquirierten Mittel normativ-aufklärerische Bildungskonzepte zu ermöglichen oder auch nur sicherzustellen. Auch die auf Instrumentalisierungen der Pädagogik hinauslaufenden Zumutungen einer bildungspolitisch beeinflussten Öffentlichkeit richten sich vorzugsweise an die Praxis.

Die Bezüge von normativer Pädagogik und pädagogischer Praxis zur Öffentlichkeit – in Identitätsmodellen verstanden als vernunftbasierte Kommunikation und als Gesamtheit der bildungsfähigen Bevölkerung, in Differenzmodellen verstanden als Kommentierungsinstanz oder als Adressaten im Sinne von zahlenden Kunden – sind für die reflexive Erziehungswissenschaft nicht von Belang. Sie ist an einem Einfluss auf eine wie auch immer verstandene, in jedem Fall aber von ihr institutionell getrennte Öffentlichkeit – zumindest zunächst – nicht interessiert. Sie hat deshalb auch nur eine eingeschränkte Berechtigung zur Klage, wenn sie – was

34

der Fall ist – so gut wie nie zum öffentlichen Thema wird (vgl. WINKLER 1990, S. 20). Für sie ist die Öffentlichkeit weniger Handlungsproblem als ein auf theoretischer Ebene herausforderndes Thema (vgl. etwa STROß/THIEL 1998).

An die Stelle eines Konzepts, das Öffentlichkeit zur Markierung eines homogenen Ortes gesellschaftlichen Kommunikation zwischen Staat und Privatsphäre benutzt, ist in den Sozialwissenschaften inzwischen die Unterscheidung von bereichsspezifischen gesellschaftlichen Teilöffentlichkeiten getreten. Von Öffentlichkeit, so die dahinter stehende These, lässt sich nicht mehr sinnvoll als einer einzigen, eindeutigen sozialen Realität, also gleichsam im Singular, sprechen, sie ist vielmehr als in sich komplex, mit anderen Worten: als Vielheit von Teilöffentlichkeiten zu konzipieren. Eine solche Ausdifferenzierung des Öffentlichkeitskonzepts ermöglicht es nicht nur, eine pädagogische Öffentlichkeit in Abhebung von anderen gesellschaftlichen Teilöffentlichkeiten, wie etwa einer politischen, einer kulturellen, einer wissenschaftlichen, einer massenmedialen Öffentlichkeit, zu bezeichnen. Sie ermöglicht die Spezifizierung der 'Abnehmer' pädagogischer Leistungen in der – umfassend gedachten – Öffentlichkeit. Beobachtet werden kann in dieser Hinsicht einerseits, dass aus der Pädagogik bzw. Erziehungswissenschaft Inputs und Anregungen in unterschiedliche (Teil-)Öffentlichkeiten gelangen können, z.B. in die Teilöffentlichkeit, die durch die ökologische Kommunikation gebildet und bestritten wird (vgl. THIEL 1996; FRANZ-BALSEN 1996). Andererseits kann dadurch aber auch beschrieben werden, ob und inwiefern Pädagogik durch je spezifische Teilöffentlichkeiten beeinflusst wird, d.h. etwa die Diskussionen, die dort – an die Pädagogik gerichtet – geführt werden.

Öffentlichkeit als Vielheit

5. Mischungsverhältnisse

Gravierender als diese unter dem Stichwort Ausdifferenzierung laufenden Veränderungen des von der Pädagogik bzw. Erziehungswissenschaft genutzten Öffentlichkeitskonzeptes sind jedoch Veränderungen, welche die auf dem Vernunftbegriff basierende Verknüpfung von Pädagogik und Öffentlichkeit betreffen –in dem Sinne, dass Pädagogik und Öffentlichkeit gleichsam als die gesellschaftlich exponierten Kontexte verstanden werden, in denen die Vernunft per se vernünftig ist.

Die Erziehungswissenschaft schließt an entsprechende zeitdiagnostische Befunde und Erfahrungen an, wenn sie einen weniger professions- und praxisorientierten als theoretisch-empirischen Bezug zur (massen-)medial strukturierten Öffentlichkeit wählt und – in Abhebung von den Fragestellungen der Medienpädagogik – über den Rand pädagogisch professionalisierter bzw. professionalisierbarer Handlungszusammenhänge hinaus auf die »Aneignungsverhältnisse diesseits und jenseits« davon (vgl. KADE 1993) den Blick richtet und nach der »Pädagogik der Medien« (KADE i. Dr.) fragt. Ausgangspunkt dieser Überlegungen ist es, dass es neben der Normensicherung und Wissensvermittlung eine wichtige Aufgabe von Bildungsveranstaltungen ist, ihre Teilnehmer bzw. Adressaten bei der Lebensgestaltung, und dies heißt in modernen Gesellschaften vor allem bei der Gestaltung ihrer Biographien zu unterstützen. Dabei gewinnen neben den traditionellen Formen von Bildungsangeboten, den »Encounter- und Veranstaltungsöffentlichkeiten« (vgl.

Vermittlung durch Massenmedien

NEIDHARDT 1994), zunehmend massenmediale populäre Formen der Wissens- und Biographievermittlung an Einfluss. Die gegenwärtig publikumswirksamste Institution massenmedialer Normen-, Wissens- und Biographievermittlung ist das Fernsehen mit seinem vielfältigen Angebot an Informations- und Unterhaltungssendungen. Es ordnet Lebensgeschichten und macht sie dadurch kommunikabel, leistet also einen Beitrag zu der – auch pädagogischen – Aufgabe des »Biographisierens« (vgl. MAROTZKI 1991, S. 184 f.).

Die inzwischen gewachsene Zahl von (kleineren) Studien zu dieser Pädagogik der Medien zeigt, dass die (massen-)medial strukturierte öffentliche Kommunikation der Pädagogik nicht nur Anlass zur Sorge sein muss. Sie ist vielmehr selbst in hohem Maße (bereits) pädagogisch strukturiert. Sie greift auf pädagogische Denk- und Handlungsmuster zurück, die ursprünglich in explizit pädagogischen Handlungszusammenhängen entwickelt und erprobt wurden:

Es lässt sich etwa beobachten, dass in Fernseh-Kriminalserien sowohl pädagogische Mittel der Steuerung, der Strukturierung und der Intervention in kriminelle Biographien angewandt als auch Möglichkeitsräume für biographische Bildungsprozesse eröffnet werden: So war etwa die in der DDR erfolgreiche Kriminalserie »Polizeiruf 110« insofern pädagogisch strukturiert, als sie – in der Gestalt der Ermittler am Leitbild eines wohlmeinenden Herrschers orientiert, der weiß, was für das Volk gut ist – dem Zuschauer eine von Ambivalenzen und Uneindeutigkeiten freie Ordnung ihrer Biographien präsentierte, die es ihnen ermöglichte, sie am Leitgedanken von 'moralisch' und 'nicht-moralisch' zu decodieren. Währenddessen orientierte sich der westliche »Tatort« zur gleichen Zeit am Ideal einer zukunftsoffenen Experimentier- und Kommunikationsgesellschaft. Entsprechend ist sein Ende meist uneindeutig. Die 'Lösungen', die angeboten werden, bestehen aus biographischen Geschichten, die auf ein tieferes Verständnis einer komplexen gesellschaftlichen Ordnung anspielen, ohne den Schlüssel zu deren Verständnis zu liefern (vgl. KADE 1996). Partnervermittlungs-Shows benutzen die voyeuristischen Bedürfnisse der Zuschauer und vermitteln verdeckt Verhaltensmuster, die Menschen bei der paradoxen Aufgabe der Entwicklung einer sozial akzeptierten Individualität helfen sollen. Den Moderierenden kommt die zentrale Rolle des Vorbildes (z. B. an schlagfertiger Anzüglichkeit, biederer Seriosität oder auch ironischer Frauenpower) zu, den Partnersuchenden die Rolle der Lernenden, denen noch Hilfestellung gegeben werden muss (vgl. NOLDA 1996). Bei Moderatoren von Talkshows können vielfältige Elemente des Lehrerhandelns (Tadeln, Bekräftigen, Verdeutlichen, Verweisen, Visualisieren, Bewerten usw.) ausgemacht werden. Moderatoren können aber auch den Idealschüler verkörpern, der intelligent fragt, der sich belehren lässt und der auch und gerade dann lernt, wenn sein vorgefertigtes Fragekonzept zerstört wird (vgl. SEITTER 1997). Talkshows als Genre sind aber auch als Verkörperungen von unterschiedlichen Modellen der Pädagogik interpretierbar: etwa des Modells Unterrichts, in dem Kommunikation als Mittel der Wissens- und Wertevermittlung fungiert (so z. B. in den von den privaten, kommerziell arbeitenden Fernsehsendern produzierten Daily Talkshows vom Typ »KERNER« oder »Bärbel SCHÄFER«) und des Modells der geselligen Bildung, bei dem Kommunikation als Medium von Bildung Selbstzweck ist. Sowohl die anspruchslosen Nachmittagsserien als auch ästhetisch anspruchsvolle Experimente wie »Christoph SCHLINGENSIEF – Talk 2000« sind durch Zuschauer-Irritationen gekennzeichnet, die von den Moderatoren ausgehen – zum einen von solchen, die als pädagogisches Steuerungszentrum agieren, zum anderen von solchen, die sich als Teil einer »pädagogischen Installation« verstehen, in die man sich als Zuschauer unabhängig von sachlichen, sozialen und örtlichen Bindungen temporär hineinbegeben kann. Ob die zielstrebig durch pädagogische Interventionen oder unkoordiniert durch pädagogisch bedeutsame Arrangements erzeugten Irritationen als Lernzumutungen erfahren werden oder als flüchtige Erlebnisse – am Gedächtnis vorbei – im Diffusen versickern und in Vergessenheit geraten, das kann – mehr noch als im Falle von Unterricht – durch die Analyse von Talkshows aus der Vermittlungsperspektive allerdings nicht vorentschieden werden (vgl. KADE 1999a). Am Beispiel von Familienserien schließlich kann dargestellt werden, wie über die formalen Elemente der Serialität, der Narration und Repetition sowie der Dialogizität und Montage in einem durch Überfülle und ein Nebeneinander von neuen und wiederholten, naiven und persiflierenden Serien geprägten Programm Rezeptionen ermöglicht werden, die Familiarität mit Distanz verbinden und dadurch bisher übersehene Bildungschancen im Sinne von Vergleichen, Relativierungen und Ironisierungen enthalten (vgl. NOLDA 1998). Die massenmediale Mediatisierung von Wissen über Literatur und Kunst schließlich greift – im Vertrautheit herstellenden Format der Serie – auch auf klassische Modelle habitusgenerierender Bildungsarrangements zurück; – z. B. bei der Sendung »Das Literarische Quartett« auf das in Frankreich entwickelte Modell des Literarischen Salons, zu dem nicht die Herkunft, sondern rhetorisches Geschick und Wissen Zutritt verschafft. Statt monologischer Belehrung wird die emotionalisierte Dialogform bevorzugt, in deren Rahmen Bildungswissen nicht zelebriert, Fachwissen aber unter Umständen relativiert wird. Indem die Vermittler als Personen mit einer unverwechselbaren Biographie auftreten, wird dem Zuschauer das indirekte Angebot gemacht, sich den besprochenen Objekten auf gleichem Weg zu nähern und sie sich so individuell anzueignen (vgl. NOLDA 1999).

Die in solchen und anderen Studien analysierte Pädagogisierung der massenmedialen öffentlichen Kommunikation (vgl. auch OELKERS 1995) hat als Bezugspunkt der Strukturierung vielfach selbst dort die Pädagogik, wo sie sich von dieser explizit absetzt. Einerseits wird offenbar alles zur Pädagogik, andererseits will sich Pädagogik nicht als Pädagogik zu erkennen geben. Aber vielleicht liegt gerade darin ein Merkmal einer modernen, reflexiv gewordenen Pädagogik. An öffentlichen geführten Auseinandersetzungen wie die zwischen Martin WALSER und Ignatz BUBIS über die Formen des Erinnerns an den Holocaust (vgl. SCHIRRMACHER 1999) oder auch an der Auseinandersetzung im Zusammenhang der Mahnmaldebatte kann man sehen, dass es – im Sinne einer gesellschaftlichen Selbstbeschreibung unter pädagogischen Aspekten – in solchen öffentlichen Kontroversen immer auch um die (latente) Frage geht, welche Variante von Pädagogik gesellschaftlich zu präferieren ist: die der moralischen Argumentation durch ein pädagogisches Handlungssubjekt oder die der »pädagogischen Installation« (vgl. KADE 1999a), in der ein Pädagoge als Medium gesellschaftliche Problemlagen auftritt. Es handelt sich hierbei also um die Auseinandersetzung zwischen einer explizit und sich eher moralisch legitimierenden Figuration auf der einen Seite und der einer eher ästhetisch angelegten Figuration auf der anderen Seite –ein Gegensatz, der auch in erziehungswissenschaftlichen Fachaufsätzen thematisiert wird (vgl. z.B. ROSENOW 1996).

Öffentliche Reflexion pädagogischer Varianten

37

Zu der Infragestellung der Vorstellung einer festen, an Einheitsmodellen orientierten Koppelung von Öffentlichkeit und Aufklärung durch die neuere Entwicklung der Massenmedien und die sogenannten Neuen Medien, insbesondere das Internet, kommt in diesem Zusammenhang als weiteres Thema die Infragestellung der Abgrenzung zwischen Öffentlichkeit und Privatheit hinzu. Wenn im Fernsehen Real-Life-Soaps wie »Big Brother« oder »Der Frisör« die Grenzen zwischen Privatheit und Öffentlichkeit, zwischen Fiktion und Realität, zwischen Beobachter und Beobachtetem verwischen oder wenn die von der Orts- und Zeitkoordination unabhängige Öffentlichkeit des Internet im Grunde genommen nur die Möglichkeiten potenziert, von einem Privatraum in einen anderen Privatraum hinein zu kommunizieren und die Errichtung hochspezialisierter Individualöffentlichkeiten ermöglicht (vgl. THIEDEKE 1997, S. 236), dann fällt die klassische Unterscheidung schwer: Traditionellerweise wird der private Raum als Ort der partikularen, instrumentellen und ökonomischen Interessen der Öffentlichkeit im Sinne einer politischen Sphäre gegenübergestellt. Es wird aber auch das Intime und Individuelle von der Öffentlichkeit als gesellschaftlich allgemein zugänglicher Sphäre abgehoben. Inzwischen gibt es indes Anzeichen dafür, dass das Private – auch unter dem Einfluss der Ausbreitung des Pädagogischen – immer mehr seine Eigenlogik einbüßt und aufgezehrt wird.

Wenn man die These vom Verfall der Öffentlichkeit durch die Tyrannei der Intimität (vgl. SENNETT 1983) nicht teilt, läuft die skizzierte Entwicklung letztlich auf die Notwendigkeit einer Neujustierung des Verhältnisses von Öffentlichkeit und Privatheit hinaus. Sie ist auch erziehungswissenschaftlich von Belang. So sind der Wandel der Öffentlichkeit in virtuellen Realitäten (vgl. FAßLER 1996) und insbesondere das veränderte Verhältnis von Subjektivität und Öffentlichkeit unter den Bedingungen des Internet grundlagentheoretisch äußerst herausfordernde Themen (vgl. SANDBOTHE/MAROTZKI 2001). In diesen Zusammenhang gehören auch die im erziehungswissenschaftlichen Diskurs stattfindende Aufwertung der Aneignungsperspektive als privater Raum gegenüber der Öffentlichkeit des pädagogischen Handelns sowie vielfältige Thematisierungen des Brüchigwerdens klarer, eindeutiger Unterscheidungen zwischen öffentlich und privat innerhalb sozialer pädagogischer Arrangements. Es sind inzwischen vermehrt vielfältige Mischformen von Öffentlichkeit und Privatheit innerhalb der Pädagogik und des pädagogischen Raumes zu beobachten. So können etwa Veranstaltungen der allgemeinen Erwachsenenbildung eine gleichsam private Öffentlichkeit herstellen, die auf Authentizität, Individualität und Reziprozität basiert (vgl. KADE/LÜDERS/HORNSTEIN 1993) und sich damit von einer (entfremdeten, anonymen, systemischen) gesellschaftlichen Öffentlichkeit jenseits der Einrichtungen absetzt. In der betrieblichen Weiterbildung, die sich im Rahmen von Personalentwicklung immer mehr dem Bereich sogenannter weicher Kompetenzen zuwendet, werden persönliche Offenlegungen, eine »permanente Benennung und Besprechung des Selbst« (HARNEY 1993, S. 166) gefordert und gefördert, die traditionellerweise dem Bereich des Privaten vorbehalten waren. Auch die neuerdings von der Erziehungswissenschaft wahrgenommenen Phänomene des büchereigestützten Lesens, der vereinsbezogenen Hobbypflege und des organisierten Reisens machen auf die pädagogische Bedeutung der Mischformen von Öffentlichem und Privatem aufmerksam (vgl. SEITTER 2000).

Übergänge von Öffentlichkeit und Privatheit in den Medien

Übergänge von Öffentlichkeit und Privatheit in der Pädagogik

Zusätzlich findet die Auflösung des Öffentlichen in der Pädagogik auf der Ebene des Organisatorisch-Finanziellen statt: Mit dem Rückzug staatlicher Förderung werden öffentliche Aufgaben zunehmend zu privatwirtschaftlichen erklärt – eine Entwicklung, von der auch pädagogische Institutionen betroffen sind. Auch hier kommt es wieder zu Reziprozitäts- und Mischungsverhältnissen: So wie pädagogische Institutionen wie etwa Volkshochschulen teilprivatisiert werden bzw. nach marktwirtschaftlichen Gesetzen operieren müssen, so werden privatwirtschaftliche Strukturen durch Legitimationszwänge öffentlich. Das 'Öffentliche' in der öffentlich verantworteten Erwachsenenbildung schwindet, löst sich auf, vermischt sich mit dem Privat(wirtschaftlich)en (vgl. MEISEL/NUISSL 1995). Das wiederum haben pädagogische Institutionen mit Massenmedien gemein, die Öffentlichkeit produzieren. Öffentlichkeit wird hierbei mehr und mehr zu einem Zufallsprodukt verschiedener um Marktanteile kämpfender Medienanbieter (vgl. THIEDEKE 1997, S. 231).

Insgesamt ist also das Verhältnis zwischen Pädagogik und Öffentlichkeit durch eine Vielzahl von pädagogischen bzw. erziehungswissenschaftlichen Vorstellungen geprägt, die sich – auf einer weiteren Stufe der Verallgemeinerung – in den Thematisierungsmustern von Identität, Differenz und Mischung bündeln lassen. Es wäre allerdings historisch kurzsichtig, das auf die Aufklärung zurückgehende emphatische Einheitsmodell von Pädagogik und Öffentlichkeit als gesellschaftlich überholt zu verwerfen und etwa das ironisch-ästhetische Mischungsmodell als das dem Stand der »Reflexiven Moderne« (BECK/GIDDENS/LASH 1996) allein angemessene zu behaupten. Eher erscheint es angebracht, den konzeptionellen Rahmen der Bestimmung des Verhältnisses von Pädagogik und Öffentlichkeit dafür offen zu halten, dass Theorie und Praxis der Pädagogik von einer die jeweiligen Kontexte und Funktionen berücksichtigenden Verwendung von Momenten aller drei Modelle bestimmt sind. Bei aller unterschiedlichen und vielfältigen Bedeutung, die die Konzepte Pädagogik und Öffentlichkeit haben, gemeinsam ist ihnen, dass sie aus pädagogischer bzw. erziehungswissenschaftlicher Sicht vielfach aufeinander bezogen werden und offensichtlich in hohem Maße zur wechselseitigen Bestimmung der eigenen Identität geeignet sind, vielleicht sogar benötigt werden. Die Kategorie Öffentlichkeit eignet sich einerseits zur Beobachtung und Beschreibung verschiedener elementarer Bestimmungen pädagogischen Handelns und pädagogischer Handlungskontexte (Ziele, Institutionalisierung, Wissen, Themen, Adressaten, Interaktion, Evaluation). Andererseits kann die Kategorie Pädagogik nicht nur zur Charakterisierung eines aufklärerischen Öffentlichkeitskonzepts, etwa gar in dem Sinne von Theodor W. ADORNOs Diktum, dass Öffentlich »nichts fest Umrissenes, sondern polemischen Wesens (ist): was einmal nicht öffentlich war, soll es werden« (ADORNO 1972, S. 533), sondern auch zur Beschreibung aktueller Phänomene der massenmedialen Öffentlichkeit genutzt werden, in der der Anteil an pädagogisch vermittelnden Intentionen offensichtlich größer ist, als dies deren Protagonisten selbst bewusst ist. In diesem Sinne bleibt Öffentlichkeit ein nunmehr pädagogisch strukturiertes Bildungsmittel. Allerdings stellt die für moderne, mediatisierte Öffentlichkeiten charakteristische Unverbindlichkeit sozialer Beziehungen (vgl. SANDER 1998) ein letztlich interaktionsorientiertes Bildungskonzept der Pädagogik als Leitgedanken von Öffentlichkeit in Frage.

Solange das Fernsehen als Leitmedium gelten kann und der Staat sich nicht gänzlich aus seiner einstigen Verantwortung zurückzieht, sind es die Mischungsverhältnisse, die das Verhältnis von Pädagogik und Öffentlichkeit bestimmen. Diese vermischen sich aber auch mit anderen Relationsmustern zwischen Pädagogik und Öffentlichkeit – z.B. mit dem der Komplementarität. In dem Maße nämlich, in dem Öffentlichkeit als vielfältig und desintegriert wahrgenommen wird, kann die Gleichsetzung mit Pädagogik nicht mehr aufrecht erhalten werden. Die Pädagogik übernimmt dann die (letztlich unerfüllbare) Aufgabe, die in der Öffentlichkeit verlorene Integration in ihren eigenen Institutionen – also extern – wiederherzustellen. Neben diesen externen Versuchen durch explizites pädagogisches Handeln erhält aber auch die öffentlichkeitsimmanente Kommunikation – als verdeckte Pädagogik – den Integrationsanspruch aufrecht. Wenn im öffentlichen Diskurs etwa über die Erfolglosigkeit institutionellen pädagogischen Handelns geklagt wird, dann ist diese Klage zugleich Beleg für das erfolgreiche Einsickern der Pädagogik in die Öffentlichkeit.

Mischung und Komplementarität

Die Frage stellt sich, ob die Wirkungsschwäche expliziter pädagogischer Interaktion in eigens dafür geschaffenen Institutionen vielleicht deshalb akzeptiert wird, weil die durchgreifende Pädagogisierung der massenmedialen Kommunikation die Individuen auch dann nicht vor pädagogischen Ansprüchen bewahrt, wenn sie sich als Rezipienten von Presse und Fernsehen, aber auch als Teilnehmer an Newsgroups oder Benutzer von Chatrooms im Internet außerhalb pädagogischer Institutionen befinden oder diese endgültig verlassen haben. Die 'Erfolglosigkeit' der expliziten Pädagogik stände somit in einem komplementären Verhältnis zur erfolgreichen Durchsetzung der massenmedialen Öffentlichkeit mit pädagogischen Strukturierungen und Denkmustern. Der Schwäche pädagogischer Institutionen und dem Zweifel der sie beobachtenden Erziehungswissenschaft steht der Glaube in Politik, Wirtschaft und der von diesen beeinflussten Öffentlichkeit an die Notwendigkeit und Wirksamkeit permanenten Lernens nicht nur von Individuen, sondern von Gesellschaften, Organisationen und eben auch von Öffentlichkeit und Öffentlichkeiten gegenüber.

Explizite vs. implizite Pädagogik

Literatur

ADORNO, TH.W.: Meinungsforschung und Öffentlichkeit. In: ADORNO, TH.W.: Soziologische Schriften I. Frankfurt/M. 1972 (1964), S. 532-537.

BAXMANN, D.: Wissen, Kunst und Gesellschaft in der Theorie Condorcets. Stuttgart 1999.

BECK, U./GIDDENS, A./LASH, S.: Reflexive Modernisierung. Eine Kontroverse. Frankfurt/M. 1996.

BECK, K./HERRLITZ, H.-G./KLAFKI, W. (Hrsg.): Erziehung und Bildung als öffentliche Aufgabe. Analysen – Befunde – Perspektiven. Weinheim und Basel 1988 (23. Beiheft der Zeitschrift für Pädagogik).

DICHANZ, H.: Gewalt an den Schulen in USA. In: Die deutsche Schule 1997, H.2, S. 216-230.

FAßLER, M.: Mediale Interaktion. Speicher, Individualität, Öffentlichkeit. München 1996.

FRANZ-BALSEN, A.: Informationsvermittlung in der Umweltbildung oder: Über den Umgang mit Nichtwissen. In: NOLDA, S. (Hrsg.): Erwachsenenbildung in der Wissensgesellschaft. Bad Heilbrunn 1996, S. 140-170.

GRUSCHKA, A.: Pädagogik und Marketing. In: Pädagogische Korrespondenz 1991, H.9, S. 5-16.

HABERMAS, J.: Strukturwandel der Öffentlichkeit. Neuwied 1962 (wiederveröff. mit neuem Vorwort Frankfurt/M. 1990).

HARNEY, K.: Erwachsenenbildung als Benennungspraxis. In: FRIEBEL, H. u.a.: Weiterbildungsmarkt und Lebenszusammenhang. Bad Heilbrunn 1993, S. 160-170.

HÖRISCH, J.: Leser oder Schnittstelle Mensch. Öffentlichkeit im multimedialen Zeitalter. In: HAMMEL, E. (Hrsg.): Synthetische Welten. Kunst, Künstlichkeit und Kommunikationsmedien. Essen 1996, S. 87-107.

KADE, J.: Aneignungsverhältnisse diesseits und jenseits der Erwachsenenbildung. In: Zeitschrift für Pädagogik (1993), H.3, S. 391-408.

KADE, J.: Einrichtungen der Erwachsenenbildung. In: LENZEN, D. (Hrsg.): Erziehungswissenschaft. Ein Grundkurs. Reinbek 1994, S. 477-495.

KADE, J.: »Tatort« und »Polizeiruf 110«. Zur biographischen Kommunikation des Fernsehens in beiden deutschen Staaten. In: Bios. 1996, H.1, S. 114-126.

KADE, J.: Irritationen – zur Pädagogik der Talkshow. In: GOGOLIN, I./LENZEN, D. (Hrsg.): Medien-Generation. Opladen 1999, S. 151-181 (a).

KADE, J.: System, Protest und Reflexion. Gesellschaftliche Referenzen und theoretischer Status der Erziehungswissenschaft/Erwachsenenbildung. In: Zeitschrift für Erziehungswissenschaft (1999), H.4, S. 529-544 (b).

KADE, J.: Boulevard Bio. Die Pädagogik einer Talkshow. In: KRAIMER, K. (Hrsg.): Die Fallrekonstruktion. Sinnverstehen in der sozialwissenschaftlichen Forschung. Frankfurt/M. 2000.

KADE, J.: Pädagogik der Medien. In: ARNOLD, R./NOLDA, S. /NUISSL, W. (Hrsg.): Wörterbuch der Erwachsenenbildung. Bad Heilbrunn i. Dr.

KADE, J./LÜDERS, CH.: Lokale Vermittlung. Pädagogische Professionalität unter den Bedingungen der Allgegenwart medialer Wissensvermittlung. In: COMBE, A./HELSPER, W. (Hrsg.): Pädagogische Professionalität. Untersuchungen zum Typus pädagogischen Handelns. Frankfurt/M. 1996, S. 887-923.

KADE, J./LÜDERS, CH./HORNSTEIN, W.: Die Gegenwart des Pädagogischen – Fallstudien zur Allgemeinheit der Bildungsgesellschaft. In: OELKERS, J./TENORTH, H.-E. (Hrsg.): Pädagogisches Wissen. Weinheim/Basel 1993, S. 39-66.

LUHMANN, N.: Die Realität der Massenmedien. Opladen 1996, 2.Aufl.

MACINTYRE, A.: Die Idee einer gebildeten Öffentlichkeit. In: OELKERS, J. (Hrsg.): Aufklärung, Bildung und Öffentlichkeit. 28. Beiheft der Zeitschrift für Pädagogik. Weinheim 1992, S. 77-98.

MARESCH, R. (Hrsg.): Medien und Öffentlichkeit. Positionierungen, Symptome, Simulationsbrüche. München 1996.

MARESCH, R./WERBER, N. (Hrsg.): Kommunikation – Medien – Macht. Frankfurt/M. 1999.

MAROTZKI, W.: Bildungsprozesse in lebensgeschichtlichen Horizonten. In: HOERNING, E.M. u.a.: Biographieforschung und Erwachsenenbildung. Bad Heilbrunn 1991, S. 182-205.

MEISEL, K./NUISSL, E.: Das »Öffentliche« in der öffentlich verantworteten Erwachsenenbildung. In: Hessische Blätter für Volksbildung 1995, H.2, S. 112-118.

NEGT, O./KLUGE, A.: Öffentlichkeit und Erfahrung. Frankfurt/M. 1972.

NEIDHARDT, F.: Einleitung. In: NEIDHARDT, F. (Hrsg.): Öffentlichkeit, öffentliche Meinung, soziale Bewegungen. Opladen 1994, S. 7-41 (34. Sonderheft der Kölner Zeitschrift für Soziologie und Sozialpsychologie).

NOLDA, S.: Volkshochschule als Metapher. In: Hessische Blätter für Volksbildung, 1995, H.2, S. 107-111.

NOLDA, S.: Verdeckte Vermittlung. Partnervermittlungen im Fernsehen. In: medienpraktisch, 1996, H.4, S. 26-28.

NOLDA, S.: Distanzierte Familiaritäten. Zur möglichen Pädagogik von Fernseh-Familienserien. In: Zeitschrift für Erziehungswissenschaft (1998), H.1, S. 89-102.

NOLDA, S.: Popularisierung von Bildungswissen im Fernsehen. In: DRERUP, H./KEINER, E. (Hrsg.): Popularisierung wissenschaftlichen Wissens in pädagogischen Feldern. Opladen 1999, S. 157-179.

OELKERS, J.: Einleitung: Aufklärung als Lernprozeß. In: OELKERS, J. (Hrsg.): Aufklärung, Öffentlichkeit und Bildung. Weinheim/Basel 1992, S. 9-24 (28. Beiheft der Zeitschrift für Pädagogik).

OELKERS, J.: Topoi der Sorge. Beobachtung zur öffentlichen Verwendung pädagogischen Wissens. In: OELKERS, J./ TENORTH, H.E. (Hrsg.): Pädagogisches Wissen. Weinheim/Basel 1993, S. 213-232.

OELKERS, J.: Pädagogische Ratgeber. Erziehungswissen in populären Medien. Frankfurt/M. 1995.

OELKERS, J./OSTERWALDER, F./RHYN, H. (Hrsg.): Bildung, Öffentlichkeit und Demokratie. Weinheim/Basel 1998 (38. Beiheft der Zeitschrift für Pädagogik).

OEVERMANN, U.: Der Strukturwandel der Öffentlichkeit durch die Selbstinszenierungslogik des Fernsehens. Frankfurt/M. 1995 (Manuskript).

RÖTZER, F.: Interaktion – das Ende der herkömmlichen Massenmedien. In: MARESCH 1996, S. 119-134.

ROSENOW, E.: Postmoderne Erziehung in einer liberalen Gesellschaft. In: Zeitschrift für Pädagogik (1996), H.5, S. 753-766.

SANDBOTHE, M./MAROTZKI, W. (Hrsg.): Subjektivität und Öffentlichkeit. Kulturwissenschaftliche Grundlagenprobleme virtueller Welten. Köln 2001.

SANDER, U.: Die Bindung der Unverbindlichkeit. Mediatisierte Kommunikation in modernen Gesellschaften. Frankfurt/M. 1998.

SCHIRRMACHER, F.: Die Walser-Bubis-Debatte. Eine Dokumentation. Frankfurt/M. 1999.

SCHMIDT, S. J./SPIEß, B.: Die Kommerzialisierung der Kommunikation. Fernsehwerbung und sozialer Wandel 1956-1989. Frankfurt/M. 1996.

SEITTER, W.: »Willemsens Woche«. Die Talkshow als Ort pädagogisch strukturierter Wissensvermittlung und biographischer (Selbst-)Präsentation. In: BEHNKEN, I./SCHULZE, Th. (Hrsg.): Tatort: Biographie. Opladen 1997, S. 117-135.

SEITTER, W.: Lesen, Vereinsmeiern, Reisen. (Vergessene) Elemente einer Theorie lebenslangen Lernens. In: Zeitschrift für Pädagogik (2000), H.1, S. 81-96.

SENNETT, R.: Verfall und Ende des öffentlichen Lebens. Die Tyrannei der Intimität. Frankfurt/M. 1983.

STROß, A.M./THIEL, F. (Hrsg.): Erziehungswissenschaft, Nachbardisziplinen und Öffentlichkeit. Themenfelder und Themenrezeption der allgemeinen Pädagogik in den achtziger und neunziger Jahren. Weinheim 1998.

THIEDEKE, U.: Medien, Kommunikation und Komplexität. Opladen 1997.

THIEL, F.: Ökologie als Thema. Überlegungen zur Pädagogisierung einer gesellschaftlichen Krisenerfahrung. Weinheim 1996.

WERNER, D.: Öffentlichkeit. In: Klein u. groß 1994, H.4, S. 20-23.

WINKLER, M.: Unerfüllte Sehnsüchte. Einige Vermutungen über das Verschwinden der Erziehungswissenschaft in der Öffentlichkeit. In: DRERUP, H./TERHART, E. (Hrsg.): Erkenntnis und Gestaltung. Vom Nutzen erziehungswissenschaftlicher Forschung in praktischen Verwendungskontexten. Weinheim 1990, S. 19-44.

Erziehungswissenschaft im Wissenschaftssystem

Rudolf Tippelt

Inhalt

Die Pädagogik bzw. Erziehungswissenschaft – Begriffe, die ich im Folgenden synonym verwende – hat nach einem massiven Institutionalisierungsschub in den 60er und 70er Jahren seit den 80er Jahren die äußeren Merkmale einer stabilen ausdifferenzierten wissenschaftlichen Disziplin aufzuweisen.[1] Dies ist die Ausgangsthese dieses Artikels. Was aber was heißt dies im heutigen Wissenschaftssystem?

1. Pädagogik in funktionsanalytischer Perspektive

Die Pädagogik verfügt über spezialisierte Subdisziplinen, Wissenschaftsorganisationen und Fachkommissionen, zahlreiche wissenschaftliche Fachzeitschriften, einige davon auch mit einem strengen Review-System, und es werden regelmäßig wissenschaftliche Kongresse und Tagungen im In- und Ausland durchgeführt. So gesehen ist die Erziehungswissenschaft sowohl eine relevante wie anerkannte Disziplin im Wissenschaftssystem. Auch den heute im Wissenschafts- und Hochschulsystem gegebenen Funktionen, also den Forschungs-, Lehr- und korporativen Verwaltungsfunktionen stellt sich das Fach ähnlich erfolgreich oder bisweilen erfolg-

---

1 Eine kürzere Fassung dieser Überlegungen ist unter dem Titel »In Einsamkeit und Freiheit? Erziehungswissenschaft im Hochschulsystem: Relevanz und Reputation« in der Festschrift für Volker LENHART zum 60. Geburtstag veröffentlicht.

los wie andere Fächer. Vertreter der Pädagogik werden auch außerhalb des Hochschulbetriebs in gesellschaftlichen Praxisbereichen als gesellschaftliche Experten herangezogen und kommen (oft aus Zeitgründen und Überlastung) nur mühsam – wie Vertreter anderer Disziplinen auch – ihren kulturellen Aufgaben sowie ihrem Engagement in der wissenschaftlichen Weiterbildung und Berufsfortbildung nach.

Legt man die problemsichtende und funktionsanalytische Perspektive Max SCHELERS (zit. n. SCHELSKY 1971, S. 177 f.) zur Universität zugrunde, müssen die fünf Hauptaufgaben des Wissenschaftssystems im Kontext der Pädagogik etwa folgendermaßen eingeschätzt werden: Die Traditionsaufgabe, also die »Bewahrung und Überlieferung der höchsten Wissens- und Bildungsgüter« tritt in der Pädagogik wie in anderen Disziplinen zugunsten einer Ausbildungsaufgabe im Sinne einer methodischen Berufs- und Fachschulung zurück. Der traditionelle Universalismus der Forschung wird durch Formen der Spezialisierung und Differenzierung abgelöst, denn nur so lässt sich eine Disziplin vital und mittelrelevant fortentwickeln. Die zahlreichen unabhängig von den Universitäten arbeitenden pädagogischen Forschungseinrichtungen sind ein Beleg dieser Spezialisierung. Die Personbildungsaufgabe im Sinne einer Durchformung der menschlichen Persönlichkeit erfolgt zunehmend weniger durch existentielle Vorbilder und allgemeine Bildung, sondern realisiert sich als Resultat der Hochschulsozialisation in großen Bildungseinrichtungen immer stärker in eher informellen und selbstorganisierten Lehr- und Lernformen. Allerdings rücken moderne kompetenztheoretische Begründungen des Lehrens und Lernens und die bewusste Förderung von Methoden-, Sozial-, Mitwirkungs- und Handlungskompetenz neben der unabdingbaren Fachkompetenz die Personbildungsaufgabe in der Pädagogik erneut in den Vordergrund. Die von SCHELER dem Wissenschaftssystem ebenfalls zugeschriebene Volksbildungsaufgabe als zweckentsprechende Vermittlung von Wissen und Bildung für alle Schichten und Klassen erhält sich im modernen Hochschulsystem noch im Studium Generale, ist aber zum weit größeren Teil in das sich ausdifferenzierende Weiterbildungssystem ausgegliedert. Aus einer entsprechenden funktionsanalytischen Perspektive erweist sich die Pädagogik als eine eher unauffällige Disziplin im Wissenschaftssystem, denn für andere Fächer ließe sich ähnliches darstellen. Der Pädagogik wird im und außerhalb des Wissenschaftssystems – örtlich unterschieden – Relevanz und Reputation zugesprochen. Allerdings verbindet sich mit den Ergebnissen der Erziehungswissenschaft nicht mehr die Idee der »Entzauberung«, insbesondere wenn man von der Pädagogik über Orientierungs- und Aufklärungswissen hinaus eindeutiges Steuerungswissen erwartet (vgl. TIPPELT 1998). Auch insofern ist Pädagogik also eine ganz normale Wissenschaft.

Fünf Hauptaufgaben des Wissenschaftssystems

Relevanz und Reputation

2. Bilanz der Disziplin

Aber selbstverständlich gibt es für die Erziehungswissenschaft auch mehrere Besonderheiten festzuhalten. Nach 1945 hat sich das Fach einerseits als akademische Universitätspädagogik mit philosophischer Fundierung und andererseits als Professionstheorie für Lehrer mit deutlich praktischer Ambition entwickelt (vgl. TENORTH 1997). Erst Ende der 60er Jahre wurde Erziehungswissenschaft der teilweisen Her-

Entwicklung der Erziehungswissenschaft

44

kunft aus der Lehrerbildung entsprechend unter der Leitvorstellung einer Berufswissenschaft für Lehrer als akademische Disziplin auf Dauer gestellt (vgl. KOMMISSION 1999). Ende der 60er Jahre wurde gleichzeitig erfolgreich mit der Einrichtung des Diplom-Studiengangs und einer Ausweitung der gegenüber dem Diplom immer wesentlich kleineren Magisterstudiengänge begonnen, so dass seither nicht nur Lehrer, sondern auch Sozialpädagogen und Sonderpädagogen, Weiterbildner und Personal für betriebliche Bildungseinrichtungen, Freizeit-, Kultur- und Medienpädagogen erziehungswissenschaftlich und mit dem Anspruch auf pädagogische Fachkompetenz qualifiziert werden. »Damit entfaltete sich ein außeruniversitär-berufsqualifizierendes Profil zum dominanten Merkmal dieses Studiengangs ....« (vgl. RAUSCHENBACH 1995, S. 280). Die Erziehungswissenschaft stabilisierte sich also neben den etablierten Disziplinen im Hochschulsystem vor allem in den 60er und 70er Jahren und zwar durch den starken Rückenwind der damals beabsichtigten Bildungsreformen und der eingeleiteten Bildungsexpansion.

Die Entwicklung der Wissenschafts- und Forschungspraxis ging in der Erziehungswissenschaft eigene Wege und lässt sich mit gängigen wissenschaftstheoretischen Periodisierungen nicht abbilden. Die Nachkriegsgeschichte der Erziehungswissenschaft (vgl. TENORTH 1997, S. 130 f.) lässt sich grob in drei Phasen einteilen: Nachkriegsgeschichte der Erziehungswissenschaft

In einer *ersten Phase* der Restauration in den 50er Jahren werden die historisch-geisteswissenschaftliche Selbstbesinnung und die praktische Reflexion im Anschluss an pädagogische Handlungsfelder hervorgehoben. An den bildungstheoretischen Konzepten der allgemeinen Didaktik lässt sich die Verwurzelung in der pädagogischen Tradition erkennen und gleichzeitig wenden sich diese Konzepte wichtigen Problemfeldern des aktuellen pädagogischen Handelns (meist noch der Lehrer) beispielsweise unter den Begriffen des exemplarischen Prinzips, der formalen und materialen Bildung zu – Begriffe und Problemfelder, an die auch heute produktiv angeknüpft werden kann. Phase der Restauration

In der *zweiten Phase*, der sogenannten »realistischen Wende«, gewinnen die theoretischen und methodischen Anregungen der Sozialwissenschaften erheblich an Bedeutung und gleichzeitig erlangt ab Ende der 60er Jahre die Erziehungswissenschaft aufgrund der angestrebten Bildungsreformen große öffentliche und politische Aufmerksamkeit. Die Ausdifferenzierung der Pädagogik in Subdisziplinen wie Allgemeine Pädagogik, Sozialpädagogik, Berufs- und Wirtschaftspädagogik, historische Pädagogik, vergleichende Pädagogik, Schulpädagogik, Erwachsenen- und Weiterbildung, Sonderpädagogik und Vorschulpädagogik, die jeweils mit der weiteren Ausdifferenzierung spezieller Fachrichtungen und Praxisfelder verbunden sind, schreitet fort (vgl. LENZEN 1994, S. 38). Die pädagogische Disziplinforschung zeigt, dass sich die Pädagogik – vermittelt über den Diplomstudiengang und die sich etablierende empirische Bildungsforschung – mit den psychologischen und soziologischen Nachbardisziplinen stark vernetzt. Es kommt zu einem starken und irreversiblen Aufschwung der empirischen Forschung und die Forschungsmethoden, -techniken und -standards orientieren sich zunehmend an der international dominierenden Form der Bildungs- und Sozialforschung. In führenden Fachzeitschriften erreicht der Anteil empirischer Forschungsarbeiten 20 Prozent und ein Viertel der Graduierungsarbeiten, beispielsweise Dissertationen, sind seit 1945 dem empirischen Methodentypus bei steigender Tendenz in den 70er und leicht abnehmender Tendenz in den 80er Jahren zuzuordnen (vgl. MACKE 1994). Begriffs- Realistische Wende analytische, rein theoretische und historische Arbeiten haben quantitativ an Gewicht verloren, die vergleichenden Untersuchungen blieben dagegen konstant stark. Die sich durch diese Entwicklungen ergebenden pluralen wissenschaftstheoretischen und forschungsmethodischen Orientierungen führen in dieser Phase zu einem relativ stabilen Nebeneinander von geisteswissenschaftlichen, kritisch-rationalen, historisch-materialistischen, kritisch-theoretischen und systemtheoretischen Ansätzen der Pädagogik (vgl. RÖHRS 1979; RÖHRS/SCHEUERL 1989).

Fortschreitende Pluralisierung

In einer *dritten Phase* in den 90er Jahren setzen sich die theoretischen Pluralisierungstendenzen weiter fort, die methodische Vielfalt der Forschung über Erziehungsfragen nimmt zu und in den Diplom- und Magisterstudiengängen kommt es neben den etablierten Teildisziplinen wie z.B. Sozialpädagogik, Sonderpädagogik, Erwachsenenbildung und Berufspädagogik und interdisziplinären Neuentwicklungen wie Medienpädagogik oder Bildungsinformatik zu immer neuen Spezialisierungen und einer Inflation von 'Bindestrich-Pädagogiken'. Diese Unübersichtlichkeit und die vielfältigen erziehungswissenschaftlichen Integrationsprobleme haben die Frage nach dem inneren »Zusammenhang einer auch pädagogisch verantwortlichen Kommunikation über öffentliche Erziehung« aufgeworfen (vgl. TENORTH 1997, S. 133). Die Forderung nach einem »Kanon der Disziplin«, nach einem Kerncurriculum und nach der Überwindung »thematisch und methodisch unbestimmten pädagogischen Denkens« (vgl. HEID 1987) in einer erneuerten allgemeinen Pädagogik (vgl. VOGEL 1998), die nicht nur auf Persönlichkeitsbildung setzt, sondern darüber hinaus eine gründliche erziehungswissenschaftliche, inklusive forschungsmethodische Ausbildung sichert, wird hierbei wichtiger (vgl. HORN/LÜDERS 1997, S. 763). Dabei gewinnt zunehmend eine pragmatische Methodenorientierung die Oberhand und der unproduktive Methodenstreit zwischen »quantitativer« und »qualitativer« Forschungsrichtung tritt zurück, denn es wird immer deutlicher, dass sich diese Richtungen sinnvoll bedingen und ergänzen.

Theorie-Praxis-Problem

In den genannten Phasen spielt in der Erziehungswissenschaft das Theorie-Praxis-Problem jeweils eine zentrale Rolle: Mehr als andere wissenschaftliche Disziplinen steht die Erziehungswissenschaft in ihren Hauptfachstudiengängen und in der Lehrerbildung unter dem fortwährenden unkomfortablen Erwartungsdruck einer manchmal ungeduldigen Öffentlichkeit, die anwendungsfähige, praxisnahe und umfassende Lösungen und Erklärungen von Bildungs-, Sozial- und Erziehungsproblemen erwartet. In der Tat kam es in den letzten Jahrzehnten zu einer starken Akkumulation pädagogischer Erkenntnisse und zu einem spezialisierten pädagogischen Expertenwissen. Äußeres Zeichen für diese Wissensexplosion sind jährlich viele Tausend Buch-Neuerscheinungen und die regelmäßige und immer notwendigere Verdichtung des Wissens in subdisziplinorientierten Handbüchern. Allerdings wird – und dies ist ein außengesteuertes Problem pädagogischer Professionalisierung – bei bildungs-, jugend- oder erziehungspolitischen Entscheidungen und in der pädagogischen Praxis auf dieses Wissen nur teilweise zurückgegriffen. Dies liegt zum einen an den Forschungsergebnissen selbst, die nicht immer konkrete Implementierungserfordernisse und organisatorische Alternativen berücksichtigen. Zum anderen liegt es an dem prinzipiellen Problem, dass erziehungswissenschaftliche Analysen häufig zur wissenschaftlichen Komplexitätserweiterung und nicht zur – von außen erwarteten – anwendungsfreundlichen Komplexitätsreduktion beitragen, teilweise harmonieren aber auch erziehungswissenschaftliche Analysen mit den normativen Prämissen von Entscheidungsträgern nicht.

Jedenfalls steht die Erziehungswissenschaft unter besonders starken pragmatischen und aktuell-politischen Ansprüchen. Die traditionell ersehnte Freiheit, sich wissenschaftlichen Problemen nach eigener Wahl unter rein wissenschaftlichen Präferenzen zu stellen oder in ungestörter Muße sich auf intensives wissenschaftliches Nachdenken und Arbeiten zu konzentrieren, ist seit langem nicht mehr gegeben.

3. Zur Relevanz der Pädagogik im Wissenschafts- und Hochschulsystem

Bei den folgenden Thesen zur Bedeutung der Pädagogik im Wissenschafts- und Hochschulsystem kann auf einige empirische Studien zum Stand der Disziplin, auf zurückliegende Bilanzierungen zur Situation der Erziehungswissenschaft durch die Vorsitzenden der DGfE seit Ende der 80er Jahre (HEID/KLAFKI/LENHART/BENNER/LENZEN), auf aktuelle Statistiken des Hochschulinformationssystems sowie auf Erfahrungen in unterschiedlich zusammengesetzten Evaluierungsgremien und insbesondere in der Strukturkommission der DGfE zurückgegriffen werden. *Bedeutung der Pädagogik*

Für die Relevanz der Disziplin war in der jüngeren Vergangenheit institutionell bedeutsam, dass sich die Studierendenzahlen und der Personalbestand in der expansiven Phase enorm entfalten konnte. Innerhalb von 40 Jahren stieg die Zahl der hauptberuflichen Universitätspädagogen von knapp 150 auf über 1.100 ProfessorInnen und 1.500 wissenschaftliche MitarbeiterInnen. Dies war der Stand in den alten Ländern im Jahr 1989 (vgl. BAUMERT/ROEDER 1990). Hinzu kamen Anfang der 90er Jahre schätzungsweise noch einmal rund 200 ProfessorInnen und ungefähr 500 MitarbeiterInnen in den neuen Bundesländern (KELL 1995; RAUSCHENBACH 1995, S. 281). Dabei gingen in den 80er Jahren der Erziehungswissenschaft in den alten Ländern sogar etwa 10 Prozent der Professorenstellen verloren – bei damals stark rückläufigen Lehramtsstudierenden und gleichbleibender Zahl der Diplom- und Magisterstudierenden. Gravierend für die Forschungskapazität des Faches war der Verlust bei der Beschäftigung von wissenschaftlichen MitarbeiterInnen, insbesondere weil die Ausstattung im akademischen Mittelbau zwar gegenüber Fachhochschulen wesentlich besser, gegenüber anderen human- und sozialwissenschaftlichen Nachbardisziplinen aber weitaus knapper bemessen war. *Personelle Expansion*

Die aktuellen Entwicklungen in den 90er Jahren sind ambivalent zu beurteilen: Einige statistische Zahlen erregen Aufmerksamkeit. Aufgrund eines anhaltenden Interesses junger Menschen an unserer Disziplin und trotz eines örtlich wirksamen Numerus Clausus haben nach Angaben des Statistischen Bundesamts (1998) im WS 1997/98 über 53.000 Studierende Erziehungswissenschaft im ersten Studienfach belegt. Zum Vergleich: In der Psychologie waren dies etwas über 30.000, in der Soziologie 17.000 Studierende. Die Studienanfängerzahlen haben eine ähnliche Verteilung: Derzeit beginnen jährlich 5.600 Studierende ein Soziologiestudium, 6.100 ein Psychologiestudium, aber 12.600 Studierende ein erziehungswis- *Steigende Studierendenzahlen* senschaftliches Hauptfachstudium. Dabei ist gegenüber Anfang der 90er-Jahre in allen genannten Fächern eine Zunahme der Studienwahl und -zulassung zu registrieren. Erfreulich und ein Hinweis auf die Internationalität des Faches Erziehungswissenschaft sind die relativ hohen Quoten ausländischer KommilitonInnen. Es studieren bundesweit etwa doppelt so viele Ausländer Pädagogik wie beispielsweise Psychologie oder Soziologie. Solche Daten werden manchmal durch den Hinweis konterkariert, dass in der Erziehungswissenschaft zwar viele studieren, aber in Relation besonders wenige das Studium erfolgreich beenden. Solche Vorurteile lassen sich aber mit aktuellen Zahlen kaum erhärten, eher ist von einem positiven Trend einer normalen sozial- oder humanwissenschaftlichen Disziplin zu sprechen. Tatsache ist, dass sich die Gesamtzahl bestandener Hauptfachprüfungen (also ohne Lehramt) von 1993 bis 1997 in der Erziehungswissenschaft mehr als verdoppelt hat. In der Pädagogik schlossen 1997 ca. 4.200 Kandidatinnen (es sind mehrheitlich Frauen) das Studium erfolgreich ab, in der Psychologie waren dies über 2.600 und in der Soziologie knapp 800 Studierende.

Internationalität des Faches Erziehungswissenschaft

Verdopplung bestandener Hauptfachprüfungen

Nach einem vorübergehenden Rückgang der Prüfungszahlen seit Mitte der 80er Jahre ist das Fach heute – gemessen an Hauptfachstudierenden und AbsolventInnen – so stark wie noch nie in seiner Geschichte. Und noch eines: Die Fachstudienzeit von 5,6 Jahren beispielsweise im Jahr 1996 mag hoch sein, unterschreitet aber die durchschnittliche Fachstudienzeit in den kultur-, sprach- und sozialwissenschaftlichen Fächern um ein volles Semester.

Paradox und konträr zu diesen Erfolgszahlen entwickelte sich in den 90er Jahren der Bestand des wissenschaftlichen Personals. Verzeichnet die Soziologie und die Psychologie zwischen 1992 und 1996 ein leichtes Wachstum des hauptberuflichen wissenschaftlichen Personals, so ist in der Erziehungswissenschaft im selben Zeitraum ein Verlust von ca. 15 Prozent aller hauptberuflichen Stellen zu beklagen. Betroffen sind hiervon besonders C4-ProfessorInnenstellen, die nur zum kleinen Teil in kostengünstigere C3-Stellen umgewandelt wurden und wissenschaftliche Nachwuchsstellen, insbesondere Assistentenstellen (Verlust über 30 Prozent). Gleichzeitig steigt das nebenberufliche Personal des unsicheren akademischen Arbeitsmarktsegments überdurchschnittlich um ca. 20 Prozent an, was an manchen Hochschulen an einer eindeutigen Überproportionalität der Anzahl der Lehrbeauftragten abzulesen ist: Lehrbeauftragte sind grundsätzlich zur Ergänzung, nicht aber zur Sicherung des Lehr- und Forschungspotentials wichtig. Insgesamt verfügt das Fach Erziehungswissenschaft noch immer über mehr als 800 ProfessorInnenstellen an Universitäten, ist also optimistisch betrachtet nach wie vor ein personell großes Hochschulfach, aber gerade deshalb auch skeptisch gewendet ein Fach, das aufgrund der Sparzwänge von Hochschulen, den Verantwortlichen für Umschichtungen und Abbaumaßnahmen interessant erscheinen mag. Es kommt hinzu, dass in diesem und in den nächsten Jahren – aufgrund der Altersstruktur der pädagogischen KollegInnen – zahlreiche Stellen zur Neuausschreibung anstehen. Eine Momentaufnahme aus dem Jahr 1998 zeigt (mündliche Information von H.-H. KRÜGER), dass an den Universitäten und Fachhochschulen in den alten und neuen Bundesländern in einem Jahr über 150 Professuren ausgeschrieben wurden. In der Reihenfolge der quantitativen Häufung waren dies Stellen für Fachdidaktik, Sozialpädagogik, Allgemeine Pädagogik, Schulpädagogik, Sonderpädagogik, Pädagogik

Bestand des wissenschaftlichen Personals

mit soziologischem oder psychologischem Schwerpunkt, Bildungsrecht und -verwaltung, Berufs- oder Wirtschaftspädagogik und Erwachsenenbildung.

4. Lehrerbildung im Wissenschaftssystem – Schwächen, Stärken und Perspektiven

Folgt man dem Abschlußbericht der von der KULTUSMINISTERKONFERENZ eingesetzten Kommission zu den Perspektiven der Lehrerbildung in Deutschland (vgl. TERHART 2000), so ist das hohe fachwissenschaftliche Niveau eine der Stärken der Lehrerbildung, während die Rahmenbedingungen für die pädagogische und didaktische Ausbildung nicht zufrieden stellen können. Zwar wird aus mehreren Bundesländern berichtet, dass sich die Lehrerbildung im Umbruch befinde, aber eine zielorientierte, breit gefächerte Weiterentwicklung aller Institutionen, also der Lehrerbildung an den Universitäten, im Vorbereitungsdienst und während einer »dritten Phase« in der beruflichen Fort- und Weiterbildung befindet sich noch am Anfang. Wenn die Planung, Organisation, Gestaltung und Reflexion von Lehr-Lern-Prozessen als Kernbereiche der Kompetenz von LehrerInnen definiert wird, eröffnet sich in der Lehrerbildung in Deutschland ein großer, bislang nicht hinreichend abgedeckter Bedarf erziehungswissenschaftlicher und pädagogisch-psychologischer Studienanteile. *(Wandel der Lehrerbildung)*

Konsens ist es, die Anforderungen an die Kompetenzen künftiger Lehrer und Lehrerinnen heute breit zu definieren. Von den künftigen Grundschul-, Sonderschul-, Sekundarschul-, Gymnasial- oder BerufsschullehrerInnen werden jedenfalls nicht nur fachwissenschaftliche sondern auch kulturelle, pädagogische, beratende, didaktische und berufspraktische Kompetenzen erwartet. Allgemein anerkannt sind trotz der gegebenen sehr großen Unterschiede der Studienorganisation zwischen den Bundesländern daher vier Elemente: fachwissenschaftliche, fachdidaktische, erziehungswissenschaftliche und schulpraktische Studien. Drei Problembereiche sind aber aktuell anzusprechen: *(Breite Kompetenzen für Lehrerinnen und Lehrer)*

Erstens blieb der Anteil der erziehungswissenschaftlichen Studien an den meisten Standorten der Lehrerbildung in den letzten Jahren stabil, aber an verschiedenen Standorten kam es in letzter oder wird es in nächster Zeit zu einer Ausdehnung der fachdidaktischen, der schulpraktischen und auch der erziehungswissenschaftlichen Studien kommen. Dies ist auf den ersten Blick erfreulich. Auf den zweiten Blick allerdings ist festzustellen, dass die notwendigen zusätzlichen Mittel zur Verbesserung der Lehrerbildung nur durch Umschichtung innerhalb des Faches Pädagogik aufgebracht werden. Paradoxerweise kann die Verbesserung der Lehrerbildung also zu einer Verknappung der Mittel für das Hauptfachstudium Erziehungswissenschaft (z.B. im Diplom-, Magister- oder Promotionsstudiengang) führen. Dies ist nicht nur für das Hauptfach Erziehungswissenschaft bedrohlich, sondern auch mittelfristig für die Lehrerbildung dysfunktional und es kann zu einer unproduktiven innerfachlichen Konkurrenz führen. *(Verbesserung der Lehrerbildung versus Mittelverknappung für Erziehungswissenschaft)*

Zweitens erfolgt auch die wünschenswerte Intensivierung schulpraktischer Studien nicht problemlos. Schulpraktika sind ohne Zweifel dringend erforderlich, aber die Relevanz der Erziehungswissenschaft kann sich nicht in der Vor- und Nachbereitung solcher Praktika erschöpfen, sondern die wissenschaftliche Analyse und Reflexion schulischer Realität unter Berücksichtigung theoretischer, empirischer, statistischer, historischer, interpretativer und komparatistischer pädagogischer Erkenntnisse sollten auch in der Lehrerbildung grundlegend bleiben bzw. grundlegend werden. Kenntnisse in allgemeiner und historischer Pädagogik, in Schulpädagogik, allgemeiner Didaktik und pädagogischer Psychologie, in der Jugend- und Sozialisationsforschung, in der Bildungsphilosophie und Erziehungstheorie, in vergleichender Bildungsforschung, aber auch der Bildungspolitik und -planung – um nur einiges zu nennen – sind für das bewusste Ausüben einer pädagogischen Profession und damit auch des Lehrerberufs unbedingt erforderlich.

Pädagogische Qualität der Lehrerausbildung

Solche Forderungen sind nicht neu, aber bislang noch kaum eingelöst. Aus den Defiziten der Rahmenbedingungen der Lehrerbildung resultiert eine problematische und ungerechtfertigte Zuschreibung von Schwächen an die wissenschaftliche Disziplin Pädagogik/Erziehungswissenschaft, denn wenn es zu öffentlich diskutierten Problemen der schulischen Bildung kommt, wird schnell auf die unzulängliche pädagogische Qualität der Ausbildung von LehrerInnen hingewiesen. Diese Ausbildung ist aber nicht unzulänglich, weil die Erziehungswissenschaft und die Pädagogische Psychologie unzulängliches Wissen anbieten, sondern weil die Wissensbestände dieser Disziplinen in die Ausbildung von LehrerInnen nicht hinreichend und zeitlich viel zu knapp integriert werden. Die von der Kultusministerkonferenz eingesetzte Kommission spricht sich für ein Ende der Beliebigkeit und für verpflichtende studienbegleitende Prüfungen aus. »Die Universitäten müssen sich der vielfach 'marginalisierten' Lehrerausbildung ernsthaft und verantwortungsbewusst annehmen. Dies kann organisatorisch unterstützt werden durch Zentren für Lehrerbildung und Schulforschung«, die als Querstruktur die Belange der Lehrerbildung an den Universitäten vernetzten.»Lehrerbildung sollte für die Universitäten keine sekundäre 'Serviceleistung' mehr sein« (TERHART 2000, S. 42).

Anerkennung des Lehrtransfers

Drittens ist der Lehrtransfer und die Beanspruchung durch Prüfungen für das Lehramt im Fach Pädagogik traditionsgemäß enorm, gerade weil sich die Erziehungswissenschaft aus der Lehrerbildung entwickelt hat. Hiergegen ist solange nichts einzuwenden, als bei hochschulinternen Evaluationen und mittelrelevanten fachlichen Bewertungen dieser Transfer Anerkennung findet. Dies ist aber oftmals nicht der Fall. Auch im Interesse des Hauptfaches Erziehungswissenschaft ist es daher dringend notwendig, dass im Wissenschaftssystem diese Leistungen auch tatsächlich Anerkennung erfahren und an Hochschulen bei leistungsbezogenen Mittelzuweisungen adäquat berücksichtigt werden.

Lernen im Beruf

Viertens ist die Bedeutung der Vernetzung der drei Phasen der Lehrerbildung zwar erkannt, aber die Verpflichtung des Lernens im Beruf als der dritten Phase ist noch zu wenig institutionalisiert. Die Notwenigkeit zum kontinuierlichen beruflichen Weiterlernen ist auch eine Herausforderung für die Pädagogik/Erziehungswissenschaft, die sich in die langsam etablierende wissenschaftliche Weiterbildung einbringen muss. Dies könnte auch dem Vorbereitungsdienst der zweiten Phase, der im Kommissionsbericht als eine vernachlässigte Phase der Lehrerausbildung bezeichnet wird, neue Impulse vermitteln.

5. Zur Reputation der Erziehungswissenschaft im Wissenschaftssystem: zehn Thesen

Zuletzt gilt es, die Frage nach der Reputation des Faches im Wissenschaftssystem zu beantworten. Ist Erziehungswissenschaft zwar relevant, aber ohne Reputation? Wie das Fach Erziehungswissenschaft im Vergleich zu anderen Fächern genau einzuschätzen ist, wissen wir nicht, denn es existieren keine verlässlichen vergleichenden Studien zum Image von wissenschaftlichen Disziplinen. Auch dürfte das Image und die Reputation der Fächer und Disziplinen regional je nach Hochschulstandort stark variieren.

Es lassen sich aber einige Bedingungen nennen, die zu starker Anerkennung des Faches in der Hochschule und darüber hinaus beitragen. Wie kann das Fach Erziehungswissenschaft Reputation erhalten oder neu gewinnen? Im Folgenden werden selektiv einige Aspekte benannt, die mir (und diese Aspekte sind daher subjektiv gewichtet) vor allem bei fachbezogenen Evaluationen und bei der Arbeit in der Strukturkommission der DGfE aufgefallen sind:

(1) Als Kennzeichen pädagogischer Tätigkeit wird immer wieder »geringe Regelbildung und Handeln unter Ungewissheit« (z.B. HORN 1999; TIPPELT 2000b) hervorgehoben. Man darf allerdings die These wagen, dass dies auch für andere Professionen und zahlreiche akademisch vorbereitete Tätigkeiten zutrifft. Handeln unter Ungewissheit und Optionen bei der Wahl von Handlungsstrategien sind eine Herausforderung an die Kreativität der pädagogisch Handelnden, sind aber auch eine Versuchung im Kontext der pädagogischen Theorien- und Konzeptentwicklung. Für die Reputation der Erziehungswissenschaft ist es bedeutsam, sich auf der Basis ihres Repertoires an Theorien, Methoden und Ergebnissen, also einer kontinuierlichen und kumulativen Fortführung ihres ausgebildeten Entwicklungsstands zu stabilisieren, nicht aber im Anschluss an die sich rasch wandelnden theoretischen Moden oder pädagogisch-praktischen Modelle entliehen aus einer Summe anderer Fächer.

Strategien für pädagogisches Handeln

Erkennen neuer Anwendungsfelder

(2) Erziehungswissenschaft folgt dem unvermeidlichen Trend, wissenschaftliche Forschung und Ausbildung zu differenzieren und in verschiedenen Spezialisierungen zu vertiefen. Vieles im heutigen Wissenschaftsbetrieb ist und muss »Brotstudium« sein und es gilt, in der Forschung wie in der Lehre neue Anwendungsfelder früh zu erkennen und für eine Disziplin innovativ zu erschließen, wie beispielsweise derzeit in Bereichen der Medienpädagogik, der Beratung und Prävention, der internationalen Bildungsentwicklung oder in einigen Feldern der Erwachsenen- und Weiterbildung. Bei der derzeit gegebenen Konkurrenz um knappe Ressourcen ist Legitimationsbeschaffung für ein Fach sicher durch realistische Hinweise auf den gesellschaftlichen Bedarf notwendig. Aber man sollte sich hüten, einem utilitaristischen Fehlschluss aufzusitzen und ausschließlich das unmittelbar praktische und nützliche Wissen gelten zu lassen. Von großer Bedeutung für die Anerkennung der Erziehungswissenschaft, aber auch jedes anderen Faches, sind heute dennoch die Verwertbarkeit von Arbeitsergebnissen oder auch die Chancen der AbsolventInnen eines Fachs beim Übergang in das Beschäftigungssystem. Die Analyse der (offenbar besser als von vielen erwarteten) Einmündung pädagogischer AbsolventIn-

nen in den Arbeitsmarkt (vgl. RAUSCHENBACH 1995; GRÄSEL/REINHARTZ 1998) ist daher ein Beitrag zur Studienorganisation und -beratung mit internen Wirkungen, aber auch ein realer Beitrag zur Legitimationsbeschaffung einer Disziplin mit externen Wirkungen.

(3) Eine Analyse der Rekrutierung der Hochschullehrer in der Pädagogik führte BAUMERT (zit. n. HEID 1990, S. 65) für die 80er Jahre zu der Einschätzung, dass sowohl die empirische als auch die theoretisch-historische Forschungsintensität des **Relevanz der** Fachs zugunsten einer »pragmatischen Optimierung pädagogischen Handelns« ab-**Forschungsleistungen** genommen habe. Wie auch in anderen Wissenschaften mit praktischem oder klinischem Fokus ließe sich eine Differenzierung zwischen eher forschenden und stärker konstruktiv-reflexiv arbeitenden Teilen der Disziplin erkennen. In anderen Diagnosen wird sogar von einerseits forschenden und andererseits lehrenden Hochschullehrern gesprochen. Sollte dieses Modell tatsächlich auch die Entwicklung in der Erziehungswissenschaft charakterisieren, so wäre es im Hochschulsystem reputationsschädigend und es wäre nach einer neuen Balance zu suchen. Mehr denn je basiert die Anerkennung eines Faches auf den Forschungsleistungen seiner Mitglieder, wobei manchmal Grundlagenforschung, explizite Auftragsforschung und eine pädagogische Begleit- und Praxisforschung unterschieden werden. In der Erziehungswissenschaft kommt es darauf an, diesen Forschungstypen (auch der Begleit- und Praxisforschung) Geltung zu verschaffen und gleichzeitig zu erkennen, dass der erwünschte Praxisbezug von Ergebnissen der Erziehungswissenschaft keineswegs ausschließlich auf die gezielte und unmittelbare Anwendung oder Umsetzung der Forschungsergebnisse gerichtet sein muss. Realistischere Ansprüche unter Berücksichtigung indirekter und langfristig wirksamer Vermittlungsprozesse ermöglichen der Forschung größere Freiheitsgrade und verringern zugleich die strukturell angelegten Täuschungsrisiken, dass Erziehungswissenschaft jederzeit praktisch relevant sei oder sein müsse (vgl. TENORTH 1997). Wer übertriebenen utilitaristischen Erwartungen Vorschub leistet, hat reputationsschädigende Frustrationen und Mißerfolgsattribuierungen bereits vorprogrammiert.

(4) Um dem Fach in der gegenwärtig sich stark verdichtenden Evaluierungsdiskussion an den Universitäten und Hochschulen Anerkennung (also: Reputation) zu verschaffen, sind einerseits strenge vergleichbare und überfachliche Kriterien zu **Kriterien zur Evaluation** berücksichtigen, andererseits müssen die Kriterien einer eigenständigen disziplinären Evaluation zur Gesamteinschätzung der Leistung der Erziehungswissenschaft vor Ort angelegt werden können. Die Evaluierung in der Erziehungswissenschaft hat Indikatoren zu berücksichtigen, die auf der einen Seite die Offenheit gegenüber vergleichenden Lehr- und Studiengangsevaluationen signalisieren, auf der anderen Seite aber auch geeignet sind, die Spezifika des Faches Erziehungswissenschaft aufzugreifen. Eine bewusste disziplinäre Selbstreflexion am Hochschulstandort, die klare Relevanzbegründung des Faches im Hinblick auf notwendige Strukturerfordernisse im organisatorischen, finanziellen und personellen Rahmen, aber auch die disziplinäre Dauerbeobachtung von Entwicklungstrends (also: Disziplinforschung) sind Grundlagen einer Verortung der Erziehungswissenschaft und damit Basis für die begründete vorurteilslose Kontrolle der Fremdzuweisung von Reputation. Übergreifend sind jene Problem- und Zieldimensionen geeignet, die auch bei der Einführung neuer BA- und MA-Studiengänge und -abschlüsse

erörtert werden: Internationalisierung, curriculare Differenzierung, Berufs- und Problembezug, interne Qualitätssicherung und Beratung, Studienzeit und Reduzierung der Studienabbruchquote, Vernetzung mit anderen Fächern u.a.. Die STRUKTURKOMMISSION der DGfE (1999, S. 36) hat zur Einführung der neuen Studiengänge Bedingungen formuliert, die zur Evaluierung auch der bestehenden Studienangebote herangezogen werden können:

STRUKTURKOMMISSION: Bedingung zur Evaluierung

- Klares curriculares Profil eines Studiengangs bei gleichzeitiger sinnvoller Vernetzung mit anderen pädagogischen Studiengängen und Nachbardisziplinen;
- breite Anlage eines Grundstudiums mit Festlegung obligatorischer Studien und Vertiefungsmöglichkeiten;
- stärkere Wahl- und Spezialisierungsmöglichkeiten in späteren Studienphasen und klar definierte Forschungsausrichtung;
- Erschließung zukunftsfähiger Berufsfelder, situiertes realitäts- und problembezogenes Lernen und Kooperationsbezüge mit Einrichtungen des lokalen Arbeitsmarkts;
- arbeitsfähige Lerngruppen in forschungs- wie praxisbezogenen Studienangeboten durch eine tragfähige Relation von Studierenden und Lehrenden;
- ausgebautes Beratungs- und Betreuungssystem, das zur Orientierung der Studierenden beiträgt;
- ein transparentes System der studienbegleitenden Leistungsbewertung und -rückmeldung.

(5) Sicher ist der Aufbau der Wissensbasis von Studierenden durch deren individuelle Lernbiografie bestimmt. In der Pädagogik wie in zahlreichen anderen Fächern ist dabei die Doppelrolle vieler Studierender zu berücksichtigen, denn einerseits absolvieren sie ein wissenschaftliches Studium und andererseits verdienen viele ihren Lebensunterhalt mit diversen Tätigkeiten. Dies formt und beeinträchtigt auch manchmal deren Lernen. Dennoch sollte die Wissensbasis von Studierenden unabhängig hiervon und auch unabhängig von regional differierenden Studienschwerpunkten bundesweit transparent und international einschätzbar sein. Immer wichtiger erscheint im Grundstudium des Hauptfachs Erziehungswissenschaft (Diplom und Magister) ein an den Theorie- und Wissensbeständen sowie den Problemdefinitionen der Erziehungswissenschaft orientiertes »Kerncurriculum«. Bei allen fachsprachlich und wissenschaftstheoretisch begründeten Schwierigkeiten, einen Konsens zur Wissensbasis festzulegen, würden – abseits jeder Verschulung – deutlich genauere Vorgaben als bisher der Reputation des Faches dienlich sein. Diese Frage nach einem Kerncurriculum drängt sich noch stärker dort auf, wo sich die Erziehungswissenschaft auf die offenbar anstehende Diskussion um die neuen Bachelor- und Masterstudiengänge einstellt (vgl. hierzu STRUKTURKOMMISSION der DGfE 1999).

Frage nach einem Kerncurriculum

(6) Bedeutsam ist eine klare inhaltliche und strukturelle Profilierung der verschiedenen pädagogischen Studiengänge – insbesondere der verschiedenen Hauptfachstudiengänge und der Lehrerbildung. Bei den gegebenen engen personellen Ressourcen und der doppelten Aufgabe, eine Haupt- und Nebenfachausbildung in Erziehungswissenschaft und ein pädagogisches Studium für künftige LehrerInnen anzubieten, lässt es sich häufig nicht vermeiden, zahlreiche Veranstaltungen studiengangsübergreifend an alle zu adressieren. Allerdings wird man den berechtig-

Profilierung pädagogischer Studiengänge

ten und jeweils besonderen Interessen von künftigen LehrerInnen und Hauptfachstudierenden in ihren Studienschwerpunkten (z.B. Sozialpädagogik, Erwachsenenbildung, Sonderpädagogik, Medienpädagogik) nur gerecht, wenn man die Studienangebote zumindest zum Teil entflechtet und sowohl die verschiedenen theoretischen und methodischen Anforderungen als auch die jeweils speziellen praktischen Tätigkeitsfelder hinreichend berücksichtigt. Trotz der berechtigten Diskussion um den Aufbau von berufsübergreifenden Kompetenzen des pädagogischen Personals muss auch der Differenzierung der pädagogischen Berufe und der bereichsspezifischen Forschung Rechnung getragen werden. Es ist notwendig, auch in der Pädagogik – angesichts ihres in Deutschland stark ausdifferenzierten Charakters – domänenbezogenes Wissen und subdisziplinorientierte Kompetenzen zu vermitteln. Parallel hierzu gilt es beispielsweise durch intensivere Praxiskontakte – sowohl in der Hauptfachausbildung als auch der Lehrerbildung – träges Wissen zu vermeiden und den Lerntransfer zu berücksichtigen. Die Reputation der Erziehungswissenschaft ließe sich dadurch vermutlich vor allem bei den Studierenden weiter verbessern.

(7) Der Aufbau wichtiger allgemeiner Schlüsselqualifikationen oder Kompetenzen geschieht auch in der Pädagogik inhaltsgebunden. Dies ist hervorzuheben, wenn zahlreiche ErziehungswissenschaftlerInnen nachvollziehbar daran festhalten, dass die Hochschulen und das wissenschaftliche Studium auch eine Bildungsaufgabe haben. Nicht die elitäre Idee, dass wissenschaftlich Gebildete die funktionale Führungsschicht einer Gesellschaft stellen sollen, sondern die wesentlich bescheidenere (aber demokratische) Idee, dass das Studium neben materialer Qualifikation auch formale und personale Qualifikationen fördert, ist damit gemeint. Die von der Pädagogik heute kompetenztheoretisch vorgetragenen Forderungen, dass das Studium (nicht nur das erziehungswissenschaftliche) neben der Fachkompetenz auch Methoden-, Sozial-, Mitwirkungs- und Handlungskompetenzen von Studierenden fördern könne, sind stärker einzulösen. Wenn hochschuldidaktische Programme entsprechende Ideen und Ziele konkretisieren, erhöht dies die Reputation des Faches. Wird allerdings der Eindruck erweckt, dies könne ohne inhaltliche und wissenschaftliche Fundierung erreicht werden, muss dies die Reputation einer wissenschaftlichen Disziplin schwächen. Formale Bildung kann nicht losgelöst von materialer Bildung erfolgen – dies gilt auch für die Aneignung pädagogischer Kompetenz.

(8) An einigen Hochschulstandorten gewann das Fach Erziehungswissenschaft durch Service- und Support-Leistungen für die jeweilige Hochschule deutlich an Anerkennung.

Dies gilt für die langsame Etablierung des neben Forschung und Lehre dritten Arbeitsbereichs der Universitäten, der wissenschaftlichen Weiterbildung, denn hierbei sind Pädagogen zentral beteiligt. Berufsbezogene wissenschaftliche Weiterbildung, die inhaltlich, didaktisch und curricular auf die Bedürfnisse berufstätiger HochschulabgängerInnen abgestimmt ist, kann aktuelle Erkenntnisse und Entwicklungen den berufserfahrenen Fach- und Führungskräften näher bringen. Die Hochschulen profitieren an mehreren Standorten in hohem Maße von den Kompetenzen erziehungswissenschaftlicher FachkollegInnen beim Aufbau entsprechender Angebote und Akademien. Ein weiteres Beispiel sind die hochschuldidaktischen Initiati-

Inhaltsgebundene
pädagogische Kompetenz

Berufsbezogene
wissenschaftliche
Weiterbidung

ven, die sich mit ihren Angeboten in erster Linie an Personen wenden, die im Rahmen ihrer beruflichen Tätigkeiten auch lehren müssen, ohne für diese Aufgabe speziell ausgebildet zu sein: Aktives Lernen, Kommunizieren in Seminaren, Lehrstrategien und methodisches Strukturieren, lösungsorientierte Beratung, Lehrevaluation, Integration von Tutorien in die Lehre u.a. sind Themenbereiche für hochschuldidaktische Weiterbildungen, die an Hochschulen stark nachgefragt werden – bei aller Ambivalenz von WissenschaftlerInnen aus anderen Fächern gegenüber »Didaktik«. Auch die integrativen LehrerInnenzentren an einigen Hochschulen, die Teile der Pädagogik und die Fachdidaktiken vernetzen, sind anerkannt, insbesondere wenn es dadurch gelingt, interdisziplinäre pädagogische Forschung zu fördern. Auch das überfachliche Engagement in der Studienberatung, auf das moderne, komplexe und unübersichtliche Hochschulen so stark angewiesen sind, ist ein örtlich wichtiger Bereich des Engagements, das von aufgeklärten Hochschulleitungen selbstverständlich geschätzt wird. Orientierungs- und Informationsleistungen sowie intensive Beratung tragen in allen Studiengängen und Fachdisziplinen erheblich zum Studienerfolg bei – sowohl zur Verkürzung der Studienzeiten als auch zur Reduzierung der in Deutschland viel zu hohen Abbrecherquoten. Studienberatung dürfte auch eine Bedingung für die von allen gewünschte Internationalisierung sein.

Hochschuldidaktische Weiterbildung

(9) Sehr bedeutsam sind die Vernetzung erziehungswissenschaftlicher Forschung in einem interdisziplinären Zusammenhang und die Kooperation mit anderen Disziplinen innerhalb einer Hochschule, so dass sich Synergieeffekte ergeben und interdisziplinäre Forschungsschwerpunkte unter Beteiligung der Erziehungswissenschaft aufbauen lassen. Wenn es gelingt, unter Mitwirkung oder Federführung pädagogischer KollegInnen DFG-geförderte Forschergruppen, Sonderforschungsbereiche oder Schwerpunktprogramme zu etablieren, ist dies deshalb als besonderer Erfolg zu bewerten, weil in der scientific community die strenge Peer-Begutachtung DFG-geförderter Initiativen und Projekte hoch einzuschätzen ist. Ebenfalls sind die Kooperationen mit außeruniversitären Forschungseinrichtungen sinnvoll und möglich, wobei sich administrativ kontrollierte, meist landeseigene Einrichtungen, politisch ungebundene und etatisierte Forschungseinrichtungen sowie wissenschaftliche Serviceeinrichtungen unterscheiden lassen. Der traditionelle Anspruch der Einheit von Forschung und Lehre lässt sich heute gerade über solche Kooperationen einlösen. Die Pädagogik wird nicht zur »Magd einer jeweils gedankenbeherrschenden Disziplin« (SCHELSKY in TENORTH 1997, S. 27), leidet nicht an Eklektizismus oder Diffusität – um die teilweise noch vorhandenen Selbstzweifel nur anzudeuten – sondern erweist sich als eine wichtige Bezugsdisziplin, wenn sie diese notwendigen interdisziplinären Kooperationen beispielsweise in der Bildungs-, Sozialisations-, Frauen-, Familien- oder Kindheits- und Jugendforschung eingeht.

Interdisziplinäre Forschung und Synergieeffekte

(10) Das Ansehen einer Disziplin steigt mit der Qualität der internationalen Zusammenarbeit. Ob diese Qualität tatsächlich durch das Heranziehen internationaler Zitationsindices valide nachgewiesen werden kann, sei dahingestellt. Aber sicher sollte die Intensivierung internationaler Kontakte auf verschiedenen Ebenen eine Fortsetzung erfahren und durch internationale wissenschaftliche Kongresse, Tagungen und Publikationen inhaltlich vertieft werden. Viele pädagogischen Institute in Deutschland kooperieren mit europäischen und außereuropäischen Kolleginnen und Kollegen. Typisch für die Pädagogik dürfte sein, dass Kooperationen nicht

nur mit Hochschulen in modernen Industrie- und Dienstleistungsgesellschaften eingegangen werden, sondern dass in erheblichem Maße auch ein wissenschaftlicher Austausch mit sogenannten Schwellen- und mit Entwicklungsländern besteht (vgl. WULF 2000, S. 27 ff.; LENHART/HÖRNER 1996). Auch dieses soziale und kulturelle »Kapital« gilt es zu pflegen, denn Internationalität im pädagogischen Bereich verbreitert die kognitive Wissensbasis zu Fragen der Erziehung, Bildung und Sozialisation und ist keine einseitige Übernahme von Kenntnissen. Internationalität ist in der Erziehungswissenschaft mit interkulturellen Lernprozessen verbunden und dadurch ein Mosaikstein zur Verankerung der demokratischen Prinzipien der »civil society«. Das Erkennen und Akzeptieren der Pluralität von Kulturen und Lebensformen und die Verständigung über kultur- und gesellschaftsspezifisch auszulegende, gleichwohl aber auch universell wirksame Grundnormen, Rechte und Pflichten sind ein wesentlicher und anerkannter Beitrag der Erziehungswissenschaft zum internationalen wissenschaftlichen Austausch.

Internationalität und interkulturelle Lernprozesse

Zusammenfassend ist festzuhalten, dass Anerkennung oder Reputation kein Selbstzweck, sondern eher ein Mittel ist, um die inhaltlichen Anliegen einer Disziplin besser vertreten und durchsetzen zu können. Man wird sagen können, dass einem Fach bzw. einer Disziplin im Wissenschaftssystem und in der Gesellschaft dann Anerkennung entgegengebracht wird, wenn es dem Fach im weiteren Sinne gelingt, zu sozialen, kulturellen oder ökonomischen Problemlösungen einen Beitrag zu leisten.

Innovation durch Erziehungswissenschaft

Literatur

ARBEITSGRUPPE HOCHSCHULDIDAKTISCHE WEITERBILDUNG an der Universität Freiburg. Besser Lehren. Praxisorientierte Anregungen und Hilfen für Lehrende in Hochschule und Weiterbildung. Heft 1-8. Weinheim 1998.

BAUMERT, J./ROEDER, P.M.: Expansion und Wandel der Pädagogik. Zur Institutionalisierung einer Referenzdisziplin. In: ALISCH, L.-M./BAUMERT, J./BECK, K. (Hrsg.): Professionswissen und Professionalisierung. Braunschweig 1990, S. 79-128.

BECKMEIER, C./NEUSEL, A.: Entscheidungsverflechtung an Hochschulen. Determinanten der Entscheidungsfindung an bundesdeutschen und französischen Hochschulen am Beispiel der Studiengangentwicklung. Frankfurt/M. 1991.

BENNER, D./LENZEN, D.(Hrsg.): Bildung und Erziehung in Europa. 32. Beiheft der Zeitschrift für Pädagogik. Weinheim/Basel 1994.

BMB+F: Studium und Studierende in den 90er Jahren. Entwicklung an Universitäten und Fachhochschulen in den alten und neuen Bundesländern. Bonn 1996.

GRÄSEL, C./REINHARTZ, P.: Ungeliebte Kinder auf dem Arbeitsmarkt? Ergebnisse einer Verbleibsstudie von AbsolventInnen des Magisterstudienganges Pädagogik. In: Der pädagogische Blick 6 (1998), S. 223-238.

HEID, H.: Bericht über das Podium: Zur Situation der Erziehungswissenschaft in der Bundesrepublik Deutschland. In: Zeitschrift für Pädagogik, 25. Beiheft (1990), S. 56-70.

HEID, H.: Zur Situation der Erziehungswissenschaft in der Bundesrepublik Deutschland. In: Zeitschrift für internationale erziehungs- und sozialwissenschaftliche Forschung, 4 (1987), Heft 2, S. 225-251.

HORN, K.-P.: Per aspera ad astra. Ausbildung und Arbeitsmarkt für Diplompädagogen. Oldenburger Universitätsreden Nr. 106. Oldenburg 1999.

HORN, K.-P./LÜDERS, C.: Erziehungswissenschaftliche Ausbildung zwischen Disziplin und Profession. In: Zeitschrift für Pädagogik, Heft 5 (1997), S. 759-769.

KELL, A.: Erziehungswissenschaftliche Fakultäten, Fachbereiche, Institute und erziehungswissenschaftliches Personal in den Universitäten der neuen Bundesländer. In: KELL, A. u.a. (Hrsg.): Erziehungswissenschaft im Aufbruch? Weinheim 1995, S. 29-43.

KOMMISSION DER KULTUSMINISTERKONFERENZ: Perspektiven der Lehrerbildung in Deutschland. Zusammenfassung des Abschlußberichts der von der Kultusministerkonferenz eingesetzten Kommission. In: Erziehungswissenschaft, 10.Jg., Heft 20 (1999), S. 39-46.

KRÜGER, H.: Erziehungswissenschaftliche Forschung: Hochschulen, außeruniversitäre Forschungseinrichtungen, Praxisforschung. In: KRÜGER, H./RAUSCHENBACH, Th. (Hrsg.): Einführung in die Arbeitsfelder der Erziehungswissenschaft. Opladen 1995, S. 287-302.

LENHART, V.: Die Situation der Erziehungswissenschaft in der Bundesrepublik Deutschland. In: Zeitschrift für Pädagogik, 25. Beiheft (1990), S. 199-205.

LENHART, V./HÖRNER, H. (Hrsg.): Aspekte internationaler Erziehungswissenschaft. Weinheim 1996.

LENZEN, D. (Hrsg.): Pädagogische Grundbegriffe. Reinbek b. Hamburg 1994.

LENZEN, D.: Bericht des Vorsitzenden über die Vorstandsperiode 1996-1998. In: Erziehungswissenschaft 1998, S. 75-83.

MACKE, G.: Disziplinärer Wandel. Erziehungswissenschaft auf dem Wege zur Verselbständigung ihrer Teildisziplinen? In: KRÜGER, H.-H./RAUSCHENBACH, Th. (Hrsg.): Erziehungswissenschaft. Die Disziplin am Beginn einer neuen Epoche. Weinheim 1994, S. 49-68.

OEHLER, C.: Hochschulen. In: FÜHR, C./FURCK, C.-L. (Hrsg.), Handbuch der deutschen Bildungsgeschichte, Bd. 6. München 1998, S. 412-445.

RAUSCHENBACH, Th.: Pädagogische Aus-, Fort- und Weiterbildung: Fachschule, Fachhochschule, Universität. In: KRÜGER, H.-H./RAUSCHENBACH, Th. (Hrsg.): Einführung in die Arbeitsfelder der Erziehungswissenschaft. Opladen 1995, S. 269-286.

RÖHRS, H. (Hrsg.): Die Erziehungswissenschaft und die Pluralität ihrer Konzepte. Festschrift für Wilhelm FLITNER. Wiesbaden 1979.

RÖHRS, H./SCHEUERL, H. (Hrsg.): Richtungsstreit in der Erziehungswissenschaft und pädagogische Verständigung. Wilhelm FLITNER zur Vollendung seines 100. Lebensjahres am 20. August 1989 gewidmet. Frankfurt/M. 1989.

SCHELSKY, H.: Einsamkeit und Freiheit. Düsseldorf 1971, 2.Aufl.

STATISTISCHES BUNDESAMT: Serie VII C/5.21, Daten zum wissenschaftlichen und künstlerischen Personal. Studentenstatistik. Bonn 1998.

STRUKTURKOMMISSION LEHRERBILDUNG 2000: Lehrerbildung in Baden-Württemberg. Abschlußbericht. Stuttgart 1993.

STRUKTURKOMMISSION DES VORSTANDS DER DGfE: Bericht und Empfehlungen zur Einführung neuer Studiengänge und Abschlüsse – Bachelor of Arts, Master of Arts (BA, MA) im Fach Erziehungswissenschaft. In: Erziehungswissenschaft, 10.Jg., Heft 20 (1999), S. 15-38.

STRZELEWICZ, W.: Bildungssoziologie. In: KÖNIG, R.: Handbuch der empirischen Sozialforschung, Bd. 14. Stuttgart 1979, S. 85-235.

TENORTH, H.-E.: Erziehungswissenschaft in Deutschland – Skizze ihrer Geschichte von 1900 bis zur Vereinigung 1990. In: HARNEY, K./KRÜGER, H.-H.(Hrsg.), Einführung in die Geschichte der Erziehungswissenschaft und der Erziehungswirklichkeit. Opladen 1997, S. 111-153.

TENORTH, H.-E.: Geschichte der Erziehung. Einführung in die Grundzüge ihrer neuzeitlichen Entwicklung. Weinheim/München 1988.

TERHART, E. (Hrsg.): Perspektiven der Lehrerbildung in Deutschland. Abschlußbericht. Weinheim 2000.

TIPPELT, R.: Stichwort: Wandel pädagogischer Institutionen. In: Zeitschrift für Erziehungswissenschaft 1 (2000), S. 7-20 (a).

TIPPELT, R.: In Einsamkeit und Freiheit? Erziehungswissenschaft im Hochschulsystem: Relevanz und Reputation. In: HAMBURGER, F./KOLBE, F.-U./TIPPELT, R. (Hrsg.), Pädagogische Praxis und erziehungswissenschaftliche Theorie zwischen Lokalität und Globalität. Festschrift für Volker LENHART. Frankfurt u.a. 2000, S. 15-26 (b).

TIPPELT, R.: Zum Verhältnis von Allgemeiner Pädagogik und empirischer Bildungsforschung. In: Zeitschrift für Erziehungswissenschaft, 2-1998, S. 239-260.

TIPPELT, R.: Projektstudium. Exemplarisches und Handlungsorientiertes Lernen an der Hochschule. München 1979.

VOGEL P.: Allgemeine Pädagogik. In: Zeitschrift für Erziehungswissenschaft 2 (1998), S. 157-180.

WICHMANN, J.: Grundideen und internationale Rezeption des Modells einer Service-University. Die Implementierung eines 'global educational pattern'. In: Zeitschrift für Erziehungswissenschaft 1 (2000), S. 81-96.

WISSENSCHAFTSRAT: Zehn Thesen zur Hochschulpolitik. Berlin 1993.

WULF, C.: Von der internationalen Zusammenarbeit zur interkulturellen Kooperation. Neue Aufgaben universitärer Bildung. In: HAMBURGER, F./KOLBE, F.-U./TIPPELT, R. (Hrsg.): Pädagogische Praxis und erziehungswissenschaftliche Theorie zwischen Lokalität und Globalität. Frankfurt/M. 2000, S. 27-37.

Erziehungswissenschaft und pädagogisches Wissen

Peter Drewek

1. »Pädagogisches« und »erziehungswissenschaftliches« Wissen

Durch den meist synonymischen Gebrauch von »Pädagogik« und »Erziehungswissenschaft« werden Bedeutungsunterschiede zwischen beiden Begriffen verdeckt, die auch für die Differenzen zwischen pädagogischem und erziehungswissenschaftlichem Wissen gelten. *Pädagogik*, der im Vergleich zu »Erziehungswissenschaft« weiter gefasste Begriff, wird als eine auf Erziehung und Bildung ausgerichtete »Praxis genuiner Funktionalität« verstanden, die »in der Moderne ... in eigenen Sozialsystemen funktional ausdifferenziert« wurde, daneben aber auch in Familien und peer-groups zu finden ist. *Pädagogisches Wissen* wird zum einen als ein »integrales Moment« pädagogischer Praxen interpretiert, zum anderen aber auch »als ihre symbolisch gegebene Struktur« von pädagogischen Praxen abgehoben (OELKERS/TENORTH 1991, S. 21).

Pädagogik/pädagogisches Wissen

Schon aufgrund seines breiten und heterogenen Bezugsfeldes lässt sich pädagogisches Wissen zwar kaum inhaltlich umfassend definieren, wohl aber formal nach den verschiedenen Dimensionen seiner Orte, Funktionen und Geltungsbedingungen sowie nach seinen Strukturen, Themen und Arten unterscheiden. Eine derartige Systematisierung zeigt aber, dass jede dieser Dimensionen weiter ausdifferenziert werden kann. So repräsentieren bspw. die Schule bzw. erziehungswissenschaftliche Hochschulinstitute als Einrichtungen professionellen Handelns und Forschens vielleicht die bekanntesten Orte pädagogischen Wissens; aber auch Elternhaus und Straße, Betrieb und Arbeit, Freizeit und Erwachsenenbildung, nicht zuletzt Bildungspolitik und -verwaltung sind als Orte pädagogischen Wissens anzusehen. Wenn unter seinen Funktionen im engeren Sinn operatives und diagnostisches Wissen voneinander unterschieden werden, sollte nicht übersehen werden, dass pädagogisches Wissen auch nach außen hin zur Legitimation oder Kritik beispielsweise von Bildungspolitik dient. Gründen die Geltungsbedingungen pädagogischen Wissens großteils auf Alltagsüberzeugungen, werden Geltungsbedingungen aber auch im Kontext – oft kontroverser – öffentlicher Diskurse erst konventionalisiert und durchgesetzt. Vor diesem Hintergrund lassen sich auch Strukturen, Themen und Arten pädagogischen Wissens nur recht ungenau definieren, differenzieren und systematisieren (vgl. OELKERS/TENORTH 1991, S. 21 ff.).

Erziehungswissenschaft Zur pointierten Unterscheidung von »Erziehungswissenschaft« wird »Pädagogik« im Sinne eines bestimmten Ausschnittes pädagogischen Wissens als eine »Reflexionsform ... bezeichnet, deren Schwergewicht auf Aspekten der Handlungsanleitung, der Sinnauslegung und der normativen Orientierung pädagogischer Praxis liegt«; im Unterschied dazu ist *Erziehungswissenschaft* »an empirisch gestütztem, praktisch verwertbarem Wissen« interessiert; sie teilt »mit anderen Wissenschaften wie etwa der Medizin oder der Jurisprudenz einen 'klinischen Fokus' (PARSONS)«. (THIEL 1999, S. 154 f.) Erziehungswissenschaft konstruiert ihre Problemstellungen in distanzierten Modellen; pädagogisches Wissen als Wissen der Praktiker wird dagegen situationsnah erworben, folgt in seiner Anwendung situationsspezifischen Handlungszwängen und orientiert sich zumeist an gegebenen und für die jeweilige Situation als gültig empfundenen Alltagsnormen. Im Unterschied zu Eltern, Lehrern und Erziehern sind Erziehungswissenschaftler gerade nicht als unmittelbare Akteure an pädagogischen Prozessen beteiligt, sondern erzeugen Forschungsmodelle, auf deren Basis Voraussetzungen und Verlauf, Resultate und Folgen pädagogischer Prozesse erklärt und problematisiert werden. Gegenüber der Finalität pädagogischer Praxis und pädagogischen Wissens ist erziehungswissenschaftliches Wissen offen und infinit.

Obwohl angesichts der nur »graduellen« Differenz zwischen pädagogischem Alltags- und pädagogischem Professionswissen die Unterschiedlichkeit pädagogischen und erziehungswissenschaftlichen Wissens wiederholt betont worden ist (vgl. HORN 1999), überlagern sich in »der Realität erziehungswissenschaftlicher Kommunikation ... Sinnauslegung und pragmatische Forschungsorientierung«, interferieren also »Pädagogik« und »Erziehungswissenschaft«: »Es gelingt nicht, die disziplinäre Kommunikation ... auf entweder die pädagogische oder die erziehungswissenschaftliche Programmatik festzulegen. Insofern bildet der Synonymgebrauch die reale Situation dieser Disziplin ab« (THIEL 1999, S. 155).

Diese Überlagerung lässt sich aus der ungleichzeitigen Entwicklung pädagogischer Praxen und ihrer historisch akkumulierten Reflexion auf der einen und der in Deutschland sowohl «verspäteten« als auch einem bestimmten kognitiven Modell folgenden Institutionalisierung der *Erziehungswissenschaft als akademischer Disziplin* auf der anderen Seite erklären (vgl. TENORTH 1997).

Historische Entwicklung »Erziehung« und »Bildung« wurden in der Moderne zu Schlüsselbegriffen des politischen, gesellschaftlichen und philosophischen Diskurses und standen im Zentrum gesellschaftlicher Reformen. Den im 18. Jahrhundert einsetzenden flächendeckenden Ausbau von (Elementar-)Schulen, gefolgt von der Institutionalisierung der Berufs- und Mädchenbildung sowie der Sonder- und Sozialpädagogik im 19. und 20. Jahrhundert begleitete ein enormer Aufschwung pädagogischen Wissens. Zunächst auf die bürgerlich-literarische Öffentlichkeit beschränkt und programmatisch verdichtet, durchdrang pädagogisches Wissen mehr und mehr auch das Alltagswissen und fand in den sich langsam herausbildenden pädagogischen Berufen, vor allem in der *Semi-Profession* der Volksschullehrer, seine primären Träger. Seiner ganzen Genese, seinen Themen und Inhalten zufolge spiegelte dieses pädagogische Wissen aber noch vorrangig die Partikularität unterschiedlichster Impulse und Träger, vermittelte sich in verschiedensten Betrachtungsperspektiven und widerstreitenden gesellschaftlichen und insoweit meist auch politisch kontroversen Interessen. Von einer distanzierten und auf Dauer gestellten, d.h. gleichfalls institutionalisierten wissenschaftlichen Reflexion pädagogischer Praxis und pädagogischen Wissens in Form der Erziehungswissenschaft als akademischer Disziplin kann gegenüber ihren lange vorher einsetzenden Institutionalisierungen, insbesondere der Schule, erst am Beginn des 20. Jahrhunderts gesprochen werden.

Im *internationalen Vergleich* ist die kognitive Ausgestaltung der akademischen Erziehungswissenschaft allerdings ganz unterschiedlichen Modellen gefolgt. Während die Erziehungswissenschaft in Frankreich als eine »fächerübergreifend-umfassende Sozialwissenschaft« und in den Vereinigten Staaten in Form einer »pragmatisch feld- und professionsbezogene(n) Spezialisierung« konstituiert worden ist, gilt für Deutschland eine »strikte disziplinäre Engführung« der Erziehungswissenschaft (KEINER/SCHRIEWER 2000, S. 27). Ihre wissenschaftliche Identität etablierte sich mithin nicht transdisziplinär oder professionsnah, sondern bildete sich im Gegenteil gerade im Wege strikter Abgrenzungen gegenüber anderen Disziplinen, vor allem der Psychologie und Soziologie, aber auch gegenüber Professionalisierungsstrategien zur Erzeugung empirisch gestützten operativen Wissens für den Lehrerberuf heraus. Die in Deutschland seit den 20er Jahren vorherrschende »geisteswissenschaftliche« Pädagogik tendierte vielmehr zu einer hermeneutisch fixierten Vertiefung ihres Fokus' im Medium philosophischer Reflexion.

Im Zuge der Öffnung der Erziehungswissenschaft gegenüber den Sozialwissenschaften etablierten sich seit den 1960er Jahren neben der als »Allgemeine Pädagogik« dominierenden geisteswissenschaftlichen Richtung neue Teildisziplinen der Erziehungswissenschaft (Historische Pädagogik, Vergleichende Pädagogik, Berufs- und Wirtschaftspädagogik, Sozialpädagogik, Pädagogische Psychologie etc.). Die *Ausdifferenzierung der Disziplin* resultierte in einer zunehmenden Spezialisierung, Heterogenisierung und Unübersichtlichkeit *erziehungswissenschaftlichen Wissens*. »Bis auf den heutigen Tag«, so bereits eine Klage aus den späten 70er Jahren, »hat die Pädagogik damit zu kämpfen, dass ihre verschiedenen Untersuchungen (abgesehen von der – pädagogisch-psychologischen – 'Grundlagenforschung', P.D.) keinen Zusammenhang bilden, weswegen sich denn auch kaum so etwas wie Fortschritt abzeichnet ....« Die neuen »Untergliederungen« (d.h. Teildisziplinen, P.D.) der Pädagogik litten zudem »an separatistischen Neigungen, die zwar verständlich sind und auch nützlich sein können, die aber denn doch der Einheit der Person im Erzieher wie im heranwachsenden Menschen wie aber auch der Gesellschaft als einem ... Wirkungszusammenhang nicht entsprechen, weswegen sie an emanzipatorischer und humaner wie sozialer Kraft verlieren« (GROOTHOFF 1979, S. 3).

Auch die »schub- oder phasenweise« erscheinenden Nachschlagewerke, Handbücher, Lexika oder Einführungen werden der Funktion der Vernetzung und weiterführenden Integration erziehungswissenschaftlichen Wissens nicht gerecht. Weder die einschlägigen Veröffentlichungen der ausgehenden 70er und frühen

Erziehungswissenschaft im internationalen Vergleich

Ausdifferenzierung der Disziplin und erziehungswissenschaftliches Wissen

80er Jahre, noch die nahezu zwanzig seit Mitte der 90er Jahre erschienenen Publikationen würden «innovative theoretische Ansätze oder Forschungsthemen« vermitteln. Auch die jüngste Publikationsfolge zeige keine »neuen Sichtweisen auf Grundprobleme von Wissenschaft und Praxis der Pädagogik«; insofern sei »gegenwärtig ein gewisser Stillstand in der Wissenschaftsentwicklung zu verzeichnen.« Die sich oft als »'neue' Sichtweisen« und »'innovative' theoretische Ansätze« präsentierenden Zugänge stehen vielmehr im Verdacht, »vielleicht nur gefällige Moden« zu vermitteln, »die aus anderen Disziplinen stammen und denen die Pädagogik gerne nachläuft« (FATKE 1997, S. 7 f.).

Ob nun aber die genauere Bestimmung pädagogischen Wissens selbst dann schon Probleme mit sich bringt, wenn eine nur formale Systematisierung nach Orten, Funktionen, etc. versucht wird, oder ob die Strukturen des enger gefassten erziehungswissenschaftlichen Wissens in der Diagnose mangelnder Kohärenz des in den verschiedenen Teildisziplinen generierten, aber eben auch segmentierten und offenbar nur schwer wieder zusammenführbaren Wissens mündet: der Begriff des *Wissens* führt über die stagnierenden und oft hochgradig selbstzentrierten Debatten

Formen erziehungswissenschaftlichen Wissens

der Erziehungswissenschaft – nicht zuletzt über das Verhältnis von Pädagogik und Erziehungswissenschaft – hinaus. Der Wissensbegriff legt nahe, unterschiedliche Wissensformen der Erziehungswissenschaft (wie z.B. das »Ausbildungswissen«, HORN/LÜDERS 1997, S. 759) typologisch stärker voneinander zu unterscheiden, sie in ihren je spezifischen Funktionen zu analysieren und zu rationalisieren. In der vertikalen Dimension des Alltags-, Professions- und wissenschaftlichen Wissens lassen sich dabei auch Prozesse der (historischen) Diffusion erziehungswissenschaftlichen Wissens in außerwissenschaftliche Bereiche zeigen. Folgt man dabei nicht einem rein affirmativen Begriff der »Wissensgesellschaft«, öffnet der Begriff des erziehungswissenschaftlichen Wissens den Blick auf seine historischen, sozialen und kulturellen Entstehungs-, Verwendungs- und Wirkungszusammenhänge und damit insbesondere auf die *Wechselbeziehungen zwischen Wissen und Gesellschaft* als Grundlage einer Theorie des erziehungswissenschaftlichen Wissens.

2. Erziehungswissenschaftliche Forschung

Obwohl das Fach Erziehungswissenschaft an den deutschen Hochschulen breit vertreten ist, lässt sich daraus nicht schon eine entsprechend dimensionierte Forschungskapazität und -produktivität ableiten. Große Teil der Personalressourcen sind nicht nur, wie in anderen Fächern auch, an die Lehre gebunden, sondern in der Lehrerausbildung überdies an der Peripherie des auf die verschiedenen Unterrichtsfächer konzentrierten wissenschaftlichen Fachstudiums angesiedelt. Mit der angesichts des bescheidenen Umfangs des »erziehungswissenschaftlichen Begleitstudiums« in den Lehramtsstudiengängen eher unrealistischen Erwartung an eine nachhaltige »Praxisrelevanz« des Lehrangebots sind aber prinzipiell auch die berufsbezogen ausgerichteten Diplomstudiengänge des erziehungswissenschaftlichen Hauptfachstudiums konfrontiert. Einseitig praxisorientierte Erwartungen an das erziehungswissenschaftliche Studium unter Studierenden, innerhalb der erziehungswissenschaftliches Ausbildungswissen importierenden Lehramtsstudiengänge sowie seitens des Beschäftigungssystems, nicht zuletzt auch in der politischen Öffentlichkeit, erschweren indessen die Herausbildung einer forschungsorientierten Fachkultur.

2.1 Forschungskapazität und -produktivität

Erziehungswissenschaftliche Forschung wird in *Wissenschaftlichen Hochschulen* und in *außeruniversitären Forschungsinstituten* betrieben. Das Fach ist an 76 der insgesamt 98 Wissenschaftlichen Hochschulen in Deutschland vertreten (vgl. Rauschenbach/Züchner 2000, S. 32); zu den außeruniversitären Forschungseinrichtungen zählten Ende der 70er Jahre 35 Institute, darunter 18 verwaltungsabhängige Einrichtungen. In den 80er Jahren war die Zahl der außeruniversitären Forschungsinstitute allerdings auf 28 gesunken (vgl. WEISHAUPT/STEINERT/BAUMERT 1991, S. 80).

Forschungsinstitutionen

Zu den größten außeruniversitären Forschungseinrichtungen zählen in der Reihenfolge ihrer Gründung das DEUTSCHE INSTITUT FÜR INTERNATIONALE PÄDAGOGISCHE FORSCHUNG (DIPF; Sitz: Frankfurt/M.; Gründung: 1950/51), das DEUTSCHE INSTITUT FÜR ERWACHSENENBILDUNG (DIE; Frankfurt/M.; 1958), das DEUTSCHE JUGENDINSTITUT (DJI; München; 1963), das MAX-PLANCK-INSTITUT für Bildungsforschung (MPIfBiFo; Berlin; 1963/4), das INSTITUT FÜR PÄDAGOGIK DER NATURWISSENSCHAFTEN (IPN; Kiel; 1966), das DEUTSCHE INSTITUT FÜR FERNSTUDIENFORSCHUNG (DIFF; Tübingen; 1966/67), das BUNDESINSTITUT FÜR BERUFSBILDUNG (BiBB; Bonn; 1970) sowie die in den 70er Jahren in verschiedenen Bundesländern errichteten »Landesinstitute« für »Erziehung und Unterricht«, »Schule und Weiterbildung« oder auch »Bildungsplanung und Schulentwicklung« (vgl. WEISHAUPT/STEINERT/BAUMERT 1991, S. 61 ff. u. 65 ff.).

Die auf erziehungswissenschaftliche Forschung ausgerichteten Berufsrollen von Hochschullehrern bzw. wissenschaftlichen Mitarbeitern und Assistenten als den Kerngruppen des promovierenden bzw. habilitierenden wissenschaftlichen Nachwuchses sind zugleich »multifunktional« angelegt. Neben – und wohl auch zu Lasten – der Forschung werden Aufgaben in der Lehre, im Prüfungswesen und in der akademischen Selbstverwaltung wahrgenommen. Insofern Dissertation und Habilitation als formale Zugangsvoraussetzungen zu Professorenstellen fungieren, ist ein nicht unbeträchtlicher Teil der Forschung unmittelbar an berufliche Karrieren gebunden. Dabei sind die Stellen der wissenschaftlichen Mitarbeiter bzw. Assistenten innerhalb der Hochschulen im Unterschied zu den außeruniversitären Forschungseinrichtungen in der Regel zeitlich befristet; Mitarbeiterstellen werden häufig in Teilzeitform besetzt.

Personal

Angesichts der verschiedenen Aufgabenbereiche von Hochschullehrern und Mitarbeitern bzw. Assistenten lässt sich der Umfang des wissenschaftlichen Personals in der Erziehungswissenschaft nicht ohne weiteres mit der *Forschungskapazität* der Disziplin gleichsetzen.

Wird die Auslastung nach den genannten Aufgabenfeldern entsprechend differenziert und gewichtet, so reduziert sich die in Deutschland im internationalen Vergleich zunächst beeindruckend hohe Zahl von Erziehungswissenschaftlern unter dem Aspekt der Forschungskapazität nicht unbeträchtlich. Als ihre Ausgangsgröße werden Ende der 90er Jahre an den wissenschaftlichen Hochschulen in Deutsch-

Personalressourcen

land insgesamt 3.037 Erziehungswissenschaftler, darunter 908 Professoren, 1.518 wissenschaftliche Mitarbeiter, 320 Assistenten und (habilitierte) Dozenten gezählt (vgl. KRÜGER/WEISHAUPT 2000, S. 77). Damit nimmt im europäischen Vergleich die deutsche Erziehungswissenschaft auch dann noch eine herausragende Spitzenposition ein, wenn man die unterschiedliche Größe der Vergleichsländer in Rechnung stellt. In Frankreich beispielsweise gibt es nur 335 Erziehungswissenschaftler an Universitäten, darunter 96 Professoren, in den Niederlanden 130 (16 Professoren) und in Schweden 230 (31 Professoren) (vgl. HOFSTETTER/SCHNEUWLY 2000, S. 68). In bezug auf das wissenschaftliche Personal an außeruniversitären Forschungseinrichtungen wurden Ende der 80er Jahre insgesamt 988 in unbefristeten Beschäftigungsverhältnissen befindliche Wissenschaftler (davon 119 in Leitungspositionen) sowie 198 in befristeten Vollzeitverträgen beschäftigte Personen gezählt (vgl. WEISHAUPT/STEINERT/BAUMERT 1991, S. 92).[1]

Forschungspotential

Gegenüber der Gesamtzahl von weit über 3.000 Erziehungswissenschaftlern inner- und außerhalb der Hochschulen wurde das *reale Forschungspotential* der deutschen Erziehungswissenschaft auf der Basis groß angelegter Befragungen deutlich geringer angesetzt. Unter Berücksichtigung der Auslastung für Aufgaben außerhalb unmittelbarer Forschungstätigkeiten wurde Ende der 80er Jahre von einem Forschungspotential von rund 465 Vollzeitstellenäquivalenten in den außeruniversitären und etwa 560 Vollzeitstellenäquivalenten an den Hochschulen (einschließlich der befristeten Qualifikationsstellen) in der Bildungsforschung ausgegangen (vgl. WEISHAUPT/STEINERT/BAUMERT 1991, S. 169 ff.). Damit entfällt in diesem Bereich also etwas mehr als die Hälfte des Forschungspotentials auf die Hochschulen. Insofern erziehungswissenschaftliche Forschung zwar größtenteils Bildungsforschung umfasst, jedoch nicht vollständig in ihr aufgeht und sich in den Hochschulen beispielsweise auch in der Tradition der Geisteswissenschaften auf erziehungs- und bildungsphilosophische Fragestellungen richtet, ist das Forschungspotential der Disziplin insgesamt etwas größer.

Forschungsarten

Die unterschiedlichen *Arten erziehungswissenschaftlicher Forschung* werden nach ihrer Organisationsform, den dominierenden Zielsetzungen und den Finanzierungsquellen von Forschungsarbeiten unterschieden. Die Spannbreite der Organisationsformen reicht von Einzelarbeiten über kleinere und größere Forschungsteams bis hin zu Forschergruppen sowie fach- und universitätsübergreifenden Forschungsverbünden. Auf der Ebene der Zielsetzungen werden Grundlagenforschung, angewandte Forschung und Entwicklungs- oder Begleitforschung unterschieden. Schließlich gilt die Finanzierung von Forschung als Kriterium zur Differenzierung zwischen Eigen- und Drittmittelprojekten, die ihrerseits wiederum nach verschiedenen Antragswegen (z.B. »im Wettbewerb« erworbene Mittel vs. Auftragsforschung) und den jeweiligen Zuwendungsgebern aufgegliedert werden können.

Differenzierte Daten zur *Forschungsproduktivität* liegen vor allem für die Zeit Ende der 80er Jahre vor; die Entwicklung in den 90er Jahren ist im Vergleich dazu bislang wesentlich ungenauer dokumentiert und analysiert worden. In der zweiten Hälfte der 80er Jahre dominierte an den Hochschulen der Typus der 'Einzelarbeit als eigenfinanziertes Projekt'; 23 Prozent aller Projekte waren Qualifikationsarbei-

---

1 Dieses Personalvolumen dürfte in den 90er Jahren durch Finanzierungsveränderungen zurückgegangen sein.

ten (Dissertationen, Habilitationsschriften). Knapp 60 Prozent der Professoren hatten Drittmittel für Forschungen eingeworben, 19 Prozent hatten Mittel von der Deutschen Forschungsgemeinschaft (DFG) erhalten.

Forschungsproduktivität

Informationen über die Entwicklung der erziehungswissenschaftlichen Forschung in den 90er Jahren beruhen auf Auswertungen der Datenbank Forschungs- und Entwicklungsarbeiten in den Sozialwissenschaften (FORIS) des Informationszentrums Sozialwissenschaften (vgl. NASE 2000) und Daten des Fachinformationssystems Bildung (FIS Bildung) des Deutschen Instituts für Internationale Pädagogische Forschung (DIPF). Insofern die Erziehungswissenschaft eine sowohl sozial- als auch geisteswissenschaftliche Disziplin darstellt, sind in den FORIS-Daten allerdings die in den 80er Jahren im Umfang von knapp 27 Prozent aller Projekte angegebenen Forschungen in dem meist mit geisteswissenschaftlichen Ansätzen bearbeiteten Feld der »Systematischen Arbeiten zur Theorie von Bildungs- und Erziehungsprozessen« nicht enthalten. Nach den vorliegenden Daten liegt in den 90er Jahren ein Anstieg des Drittmittelvolumens von insgesamt 29,5 Mio. DM (1992) auf 41,6 Mio. DM (1997) vor; einhergehend hat das aus Drittmitteln finanzierte wissenschaftliche Personal von 269 Personen (1992) auf 346 (1997) zugenommen. Ende der 90er Jahre bestanden insgesamt 1.824 Projekte, die sich je etwa hälftig auf Auftragsforschung bzw. geförderte Forschung einerseits und auf eigenfinanzierte Projekte oder Qualifikationsarbeiten andererseits verteilten (vgl. WEISHAUPT/MERKENS 2000, S. 121 u. S. 125). Aufgrund des freiwilligen Meldeverfahrens dürfte die Zahl der in der FORIS-Datenbank aufgeführten Projekte jedoch nicht alle Projekte umfassen.

Da »in der Erziehungswissenschaft der Typ der nicht projektförmig organisierten Einzelforschung verbreitet ist, der über Drittmittelstellen und Projektdokumentationen nur unzureichend erfasst wird« (ebd., S. 125), werden zusätzlich erziehungswissenschaftliche Publikationen als ein indirekter Indikator für Forschungsproduktivität herangezogen. Innerhalb des Zeitraums 1993-1997 veröffentlichten 77 Prozent von knapp 1.100 Professoren wissenschaftliche Arbeiten; 44 Prozent der Gesamtgruppe waren Buchautoren, 67 Prozent schrieben in pädagogischen Zeitschriften. Etwa jeder fünfte Hochschullehrer hat zwischen 1993 und 1997 überhaupt nicht veröffentlicht, etwas über 40 Prozent innerhalb dieses fünfjährigen Zeitraums durchschnittlich höchstens ein Mal pro Jahr. Von den fast 1.900 Mitarbeitern hat im gleichen Zeitraum gut die Hälfte wissenschaftliche Beiträge publiziert; 41 Prozent aller Mitarbeiter veröffentlichen in pädagogischen Zeitschriften (vgl. ebd., S. 127 u. S. 130).

Publikationen

Diese für die Erziehungswissenschaft insgesamt berechneten Daten täuschen jedoch über die lokal nicht unbeträchtlich variierenden Strukturen der Disziplin hinweg. Insbesondere die an der Zahl der Professoren gemessene Größe erziehungswissenschaftlicher Institute dürfte die Forschungskapazität und -produktivität folgenreich beeinflussen. Gut ausgestattete Institute oder gar Fachbereiche zeichnet in der Regel gleichzeitig ein höherer Grad der fachlichen Binnendifferenzierung aus, der einem produktiven Forschungsklima förderlicher sein dürfte als kleine, oft stark mit Lehr- und Prüfungsaufgaben belastete Einheiten mit nur wenigen Professuren und entsprechend geringer Personalausstattung auch im Bereich des wissenschaftlichen Nachwuchses.

Lokale Unterschiede

2.2 Wissenschaftlicher Nachwuchs

Ausgangsgrößen für die Rekrutierung des wissenschaftlichen Nachwuchses der Erziehungswissenschaft sind Studierende und Absolventen. Durch strukturelle und konjunkturelle Bedarfsschwankungen in pädagogischen Berufsfeldern sind auch erziehungswissenschaftliche Studiengänge entsprechenden Veränderungen im Beschäftigungssystem auf spezifische Weise ausgesetzt. Dies wiederum zeigt sich positiv oder negativ im Studienverlauf bzw. -erfolg und betrifft dadurch vermittelt auch die Entwicklung der Absolventen als der engeren Ausgangspopulation der Nachwuchsrekrutierung.

Bis zur Einführung von Hauptfachstudiengängen war die Erziehungswissenschaft – wie bereits ausgeführt – innerhalb des Universitätssystems insofern peripher positioniert, als sie im Vergleich zu dem großen Gewicht der Fachwissenschaften lediglich ein randständiges Element der Lehrerausbildung repräsentierte. Rekrutierungsgruppen Das erziehungswissenschaftliche »Begleitstudium« bindet zwar durch die hohe Zahl der Studierenden in nicht unbeträchtlichem Umfang die Lehrkapazitäten der Disziplin ohne aber zugleich – wegen des geringfügigen Pflichtvolumens an Semesterwochenstunden – eine ernsthafte Rekrutierungsbasis für den wissenschaftlichen Nachwuchs darzustellen.[2] Insofern bilden die seit den 70er Jahren in den Diplomstudiengängen hinzugekommenen Hauptfachstudierenden zusammen mit den Studierenden des Magisterstudiums die faktische Kerngruppe des wissenschaftlichen Nachwuchses.

Während des letzten Jahrzehnts lassen sich zunehmende Divergenzen zwischen Studienanfänger- und Absolventenzahlen beobachten. Einerseits hat sich die Zahl der Studienanfänger (Studierende im ersten Studienjahr) seit Mitte der 70er Studienanfänger und (4.600) bis Mitte der 90er Jahre (12.500) nahezu verdreifacht; die Gesamtzahl der Studierende Hauptfachstudierenden ist dabei von 18.000 (1974) zunächst auf etwa 30.000 (Beginn der 90er Jahre) gewachsen, um in den letzten fünf Jahren noch einmal deutlich auf über 50.000 zuzunehmen (vgl. RAUSCHENBACH/ZÜCHNER 2000a, S. 35 f.). Andererseits schließt aber nach der entsprechend zeitversetzt berechneten Relation zwischen Studienanfängern und Absolventen ein zunehmender Teil der Studienanfänger das erziehungswissenschaftliche Studium nicht – oder zumindest nicht innerhalb des zugrundegelegten Zeitraums von sechs Jahren – mit einem Examen ab.

Hat noch etwa die Hälfte der Studienanfänger der frühen 80er Jahre einen Diplom- oder Magisterabschluss erworben, ist die Absolventenquote in den 90er Jahren Absolventen ren auf etwa 40 Prozent gesunken (vgl. RAUSCHENBACH/ZÜCHNER 2000a, S. 51). Parallel dazu hat das auch weiterhin große Gewicht des Diplomstudiums zugunsten des Magisterstudiums abgenommen. Kamen zu Beginn der 90er Jahre auf einen Anfänger im Magisterstudiengang statistisch noch 2,5 Anfänger im Diplomstudium, ist dieser Wert 1998 auf 1,6 zurückgegangen (vgl. RAUSCHENBACH/ZÜCHNER 2000a, S. 35). Dabei hat sich die Verteilung von Frauen und Männern in den Hauptfachstudiengängen deutlich zugunsten der Frauen verändert. Mehr als 75 Prozent aller Studienanfänger sind heute Frauen. Auch bei der Absolventen- oder »Erhaltquote« lie-

---

2 Nur dort, wo Erziehungswissenschaft als Unterrichtsfach in der Sekundarstufe II studiert werden kann – vor allem in Nordrhein-Westfalen –, sind Übergänge vom Lehramts- zum Promotionsstudium möglich.

gen Frauen mit 33 Prozent deutlich vor den Männern, von denen nur 21 Prozent das Studium erfolgreich beendeten (vgl. SCHENK 2000, S. 103).

Steigende Anfänger- und relativ dazu rückläufige Absolventenzahlen dokumentieren die außerordentlich ambivalente Situation zunehmender Attraktivität des Faches auf der einen bei gleichzeitig wachsender »Selbstselektion« im Studienverlauf auf der anderen Seite. Interessanterweise schlägt dieser Prozess aber nicht auf die Entwicklung des akademischen Nachwuchses gemessen an der Zahl der Promotionen und Habilitationen durch.

In langfristiger Perspektive ist die Zahl der Promotionen zwischen 1945 und dem Beginn der 60er Jahre innerhalb eines Bereichs von weniger als 50 Promotionen pro Jahr zunächst nur sehr moderat angestiegen. Seit der zweiten Hälfte der 60er Jahre bis gegen Ende der 80er Jahre haben die erfolgreich abgeschlossen Promotionsverfahren dagegen exorbitant auf jährlich 300 zugenommen (vgl. WEISHAUPT/STEINERT/BAUMERT 1991, S. 31). Die nachfolgend zunächst wieder rückläufige Entwicklung scheint in den 90er Jahren mit 230 bis 260 Promotionen pro Jahr – bei gegenwärtig steigender Tendenz – aufgefangen worden zu sein. Wird die Zahl der Promotionen zeitversetzt auf die der Absolventen vier Jahre zuvor bezogen, so ergibt sich für 1980 eine Promotionsquote von knapp 12 Prozent. Nachdem sie in den Jahren 1985 und 1990 auf 7,6 Prozent gesunken war, ist seit 1992 jedoch wieder ein Anstieg von 8,9 Prozent auf 12 Prozent bis knapp 14 Prozent zu beobachten (1998: 13.2 Prozent). Die nur für zwei Jahre mögliche Berechnung der Habilitationsquote zeigt für 1993 und 1998 einen in etwa gleichbleibenden Wert von 18 Prozent bis 19 Prozent erfolgreich abgeschlossener Habilitationen in Relation zu den acht Jahre zuvor abgeschlossenen Promotionen (eigene Berechnung nach H.-U. OTTO u.a. 2000).

Promotionen und Habilitationen

So wie die Zahl der Promotionen nach einem Rückgang Ende der 80er Jahre über die Ausbauphase des Faches hinaus auch dann noch auf einem hohem Niveau relativ stabil geblieben ist, als der Anteil der akademischen Erstabschlüsse (Diplom/Magister) im Vergleich zu den Studienanfängern bereits deutlich zurückging, signalisiert auch die Habilitationsquote gegenüber den rückläufigen Promotionen Mitte und Ende der 80er Jahre eine dazu eher gegenläufige Entwicklungstendenz. Anders formuliert scheint gerade dann die nächsthöhere akademische Abschlussebene angestrebt zu werden, wenn das vorausliegende Zertifikatsniveau, gemessen an der rückläufigen Zahl der Absolventen, zumindest in der subjektiven Sicht der Studierenden seine Wertigkeit verliert. Da das wissenschaftliche Studium nicht im Sinne einer kontinuierlichen »Laufbahn« vom Studienbeginn bis zur Habilitation zu verstehen ist und gerade auf den Ebenen der Promotion und Habilitation auch Absolventen mit zwischenzeitlicher längerer Berufserfahrung graduiert werden, sind derartige Interpretationen allerdings ohne Angaben über die Herkunft der Doktoranden und Habilitanden empirisch nicht hinreichend genau abzusichern. Gleichwohl dürfte es einen nicht unerheblichen Unterschied für die erziehungswissenschaftliche Forschung ausmachen, ob akademische Grade in unmittelbarem Anschluss an den Erstabschluss angestrebt oder erst nach längerer Unterbrechung des Hochschulkontaktes erworben werden. Der letztgenannte Fall birgt strukturell die Gefahr einer zunehmenden Diversifikation von Lehre und Studium auf der einen und Nachwuchsrekrutierung und -forschung auf der anderen Seite. Letztlich dürften die für die akademischen Erstabschlüsse, die Promotionen und

Entwicklungstendenzen

sogar Habilitationen insgesamt positiven Beschäftigungsprognosen (vgl. RAU-SCHENBACH/ZÜCHNER 2000b; KRÜGER/WEISHAUPT 2000) in Bezug auf die Fachreproduktion jedoch entscheidend davon abhängig sein, ob sich Verbleib und Erfolg der Studierenden in den Hauptfachstudiengängen signifikant und dauerhaft verbessert. Tritt dies nicht ein, ließe sich eine gegenüber dem Studium gewissermaßen verselbständigte Reproduktion der Disziplin auf hohem personellen Niveau angesichts der wachsenden Zahl von Studienabbrechern weder wissenschaftlich noch politisch legitimieren.

3. Entwicklungsprobleme und Perspektiven

Wie bei kaum einem anderen Fach war die Entwicklung der Erziehungswissenschaft nach dem Zweiten Weltkrieg durch die Reform und Expansion des Bildungssystems seit den 60er und 70er Jahren bestimmt. Dies betrifft vor allem den schubartigen Ausbau der Personalkapazitäten von zunächst knapp 200 Professuren an Universitäten bzw. Pädagogischen Hochschulen auf über 1.000 zwischen Mitte der 60er und Mitte der 70er Jahre (vgl. BAUMERT/ROEDER 1990, S. 76). Seit den ausgehenden 80er Jahren liegt dagegen ein Rückgang von etwa 1.200 auf inzwischen 900 Professuren vor (vgl. KRÜGER/WEISHAUPT 2000, S. 77).

Es wäre jedoch verfehlt, aktuelle Entwicklungsprobleme der erziehungswissenschaftlichen Forschung eindimensional allein an der Reduktion des wissenschaftlichen Personals oder vorrangig an zu niedrigen finanziellen Ressourcen festzumachen. So wichtig die personellen und materiellen Voraussetzungen für das Forschungsprofil der Disziplin auch sein mögen, so sehr hängen Effizienz und Effektivität der Forschung zugleich von der Art der Forschungsorganisation und den Schwerpunktsetzungen bei den Forschungsthemen ab.

Forschungsorganisation und Schwerpunkte

Das Gros erziehungswissenschaftlicher Forschung wird in Form von Einzelarbeiten realisiert. Die »Einzelarbeit als vorherrschende Form der Forschungsorganisation« stellt aber »keine günstige Voraussetzung für eine engere Verzahnung« zunehmend spezialisierter Forschung dar. »Angesichts der Interdisziplinarität der Bildungsforschung« erscheint diese auch außerhalb der Hochschulen dominierende Form der Forschungsorganisation im Sinne einer »Partikularisierung ... bedenklich.« Können die im Zuge rückläufiger Forschungskapazitäten eingetretenen »thematischen Verschiebungen« einerseits als eine positive »Anpassung der Forschung an veränderte Problemstellungen« interpretiert werden, zeichnete sich andererseits mit dem in den 80er Jahren »abnehmenden Interesse der Politik an einer Strukturplanung« eine »Prioritätenverschiebung hin zu individuellen Bildungsprozessen« ab, in deren Zusammenhang eine »planungsorientierte Forschung kaum noch betrieben wird.« Überdies lässt »auch die Pragmatik allzu vordergründiger Praxisorientierung ... der Eigenlogik von Forschung wenig Raum.« Schließlich wird in der Wissenschaftsforschung die zunehmende Dominanz angewandter über grundlagenorientierte Bildungsforschung kritisiert. Dadurch entstehe »die Gefahr eines Verlustes der theoretischen Basis« der angewandten Forschung; »ad hoc« herangezogene Begründungen könnten »sich später als wissenschaftlich nicht tragfähig erweisen.« Außerdem führe die »institutionelle Abgrenzung zwischen der grundlagenorientierten Forschung« und den »anwendungs- und entwicklungsorientierten staatlichen Einrichtungen der Bildungsforschung« zu einem »erschwerten Zugang zum Bildungssystem« für die Grundlagenforschung und berge damit letztlich sogar die Gefahr der »Praxisferne« (WEISHAUPT/STEINERT/BAUMERT 1991, S. 174 ff.).

Diese aus dem Beginn der 90er Jahre datierende Situationsanalyse der Bildungsforschung dürfte sich im Bereich der Forschungsorganisation bis heute kaum, bezogen auf Schwerpunktsetzungen und Planungsorientierung nur teilweise positiv verändert haben. Durch den zwischenzeitlichen Bedeutungsgewinn der Lehr-/Lernforschung im Rahmen international vergleichender Untersuchungen von Schülerleistungen wird die Kritik in dieser Form vor allem für die pädagogische Psychologie und die Schulentwicklungsforschung nicht mehr zutreffen. Die Gefahren partikularisierter Einzelforschung und mangelnder Koordination, gestützt durch den in der deutschen Wissenschaftstradition auf besondere Weise kultivierten Forschungsindividualismus, werden jedoch für einen Großteil der erziehungswissenschaftlichen Forschung fortbestehen.

Komplementär zu den Risiken der inhaltlichen Abkopplung der Forschung von den institutionalisierten Referenzfeldern der Erziehung und Bildung, d.h. vor allem vom Bildungssystem selbst, sind aber auch die Gefahren einer Diversifikation von Studium und Nachwuchsrekrutierung nicht zu unterschätzen. Die hohe und künftig wohl noch weiter steigende Zahl der Absolventen erziehungswissenschaftlicher Studiengänge sollte nicht über die sinkende Absolventen- oder »Erhaltquoten« hinwegtäuschen. Soweit der freilich auch in anderen geistes- und sozialwissenschaftlichen Fächern zu beobachtende Verlust der Studierenden im Studienverlauf nicht allein individuellen Fehlentscheidungen bei der Wahl des Studienfachs zugeschrieben werden soll, ist er – auch – als Antwort auf schwierige Beschäftigungsperspektiven zu interpretieren. *(Erziehungswissenschaftliches Studium und Nachwuchsrekrutierung)*

Dieser Aspekt ist für die Entwicklungsprobleme der erziehungswissenschaftlichen Forschung vor allem vor dem Hintergrund der systematischen Zusammenhänge von Professionalisierung und Disziplinentwicklung von Bedeutung.

In der historischen Bildungsforschung ist in bezug auf die langfristige Bildungsexpansion im 19. und 20. Jahrhundert zwischen den aufeinanderfolgenden Phasen des Eigenausbaus des Bildungssystems – hier »wächst« das Bildungssystem »'nach innen'« – und des anschließenden »Breitenwachstums« unterschieden worden: »In dieser Phase werden andere Teilsysteme der Gesellschaft mit Bildung durchdrungen, übernehmen gut ausgebildete Personen zunehmend die Berufsrollen. ... Durch das Breitenwachstum akademisieren sich allmählich auch die privatwirtschaftlich organisierten Bereiche der Gesellschaft. ... Von unterversorgten Teilsystemen der Gesellschaft geht auf die gut ausgebildeten Personen eine Sogwirkung aus. ... Die Teilsysteme streben nach Gleichgewichtszuständen. Haben sie ihre Anpassungskapazität erschöpft und die Grenzen ihrer Lernfähigkeit unter gegebenen Strukturbedingungen erreicht, wird der Sprung auf das nächste Niveau herausgefordert« (TITZE 1999, S. 116 f.), das eine neue Phase des Binnenwachstums nach sich zieht. *(Wachstumsmodell)* *(Disziplinentwicklung und Ausbau des Bildungssystems)*

Wendet man dieses Modell auf die Entwicklung der Erziehungswissenschaft als akademischer Disziplin im 20. Jahrhundert an, so korreliert der Ausbau des Faches in den 20er Jahren (der Phase der »Erstinstitutionalisierung«) sowie in den 60er und 70er Jahren (der »Zweitinstitutionalisierung«) jeweils mit dem Eigenausbau des Bildungssystems. Die im Zuge des erhöhten Neubedarfs an Lehrern in weiterführenden Schulen seit den 60er und 70er Jahren expandierte Disziplin verfügte aber gerade in dem Feld, das ihren Ausbau vor allem veranlasst hatte, aufgrund der quantitativ randständigen Rolle in der Lehrerausbildung nicht über eine nennenswerte Rekrutierungsbasis für den eigenen Nachwuchs. Die dadurch strukturell ungesicherte Reproduktion der Erziehungswissenschaft als akademischer Disziplin wird entweder in den Expansionsperioden des Bildungssystems verdeckt oder aber sie tritt in den Kontraktionsphasen offen zutage.

Vor diesem Hintergrund bedeutete die in den 70er Jahren an vielen Hochschulen einsetzende Entwicklung eigener Diplomstudiengänge zur Professionalisierung pädagogischer Berufe zugleich eine Verbreiterung und Stabilisierung der Nachwuchsrekrutierung und damit der Reproduktionsbasis der Disziplin. Nachdem sich aber das erziehungswissenschaftliche Diplom (wie auch der schon länger bestehende erziehungswissenschaftliche Magisterabschluss) im Beschäftigungssystem nicht in dem erwarteten Umfang durchzusetzen vermochte, blieb das erforderliche »Breitenwachstum« aus. Wird der Sachverhalt, dass 60 Prozent der Studienanfänger in der Erziehungswissenschaft das Studium nicht abschließen, nicht als irrationaler Verzicht auf gute Karriereaussichten fehlgedeutet, vermittelt sich in den niedrigen Absolventenquoten die Antizipation unsicherer und begrenzter Beschäftigungsperspektiven in pädagogischen Berufsfeldern.

In diesem Zusammenhang erscheint die vorausgegangene Phase des »Binnenwachstums« der Disziplin in den 60er und 70er Jahren nicht minder problematisch. Durch die schubartige Vergrößerung des hauptberuflichen Personals zur Deckung eines, wie sich rückblickend zeigt, nur einmaligen und vorübergehenden Neubedarfs mit relativ jungen Nachwuchswissenschaftlern in den 70er Jahren wurde der jährliche Ersatzbedarf an Erziehungswissenschaftlern in den Hochschulen längerfristig auf ein Minimum reduziert. Soll angesichts des daraufhin erst jetzt wieder in größerem Umfang einsetzenden Ersatzbedarfs die bestehende Personalkapazität nicht unterschritten, sondern gehalten werden, wird die Phase des «Breitenwachstums« im Sinne einer forcierten Professionalisierung pädagogischer Berufe mit einer entsprechenden Konzentration und Spezifizierung der Lehrangebote nicht zu überspringen sein. Dies ist umgekehrt nicht zuletzt daran zu erkennen, »dass die Promotion als wissenschaftsexternes Qualifikations- und Statusmerkmal in vielen erziehungswissenschaftlichen Handlungsfeldern nicht bedeutsam ist, teilweise sogar als 'Karrierehemmnis' angesehen wird« (WEISHAUPT/MERKENS 2000, S. 134).

Wenn im Gegensatz dazu gelegentlich einer »Entspezialisierung« das Wort geredet (LENZEN nach HEID 1990, S. 67) oder gar das Ende einer erziehungswissenschaftlichen Fachsprache prognostiziert wird (vgl. LENZEN 1998, S. 1320; differenzierend: TERHART 1999), so reflektiert dies eher die besonderen Reproduktionsinteressen der im Spektrum der verschiedenen Teildisziplinen in Bedrängnis geratenen »Allgemeinen Pädagogik« (vgl. MACKE 1994; konstruktive Alternativen bei TIPPELT 1998 und VOGEL 1998) als den aus der Entwicklung und gegenwärtigen Lage des Bildungssystems hervorgehenden Erfordernissen.

Im historischen Prozess hat die Institutionalisierung von Lehren und Lernen in der Moderne den Autodidakten der traditionalen Gesellschaft ersetzt und zu einer beispiellosen »kognitiven Mobilisierung« der Bevölkerung im 20. Jahrhundert beigetragen (vgl. BAUMERT 1991). Damit haben sich im Rahmen eines spezifischen institutionellen Lehr-/Lernarrangements – der Schule – spezialisierte Formen der

70

Wissensaneignung erfolgreich durchgesetzt (vgl. HERRLITZ/HOPF/TITZE 1984; TENORTH 1992), die durch das Programm einer Entspezialisierung der Erziehungswissenschaft nicht wieder unterboten werden sollten. Wenn die Ergebnisse der international-vergleichenden Schulleistungsforschung sowie die Folgeprobleme von Sättigungseffekten bei der Teilnahme an hochschulzugangsorientierten Bildungswegen heute Skepsis gegenüber dem weiteren Modernisierungspotential dieser Entwicklung hervorgerufen haben (vgl. zur kritischen Diskussion der Befunde MÜLLER 1998), sollte dies kein Anlass für einen »Paradigmenwechsel« in der Erziehungswissenschaft oder gar für einen »neue(n) pädagogische(n) Grundgedanken« sein, der das in einem säkularen Prozess erworbene kollektive kulturelle Kapital auf der Suche nach neuen Adressatengruppen von Erziehungswissenschaft und erziehungswissenschaftlicher Forschung von der »Jugendwohngemeinschaft über Fußballfanprojekte bis hin zur Reisegruppe« (KRÜGER 1994, S. 122) wieder verspielen könnte. Die Modernisierung des Bildungssystems seit den 60er Jahren hat sicherlich nicht nur zu strukturell messbaren Veränderungen etwa bei den Abiturientenquoten beigetragen, sondern ebenso die klassische, sequenzierende Funktion von Schulbesuch und Studium als den einer stabilen Berufstätigkeit vorausgelegten Phasen des Lebenslaufs relativiert. In höherwertige Bildungskarrieren sind nicht nur zunehmend breitere soziale Schichten einbezogen worden; der Begriff der Bildungsexpansion lässt sich auch als Expansion der Bildungsdauer (im sekundären und tertiären Bildungssektor sowie im Bereich der Weiterbildung) im biographischen Verlauf interpretieren. In diesem Zusammenhang sind traditionell unproblematische Übergangspassagen von einer zur anderen Stufe des Bildungssystems sowie vom Bildungs- in das Beschäftigungssystem in Verbindung mit komplexeren Wahlmöglichkeiten länger und schwieriger geworden. Ganz ähnlich verändern die Ausbreitung neuer Kommunikationstechnologien, Globalisierungs- und Internationalisierungsprozesse oder auch nur die latenten Prozesse der zunehmenden »Pädagogisierung« (vgl. LÜDERS/KADE/HORNSTEIN 1995) der Alltagswelt die Voraussetzungen erziehungswissenschaftlicher Forschung unmittelbar in ihrem Objekt.

Weil die im Bereich von Bildung und Erziehung als dem Bezugsfeld erziehungswissenschaftlicher Forschung sichtbaren Entwicklungsprobleme aber nicht mit den Entwicklungsproblemen erziehungswissenschaftlicher Forschung identisch sind, ist davor zu warnen, deren Perspektiven allzu spontan allein entlang der unmittelbaren Dynamiken ihres Gegenstandes zu entwickeln. Angesichts des hohen Spezialisierungsgrades der erziehungswissenschaftlichen Forschung innerhalb ihrer einzelnen Teildisziplinen dürfte eine wesentliche Entwicklungsvoraussetzung in der Synthetisierung des bereits arbeitsteilig produzierten Wissens zu sehen sein. Da das erziehungswissenschaftliche Wissen aber unter unterschiedlichen Perspektiven generiert wird, kann diese Synthese nicht einfach auf der Ebene des Gegenstandes oder Themas – etwa durch den Austausch von Leitbegriffen wie »Bildungsreform« durch scheinbar krisensichere Konstruktionen wie »Lebenslaufwissenschaft« (vgl. LENZEN 1997) – gelingen. Der hohe Grad der Diversifikation erziehungswissenschaftlichen Wissens in ihren verschiedenen Teildisziplinen erfordert innerhalb der ausdifferenzierten Fachsystematik selbst übergreifende Strategien der Vernetzung und Integration erziehungswissenschaftlichen Wissens. Dies wiederum setzt ein höheres Maß an horizontaler, d.h. die verschiedenen Teildisziplinen

Synthetisierung des Wissens

71

durchdringende kognitive Mobilität des wissenschaftlichen Personals voraus, als es in der Tradition der Polarisierung unterschiedlicher Paradigmen, Denkrichtungen und Schulen in der deutschen Erziehungswissenschaft ausgebildet worden ist. Entwicklungsprobleme und -perspektiven der erziehungswissenschaftlichen Forschung werden mithin auf zweifache Weise konstituiert, durch die Dynamiken ihres Bezugsfeldes *und* die Logik der disziplinären Reproduktion. Die schwierige Balance zwischen diesen beiden Generatoren erziehungswissenschaftlicher Forschung setzt nicht zuletzt eine kontinuierliche Evaluation der Disziplinentwicklung durch Wissenschaftsforschung voraus.

Literatur

BAUMERT, J.: Langfristige Auswirkungen der Bildungsexpansion. In: Unterrichtswissenschaft 19 (1991), S. 333-349.

BAUMERT, J./ROEDER, P.: Forschungsproduktivität und ihre institutionellen Bedingungen – Alltag erziehungswissenschaftlicher Forschung. In: Zeitschrift für Pädagogik, 36 (1990), S. 73-97.

FATKE, R.: Forschungs- und Handlungsfelder der Pädagogik: Eine Einführung. In: FATKE, R. (Hrsg.): Forschungs- und Handlungsfelder der Pädagogik (= Zeitschrift für Pädagogik, 36. Beiheft). Weinheim und Basel 1997, S. 7-11.

GROOTHOFF, H.-H.: Zur Einleitung. In: Ders. (Hrsg.): Die Handlungs- und Forschungsfelder der Pädagogik. Differentielle Pädagogik. Teil I. Königstein 1979, S. 1-9.

HEID, H.: Bericht über das Podium: zur Situation der Erziehungswissenschaft. In: BENNER, D./LENHART, V./OTTO, H.-U. (Hrsg.): Bilanz für die Zukunft: Aufgaben, Konzepte und Forschung in der Erziehungswissenschaft (= Zeitschrift für Pädagogik, 25. Beiheft), Weinheim/ Basel 1990, S. 56-67.

HERRLITZ, H.-G./HOPF, W./TITZE, H.: Institutionalisierung des öffentlichen Schulsystems. In: BAETHGE, M./NEVERMANN, K. (Hrsg.): Organisation, Recht und Ökonomie des Bildungswesens (= Enzyklopädie Erziehungswissenschaft, Band 5). Stuttgart 1984, S. 55-71.

HOFSTETTER, R./SCHNEUWLY, B.: Pertinence scientifique et pertinence sociale. Mise en perspective de six rapports nationaux commandités sur la recherche en (sciences de l') éducation en Europe. In: Schweizerische Zeitschrift für Bildungswissenschaften, 22 (2000), S. 51-91.

HORN, K.-P.: Wissensformen, Theorie-Praxis-Verhältnis und das erziehungswissenschaftliche Studium. In: Der pädagogische Blick, 7 (1999), S. 215-221.

HORN, K.-P./LÜDERS, C.: Erziehungswissenschaftliche Ausbildung zwischen Disziplin und Profession. In: Zeitschrift für Pädagogik 43 (1997), S. 759-769.

OELKERS, J. /H.-E. TENORTH: Pädagogisches Wissen als Orientierung und Problem. In: Dies. (Hrsg.): Pädagogisches Wissen (= Zeitschrift für Pädagogik, 27. Beiheft) Weinheim und Basel 1991, S. 12-35.

KEINER, E./SCHRIEWER, J.: Erneuerung aus dem Geist der eigenen Tradition? Über Kontinuität und Wandel nationaler Denkstile in der Erziehungswissenschaft. In: Schweizerische Zeitschrift für Bildungswissenschaften, 22 (2000), S. 27-50.

KRÜGER, H.-H.: Allgemeine Pädagogik auf dem Rückzug? Notizen zur disziplinären Neuvermessung der Erziehungswissenschaft. In: KRÜGER, H.-H./RAUSCHENBACH, Th. (Hrsg.): Erziehungswissenschaft. Die Disziplin am Beginn einer neuen Epoche. Weinheim/München 1994, S. 115-130.

KRÜGER, H.-H.: Erziehungswissenschaftliche Forschung: Hochschulen, außeruniversitäre Forschungseinrichtungen, Praxisforschung. In: KRÜGER, H.-H./RAUSCHENBACH, TH. (Hrsg.): Einführung in die Arbeitsfelder der Erziehungswissenschaft. Opladen 1995, S. 287-301.

KRÜGER, H.-H./WEISHAUPT, H.: Personal. In: OTTO, H.-U. u.a. (Hrsg.): Datenreport 2000, a.a.O., S. 75-97.

LENZEN, D.: Professionelle Lebensbegleitung – Erziehungswissenschaft auf dem Weg zur Wissenschaft des Lebenslaufs und der Humanontogenese. In: Erziehungswissenschaft, 8 (1997), H. 15, S. 5-22.

LENZEN, D./ROST, F.: Die neuere Fachsprache der Erziehungswissenschaft seit dem Ende des 18. Jahrhunderts. In: HOFFMANN, L./KALVERKÄMPER, H./WIEGAND, H.E. (Hrsg.): Fachsprachen. Languages for Special Purposes. Ein internationales Handbuch zur Fachsprachenforschung. 1. Halbband. Berlin/New York 1998, S. 1313-1321.

LÜDERS, C./KADE, J./HORNSTEIN, W.: Entgrenzung des Pädagogischen. In: KRÜGER, H.-H./ HELSPER, W. (Hrsg.): Einführung in Grundbegriffe und Grundfragen der Erziehungswissenschaft. Opladen 1995, S. 207-215.

MACKE, G.: Disziplinärer Wandel. Erziehungswissenschaft auf dem Wege zur Verselbständigung ihrer Teildisziplinen?. In: KRÜGER, H.-H./RAUSCHENBACH, TH. (Hrsg.): Erziehungswissenschaft. Die Disziplin am Beginn einer neuen Epoche. Weinheim und München 1994, S. 49-68.

MÜLLER, W.: Erwartete und unerwartete Folgen der Bildungsexpansion. In: FRIEDRICHS, J./ LEPSIUS, M.R./MAYER, K.U. (Hrsg.): Die Diagnosefähigkeit der Soziologie (= Kölner Zeitschrift für Soziologie und Sozialpsychologie, Sonderheft 38) Opladen 1998, S. 81-112.

NASE, A.: FORIS – Die Datenbank zu laufenden Forschungsarbeiten. In: Erziehungswissenschaft, 11 (2000), S. 18-26.

NIEßEN, M.: Die Erziehungswissenschaft in der Förderung durch die DFG. In: Erziehungswissenschaft, 7 (1996), S. 56-62.

OTTO, H.-U. u.a.: Datenreport Erziehungswissenschaft. Befunde und Materialien zur Lage und Entwicklung des Faches in der Bundesrepublik. Opladen 2000.

OELKERS, J./TENORTH, H.-E.: Pädagogisches Wissen als Orientierung und Problem. In: Dies. (Hrsg.): Pädagogisches Wissen (= Zeitschrift für Pädagogik, 27. Beiheft) Weinheim/Basel 1991, S. 12-35.

RAUSCHENBACH, T./ZÜCHNER, I.: Absolventinnen und Absolventen. In: OTTO, H.-U. u.a.: Datenreport 2000, a.a.O., S. 47-56 (a).

RAUSCHENBACH, T./ZÜCHNER, I.: Arbeitsmarkt. In: OTTO, H.-U. u.a.: Datenreport 2000, a.a.O., S. 57-74 (b).

RAUSCHENBACH, Th./ZÜCHNER I.: Standorte und Studiengänge. In: OTTO, H.-U. u.a.: Datenreport 2000, a.a.O., S. 25-32 (c).

RAUSCHENBACH, Th./ZÜCHNER I.: Studierende. In: OTTO, H.-U. u.a.: Datenreport 2000, a.a.O., S. 33-46 (d).

SCHENK, B.: Geschlechterverhältnis. In: OTTO, H.-U. u.a.: Datenreport, a.a.O., S. 99-116.

TENORTH, H.-E.: Erziehungswissenschaft in Deutschland. Skizze ihrer Geschichte von 1900 bis zur Vereinigung 1990. In: HARNEY, K./KRÜGER, H.-H. (Hrsg): Einführung in die Geschichte von Erziehungswissenschaft und Erziehungswirklichkeit. Opladen 1997, S. 111-154.

TENORTH, H.-E.: Laute Klage, stiller Sieg. Über die Unaufhaltsamkeit der Pädagogik in der Moderne. In: BENNER, D./LENZEN, D./OTTO, H.-U. (Hrsg): Erziehungswissenschaft zwischen Modernisierung und Modernitätskrise (= Zeitschrift für Pädagogik, 29. Beiheft). Weinheim 1992, S. 129-140.

TERHART, E.: Sprache der Erziehungswissenschaft. Einführung in den Thementeil. In: Zeitschrift für Pädagogik, 45 (1999), S. 155-159.

THIEL, F.: Erziehungswissenschaft. In: REINHOLD, G./POLLAK, G./HEIM, H. (Hrsg.): Pädagogik-Lexikon. München/Wien 1999, S. 154-160.

TIPPELT, R.: Zum Verhältnis von Allgemeiner Erziehungswissenschaft und empirischer Bildungsforschung. In: Zeitschrift für Erziehungswissenschaft 1 (1998), S. 239-260.

TITZE, H.: Wie wächst das Bildungssystem? In: Zeitschrift für Pädagogik, 45 (1999), S. 103-120.

VOGEL, P.: Stichwort: Allgemeine Pädagogik. In: Zeitschrift für Erziehungswissenschaft 1 (1998), S. 157-180.

WEISHAUPT, H./MERKENS, H.: Forschung und wissenschaftlicher Nachwuchs. In: OTTO, H.-U. u.a.: Datenreport, a.a.O., S. 117-134.

WEISHAUPT, H./STEINERT, B./BAUMERT, J.: Bildungsforschung in der Bundesrepublik Deutschland. Situationsanalyse und Dokumentation. Bonn 1991.

Der pragmatische Blick in der Erziehungswissenschaft

Eckard König

Inhalt

1. Einleitung

»Pragmatisch« ist im umgangssprachlichen Gebrauch Bezeichnung für eine Handlungsweise, »die sich nicht an übergeordneten, sittlichen Grundsätzen orientiert, sondern die Entscheidungen an die jeweilige Situation anpasst« (BROCKHAUS 1972, S. 84). Pragmatisch als philosophischer Terminus ist im Anschluss an KANT die »Bezeichnung eines klugen Umgangs mit praktischen Situationen und Problemen« (KAMBARTEL 1995, S. 324). In diesem erweiterten Verständnis lässt sich die Frage »wie pragmatisch ist Erziehungswissenschaft?« verstehen als die Frage, was Erziehungswissenschaft zu einem »klugen Umgang« mit praktischen pädagogischen Situationen und Problemen beitragen kann. | Pragmatisch

Bei einer solchen Frage ist der Praxisbegriff zunächst unscharf (vgl. BENNER 1991, S. 25 ff.; HEID 1991). Anstelle sich hier jedoch um eine Definition zu bemühen (was immer nur eine theoretische Leistung sein kann), ist es sinnvoll, »praktische pädagogische Situationen und Probleme« »exemplarisch«, d.h. durch Angabe von Beispielen, einzuführen (KAMLAH/LORENZEN 1973, S. 27 ff.). Beispiele für praktische pädagogische Situationen kennen wir aus Familie, Unterricht, Erwachsenenbildung. Ebenso sind in der Alltagspraxis in solchen Situationen praktische Probleme geläufig:

- Wo setze ich als Elternteil Grenzen, wenn meine heranwachsende Tochter erst spät nach Hause kommt?

- Wie »motiviere« ich Hauptschüler zum Unterricht?
- Wie plane ich ein Teamtraining für ein zerstrittenes Team in Unternehmen?
- Wie gehe ich mit einem Teilnehmer in einem Kurs an der Volkshochschule um, der alles »besser« weiß?
- Wie führe ich einen Beratungsprozess in einer Paarberatung durch und gehe dabei mit »Widerstand« um?

Auf dem Hintergrund eines solchen alltagssprachlichen Vorverständnisses von praktischen Situationen und Problemen lässt sich die Frage »wie pragmatisch ist Erziehungswissenschaft« präzisieren: Was kann Erziehungswissenschaft zur Lösung solcher alltäglicher praktischer Probleme beitragen?

Die Frage, was Erziehungswissenschaft zur Lösung praktischer pädagogischer Probleme beitragen kann, ist unter der Überschrift »Theorie-Praxis-Problem« seit den Anfängen der Erziehungswissenschaft als einer wissenschaftlichen Disziplin diskutiert worden (vgl. z.B. HEID 1991; KORNIG 1997; OELKERS 1976): Seit HERBART steht Pädagogik unter dem Anspruch, praktisches Handeln wissenschaftlich zu leiten. Wenn Erziehung nicht, wie er in der Einleitung zur »Allgemeinen Pädagogik aus dem Zweck der Erziehung abgeleitet« aus dem Jahr 1806 formuliert, »der Spielball der Sekten« werden soll, bedarf sie der wissenschaftlichen Fundierung: »Vom Erzieher habe ich Wissenschaft und Denkkraft gefordert. Mag Wissenschaft anderen eine Brille sein, mir ist sie ein Auge, und zwar das beste Auge, was Menschen haben, um ihre Angelegenheiten zu betrachten« (HERBART 1982, Bd. 2, S. 20 f.).

Theorie-Praxis-Problem

Seit HERBART ist aber auch umstritten, was Erziehungswissenschaft (oder auch Pädagogik, wie HERBART seinerzeit formulierte) zur Lösung konkreter praktischer Fragen beitragen kann. Dabei wurden in der Wissenschaftsgeschichte der Erziehungswissenschaft unterschiedliche Antworten gegeben (vgl. dazu ausführlicher KÖNIG/ZEDLER 1998).

2. Prinzipientheoretische Leitung praktischen Handelns

Dass die Pädagogik des HERBARTianismus fast ein Jahrhundert lang die dominierende pädagogische Richtung war, dürfte nicht zuletzt an ihren Konsequenzen für die Erziehungspraxis gelegen haben: HERBARTs Theorie, so meinte man seinerzeit, gibt dem Erzieher unmittelbar Antwort auf praktische Fragen. Ein deutliches Beispiel dafür sind die sog. Formalstufen des Unterrichts: Aus der Annahme, dass der Erkenntnisprozess stets in bestimmten Stufen (Klarheit, Assoziation, System und Methode) verläuft, wird der Verlauf des Unterrichts in vier Stufen aufgegliedert:

Formalstufen des Unterrichts

- Es muss Neues dargeboten werden (Klarheit).
- Das Neue muss bereits mit bekannten Vorstellungen verknüpft werden (Assoziation).
- Die verschiedenen Vorstellungen werden zu Begriffen zusammengefasst (System).
- Den Abschluss bildet die Anwendung des Gelernten auf neue Situationen (Methode).

76

Wissenschaftliche Leitung praktischen Handelns bedeutet hierbei:

- Im Rahmen der Erziehungswissenschaft werden bestimmte »Prinzipien« wie z.B. die Unterscheidung zwischen verschiedenen Stufen des Erkenntnisprozesses angesetzt. Dass sich der Erkenntnisprozess in die Stufen Klarheit, Assoziation, System und Methode aufgliedert, ist jedoch keine empirische Feststellung, sondern eine begriffliche Unterscheidung.
- Aus diesen begrifflichen Festsetzungen werden dann normative Konsequenzen für das praktische Handeln gezogen: Unterricht soll den Stufen des Erkenntnisprozesses folgen.

Prinzipientheoretische Argumentationen finden sich auch bei neueren Autoren. Wenn Dietrich BENNER u.a. »Bildsamkeit« und »Selbsttätigkeit« als »konstitutive Prinzipien pädagogischen Denkens und Handelns« festsetzt (BENNER 1991, S. 47 ff.), so legt er damit (hier jedoch eingebettet in umfassende historische Analysen) begriffliche Unterscheidungen fest, die dann wiederum normativ gewendet werden: »Die eigene Bildsamkeit und die eines jeden anderen anzuerkennen, heißt, positiv gewendet, so auf die Erziehungsbedürftigen einzuwirken, dass diese bei der Erlangung ihrer Bestimmtheit mitwirken« (BENNER 1991, S. 57).

Bei einer solchen prinzipientheoretischen Argumentation treten zwei Probleme auf:

- Ein erstes Problem betrifft die Festsetzung von Grundbegriffen: Begriffliche Unterscheidungen sind grundsätzlich nicht »beweisbar«, sondern das Ergebnis von Festsetzungen. Die Phasen des Erkenntnisprozesses lassen sich auch anders einteilen als nach den vier Stufen von HERBART, oder anstelle von »Bildsamkeit« und »Selbsttätigkeit« ließen sich auch »Sozialisation« und »Qualifikation« als Grundbegriffe festlegen.
- Ein zweites Problem betrifft die Anwendung von allgemeinen Prinzipien auf konkrete Situationen. Wenn man nicht aus allgemeinen Prinzipien konkrete Anweisungen einfachhin ableitet (was übrigens der HERBARTianismus mit den Formalstufen versucht hat, was dann zu einem starren Unterricht führte), müssen allgemeine Prinzipien irgendwie in konkrete Praxis »übersetzt« werden. In diesem Kontext verweist HERBART auf den »pädagogischen Takt« als ein Mittelglied zwischen Theorie und Praxis im Sinne einer schnellen »Beurteilung und Entscheidung« (HERBART, 1982, Bd. 1, S. 126), und auch für BENNER erfolgt die Anwendung von Prinzipien nicht deduktiv, sondern im Kontext einer »pädagogischen Verständigung« (1991, S. 284 ff.).

3. Technologische Leitung praktischen Handelns

In der Tradition der empirischen Erziehungswissenschaft der 70er Jahre im Anschluss an die Arbeiten von BREZINKA (1971), PRIM/TILLMANN (1997, ursprünglich 1973) oder RÖSSNER (1979) wurde die erziehungswissenschaftliche Leitung praktischen Handelns nach dem Modell der aus den Ingenieurwissenschaften geläufigen technologischen Anwendung von Gesetzesaussagen auf konkrete Situationen verstanden. Aufgabe der Erziehungswissenschaft ist es hier, gesicherte generelle Aussagen (Gesetzesaussagen) über die Erziehungswirklichkeit aufzustellen, die sich dann in Erklärungen, Prognosen und Technologien transformieren lassen: Die generelle Aussage »Gruppendiskussion fördert kooperatives Verhalten« lässt sich transformieren in

- eine Erklärung einer konkreten Situation: »Weil Ralf nie an Gruppenarbeit teilgenommen hat, ist er weniger kooperativ als andere Schüler, die daran teilnahmen.«
- eine Prognose: »Wenn Ralf in Zukunft an Gruppenarbeit teilnimmt, wird sich sein kooperatives Verhalten verbessern.«
- eine technologische Regel: »Um bei Ralf kooperatives Verhalten zu fördern, sollte verstärkt Gruppenarbeit durchgeführt werden.«

Kritik an technologischer
Anwendung genereller
Gesetzesaussagen

Dieses Modell einer technologischen Anwendung genereller Gesetzesaussagen ist zwischenzeitlich hinreichend kritisiert worden (vgl. z.B. ALTRICHTER/POSCH 1994; KRIZ 1983; HENTIG 1982): *Zum einen* scheint es im sozialen Bereich überhaupt nicht möglich zu sein, generelle Gesetzesaussagen aufzustellen, da die Wirkungen von Handlungen grundsätzlich von den jeweiligen Deutungen der beteiligten Personen abhängig sind. *Zum anderen* erfordert die Anwendung von technologischen Regeln in konkreten Situationen stets auch immer Interpretation, die ihrerseits die Konsequenzen beeinflusst: Wie Gruppenarbeit in der obigen Situation eingeführt und durchgeführt wird, wie dabei die Einstellung und das Verhalten der Lehrerin sind, wie die Klasse darauf reagiert, all das wird die möglichen Auswirkungen von Gruppenarbeit auf das kooperative Verhalten am Bsp. von Ralf beeinflussen.

4. Skepsis hinsichtlich der wissenschaftlichen Leitung praktischen Handelns

Spätestens seit den 80er Jahren wird deutlich, dass beide Konzepte, das Konzept einer prinzipientheoretischen Leitung praktischen Handelns ebenso wie das einer technologischen Leitung, die in sie gesetzten Erwartungen nicht erfüllen. Weder gelang es auf der Basis erziehungswissenschaftlichen Wissens, praktische Situationen »besser« zu bewältigen, noch erlangte die Erziehungswissenschaft als Disziplin dadurch den Status, den sie sich erhofft hatte, sondern geriet gegenüber Psychologie oder Wirtschaftswissenschaften eher ins Hintertreffen. Exemplarisch dafür ist das Scheitern der Bildungsreform. Das Scheitern der damaligen Vorschläge ist zugleich ein Scheitern des seinerzeitigen Konzeptes empirischer (und damit technologischer) Leitung praktischen Handelns (vgl. DRERUP 1987). Die zahllosen empirischen Untersuchungen z.B. über Gesamtschulen haben letztlich nichts anderes belegt als die Tatsache, dass Schulerfolg sich nicht auf einen einzelnen Faktor (Gesamtschule) zurückführen lässt. Die Konsequenz, die in den 80er Jahren bis Anfang der 90er Jahre daraus gezogen wurde, ist ein Auseinanderklaffen von Wissenschaft und Praxis:

Kluft zwischen
Wissenschaft und Praxis

Auf der einen Seite ziehen sich zahlreiche Erziehungswissenschaftlerinnen und Erziehungswissenschaftler in den Elfenbeinturm universitärer Forschung zurück.

Zugleich wird dabei die praktische Relevanz der Erziehungswissenschaft grundsätzlich in Frage gestellt. Exemplarisch dafür ist Dieter LENZENs Aufsatz »Mythos, Metapher und Simulation« (vgl. LENZEN 1987), in der Erziehungswissenschaft als »große Erzählung« gedeutet wird, die jeden Zusammenhang mit der Realität verloren hat: Die systematische Pädagogik, so LENZEN, gehört dem »Produktionszusammenhang des Hyperialen« an: »Mithin bringen Theorien Systematischer Pädagogik Simulakra, Trugbilder, Phantasmagorien hervor. Die Erziehungswirklichkeit, von der dort ... gesprochen wird, ist hyperreal. Diese Theorien haben ... ihre Referenz auf eine irgendwie geartete Wirklichkeit verloren« (LENZEN 1987, S. 52). Ähnlich führt für Heinz-Elmar TENORTH die Institutionalisierung von Wissenschaft zur »Abschottung von Wissen gegenüber dem Handlungskontext« (TENORTH 1987, S. 338) und zur Forderung »die Differenz von Profession und Disziplin ... auch für pädagogische Probleme schärfer zu akzentuieren« (TENORTH 1990, S. 93).

Auf der anderen Seite entstehen Ende der 70er Jahre zunehmend »Rezeptelehren« (vgl. DRERUP 1988), d.h. Sammlungen von Anregungen für konkrete pädagogische Situationen. Jochen und Monika GRELLs »Unterrichtsrezepte« (vgl. GRELL/GRELL 1979) und Hilbert Meyers »Leitfaden zur Unterrichtsvorbereitung« (1980), der sich als Sammlung von »Rezepten, Ratschlägen und Rastern« für die Unterrichtsvorbereitung versteht (1980, S. XII), siedeln sich außerhalb der wissenschaftlichen Diskussion der Erziehungswissenschaft an: Dies, so schreibt MEYER in der Einleitung, »ist ein Leitfaden zur Unterrichtsvorbereitung für Berufsanfänger ... schon gar nicht für Erziehungswissenschaftler« (1980 VII). Rezepte wie z.B. »Lehrerfragen klar formulieren!« oder »Schüler ständig mit einbeziehen« (MEYER 1980, S. 38, 35) sind Anweisungen, die nicht theoretisch abgeleitet und nicht empirisch bewiesen sind: »Rezepte werden ohne theoretische Herleitung und ohne empirische Absicherung formuliert, obgleich diese grundsätzlich in vielen Fällen möglich wäre« (MEYER 1980, S. 48). Ablehnung der Rezeptelehren durch Erziehungswissenschaftler auf der einen Seite (vgl. DRERUP 1988) und starke Nachfrage von Praktikern nach solchen Rezepten (das belegen allein die Auflagenhöhen) scheinen hier einander zu entsprechen.

»Rezeptelehren«

5. Pragmatische Erziehungswissenschaft

Während in der deutschsprachigen Diskussion bis in die Gegenwart erziehungswissenschaftliche Theoriebildung und Anregung für praktisches Handeln überwiegend getrennt sind, bemüht sich der von Charles Sanders PEIRCE, William JAMES und John DEWEY begründete und im sog. Neopragmatismus u.a. von Hilary PUTMAN und Richard RORTY wieder aufgegriffene Pragmatismus um eine deutliche Verknüpfung von wissenschaftlicher Erkenntnis und praktischem Handeln (vgl. THAYER 1982; NAGEL 1998; OEHLER 1995). Trotz deutlicher Unterschiede im einzelnen ist der Pragmatismus durch eine gemeinsame Frontstellung gegenüber einer Abbildtheorie der Wahrheit gekennzeichnet: Kriterium der Wahrheit einer Aussage ist nicht die Übereinstimmung mit der Wirklichkeit (weil Wirklichkeit, darauf hatte schon KANT hingewiesen, nie an sich erkennbar ist), sondern die Überprüfung von Wissenschaft ist letztlich immer nur mit Blick auf praktische Konsequen-

Verknüpfung wissenschaftlicher Erkenntnis und praktischem Handeln

zen möglich, wie PEIRCE 1878 in seiner pragmatischen Maxime formuliert: »Überlege, welche Wirkungen, die denkbarerweise praktische Bezüge haben könnten, wir dem Gegenstand unseres Begriffs in Gedanken zukommen lassen. Dann ist unser Begriff dieser Wirkungen das Ganze unseres Begriffs des Gegenstandes« (PEIRCE 1968, S. 63). Gemeint ist damit, dass die Bedeutung von Begriffen nicht theoretisch, sondern immer nur mit Blick auf seine praktischen Konsequenzen zu

Theorien sind Werkzeuge klären ist: Was ein Tisch ist, erkennen wir nicht aus seinen Merkmalen, sondern letztlich an dem Gebrauch, den wir mit diesem Gegenstand machen. Damit verändert sich der Status von Theorien: Sie sind nicht Beschreibungen der Wirklichkeit, sondern Werkzeuge. Theorien sind »nicht mehr Antworten auf Rätselfragen, Antworten, bei denen wir uns beruhigen können; Theorien werden vielmehr zu Werkzeugen« (JAMES 1994, S. 33). Entsprechend heißt es bei DEWEY (1951, S. 128 f.): »Es sind in erster Linie praktische Handlungen, durch die wir zu klar abgegrenzten, festen Bedeutungen gelangen... Es fällt uns nicht schwer, einen Rechen von einer Hacke, einen Pflug von einer Egge, eine Schaufel von einem Spaten zu unterscheiden. Es kann uns aber Schwierigkeiten bereiten, zwischen gezähnt und gezackt, einem Rhombus und einem Rhomboid, zwischen Schwefelsäure und schwefliger Säure zu unterscheiden... Unterschiede der Form und Größe, der Farbe und Anordnung der Teile tragen viel weniger dazu bei, das Sosein und die Bedeutung eines Dinges herauszustellen ... und Verschiedenheiten in der Verwendung, im Zweck, der Funktion des Dinges und seiner Teile sind viel maßgebender.«

Auf der Basis eines solchen pragmatischen Ansatzes verändert sich die Frage nach dem Verhältnis von Theorie und Praxis: Es geht hier nicht um die Frage, wie vorliegende wissenschaftliche Ergebnisse praktisch angewendet werden können, sondern es geht umgekehrt um die Frage, wie Wissenschaft aufgebaut sein muss, um als ein brauchbares Werkzeug für die Bewältigung praktischer Situationen dienen zu können.

Was aber kann es für die Erziehungswissenschaft heißen, Wissen im Hinblick auf praktische Zwecke aufzubauen? Vielleicht lässt sich das am besten anhand einer konkreten praktischen Situation verdeutlichen:

Sandra B. führt einen Kurs »Kommunikationstraining« an der Volkshochschule durch. Als Schwerpunkt für die erste Sitzung hat sie das Thema »Straßensperren« nach GORDON (z.B. 1972, S. 51 ff., 343 ff.) gewählt. Sie stellt zunächst die verschiedenen Arten von Straßensperren, d.h. ungeeignete Formen der Kommunikation mit

Beispiel Kindern wie Befehlen, Ermahnen, Moralisieren, Ratschläge geben usw. vor. Anschließend sollen die Teilnehmerinnen und Teilnehmer anhand eines Übungsblattes Straßensperren identifizieren. Doch bei den Teilnehmern zeigt sich Widerstand: »Was soll dieses Ausfüllen der Blätter?« »In der Praxis kann man mit diesem Konzept doch überhaupt nichts anfangen.« »Manchmal muss man hier auch Anweisungen geben oder Ermahnen oder Vorschläge machen.« Es entsteht eine Diskussion, Sandra verteidigt sich, die Kritik von anderen nimmt zu.

Was kann Erziehungswissenschaft zur Bewältigung dieser durchaus alltäglichen Situation beitragen?

Erstens: Erziehungswissenschaft liefert den begrifflichen Rahmen, unter dem sich eine konkrete Situation anders sehen lässt. Dahinter steht die Tatsache, dass wir konkrete Situationen immer auf der Basis eines begrifflichen Rahmens deuten:

80

Sandra B. deutet die Situation möglicherweise als Ablehnung der Teilnehmer (»die haben etwas gegen mich«) oder im Blick auf ihre eigenen Fähigkeiten: Ich schaffe das nicht. Vor dem Hintergrund der erziehungswissenschaftlichen Theoriebildung lassen sich aber andere Deutungen der Situation finden. So ließe sich z.B. der Begriff »Teilnehmerorientierung« zugrundelegen oder der Begriff »Lernzielorientierung«. Auf der Basis dieser Grundbegriffe ergeben sich dann für die konkrete Situation andere Perspektiven: die Frage, wie weit das Vorgehen an den Teilnehmern orientiert ist, oder die Frage, welche Lernziele sich die Teilnehmer sich für diesen Kurs angesetzt haben. Oder man kann z.B. den begrifflichen Rahmen der Systemtheorie zugrundelegen. Konsequenz dieses Rahmens wäre dann die These, dass es nicht eine Ursache für die Probleme gibt, sondern dass sich diese Situation im Kontext des sozialen Systems erklären lässt und z.B. durch einen Regelkreis zwischen Kritik der Teilnehmer und Verteidigung der Leiterin gekennzeichnet ist: Je mehr Teilnehmer kritisieren, desto mehr verteidigt sich die Leiterin, je mehr sich die Leiterin verteidigt, desto stärker wird sie kritisiert.

Begrifflicher Rahmen

»Teilnehmerorientierung«, »Lernzielorientierung« oder »System« sind Begriffe, die in theoretischen Kontexten eingeführt sind. Aufgabe der Erziehungswissenschaft wäre es damit, dem Praktiker neue andere Begriffe zur Deutung der Situation zur Verfügung zu stellen, die dann neue Handlungsmöglichkeiten eröffnen (vgl. etwa KÖNIG 1990; MÜLLER 1993): Wenn Sandra B. die Situation nicht mehr als Angriff gegen ihre Position, sondern z.B. unter der Perspektive »Teilnehmerorientierung« betrachtet, eröffnen sich neue Handlungsmöglichkeiten: Sie wird sich nicht mehr gegen einen Angriff verteidigen, sondern Möglichkeiten zur Sicherung der Teilnehmerorientierung ihres Kurses überlegen.

Zweitens: Erziehungswissenschaft liefert Methoden zur Lösung praktischer Probleme. Wenn man die oben geschilderte Situation nicht als Angriff, sondern unter dem Aspekt der Teilnehmerorientierung betrachtet, ergibt sich als nächstes die Frage nach den praktischen Konsequenzen, die ich aus einer solchen Perspektive ziehe. Genauer: Es stellen sich zwei neue Fragen:

- Wie kann ich herausfinden, wieweit die Veranstaltung teilnehmerorientiert ist bzw. was die Teilnehmer wirklich brauchen?
- Wie kann ich die Veranstaltung teilnehmerorientiert durchführen?

Methoden der praktischen Problemlösung

Erforderlich sind hier Methoden:

- Zum einen Diagnosemethoden wie qualitatives Interview, Gruppendiskussion, Beobachtung oder Fragebogen: Mit welchen Methoden kann ich herausfinden, was die Erwartungen der Teilnehmer sind?
- Eine zweite Gruppe von Methoden sind Interventionsverfahren: Wie kann ich eine Veranstaltung teilnehmerorientiert planen und durchführen? Wie kann ich Teilnehmer stärker aktivieren? Wie kann ich ein Rollenspiel durchführen, ohne dabei Widerstand der Teilnehmer aufzubauen? Wie kann ich Regelkreise in der Interaktion zwischen Leiterin und Teilnehmer (z.B. den Regelkreis Angriff – Verteidigung) auflösen?

Drittens: Erziehungswissenschaft liefert Informationen über mögliche Konsequenzen, Risiken und Nebenwirkungen der jeweiligen Verfahren. Welche Verfahren der Teilnehmerorientierung haben sich bewährt? Was sind z.B. Risiken bei der Anwendung von Rollenspielen oder gruppendynamische Übungen in Seminaren? Welche Nebenwirkungen können dabei auftreten?

Die Erforschung möglicher Wirkungen, Risiken und Nebenwirkungen ist zweifelsohne Aufgabe empirischer Forschung. Aber eine solche empirische Forschung ist nicht am Modell der generellen Gesetzesaussage orientiert: Es macht Sinn, ein Verfahren anzuwenden, von dem ich weiß, dass es »häufig« zum Erfolg führt. Es macht aber ebenso Sinn, das Wissen, dass eben dieses Verfahren »manchmal« zu gravierenden Nebenwirkungen führen kann, beim praktischen Vorgehen mit zu berücksichtigen.

6. Die pragmatische Wende der Erziehungswissenschaft?

Pädagogik als philosophisch orientierte Disziplin hat das Schwergewicht auf die Definition von Grundbegriffen gelegt. Dabei kam insbesondere die Festlegung von Methoden zu kurz, was vor allem der Allgemeinen Pädagogik den Vorwurf von praktischer Irrelevanz einbrachte. Wie sollen Selbsttätigkeit oder Bildung konkret umgesetzt werden? Welche Methoden stehen dafür zur Verfügung?

Erziehungswissenschaft in der Tradition des Kritischen Rationalismus definierte Wissenschaft als System genereller Gesetzesaussagen. Dabei wird die Frage der Festlegung von Grundbegriffen (jede empirische Untersuchung basiert auf bestimmten Grundbegriffen) nicht thematisiert und die Entwicklung von Methoden einem außerwissenschaftlichen Bereich zugeordnet.

Eine »pragmatische Wende der Erziehungswissenschaft« bedeutet, dieses letztlich an den Naturwissenschaften orientierte Verständnis von Wissenschaft als System genereller Aussagen aufzugeben und stattdessen Wissenschaft pragmatisch als
System theoretisch geleiteter und empirisch bewährter Methoden zu definieren. Dabei kennzeichnen die Merkmale »theoretisch geleitet« und »bewährt« die Abgrenzung gegenüber bloßen Spekulationen oder spontanen Ideen, d.h. Verfahren, die in irgendwelchen Situationen spontan erfunden, dann aber vergessen oder möglicherweise mehr oder weniger zufällig in einer anderen Situation wieder aufgegriffen werden.

Die Bewährung eines Verfahrens ist dabei nicht auf ein Falsifikationskriterium zu reduzieren. Aber es lassen sich sehr wohl Kriterien zur »Bewährung« von Methoden aufzeigen. Solche Kriterien können sein:

- Die Definition des Verfahrens in einem theoretischen Kontext, d.h. im Zusammenhang mit theoretisch definierten Begriffen. So lassen sich z.B. Verfahren der Teilnehmeranalyse im Kontext des Begriffs »Teilnehmerorientierung« definieren oder Verfahren der Konfliktlösung im Kontext einer Systemtheorie. Dabei ist, darauf hat der frühere Pragmatismus bereits hingewiesen, die Festlegung von Grundbegriffen nicht willkürlich und beliebig, sondern im Blick auf die Konsequenzen für praktisches Handeln zu diskutieren. Ob ein Begriff wie »Teilnehmerorientierung« für praktisches Handeln brauchbar ist, entscheidet sich letztlich im Blick auf die Konsequenzen, die dieser Begriff für praktisches Handeln hat, ob es gelingt, auf dieser Basis eine vernünftige Praxis zu begründen. Dass eine solche pragmatische Festlegung von Begriffen keineswegs leicht ist, weil sich nicht sofort, sondern erst nach einer längeren Zeit wissenschaftlicher Forschungstätigkeit zeigt, was die praktischen Konsequenzen eines theoretischen Konzeptes sind, ist spätestens seit LAKATOS (1974) geläufig.

- »Reichweite« eines Verfahrens im Sinne der Forderung, ein Verfahren nicht nur in wenig eng begrenztem, sondern relativ vielen Situationen anwenden zu können.
- Die Explikation des Verfahrens in dem Sinne, wie genau die einzelnen Schritte des Verfahrens definiert sind und das heißt: wieweit Methode lehr- und lernbar ist.
- Die empirische Bewährung des Verfahrens, d.h. ihre Stützung auf empirische Untersuchungen über mögliche und wahrscheinliche Wirkungen und Nebenwirkungen.

Bei einem solchen Verständnis von Wissenschaft verändert sich die Frage der Anwendung von Wissen in der Praxis. Anwendung erziehungswissenschaftlichen Wissens ist weder intuitive Anwendung von pädagogischen Grundbegriffen noch technologische Anwendung von Aussagen, sondern es ist die Anwendung bewährter **Anwendung von Wissen** Methoden zur Lösung konkreter Probleme, wobei auch hier wieder die jeweiligen Methoden individuell auf die besondere Situation auszurichten sind. Wissenschaftliche Leitung praktischen Handelns bedeutet, dass Interviewverfahren, Konstruktion von Fragebogen, aber auch Verfahren zur Durchführung von Workshops usw. zur Verfügung stehen, die dann in der konkreten Situation jeweils neu zu gestalten sind.

Nun ist die »pragmatische Wende der Erziehungswissenschaft« kein neues Programm, sondern in den Sozialwissenschaften gibt es immer schon Bereiche, die deutlich pragmatisch ausgerichtet waren. Klassisches Beispiel aus der Psychologie ist die Entwicklung der psychologischen Diagnostik: Der Erfolg der psychologi- **Psychologische** schen Diagnostik in den 60er und 70er Jahren beruht weniger auf der Erarbeitung **Diagnostik** neuer Theorien oder empirischer Untersuchungen, sondern in erster Linie darauf, dass es gelang, neue Verfahren der Testdiagnostik zu entwickeln, die sich in der Praxis erfolgreich anwenden ließen. Erst die Weiterentwicklung dieser Verfahren führte dann zu verstärkter theoretischer Klärung und empirischer Überprüfung: »Die ersten Tests initiierten nicht nur die klassische Testtheorie, sondern trugen auch zur Entwicklung von Persönlichkeitstheorien bei. Entstanden also nicht aus solchen Theorien..., sondern förderten ihr Entstehen; die Theorien wirkten dann jedoch wieder auf die Testentwicklung zurück« (LEICHNER 1999, S. 109). Entsprechende Forschungstradition einer »Alltagsorientierung der Erziehungswissenschaft« (HIERDEIS/HUG 1992, S. 125 ff.) gibt es in stärkerem Maße in den Subdisziplinen, die in ihrem Selbstverständnis deutlich auf praktische Anwendungen ausgerichtet sind: Verfahren der Unterrichtsvorbereitung sind selbstverständlicher Bestandteil der Schulpädagogik, Methoden zur Gestaltung von Kursen und Seminaren selbstverständlicher Bestandteil der Erwachsenenbildung. Schließlich scheint auch die Rezeption von pädagogischen Konzepten vorwiegend pragmatisch, d.h. in erster Linie im Hinblick auf Methoden zu erfolgen (vgl. LUCHTE 2000).

Drei Hinweise sind in diesem Zusammenhang wichtig:

(1) Pragmatische Ausrichtung erziehungswissenschaftlicher Forschung dispensiert nicht von der Diskussion der normativen Fundierung von Wissenschaft und

praktischem Handeln. Dass Wissenschaft grundsätzlich eine normative Wertbasis hat, ist spätestens seit dem Positivismusstreit geläufig. Und selbstverständlich ist die Festlegung von Grundbegriffen oder die Entwicklung von Forschungsmethoden auch unter moralischen Gesichtspunkten zu diskutieren. Entsprechend gilt auf der Ebene des praktischen Handelns, dass bei der Lösung praktischer Probleme immer auch Wertfragen zu berücksichtigen sind. Pragmatisch ist somit nicht im Sinne eines naiven Pragmatismus, sondern im Sinne der philosophischen Tradition zu verstehen: Dass Pragmatismus nicht zur Ausklammerung von Normen führte, belegt z.B. das Konzept von DEWEY, für den die Ausrichtung an demokratischen Werten entscheidende Voraussetzung des Pragmatismus war (vgl. DEWEY 1993; SUHR 1994). Entsprechend gilt, dass die Anwendung von Diagnoseverfahren und die Anwendung erwachsenenpädagogischer Methoden im Hinblick auf moralische Konsequenzen zu diskutieren sind.

Normen (margin)

(2) Die pragmatische Wendung der Erziehungswissenschaft bedeutet keine scharfe Abgrenzung von Nachbardisziplinen wie Psychologie und Soziologie und keine Definition eines »Eigentlichen« der Erziehungswissenschaft. Grenzen zwischen Disziplinen lassen sich nicht durch Definition eines »eigentlichen Kerns« einer Disziplin bestimmen, sondern ergeben sich aus dem gesellschaftlichen Aushandeln darüber, welche Disziplin die Bearbeitung welcher Themen übernimmt. Dass sich die Grenzen von Disziplinen verschieben können, zeigt z.B. die Tatsache, dass »Beratung« lange Zeit eine pädagogische Disziplin war (Erziehungsberatung als ursprünglich pädagogische Aufgabe), dann von Psychologie, neuerdings auch von Wirtschaftswissenschaften und wieder von der Erziehungswissenschaft in stärkerem Maße reklamiert wird. Von daher lassen sich auch Verfahren nicht in jedem Fall scharf zwischen den Disziplinen abgrenzen, ein qualitatives Interview im Rahmen der Psychologie wird nicht grundsätzlich anders verlaufen als im Rahmen erziehungswissenschaftlicher Forschung – was jedoch nicht ausschließt, dass die jeweiligen Verfahren im Blick auf pädagogische Fragestellungen zu überprüfen und zu konkretisieren sind.

Keine scharfe Abgrenzung zwischen Disziplinen (margin)

(3) Eine pragmatische Wendung der Erziehungswissenschaft hat nicht nur Konsequenzen für die erziehungswissenschaftliche Theoriebildung und Forschung, sondern ebenso für die Lehre in pädagogischen Studiengängen (vgl. EULER 1996): Was Studierende in der Praxis benötigen, ist weniger bloß theoretisches Wissen, sondern sind Kompetenzen in der Anwendung von Verfahren: Wie wird ein Fragebogen konstruiert, wie eine Veranstaltung in der Erwachsenenbildung geplant, welche Verfahren benötige ich, um mit schwierigen Schülern erfolgreich umzugehen? Auf dieser Basis stellt sich auch die Frage nach einem »Kerncurriculum« Erziehungswissenschaft neu: Was sind diejenigen Methoden, die für professionelles pädagogisches Handeln unverzichtbar sind? Was ist der theoretische Kontext, in den solche Verfahren eingebettet sind? Welches Wissen besitzen wir über mögliche Wirkungen und Nebenwirkungen? Wie kann ich schließlich die Anwendung dieser Verfahren auf konkrete Situationen üben?

Konsequenzen für die Lehre (margin)

Johann Friedrich HERBART hat in der Einleitung zur Allgemeinen Pädagogik die Forderung aufgestellt, die Pädagogik solle sich auf ihre »einheimischen Begriffe« besinnen. Im Blick auf die heutige Situation der Erziehungswissenschaft lässt sich eine solche Forderung umformulieren: Die Erziehungswissenschaft täte gut daran,

84

sich in stärkerem Maße auf ihre Methoden zu besinnen, d.h. in der Forschung das Schwergewicht auf die Weiterentwicklung von Methoden im Kontext theoretischer Konzepte und empirischer Überprüfung zu legen und in der Lehre jeweils dazu zu befähigen, eben diese Verfahren anzuwenden, sie zu reflektieren und im Blick auf die konkrete Situation zu modifizieren.

Literatur

ALTRICHTER, H./POSCH, P.: Lehrer erforschen ihren Unterricht. Bad Heilbrunn (2. Aufl.) 1994.

BENNER, D.: Allgemeine Pädagogik. Weinheim/München (2. Aufl.) 1991.

BREZINKA, W.: Von der Pädagogik zur Erziehungswissenschaft. Weinheim 1971.

BROCKHAUS Enzyklopädie Bd. 15. Wiesbaden (17. Aufl.) 1972.

DEWEY, J.: Wie wir denken. Zürich 1951.

DEWEY, J.: Demokratie und Erziehung (hrsg. von J. OELKERS). Weinheim/Basel 1993.

DRERUP, H.: Wissenschaftliche Erkenntnis und gesellschaftliche Praxis. Weinheim 1987.

DRERUP, H. u.a.: Reden über Rezepte – Umgang mit Rezepten. Frankfurt 1988.

EULER, D.: Denn sie tun nicht, was sie wissen. In: Zeitschrift für Berufs- und Wirtschaftspädagogik. Bd. 92 (1996) H.4, S. 350-365.

GORDON, T.: Familienkonferenz. Hamburg 1972.

GRELL, J./GRELL, M.: Unterrichtsrezepte. München 1979.

HEID, H.: Das Theorie-Praxis-Verhältnis in der Pädagogik. In: ROTH, L. (Hrsg.): Pädagogik. Handbuch für Studium und Praxis. München 1991, S. 949-957.

HENTIG, H. von: Erkennen durch Handeln. Stuttgart 1982.

HERBART, J. F.: Pädagogische Grundschriften (hrsg von W. ASMUS). Stuttgart (2. Aufl.) 1982, 3 Bde.

HIERDEIS, H./HUG, T.: Pädagogische Alltagstheorien und erziehungswissenschaftliche Theorien. Bad Heilbrunn 1992.

JAMES, W.: Der Pragmatismus. Hamburg (2. Aufl.) 1994.

KAMBARTEL, F.: Art. Pragmatisch. In: MITTELSTRAß, J. (Hrsg.): Enzyklopädie Philosophie und Wissenschaftstheorie. Bd. 3. Stuttgart/Weimar 1995, S. 324 f.

KAMLAH, W./LORENZEN, P.: Logische Propädeutik. Mannheim (2. Aufl). 1973.

KÖNIG, E.: Beratungswissen – Beratungspraxis. Rezeption sozialwissenschaftlichen Wissens in der Beratung. In: DRERUP, H./TERHART, E. (Hrsg.): Erkenntnis und Gestaltung. Weinheim 1990, S. 99-116.

KÖNIG, E./ZEDLER, P.: Theorien der Erziehungswissenschaft. Weinheim 1998.

KORING, B.: Das Theorie-Praxis-Verhältnis in Erziehungswissenschaft und Bildungstheorie. Donauwörth 1997.

KRIZ, J.: Methodenkritik empirischer Sozialforschung. Stuttgart 1983.

LAKATOS, I. (Hrsg.): Kritik und Erkenntnisfortschritt. Braunschweig 1974.

LEICHNER, R.: Diagnostik. In: ASANGER, R./WENNINGER, G. (Hrsg.): Handwörterbuch Psychologie. Weinheim 1999, S. 108-113.

LENZEN, D.: Mythos, Metapher und Simulation. In: Zeitschrift für Pädagogik 33 (1987), S. 41-60.

LUCHTE, K.: Teilnehmerorientierung in der Praxis der Erwachsenenbildung. Weinheim 2000.

MEYER, H.: Leitfaden zur Unterrichtsvorbereitung. Königstein (2. Aufl.) 1980.

MÜLLER, O.W.: Denkmuster und Handlungssteuerung in der Schule. Bad Heilbrunn 1993.

NAGEL, L.: Pragmatismus. Frankfurt 1998.

OEHLER, K.: Sachen und Zeichen. Frankfurt 1995.

OELKERS, J.: Die Vermittlung zwischen Theorie und Praxis in der Pädagogik. München 1976.

OELKERS, J.: Erziehen und Unterrichten. Darmstadt 1985.

PEIRCE, C.S.: Über die Klarheit unserer Gedanken. Frankfurt 1968.

PRIM, R./TILLMANN, H.: Grundlagen einer kritisch-rationalen Sozialwissenschaft: Studienbuch zur Wissenschaftstheorie Karl POPPERS. Wiesbaden (7. Aufl.) 1997.

RÖSSNER, L.: Einführung in die analytische Erziehungswissenschaft. Freiburg 1979.

SUHR, M.: John DEWEY zur Einführung. Hamburg 1994.

TENORTH, H.E.: Kann Erziehungswissenschaft esoterisch sein? In: OELKERS, J./TENORTH, H.E. (Hrsg.): Pädagogik, Erziehungswissenschaft und Systemtheorie. Weinheim 1987, S. 330-349.

TENORTH, H.E.: Profession und Disziplin. In: DRERUP, H./TERHART, E. (Hrsg.): Erkenntnis und Gestaltung. Weinheim 1990.

THAYER, H.S. (Hrsg.): Pragmatism. The Classical Writings. Indianapolis 1982.

Erziehungswissenschaft in einem globalisierten Horizont

Christoph Wulf

Während das *Wörterbuch der Erziehung* (vgl. WULF 1974) noch einen Artikel zur *Vergleichenden Erziehungswissenschaft* enthält, in dem die internationale Perspektive der Erziehungswissenschaft angesprochen wird, fehlt ein derartiger oder ein ähnlicher Beitrag in der *Enzyklopädie Erziehungswissenschaft* (vgl. LENZEN 1983-1986). Zwar wird englischsprachige erziehungswissenschaftliche Literatur bereits seit den 60er Jahren stark rezipiert. Doch fehlt die Rezeption und Verarbeitung nicht-englischsprachiger europäischer Erziehungswissenschaft fast völlig. (Ausnahme: JAHRBUCH FÜR BILDUNGS- UND ERZIEHUNGSPHILOSOPHIE 1998, 1999). Erst allmählich ändert sich diese Situation dadurch, dass die Erziehungswissenschaft anfängt, eine internationale Wissenschaft zu werden. Aufgrund der Entwicklungen in der Europäischen Union wird sich dieser Prozess beschleunigen. Schon heute kündigen sich auf einander bezogene Reformen in den Erziehungssystemen der europäischen Ländern an, die in den nächsten Jahren auch zu nachhaltigen Veränderungen in den Erziehungswissenschaften führen werden.

Mit der Erweiterung der Europäischen Union und der Intensivierung der Beziehungen der europäischen Länder innerhalb der Union kann Erziehung nicht mehr ausschließlich als nationale Aufgabe angesehen werden. Vielmehr muss *Erziehung als interkulturelle Aufgabe* (vgl. WULF 1995) begriffen werden. Entsprechendes gilt für die Erziehungswissenschaft. Allmählich wird Erziehungswissenschaft zu einer internationalen bzw. interkulturellen Wissenschaft werden, in deren Zentrum die Frage steht, wie in der Erziehung mit lokalen, regionalen und nationalen Gemeinsamkeiten und Unterschieden umgegangen wird. Einerseits erfordert es der kulturelle Reichtum und die kulturelle Vielgestaltigkeit Europas, die Unterschiede zwischen den Ländern und Kulturen zu erhalten; andererseits machen die politischen, ökonomischen und kulturelle Entwicklungen in Europa und die diese beschleunigende Globalisierung die Förderung von Gemeinsamkeiten und die Entwicklung *transnationaler Loyalitäten* erforderlich (vgl. WULF 1998).

Was bedeutet die Internationalisierung von Erziehungswissenschaft für diese Disziplin? Wahrscheinlich wird diese Entwicklung dazu führen, dass das Interesse an den Erziehungssystemen und an den Erziehungswissenschaften der anderen europäischen Länder wächst. Damit wird die internationale bzw. interkulturelle Di-

(Marginalie:) Erziehung als interkulturelle Aufgabe

mension zu einem konstitutiven Element der Erziehungswissenschaft, das sie nachhaltig verändern wird. Beim gegenwärtigen Stand der Entwicklung ist es notwendig, sich die einschneidenden Veränderungen in der Europäischen Union und die sich daraus ergebenden Perspektiven für Erziehungsreformen in den Mitgliedsländern zu vergegenwärtigen. Dabei wird davon ausgegangen, dass die skizzierten Prozesse die Aufgaben einer international orientierten Erziehungswissenschaft bestimmen, in deren Rahmen ihre verschiedenen Paradigmata zur Anwendung kommen, die anderen Orts in diesen Bänden behandelt werden.

Angesichts der *Europäisierung* und *Globalisierung* wichtiger Bereiche des Lebens und weltweiter politischer, ökonomischer und kultureller Integration bedarf es einer zunehmenden Förderung der Gemeinsamkeiten zwischen den europäischen Ländern. In diesem Prozess spielen Erziehung und Bildung eine wichtige Rolle. Dabei werden schon in der Erziehung die politischen, ökonomischen und sozialen Spannungen zwischen dem Lokalen, dem Regionalen und dem Globalen erfahrbar, die das Leben in der Europäischen Union zunehmend beeinflussen. Zwar werden sich immer mehr Menschen ihrer Mitverantwortung für das Schicksal des Planeten bewusst, doch gleichzeitig bleiben sie ebenso ihrem lokalen, regionalen und nationalen Kontext mit allen daraus resultierenden Ansprüchen verhaftet. Wertkonflikte und Verunsicherungen sind die Folge. Zwei gegenläufige und zugleich einander bedingende Tendenzen gesellschaftlicher Entwicklung lassen sich feststellen, die beide zu den zentralen Konstitutionsbedingungen von Erziehung in Europa gehören. Die eine Entwicklungstendenz zielt auf eine Zunahme der *Individualisierung*, die andere auf eine Zunahme der *Europäisierung* und *Globalisierung*. Einerseits geben die hochdifferenzierten Gesellschaften dem Einzelnen die Möglichkeiten, sein individuelles Leben unter gesellschaftlichen Bedingungen zu führen, die sich von ihm nicht kontrollieren lassen. Selbstorganisation des Lebens heißt die Aufgabe; Entscheidungsfähigkeit und Reflexivität werden wichtige Kompetenzen der Lebensführung. Andererseits wird diese Individualisierung immer stärker durch Europäisierung und Globalisierung bestimmt. Es entsteht ein Wechselverhältnis: Die heutigen Formen gesteigerter Individualisierung werden erst durch die Prozesse der Europäisierung und Globalisierung möglich; zugleich erfordern diese Prozesse eine Erweiterung und Intensivierung der Individualisierung. Nachhaltig sind die Auswirkungen dieser multidimensionalen Prozesse auf Erziehung und Erziehungswissenschaft, deren Bezugspunkte nicht mehr nur nationale, sondern immer stärker europäische und globale Probleme sind. In diesem Prozess wird eine Reihe Veränderungen für Erziehung und Erziehungswissenschaft besonders wichtig (vgl. BECK 1997):

War bisher der *Nationalstaat* mit seinem, ihn von den anderen europäischen Staaten abgrenzenden Territorium Ort und Träger von Kultur und Erziehung, so führen Europäisierung und Globalisierung zu einer allmählichen Verringerung seiner Bedeutung und zu sich allmählich ändernden Bedingungen von Erziehung in Europa (vgl. WULF 1998). Die Entwicklung führt zu einer Überwindung von Entfernungen und zu einem Bekannt werden mit entfernten kulturellen und sozialen Räumen (vgl. LIEBAU/MILLER-KIPP/WULF 1999), die nicht mehr mit den durch Grenzen und Grenzkontrollen von einander abgeschlossenen Territorien der Nationalstaaten identisch sind. Mit Hilfe der Neuen Medien (Telefon, Fernsehen, Computer) werden Entfernungen annähernd mit Lichtgeschwindigkeit überwunden (vgl. BILSTEIN/

Europäisierung
Globalisierung

Nationalstaat

88

MILLER-KIPP/WULF 1999). Der zur Überwindung des schrumpfenden Raums notwendig werdende Zeit- und Kostenaufwand ist gering. Die traditionelle Ordnung von Raum und Zeit, Ferne und Nähe, Fremdem und Vertrautem wird zerbrochen. Neue Vermischungen und »Verunreinigungen« entstehen. Die *transnationale Welt-* *gesellschaft* ist nicht durch Einheitlichkeit und Übersichtlichkeit, sondern durch Vielfalt, *Differenz* und *Komplexität* charakterisiert (vgl. MORIN 1994). Zwar sind die Bilder, die den »Planet Erde« abbilden und ihn als »Heimat« des Menschen im Weltraum zeigen, tief in unserer inneren Bilderwelt und unserem Imaginären verankert (vgl. SCHÄFER/WULF 1999), doch besagen diese Bilder nicht, dass die Erde in kultureller, ökonomischer oder politischer Hinsicht homogen ist oder dabei ist, homogen zu werden. Die These von der Amerikanisierung (McDonaldisierung) der Welt greift zu kurz. Weder Amerika noch Europa bilden den Mittelpunkt der Welt. Die Welt hat viele kulturelle, ökonomische, politische »*transnationale Zentren*«; und in diesen entstehen unterschiedliche *globale Technologie-, Finanz-, Medien-, Bild-, Diskurs-, und Wissenschafts-Szenarien* (vgl. CASTELLS 1996).

Transnationale Weltgesellschaft

Differenz

Für unseren Zusammenhang sind die Auswirkungen der Europäisierung und Globalisierung auf den Bereich der Erziehung und Bildung besonders wichtig. Noch immer vorwiegend auf nationale Kultur bezogen ist Erziehung an ein Territorium, eine gemeinsame Sprache, an kollektive Traditionen und Erinnerungen, Symbole und Rituale gebunden. Im Rahmen des Bildungssystems und der Erziehungswissenschaft werden andere europäische Erziehungssysteme und Formen der Erziehungswissenschaft nur insofern wahrgenommen, als sie in unmittelbarem Bezug zu den eigenen Entwicklungen stehen. Eine Relativierung des nationalstaatlichen Charakters von Erziehung und Bildung findet allmählich im Rahmen der Ansprüche statt, *neue Entwicklungen, Inhalte und Perspektiven aus anderen Regionen* der Welt im Bildungssystem verstärkt zu berücksichtigen. Dabei geht es nicht nur um neue Inhalte und Themen; ebenso wichtig ist die Entwicklung des Interesses für das mit der Globalisierung immer wichtiger werdende *Fremde* (vgl. GEBAUER/WULF 1998).

Fremde

Im Gelingen oder Fehlschlagen des Umgangs mit dem Fremden liegt ein die Qualität des Lebens in der Europäischen Union und ihre Zukunft entscheidend bestimmender Faktor. Insofern Erziehung und Bildung die nachwachsende Generation auf die Herausforderungen des Lebens unter den sich weltweit wandelnden gesellschaftlichen Bedingungen vorbereiten soll, gehört die verstärkte Auseinandersetzung mit dem Fremden und den Fremden zu den immer wichtiger werdenden Aufgaben von Erziehung und Bildung (vgl. HESS/WULF 1999). Doch was ist fremd, was ist vertraut? Wie sind die Gemeinsamkeiten und Differenzen zwischen dem Fremden und dem Eigenem? Was als »fremd« erfahren wird, hängt von dem historischen und kulturellen Kontext ab, in dem die Erfahrung gemacht wird. Die Beziehung zwischen dem Eigenen und dem Anderen bestimmt, was als fremd erfahren wird. Weder das Eigene noch das Fremde haben einen festen Kern; vielmehr verändern sich beide situativ. Was zunächst fremd war, kann zu Eigenem werden; was vertraut war, kann wieder fremd werden. Das Erleben der Fremdheit des Eigenen ist eine wichtige Erfahrung, die dazu beiträgt, das Fremde in seiner Differenz zu erfahren, ohne den Versuch zu machen, es durch Angleichung oder Kolonialisierung zu zerstören. Dass das Fremde nicht vollends verstanden werden kann und dass dieses für einen bereichernden Umgang mit ihm auch nicht erforderlich ist, gehört zu den wichtigsten Erfahrungen in der Auseinandersetzung mit dem Fremden. Besteht man auf seinem vollständigen Verständnis, wird Verstehen zu einer Machtstrategie, die das Verstandene der Kontrolle unterwirft, es so in Besitz nimmt, und es als Fremdes zerstört. Deshalb empfiehlt es sich, von der grundsätzlichen *Nicht-Verstehbarkeit des Fremden* auszugehen und die Fähigkeit zu *heterogenem Denken*, also einem Denken vom Anderen her, zu entwickeln (vgl. DIBIE/WULF 1999). Dies ist um so schwerer, als ein solcher Umgang mit dem Fremden hohe Anforderung an junge Menschen und ihre Fähigkeit, Komplexität zu bewältigen, stellt. Doch müssen Jugendliche lernen, diese Herausforderung auszuhalten, die darin besteht, dass der Fremde anders ist und durch sein Anderssein ihre häufig nur mühsam hergestellte psychische Stabilität in Frage stellt.

Nicht darf man sich Erziehung und Bildung in Europa so vorstellen, als fänden sie ausschließlich in einem nach außen abgeschlossenen, über das Territorium einer Nationalkultur gestülpten »Container« statt. Vielmehr überlagern sich die verschiedenen Herkünfte, Ansätze und Fokussierungen von Kultur so, dass das Globale Regionales und Lokales durchdringt. Der Begriff der *Glokalisierung* (ROBERTSON) bringt diese Überlagerung von Globalem und Lokalem, von Universellem und Partikularem zum Ausdruck, durch die neue Formen kultureller und sozialer Komplexität entstehen, die in starkem Maße autonom sind. Durch die Überschneidung und Interdependenz unterschiedlicher kultureller Elemente entsteht keine in sich abgegrenzte kulturelle Einheit, sondern die *tiefe kulturelle Vielfalt* (GEERTZ) der Lebensbedingungen im nächsten Jahrhundert. Trotz Globalisierung, Regionalisierung und Lokalisierung von Kultur, Erziehung und Bildung werden die Unterschiede zwischen Italien und Dänemark, Holland und dem Vereinigten Königreich, Deutschland und Frankreich bestehen bleiben (vgl. DIBIE/WULF 1999). Je genauer wir nach den Gemeinsamkeiten suchen, desto deutlicher werden wir die Unterschiede sehen. Über die Wahrnehmung von Differenzen bilden sich allerdings häufig eher Gemeinsamkeiten heraus. Neue Mischungen unterschiedlicher kultureller Elemente ergeben sich. Eine einheitliche Weltkultur oder eine einheitliche europäische Kultur wird kaum entstehen; ein Verlust an Vielfalt ist kaum zu erwarten. Für Erziehung und Bildung ergeben sich daraus neue Aufgaben; es gilt, neue *Repräsentationen des Anderen*, neue Referenzpunkte, neue *transnationale Loyalitäten und Solidaritäten* zu entwickeln, die in einem sich neu formenden Europa zu Bezugspunkten der Erziehung und der Erziehungswissenschaft werden.

Die Prozesse der Europäisierung und Globalisierung durchdringen heute alle Lebensbereiche und erhöhen die *Komplexität* der Lebenswelten und Lebensformen. Vor allem über die Neuen Medien und ihre Kommunikationsformen sowie über den Weltmarkt nehmen sie Einfluss auf die junge Generation. Über *kulturelle Unterschiede* hinweg bewirken diese Prozesse *Ähnlichkeit*, nicht jedoch Gleichheit. Gegen den Versuch, Ähnlichkeit auf Gleichheit zu reduzieren und dadurch Differenzen zu nivellieren, gäbe es Widerstand, in dessen Rahmen man zurecht auf dem Wert der Einmaligkeit und Unhintergehbarkeit des Partikularen bestünde. Angesichts dieser Entwicklungen müssen sich Erziehung und Erziehungswissenschaft verstärkt der Aufgabe stellen, junge Menschen dabei zu unterstützen, die durch die ungeheure Ausweitung des Wissens entstehenden Ansprüche eigenverantwortlich handzuhaben und durch Wissen, Experiment und Erfahrung ihre persönlichen Fähigkeiten zu

Marginalien:

Nicht-Verstehbarkeit des Fremden

Kulturelle Vielfalt

Transnationale Loyalitäten

entfalten, um mit der gestiegenen Komplexität des Lebens und der Lebensführung besser umgehen zu können.

Welche Auswirkungen haben diese Entwicklungen auf Erziehung und Erziehungs-Wissenschaft? Überwiegen Gemeinsamkeiten oder Differenzen? Lassen sich Perspektiven und Kriterien angeben, die nicht nur nationale oder europäische, sondern die weltweite Gültigkeit beanspruchen können? Ist ein globaler Referenzrahmen für Erziehung und Erziehungswissenschaft möglich? Angesichts von Europäisierung und Globalisierung vieler Lebensbereiche drängen sich solche Fragen auf. Doch sind sie und wenn, wie sind sie beantwortbar? Von dem Bildungsbericht der UNESCO für das nächste Jahrhundert lässt sich die Beantwortung solcher Fragen erwarten. Ausgangspunkt für diesen Versuch sind folgende Erziehung und Erziehungswissenschaft heute bestimmende Konfliktformationen: *Spannungen und Widersprüche*

- *Die Spannung zwischen Globalem und Lokalem.* Einerseits begreifen sich immer mehr Menschen als »Weltbürger« mit einer gemeinsamen Verantwortung für die Erde, ohne dass sie dadurch jedoch dazu gebracht werden, ihre Verbundenheit mit ihrem lokalen und nationalen Kontext aufzugeben. *Globales/Lokales*
- *Die Spannung zwischen Universalem und Singularem.* Die Tendenz zur Europäisierung und Globalisierung menschlichen Lebens ist nicht nur auf Wirtschaft und Politik begrenzt; sie erfasst auch Kultur und Erziehung. Sie enthält große Chancen, aber auch unübersichtliche Risiken. Es bedarf eines sorgfältigen Ausgleichs zwischen der Unhintergehbarkeit des Einzelnen und seiner Eingebundenheit in kulturelle Traditionen und der Tendenz, durch die Globalisierung von Politik, Wirtschaft und Kultur neue Lebensformen und Lebenszusammenhänge zu schaffen. *Universales/Singulares*
- *Die Spannung zwischen Tradition und Modernität.* Wie kann man für Entwicklungen der Gegenwart und der Zukunft offen bleiben, ohne seine eigenen kulturellen Traditionen abzuwerten? Wie kann es gelingen, gegenläufige Dynamiken konstruktiv aufeinander zu beziehen? Welche Rolle spielen moderne Technologien und neue Medien in diesem Prozess? *Tradition/Modernität*
- *Die Spannung zwischen langfristigen und kurzfristigen Überlegungen.* Was im Bildungswesen unter einer kurzfristigen Perspektive sinnvoll erscheint, kann in einer langfristigen Perspektive betrachtet ein gravierender Fehler sein.
- *Die Spannung zwischen notwendigem Wettbewerb einerseits und der Sorge für Chancengleichheit andererseits.* Bei Reformen im Bildungsbereich ist diese Spannung nicht überwindbar. Einfache Entweder- oder- Lösungen führen zu Reduktionen. Im Rahmen lebenslangen Lernens gilt es daher, die antagonistischen Kräfte *Wettbewerb, Kooperation* und *Solidarität* nach Möglichkeit ins Gleichgewicht zu bringen.
- *Die Spannung zwischen der außerordentlichen Ausweitung des Wissens und den menschlichen Fähigkeiten, es zu assimilieren.* Im Zentrum steht der Auftrag des Bildungswesens, junge Menschen dabei zu unterstützen, den Anforderungen neuer Wissenszusammenhänge gerecht zu werden und durch Wissen, Experiment und Entwicklung ihre persönlichen Fähigkeiten zu entfalten.
- *Der Konflikt zwischen Geistigem und Materiellem.* Nur wenn es gelingt, die Dynamiken dieser beiden Bereiche auszubalancieren, wird die Menschheit Wege finden, das Leben auf der Erde so zu gestalten, dass sie überlebt.

Erziehungswissenschaft soll dazu beitragen, die verschiedenen Erziehungssysteme so zu gestalten, dass Kinder, Jugendliche und Erwachsene fähig werden, mit diesen Konfliktformationen umzugehen und an einer gemeinsamen Zukunft der Menschheit zu arbeiten. Erziehungswissenschaft hat sich den Anforderungen an den Bereich der Erziehung zu stellen, die aus den gesellschaftlichen, ökonomischen und politischen Entwicklungen stammen. Sie muss auf ein Verständnis von Erziehung bezogen werden, das als Wert an sich und als lebenslanger Prozess begriffen wird. Erziehung und Erziehungswissenschaft müssen flexibel sein und die *Diversität und Heterogenität* der Welt und ihrer Regionen berücksichtigen. Im Zentrum dieses Verständnisses von Erziehung und Erziehungswissenschaft steht Lernen als anthropologisches Charakteristikum. Die Rede ist von einer *Lerngesellschaft*, in der *lebenslanges Lernen* für alle Menschen, jedoch in unterschiedlicher Form und mit unterschiedlichen Inhalten stattfindet. Lernen soll sich auf das menschliche Zusammenleben beziehen und dazu beitragen, es konstruktiv und im Geistes des Friedens zu gestalten. Gegenseitiges Verständnis soll gefördert und die Fähigkeit zur produktiven Lebensgestaltung entwickelt werden. Unter den vielen Formen des Wissens kommt dem erziehungswissenschaftlichen Wissen für die Gestaltung des Bildungswesens besondere Bedeutung zu.

Heterogenität

Lebenslanges Lernen

Eine Reihe von Merkmalen ist für dieses Programm *globaler Erziehung* wichtig. Sie bestimmen die Ausgangspunkte und die diesen zugeordneten Ziele. Offen bleibt zunächst, ob und in welchem Maße diese Ziele erreichbar sind und welchen Beitrag die Erziehungswissenschaft dazu leisten kann. Folgende Entwicklungsmerkmale konkretisieren die Struktur globaler Erziehung und einer damit verbundenen *internationalen Erziehungswissenschaft* (vgl. UNESCO 1996):

Globale Erziehung

Von der lokalen Kommunität zu einer Weltgesellschaft. Weltweite Interdependenz und Globalisierung bestimmen heute das Alltagsleben der Menschen. Da ihre Auswirkungen immer umfassender werden, müssen die durch sie bedingten Herausforderungen in Kultur, Erziehung und Gesellschaft nachhaltig bedacht werden. Eine Gefahr besteht darin, dass eine Kluft zwischen einer kleinen Anzahl von Menschen, die mit diesen neuen Lebensbedingungen produktiv umgehen kann, und der Mehrzahl von Menschen entsteht, die diesen ohnmächtig ausgeliefert sind. Schließlich geht es darum, die Zunahme wechselseitigen Verständnisses, Verantwortungsbewusstseins und Solidarität zu fördern. Erziehung und Bildung sollen die Menschen dabei zu unterstützen, sich in den weltweit neuen Lebensbedingungen zurechtzufinden.

Von sozialem Zwang zu demokratischer Partizipation. Bildungspolitik und Erziehungswissenschaft müssen weit gespannt sein; sie sollen dazu beitragen, den sozialen Ausschluss von Individuen oder Bevölkerungsgruppen zu verringern. Grundlegende gesellschaftliche Probleme können sie nicht lösen; doch können sie zu ihrer Handhabung beitragen. Schulen erfüllen ihre gesellschaftlichen Aufgaben nur, wenn sie Angehörige von Minoritäten fördern und ihnen helfen, in ihrem gesellschaftlichen Umfeld angemessen zu leben. Erziehung zu Demokratie und staatsbürgerlichem Verhalten muss in der Schule erfolgen. In ihr werden demokratische Partizipation einschließlich der Fähigkeiten zu Verständnis und kompetentem Urteil geübt und entwickelt. Erziehung und Erziehungswissenschaft soll Kindern und Erwachsenen dabei helfen, einen kulturellen Hintergrund zu entwickeln, der es möglich macht, Ereignisse und Informationen einzuordnen und in ihrem historischen Kontext zu begreifen.

Von ökonomischem Wachstum zur menschlichen Entwicklung. Es bedarf eines neuen Models von »Entwicklung«, in dessen Rahmen die gegenwärtigen Lebensbedingungen der Menschen stärker zu berücksichtigen sind. Benötigt werden Untersuchungen über die Zukunft der Arbeit und über die Veränderungen der Arbeitswelt infolge der technologischen Entwicklungen. Die Zusammenhänge zwischen Entwicklungs- und Bildungspolitik bedürfen systematischer erziehungswissenschaftlicher Erforschung, intensiver Reflexion und besserer Gestaltung. Vermieden werden muss die Reduktion von Bildung auf die Erfordernisse des Markts.

Die vier Pfeiler von Erziehung und Bildung. Lebenslanges Lernen beruht auf folgenden vier Pfeilern: *Wissen lernen, Handeln lernen, Zusammenleben lernen, Sein lernen.* Allgemeinbildung mit vertiefender Konzentration in einigen Bereichen und das Lernen des Lernens sollen verstärkt gefördert werden. Die Fähigkeit, in unterschiedlichen lokalen und internationalen Situationen sachgerecht zu handeln, gilt es zu erwerben. Eine kompetente Zusammenarbeit zwischen verschiedenen Menschen soll gefördert werden. Ein akzeptierender Umgang mit den Unterschieden zwischen den Menschen muss gelernt und geübt werden. Im Bildungssystem sollen deshalb nicht nur Formen des Wissens, sondern auch Formen des Lernens und Könnens vermittelt werden. Erziehungswissenschaft kann zum Gelingen dieser Prozesse einen wichtigen Beitrag zu leisten.

Wissen lernen
Handeln lernen
Zusammenleben lernen
Sein lernen

Lebenslanges Lernen. Da die im nächsten Jahrhundert vom Einzelnen zu erbringenden Leistungen alle bisherigen Anforderungen übersteigen, können sie nur mit Hilfe lebenslangen Lernens erfüllt werden. Daher bedarf es in einer sich für diese Erfordernisse vorbereitenden »Lerngesellschaft« weit gefächerter Angebote und Lerngelegenheiten sowie deren erziehungswissenschaftlicher Unterstützung.

Von der Grundbildung zur Universität. Insbesondere in den Ländern der Dritten Welt liegt der Schwerpunkt der Bildungsanstrengungen in der Förderung der Grundbildung unter besonderer Berücksichtigung der Primarerziehung und der in ihrem Rahmen erfolgenden Entwicklung der Lese-, Schreib- und Rechenfähigkeit. Grundbildung soll besser auf die Bedingungen und Möglichkeiten der jeweiligen Länder und Bevölkerungsgruppen bezogen werden. Schreib- und Leseprogramme für Analphabeten sind nach wie vor erforderlich. Angebot und Art der Sekundarschulerziehung werden im Kontext lebenslangen Lernens neu bedacht. Mit Hilfe von Bildungsberatung soll das Schulwesen durchlässiger gemacht und seine Chancengerechtigkeit verbessert werden. Die Universitäten sollen so ausgestattet werden, dass sie die Studierenden für Forschung und Lehre vorbereiten können und dass sie ein Spezialwissen vermitteln, das den Erfordernissen des wirtschaftlichen und sozialen Lebens gerecht wird. Sie sollen autonom und in Forschung und Lehre frei sein und verstärkt international kooperieren.

Lehrer auf der Suche nach neuen Perspektiven. Weltweit ist die soziale, ökonomische und professionelle Situation von Lehrerinnen und Lehrern sehr unterschiedlich. Vor allem in den Ländern der Dritten Welt bedarf es einer radikalen Verbesserungen, damit die Lehrer die für die gesellschaftliche Entwicklung ihres Landes wichtige Arbeit erfüllen können. Um die Vielfalt von Erziehungs- und Bildungsprozessen gut realisieren zu können, bedarf es der Koordination und Kooperation verschiedener »Lernorte« und der Einbeziehung unterschiedlich qualifizierter Men-

93

schen. Da die Qualität schulischer Erziehungs- und Bildungsprozesse weitgehend von der Fähigkeit der Lehrer abhängt, ist eine erziehungswissenschaftlich fundierte Lehrerfortbildung unerlässlich. Um den Anforderungen heutigen Lebens gerecht zu werden, bedarf es des Austauschs von Lehrpersonal. Nationaler und internationaler Austausch kann dazu beigetragen, Verantwortungsbewusstsein und Solidaritätsgefühl in der nächsten Generation auch über Ländergrenzen hinweg zu entwickeln.

Entscheidungen für Erziehung: der politische Faktor. Ausrichtung und Qualität des Erziehungssystems beeinflussen weitgehend Orientierung und Qualität der Gesellschaft. Deshalb bedarf es erziehungswissenschaftlich fundierter öffentlicher Debatten über Erziehungsfragen. Dezentralisierung und relative Autonomie der Bildungsinstitutionen verbessern deren Qualität. Erziehung und Bildung sollen in der Verantwortung des Staates bzw. der Gemeinde bleiben, denen auch ihre Finanzierung obliegt. Hilfen von privater Seite sind zu begrüßen, können jedoch Staat und Öffentlichkeit nicht aus ihrer Verantwortung entlassen. Die neuen Informations- und Kommunikationstechnologien sind zur Erweiterung des Bildungsangebots heranzuziehen.

Internationale Kooperation: Erziehung und Bildung der Weltgemeinschaft. Internationale Kooperation im Bereich von Erziehung und Erziehungswissenschaft sind heute notwendig. Bildungsinvestitionen sollen als Investitionen in die Zukunft begriffen werden In ihrem Rahmen bedarf es besonderer Förderung der in vielen Teilen der Welt benachteiligten Mädchen und Frauen. Besondere Unterstützung verdient der regionale Austausch und die regionale Kooperation. Die Internationalisierung von Erziehung und Erziehungswissenschaft soll durch die Verwendung moderner Informationstechnologien gefördert werden. Internationale Organisationen sollen bei der Förderung von Bildungsprojekten und ihrer erziehungswissenschaftlichen Begleitung partnerschaftlich zusammen arbeiten. Diese Zielsetzungen und Perspektiven einer auf die internationale Entwicklung bezogenen Erziehungswissenschaft müssen sich kritisch befragen lassen:

(Randnotiz: Internationale Kooperation)

- Bis zu welchem Punkt sind diese Überlegungen zur Entwicklung globaler Erziehung und internationaler Erziehungswissenschaft dem Ziel der Vervollkommnung des allgemeinen (so nicht existierenden) Menschen geschuldet?
- Mindert nicht dieser Bezug auf den *allgemeinen Menschen* den Anspruch und Charakter der Überlegungen und ihre Relevanz für die verschiedenen Regionen der Welt, so dass eine stärkere regionale Spezifizierung notwendig wäre?
- Ist dieser Entwurf internationaler Erziehung und Erziehungswissenschaft nicht zu stark *eurozentrisch* akzentuiert, um globale Bedeutung zu beanspruchen?
- Vermeidet dieser Entwurf globaler Erziehung und Erziehungswissenschaft nicht in unzulässiger Weise Konflikte und Kontroversen, wie sie etwa bei Übernahme des Konzepts der »nachhaltigen Entwicklung« als Bezugspunkt für Erziehung und Erziehungswissenschaft entstanden wären?
- Reduzieren nicht die diesem Programm zugrunde liegenden *anthropologischen Voraussetzungen* von der Vervollkommnungsfähigkeit der Menschen zu stark deren Widerständigkeit und damit die Komplexität der Erziehung (vgl. WULF 1997)?

(Randnotiz: Kritik)

Literatur

BAUER, W./LIPPITZ, W./MAROTZKI, W./RUHLOFF, J./SCHÄFER, A/WULF, Ch. (Hrsg.): Jahrbuch für Bildungs- und Erziehungsphilosophie. Bd. 1: Fragen nach dem Menschen in der umstrittenen Moderne, Bd. 2: Globalisierung. Hohengehren 1998 und 1999.

BECK, U.: Was ist Globalisierung? Frankfurt/M. 1997.

CASTELLS, M.: The Rise of the Network Society. Malden 1996.

DIBIE, P./WULF, Ch. (Hrsg.): Vom Verstehen des Nichtverstehens. Ethnosoziologie interkultureller Begegnungen. Frankfurt/New York 1999.

DIECKMANN, B./WULF, Ch./WIMMER, M. (eds.): Violence. Nationalism, Racism, Xenophobia. Münster/New York 1997.

GEBAUER, G./WULF, Ch.: Mimesis. Kultur – Kunst – Gesellschaft. Reinbek 1992.

GEBAUER, G./WULF, Ch. (Hrsg.): Praxis und Ästhetik. Frankfurt/M. 1993.

GEBAUER, G./WULF, Ch.: Spiel – Ritual – Geste. Mimetisches Handeln in der sozialen Welt. Reinbek 1998.

HESS, R./WULF, Ch. (Hrsg.): Grenzgänge. Über den Umgang mit dem Eigenen und dem Fremden. Frankfurt/M. 1999.

LENZEN, D. (Hrsg.): Enzyklopädie Erziehungswissenschaft. Stuttgart 1983-1986.

LIEBAU, E./MILLER-KIPP, G./WULF, Ch. (Hrsg.): Metamorphosen des Raums. Erziehungswissenschaftliche Forschungen zur Chronotopologie. Weinheim 1999.

MORIN, E.: La complexité humaine. Paris 1994.

SCHÄFER, G./WULF, Ch. (Hrsg.): Bild – Bilder – Bildung. Weinheim 1999.

UNESCO: Learning: The treasure within. Paris 1996, in dt. Fassung 1999.

WALDENFELS, B.: Der Stachel des Fremden. Frankfurt/M. 1990.

WULF, Ch. (ed.): Education for the 21st. Century: Commonalities and Diversities. Münster/New York 1998.

WULF, Ch. (Hrsg.): Vom Menschen. Handbuch Historische Anthropologie. Weinheim 1997.

WULF, Ch. (ed.): Education in Europe. An Intercultural Task. Münster/New York 1995.

WULF, Ch. (Hrsg.): Wörterbuch der Erziehung. München 1974.

Kontroversen

Die betreute Gesellschaft – Grenzen oder Entgrenzung der Pädagogik?

Micha Brumlik

Selbstverständlich gibt es keine betreute Gesellschaft: Gesellschaften als Gesamtkontext all jener Kommunikationen, an denen Menschen beteiligt sind, haben – wie wir von Niklas Luhmann gelernt haben – einfach nicht den ontologischen Status, betreut werden zu können. Nach unserem Sprachgebrauch können vor allem Angehörige der Gattung Mensch, eventuell auch Exemplare einiger weniger höherer Wirbeltierarten betreut werden. Aber sogar dann, wenn unter dem spektakulären Titel des Vortrages die Behauptung gemeint sein sollte, dass in jenem Teil der Weltgesellschaft, der sich auf das Territorium der Bundesrepublik Deutschland erstreckt, immer mehr Menschen dafür ausgebildet und bezahlt werden, andere Menschen zu betreuen, trifft sie nicht zu. Andererseits: sollte mit dem Titel gemeint sein, dass das Betreuen und Betreutwerden eine wesentlich, anthropologisch tief sitzende Verhaltensweise und Bedürfnisdisposition aller Menschen ist, dass also das Betreuen und Betreutwerden ein wesentlicher Aspekt jeder conditio humana ist, trifft sie selbstverständlich zu.

 Die kulturkritische façon de parler von der »betreuten Gesellschaft« behauptet also einerseits – in berufssoziologischer Hinsicht – zu viel, während sie andererseits – in grundlagentheoretischer Hinsicht – zu wenig behauptet. Beide Fehlhaltungen schießen in den jüngsten Debatten pädagogischer Professionstheorie zu einer hybriden Gestalt zusammen. Während einerseits die Empiriker der Professionsentwicklung – ganz im Einklang mit Kulturpessimisten aller Art – die für sie frohe Botschaft eines unaufhaltsamen Wachstums personenbezogener Dienstleistungen im Bereich von kurativer, therapeutischer und instruktiver Tätigkeiten behaupten, konstruieren ihre Theoretiker im Rahmen der Lehre autopoietischer Systeme eine Erziehungswissenschaft, die im strengen Sinn keine belehrten, betreuten

Betreute Gesellschaft – ein Paradox

Kritik an der Wachstumshypothese

99

oder unterstützten Individuen mehr kennt. Die unaufhaltsame Ausdehnung professioneller Lebenslaufbegleitung träfe demnach auf Wesen, die gar nicht mehr betreut, belehrt oder therapiert werden können, sondern sich allenfalls von ihren sozialen Umwelten dazu anregen lassen, ihre psychischen Systeme intern umzustrukturieren. Nun besitzt die hybride Verbindung von maximalistischer Berufssoziologie und minimalistischer Bildungstheorie durchaus ihren Charme: lässt sich auf der einen Seite der Politik und den Absolventen einschlägiger Studiengänge gegenüber argumentieren, dass sozialpädagogische Tätigkeitsfelder eine große Zukunft haben, so lässt sich dem kulturkritischen Feuilleton gegenüber behaupten, dass Befürchtungen vor ausufernden paternalistischen oder maternalistischen Bürokratien grundlos sind. Bedauerlicherweise sind beide Teile des professionstheoretischen Angebots falsch:

Die von den einen ersehnte und von den anderen verketzerte Betreuungsgesellschaft, in der die eine Hälfte der Bevölkerung die andere von der Wiege bis zur Bahre professionell begleitet, stellt eine Schimäre dar, die keiner empirischen Überprüfung standhält. Zudem verläuft das Wachstum kurativ-professioneller, personenbezogener Dienstleistungen wesentlich weniger beeindruckend als immer wieder behauptet – zumal im sozialpädagogischen Bereich. Statt dessen ist die Bevölkerung zu einem erschreckend hohen Teil physisch krank, dafür aber erfreulich bildungsbeflissen. Pädagogisches Handeln als Profession wird sich daher vor allem an Pflege und Instruktion, weniger an Beratung und Therapie zu orientieren haben.

Diese empirischen Befunde belasten den ehrgeizigen Versuch, eine Theorie professioneller Lebensbegleitung zu konstruieren, die sich als praktische Wissenschaft von der Humanontogenese versteht. Operieren derartige Ansätze zudem mit einer kontraintuitiven Theorie autopoietischer Systeme, erweisen sie sich schließlich als Ausdruck einer Verlegenheit: Wie lässt sich im Gedanken die Einheit eines Handlungsfeldes sichern, das sich in praxi soweit ausdifferenziert hat, dass die in ihm Tätigen weder über ein gemeinsames methodisches noch gar über ein theoretisches Wissen verfügen?

Die berufspolitische Hypothese beruht auf einer unkritischen Lektüre und Deutung der einschlägigen Statistiken, während sich die professionstheoretische Deutung einem kategorialen Fehlschluss verdankt, der auf ein durch ungebrochene männliche Sozialisation bewirktes Missverständnis menschlicher Wirklichkeit zurückgeht. Nimmt man jedoch die neueren Entwicklungen sowohl im Bereich feministischer Erkenntnistheorie als auch feministischer Ethik ernst, dann zeigt sich, dass die Theorie der Autopoiese nichts anders tut, als basale Eigenschaften der Existenz von Menschen, nämlich ihre konstitutive Pluralität, Verbundenheit und Endlichkeit zu leugnen.

Ich werde im folgenden zunächst einen genaueren Blick auf das statistische Material werfen (1), um dann den kategorialen Fehlschluss der systemtheoretischen Lehre von der Humanontogenese zu kritisieren (2); schließlich will ich aus beidem eine professionstheoretische Konsequenz ziehen (3), um endlich einige Vorschläge zur Weiterentwicklung von Pädagogik und Sozialpädagogik im höheren Bildungswesen zur Diskussion zu stellen (4). Zuvor ist es freilich unerlässlich, einen sozialpolitisch validen, engen Begriff der »Betreuung« zu definieren:

Kategoriale Fehlschlüsse der Theorie

Was ist Betreuung?

100

Eine Person wird betreut, wenn sie den im Rahmen einer Kultur erwarteten Vorstellungen von Eigenständigkeit in ihren leiblichen Lebensvollzügen und basalen Kulturtechniken zu entsprechen, auf längere Zeit nicht ohne Leistungen anderer Personen genügen kann und diese Leistungen auch tatsächlich erbracht werden.

Mit dieser Definition gelten in Kulturen unseres Typs Personen geringen Alters – also Kinder überhaupt – deshalb nicht pauschal als betreuungsbedürftig, weil die ihnen entgegengebrachten Erwartungen von Eigenständigkeit vergleichsweise gering sind. Freilich unterliegen auch sie altersbezogenen Normen: ein Kind, das im schulpflichtigen Alter nicht in der Lage ist, alleine mit Besteck zu essen und deshalb gefüttert werden muss, ist betreuungsbedürftig, Kinder, die – weil ihre Eltern berufstätig sind – bis sechzehn Uhr in so genannten Betreuungsschulen verbleiben, sind es damit noch lange nicht. Ebenso wenig sind eigenständige Personen, die auf der Basis reziproker Freiwilligkeit professionelle Hilfe etwa medizinischer oder therapeutischer Art beanspruchen, betreuungsbedürftig – ebenso wenig wie all jene Personen, die im Rahmen instruierender Institutionen Kompetenzen und Qualifikationen erlernen, die über leibliche Lebensvollzüge und basale Kulturtechniken hinausgehen. Damit scheiden Schülerinnen und Schüler sowie alle Erwachsenen, die sich freiwillig auf Lernarrangements einlassen, ebenfalls aus der Gruppe der betreuungsbedürftigen aus. Kinder werden also im berufspolitisch verengten Betreuungsbegriff deshalb nicht betreut, weil sie in weiten Bereichen überhaupt nur dank elterlicher oder anderer Betreuung überleben und sich entwickeln können, jugendliche oder erwachsene lernende Personen werden im Grundsatz nicht betreut, weil sie auch ohne entsprechende weiterführende Qualifikationen minimalen Eigenständigkeitskriterien genügen. Für die Ermittlung faktischer Betreuungsverhältnisse sind diese Definitionen von erheblichem Gewicht.

Einschätzung des Betreuungsbedarfs

1. Die nichtbetreute Wohnbevölkerung

1996 lebten auf dem Territorium der Bundesrepublik Deutschland insgesamt 82 Millionen Menschen, davon etwa 12,3 Millionen Kinder unter vierzehn Jahren. In diesem Zeitraum gingen jeden Tag etwa 10 Millionen Kinder und Jugendliche zur Schule. Von den insgesamt etwa 5 Millionen Kindern bis zum Alter von acht Jahren nahmen 1996 etwa 2,5 Millionen einen Kindergarten- oder Krippenplatz in Anspruch. In Tagesgruppen wurden 1996 etwa 5.000 Kinder betreut, in einer anderen Familie zur Vollzeitpflege waren etwa 49.000 Kinder untergebracht, davon freilich etwa 12.000 bei Verwandten oder Großeltern. In betreuten Wohnformen aller Art – einschließlich intensiver Einzelfallbetreuung – lebten 1996 71.000 Kinder und Jugendliche. In der Summe unterlagen also 125.000 Kinder und Jugendliche bis zum Alter von über 21 Jahren von insgesamt 18.522.669 Kindern und Jugendlichen sozialpädagogischen Betreuungsverhältnissen, was einem Anteil von 0,7% entspricht. Auch die Summe erbrachter institutioneller oder einzelner Beratung in der Jugendhilfe beeindruckt nicht sonderlich: Es handelt sich um knapp 240.000 Fälle institutioneller Beratung und 16.200 Fälle einzelner Betreuung. Sogar wenn man beide Betreuungsformen addiert, das Problem von Mehrfachnennungen außer acht lässt und auch jene Maßnahmen mit hineinrechnet, die Personen im Alter von 21

Betreute Kinder

und 27 angedeihen – immerhin mehr als 12.000 –, ist der Anteil wiederum nicht beeindruckend: Von den genannten 18,5 Millionen Kindern und Jugendlichen werden gerade einmal 1,4% durch Maßnahmen der Jugendhilfe in unterschiedlicher Intensität betreut. An Maßnahmen der Jugendarbeit, für die das engere Betreuungskriterium gewiss nicht zutrifft, nahmen 1996 935.000 Jugendliche teil.

In Alten- und Behinderteneinrichtungen – um nicht nur im Jugendbereich zu verbleiben – gab es 1996 etwa 793.000 Plätze, während in Gefängnissen etwa 50.000 Personen eingesperrt waren. Es ist kategorial und systematisch nicht unproblematisch, all dies zu addieren, schon alleine möglicher Doppelnennungen wegen, gleichwohl: Addiert man Kinder und Jugendliche in Pflegeverhältnissen, in betreuten Wohnformen und allen Maßnahmen der Jugendhilfe zuzüglich aller Plätze in Alten- und Behinderungseinrichtungen, erweitert um 50.000 Strafgefangene kommt man auf eine Summe von 1,275 Mio. Menschen, die im engeren oder weiteren Sinne als sozialpädagogisch betreut gelten können, von 82 Millionen, das sind 1,5% der Wohnbevölkerung. Aber sogar dann, wenn man noch die 2,5 Millionen Kinder, die in Krippen oder Kindergärten gehen, dazu rechnet, was einem engeren Betreuungsbegriff aus sinnkritischen Gründen zuwiderlaufen und meines Erachtens einen theoretischen Fehler darstellen würde, erhöht sich der prozentuelle Anteil betreuter Personen auf lediglich auf 4,5 %. Im sozialpädagogischen Bereich lässt sich also von einer »betreuten« Gesellschaft in keiner sinnvollen Weise sprechen.

Betreuung in Alten- und Behinderteneinrichtungen

Wendet man den Blick freilich auf das Gesundheits- bzw. Krankheitswesen, dann gewinnt die Rede von der betreuten Gesellschaft eine beunruhigende, ja geradezu dramatische Wahrheit: Im Jahr 1997 wurden sage und schreibe 15,5 Millionen vollstationäre Krankenhausaufenthalte bei einer durchschnittlichen Verweildauer von 11 Tagen und bei einem gegenüber 1996 um 2,2% gesunkenen Bettenangebot gezählt. Dabei sind Mehrfachnennungen im Falle von Multimorbidität nicht erhoben worden – konservative Schätzungen gehen davon aus, dass es sich um etwa 4 Millionen Patienten handelt, wobei dann die durchschnittliche Betreuungszeit die erwähnten 11 Tage erheblich übersteigen würden.

Betreuung im Gesundheitswesen

Ähnlich hohe Zahlen finden wir im instruierenden Bereich: 1997/98 gingen insgesamt mehr als 10 Millionen Kinder und Jugendliche zur Schule, 2,5 Millionen junger Leute wurden an beruflichen Schulen ausgebildet, etwa 1,8 Millionen junger Leute studierten an einer Hochschule. Demgegenüber nimmt sich die berufliche Weiterbildung von Erwerbspersonen unbedeutend aus: Etwas mehr als 7.000 Personen nahmen 1996 derartige Angebote in Anspruch – während der Volkshochschulbereich boomt: Im Berichtszeitraum wurden 6,4 Millionen Kursveranstaltungen und 2,6 Millionen Einzelveranstaltungen belegt.

Instruktion in Schule und Ausbildung

Das Fazit aus den bisherigen Ausführungen ist klar: Sofern man einen engeren (sozialpädagogischen) Betreuungsbegriff zugrunde legt, findet Betreuung extrem selten statt; das Feld, in dem sie in der Tat massenhaft vorkommt, ist das in dieser Debatte bisher völlig übersehene des Gesundheitswesens. Bezieht man sich allerdings nicht auf Betreuungs-, sondern auf sozialpädagogische Verhältnisse, so ist nicht zu übersehen, dass die Adressaten pädagogischen Handelns zu mehr als 90% Personen sind, die freiwillig oder unfreiwillig Bildungsveranstaltungen besuchen. Dieses Bild spiegelt sich auf der Seite derer, die betreuende oder instruierende Leistungen erbringen, exakt wieder. Die von Thomas Rauschenbach, auf der Basis von Zeitreihen der letzten fünfundzwanzig Jahre vorgebrachte Vermutung, dass

Betreuung im Gesundheitswesen, nicht in der Pädagogik

mindestens im Wohlfahrtsbereich eine erhebliche Nachfrage nach professionellen Erbringern kurativer, personenbezogener Dienstleistungen bestehe, sieht sich jedenfalls einer Reihe von Fragen ausgesetzt:

- Wie ist es um die Wachstumsquoten des Personals, nicht der Einrichtungen insgesamt bestellt, wenn man in den Vergleichzeitraum längerer Zeitreihen einschlägig Beschäftigte in der ehemaligen DDR vor 1989 mit hineinrechnet? Unklare Empirie
- Wieviel Personen in Einrichtungen der freien Wohlfahrtspflege sind tatsächlich mit sozialpädagogischen, kurativen, beratenden und therapeutischen Tätigkeiten befasst? Sind Köche, Sekretärinnen und Verwaltungsangestellte bei den Aufstellungen berücksichtigt oder nicht?
- Lässt sich die Entwicklung innerhalb der Wohlfahrtsverbände tatsächlich auf die Gesamtentwicklung personenbezogener Dienstleistungen – auch die vom Staat in seiner chronischen Geldnot vorgehaltenen – hochrechnen?

Das Statistische Jahrbuch jedenfalls zeichnet hier ein anderes Bild: 1997 waren insgesamt 38.805.000 Menschen erwerbstätig, von denen 6.778.000 mit dem Erbringen von Dienstleistungen außerhalb von Handel und Gastgewerbe, Kredit und Versicherungswesen sowie der öffentlichen Verwaltung tätig waren. Auf Berufsgruppen bezogen gingen – gemäß dem Mikrozensus – 1.039.000 Menschen sozialen Berufen nach, davon 202.000 Sozialarbeiterinnen und 417.000 Erzieherinnen. Dagegen gab es im Berichtszeitraum 1,2 Mio. Lehrer sowie – einschließlich der Ärzteschaft – etwa 2 Millionen Beschäftigte im Gesundheitsbereich. Subtrahiert man aus den oben erwähnten Gründen die Erzieherinnen, so ergibt sich eine Größenordnung von etwa 620.000 Beschäftigten im sozialen Bereich – das sind rund 1,5% aller Beschäftigten. 1996 studierten 3,1% aller Studierenden an deutschen Hochschulen Erziehungswissenschaft, 1,5% Sozialwesen – im Vergleich zu 6,23%, die sich für Jura, 4,5%, die sich für Medizin, und 4,3%, die sich für Wirtschaftswissenschaften interessierten. Relativierung der sozialpädagogischen Berufe

Wie bei den Betreuten, so bei den Betreuern: Sofern man den Bereich der professionellen Kindererziehung, der schulischen und beruflichen Bildung und das Gesundheitswesen herausrechnet, bleibt man bei einem Segment von etwa 1,5% der Erwerbsbevölkerung, die etwa 1,5% der Wohnbevölkerung sozialpädagogisch betreut.

Diese Ergebnisse stützen weder die nicht nur von mir selbst noch vor Jahren vertretene kulturkritische These von der entmündigenden Gesellschaft, noch das berufspolitische Frohlocken eines sich ständig erweiternden Sektors personenbezogener Dienstleistungen. Es handelt sich ganz offensichtlich um sehr spezielle Tätigkeiten und Leistungen für eng begrenzte Sondergruppen der Wohnbevölkerung, woran sich auch dann nicht viel ändern dürfte, wenn man im Sinn der dynamischen Armutsforschung davon ausgeht, dass es immer wieder andere Personen sind, die die statistische Nische von 1,5% sozialpädagogisch Betreuter betreten. Fazit: keine betreute Gesellschaft

2. Lebenslaufbegleitungswissenschaft und normfreie Humanontogenese

Stützen diese Ergebnisse die etwa von Dieter Lenzen vorgetragene These, dass es keine begriffliche These zum Lebenslauf als Medium des Erziehungs- und Bildungssystems, die dessen absehbaren Wandel einfängt, gibt? »Insofern«, so führt Lenzen am Ende eines provozierenden Beitrags aus, »vormals erziehende Tätigkeit sich auch beruflich längst über den Rahmen der Wissensvermittlung hinausbegeben hat und das pädagogische Establishment auch in Sektoren wie Pflege, Beratung, Prävention, Diagnose und Therapie, Rehabilitation und Integration fungiert, ist sie zu einer Art Lebensbegleitung geworden, deren leitendes Charakteristikum ein kuratives ist....Es liegt deshalb nahe, von einem neu entstehenden kurativen gesellschaftlichen Teilsystem zu sprechen« (LENZEN 1997).

Qualitative oder quantitative Relevanz der Thematik

Nun lässt sich gegen die von mir angedeuteten Argumente sofort einwenden, dass quantitative Größen wenig oder nichts über die gesellschaftliche Relevanz von Handlungsbereichen aussagen. So ließe sich etwa unter Bezug auf Foucaults Untersuchungen zur Entstehung der Psychiatrie behaupten, dass die Medizinalisierung der humanwissenschaftlichen Diskurse unter Umständen stattfand, in denen die quantitative Größe der ärztlichen Versorgungssysteme bei weitem nicht jenen Umfang erreicht hat wie heute, so ließe sich gleichermaßen unter Hinweis auf den Einbruch psychoanalytisch-therapeutischen Denkens in die Alltagskultur der USA der vierziger und fünfziger Jahre des 20. Jahrhunderts behaupten, dass diese Entwicklung kaum mit dem absoluten Wachstum niedergelassener oder klinischer Praxen linear einherging. Gleichermaßen könne nicht ausgeschlossen werden, dass eine kurative Semantik auch dann mehr und mehr an Bedeutung gewinnt, wenn das quantitative Wachstum jenes Beschäftigungssegments, in dem es um sozialpädagogisch Professionen geht, seinen gering bemessenen Zenith erreicht hat. Genau diese Einwände können freilich in einem professionspolitischen Diskurs, in dem es um eine Steuerung des Faches und seine zielgenaue Ausrichtung auf möglichst adäquat erfasste soziale Probleme geht, nicht zählen. Mehr noch: Gerade um eines sachangemessen Einsatzes sozialpädagogischer Professionalität willen, ist unumgänglich, sich von den Zwängen eines von aller Realität abgelösten, nur noch den Imperativen interner Theoriekonstruktion vordergründiger Reputationspolitik gehorchenden Sprachspiels zu entledigen.

Lebenslauf als Schlüsselkategorie der Erziehungswissenschaft

Ob also eine Sozialpädagogisierung der Gesellschaft vorliegt und wie auf sie zu reagieren ist, kann sich nicht an theoriestrategischen Interessen bemessen, die ein ganz anderes Problem lösen wollen: nämlich das der disziplinären Einheit und Identität der Erziehungswissenschaft. Eben deshalb ist dem Vorschlag, die Erziehungswissenschaft als jene Disziplin zu verstehen, die die Fragen lebenslaufbegleitender Professionalität vor dem Hintergrund einer allgemeinen Theorie der Humanontogenese eine skeptische Absage zu erteilen – insbesondere dann, wenn zudem der untaugliche Versuch unternommen wird, den Begriff des »Lebenslaufs« unter, wie ich meine, fälschlicher Anwendung der Theorie autopoietischer Systeme um seine normativen Komponenten zu bringen und damit das Problem, um das es geht, von vornherein zu eliminieren. Das lässt sich an Entwicklungen innerhalb der Theorie der Erwachsenenbildung, die den Hintergrund für diese Entwicklung abgibt, besonders gut zeigen.

So hat z.B. die Erwachsenenbildung stets dem Verhältnis von Bildung und Bildungssoziologie, von Erwachsenensozialisation und erwachsener Existenz nachgespürt und dabei – im Fall erwachsener Menschen, die im Idealfall ihr Leben eigenverantwortlich führen – stets dem Bildungs- vor dem Sozialisationsgedanken Priorität eingeräumt. So hat Jochen Kaltschmid in Kooperation mit Rolf Arnold darauf hingewiesen, dass das Thema »Erwachsenensozialisation« in besonderer Weise die Einbeziehung sowohl wissenschaftlichen als auch alltäglichen Wissens erfordere. Philosophische Theorien der Ethik haben es nun an sich, dass sie einerseits, weil methodisch ungeschützt und damit dem Alltagswissen nahestehend, Fragen stellen dürfen, die die Wissenschaft nicht mehr stellen darf und dass sie sich andererseits, darin der Wissenschaft nahestehend, von allem Vorverständnis radikal distanzierend, auf das einlassen müssen, was den Alltagsverstand, auch und gerade den wissenschaftlich gebildeten, brüskieren muss. An zentraler Stelle nun, in Jochen Kaltschmids 1986 erschienenem Aufsatz »Sozialisationstheorie, Sozialwissenschaften und Didaktik der Erwachsenenbildung«, findet sich ein in diesem Zusammenhang bedeutsames Zitat. Als Motto über dem siebten Abschnitt, wo es um das alles entscheidende Problem einer Didaktik der Erwachsenenbildung geht, findet sich ein weiter nicht vermitteltes oder erläutertes Zitat aus Platons Dialog »Menon«, dem wohl letzten der frühen Dialoge. Hier fragt Menon: »Kannst du mir wohl sagen, Sokrates, ob die Tugend gelehrt werden kann? Oder ob nicht gelehrt, sondern geübt? Oder ob sie weder angeübt, noch angelernt werden kann, sondern von Natur den Menschen einwohnt auf irgendeine Art« (KALTSCHMID 1986, S. 218).

Eine Bildung, die sich in diesem Sinne auf eine realistische Konzeption der Existenz von Erwachsenen und Jugendlichen – bei all ihrer radikalen geschlechts-, einkommens-, bildungs- und lebenslagenbezogenen Ungleichheit – einlässt, wird sich auf eine sozialwissenschaftlich reformulierte Theorie der Tugend oder eine Lehre vom geglückten Alltag schon alleine deshalb einlassen müssen, weil anders sie ihre Adressaten und ihre vitalsten Interessen verkennen würde. Erwachsene und Jugendliche lassen sich – im Unterschied zu Kindern – bilden, weil sie ihr Leben verbessern und bereichern möchten, weil sie auch noch unter dem Druck selbst nicht gesetzter Qualifikationsanforderungen ihrem zu einem nicht geringen Anteil von ihnen selbst zu verantwortenden Leben eine Wendung geben wollen, das vor dem ganzen ihrer Existenz soll bestehen können. Dass es in der Erwachsenenbildung vor allem darum geht, die Zumutungen des gesellschaftlichen Umfeldes auf den erwachsenen Menschen zu analysieren, ist das A und 0 und der oft übersehene existenzialistische Kern von Kaltschmids Erwachsenenbildungstheorie. Damit ist auch eine Theorie des Lebenslaufs impliziert, die jene Haltungen analysiert, die es Menschen ermöglichen, den Kontingenzen des Lebens in der Moderne zu entsprechen, also jene Kompetenzen und Performanzen, die zu einer angemessenen »Realitäts«- und »Identitätsarbeit« führen können. Sie sind gleichsam der formale, keineswegs nur kognitive Rahmen, innerhalb dessen ein glückliches Leben angestrebt werden kann.

Denn bei keiner der menschlichen Leistungen – so Aristoteles in der Nikomachischen Ethik – gebe es eine solche Beständigkeit wie bei tugendgemäßen Tätig-

Erwachsenensozialisation

Was macht Erwachsenenbildung?

keiten. Sie sind seiner Auffassung nach sogar beharrender als die Wissenschaften. Glückselige Menschen lebten beharrend gemäß ihrer. Dies sei – so vermutet Aristoteles – auch wohl die Ursache dafür, dass sie nicht in Vergessenheit geraten.

Aristoteles hatte Unrecht. Die tugendgemäßen Tätigkeiten sind ihrem Begriff nach in Vergessenheit geraten, die Sache schlummerte unaufgeklärt in der Sprache der Qualifikations-, Kompetenz- und Performanztheorie vor sich hin. Die Frage **Die Frage nach** nach der Glückseligkeit ist eine Frage, die von einer modernen, sei es sozialwissen- **Glückseligkeit** schaftlich explanativen Theorie kaum, von normativen Theorien bestenfalls vorsichtig und mit eher schlechtem Gewissen angegangen wurden. Nicht nur ließ sich nach den Verwüstungen des zu Ende gegangenen Jahrhunderts nicht mehr guten Gewissens von Glückseligkeit sprechen – wie sollte ein unverstelltes Glück im Wissen des Grauens möglich sein? »Aber selbst der endliche Anbruch der Freiheit«, so schließt Herbert Marcuses »Triebstruktur und Gesellschaft«, kann diejenigen nicht mehr erlösen, die unter Schmerzen gestorben sind. Die Erinnerung an sie und die aufgehäufte Schuld der Menschheit gegenüber ihren Opfern verdunkeln die Aussichten einer Kultur ohne Unterdrückung« (MARCUSE, 1971, S. 233). Übrig blieb mit guten Gründen, eine Ethik, die sich bestenfalls daran erinnern wollte, was die Frage nach dem guten Leben einmal bedeutete und anstatt dessen über die Be- **Tugend und gelingender** schädigungen menschlichen Lebens reflektierte. Ob sich die Frage nach dem Glück **Lebenslauf** bzw. nach dem guten Leben überhaupt noch guten Gewissens stellen lässt, ob nicht jeder Versuch, angesichts dieser Geschichte subjektives Glück auch nur empfinden zu wollen, zwar verständlich, aber entweder sinnlos oder ungerecht ist, soll hier zunächst dahingestellt bleiben. Dass tatsächlich die meisten Menschen unausrottbar nach ihrem Glück streben, ist gleichwohl nicht zu bestreiten. In der zitierten Aristotelespassage wird nun ein enger Zusammenhang zwischen Glückseligkeit und Tugend nahegelegt, etwa so, dass eine bestimmte Art der Tugend, nämlich die beharrenden, von glückseligen Menschen auffällig oft gelebt würden. Damit ist der Begriff der »Tugend« von Anfang an, vom Beginn des abendländischen Denkens an die Reflexion über gelingende und misslingende Lebensläufe geknüpft.

Sieht man nun als Basis der neueren Erziehungswissenschaft, etwa bei Dieter Lenzen, eine Wissenschaft des Lebenslaufs und der Humanontogenese an, so stellt sich sofort die Frage danach, ob eine solche Wissenschaft deskriptiv analytisch bleiben kann oder nicht doch auch normative Elemente aufnehmen müsste. Soll Erziehungswissenschaft im zitierten Sinne mehr sein als Soziologie des Lebenslaufs bzw. **Lebenslaufwissenschaft** als reine Entwicklungspsychologie, dann lässt sich die Frage, woraufhin Erziehung **als analytisches oder** als – ich wiederhole Lenzen – professionelle Lebensbegleitung zielen soll, nicht aus- **normatives Konzept** blenden. Dass bei der Fülle und Verschiedenartigkeit der Menschen in Epochen, Kulturen und Gesellschaften hier keine eindeutigen, konkreten Antworten möglich sind, liegt auf der Hand. Womöglich lassen sich aber einige wenige, eher abstrakte Kriterien entfalten, die es gestatten, die alltägliche Rede vom gelungenen oder misslungenen Leben zu präzisieren. Vielleicht ist es darüber hinaus sogar möglich, eine formale Definition des Glücks oder des gelungenen Lebens zu geben. Aristoteles hielt dafür, dass bestimmte Fähigkeiten eine notwendige Bedingung für ein gelungenes Leben sind. Diese Verbindung von Fertigkeiten und Glück ist nicht trivial. Glück könnte ja auch gerade jenseits aller Fertigkeiten, als freies, sozusagen unverdientes Geschenk erfahren werden, als etwas, das dem bewussten Handeln gerade entzogen ist. Damit liegen von Anfang an mindestens zwei Bedeutungen des Be-

106

griffs eines gelungenen Lebens, bzw. eines glückseligen Lebens vor: Hier erfüllt sich Glück im Erstaunen über anstrengungslos und ungewollte erfüllende Erfahrungen, dort im Meistern von Herausforderungen und im Streben nach Zielen.

Welche Rolle spielen Fähigkeiten und Fertigkeiten in beiden Konzeptionen? Diese Frage lässt sich überhaupt nur dann sinnvoll stellen, wenn man überhaupt dazu bereit ist, Lebensläufe, Biographien als Ereignisketten anzusehen, die mindestens aus der Sicht ihrer Subjekte selbst sinnvoll, d.h. auf ein Ziel hin ausgerichtet sind – und sei es auch nur eine formale Vorstellung vom Glück. Eben diese Teleologizität will Dieter Lenzen im Rahmen eines unter dem Namen »Humanontogenese« fungierenden Mediums einer künftigen Erziehungswissenschaft eliminieren. Dies führt zu einer auf den ersten Blick paradox klingenden, in der Sache zudem falschen Annahme. Die entscheidende Veränderung für die Erziehungswissenschaft bestehe bei der Übernahme dieses Vorschlags darin, dass der Begriff der Selbstorganisation in bezug auf das Kommunikationsmedium Humanontogenese keinerlei Spielraum für pädagogische Tätigkeit belasse, während paradoxerweise der Handlungsraum im Sinne des gesamten Lebenslaufs als Ort pädagogischer Prozesse bis an die Grenzen von Empfängnis und Tod erweitert werde.

Humanontogenese zwischen pädagogischer Entleerung und biographischer Ausweitung

Der Fehler dieser Argumentation liegt alleine in der zugrundegelegten Theorie autopoietischer Systeme, die im fraglichen Zusammenhang auf die Lernprozesse von Individuen im Lauf ihres Lebens angewendet wird. Unter der Bedingung, dass Lebensläufe aus keiner denkbaren Perspektive heraus als teleologisch gerichtete Ereignisketten möglich sind, sondern allenfalls jene Entitäten sind, die eine Kombination von Möglichkeiten eröffnen. Pädagogik als teleologisches Tun ist dann deshalb nicht mehr möglich, da die Umwelt auf autopoietisch geschlossene psychische Systeme nicht einwirken kann. So richtig es nun ist, dass psychische Systeme begrifflich widerspruchsfrei als in sich geschlossene autopoietische Systeme angesehen werden, die von außen nicht beeinflussbar sind, so falsch ist es, Menschen mit psychischen Systemen zu identifizieren. Menschen sind weder mit ihren Gehirnen noch mit ihren Psychen identisch, und dort, wo Gehirne und Psychen noch sosehr geschlossene Systeme sind, so sehr sind die Menschen – wenn überhaupt – offene Systeme, die selbstverständlich gezielt und gewollt von anderen Menschen beeinflusst werden können und auch beeinflusst werden. Diesen Umstand mag man zwar bedauern, man kann ihn aber nicht durch die Übernahme einer Terminologie aus der Welt schaffen.

Unzulänglichkeit autopoietischer Theorien

3. Kategoriale Fehlschlüsse und hybride Theoriebildung

Die Theorie autopoietischer Systeme und ihrer Autonomie, die mit der Autonomie lebendiger, hoffentlich mündiger Menschen nichts zu tun hat, führt daher durch einen schlichten kategorialen, reduktionistischen Fehlschluss zu zweierlei, für eine Theorie pädagogischer Professionen unannehmbaren, weil unrealistischen Postulaten:

1. zum Postulat einer je schon gegebenen Autonomie der Educanden ganz unabhängig von ihrer lebensgeschichtlichen Entwicklung in Verbindung mit einer

Zurückweisung des Begriffs der Sozialisation – Postulate, die dem maskulinis-
tischen Missverständnis, Menschen könnten sich ohne konstitutive Abhängigkeit voneinander bilden, geschuldet sind; sowie

2. zum Postulat einer Lebenslaufsbegleitungswissenschaft, die glaubt, auf die
Frage nach dem ge- oder eben missglückten Leben keine Antwort mehr geben
zu müssen, können oder zu dürfen.

Ohne eine Vorstellung vom glückenden bzw. missglückenden Leben, d.h. dem Ho-
rizont eines gesellschaftlichen Gerechtigkeits- und Glücksverständnisses sind kurative Professionen – seien sie nun eher pädagogischer oder therapeutischer Art –
nicht angemessen und sachhaltig rekonstruierbar. Dazu gehört freilich ein wohlde-
finierter Begriff von »Krankheit«, die so in ihrer einzig angemessenen Konzeptualisierung erscheine: »nicht einfach platt als das klassifikatorische Gegenteil von
Gesundheit, sondern als das Maximum an Gesundheit, das ein konkretes Leben in
seiner Traumatisierungsgeschichte und in seinem Überlebenskampf unter seinen je
konkreten Lebensbedingungen zu erreichen in der Lage war« (OEVERMANN 1996,
S. 127). Beide Grundeinsichten aber führen nicht zu einer Entgrenzung des Päd-

agogischen, sondern vielmehr zu seiner Eingrenzung. Peter GROSS (1982) hat
schon vor knapp 20 Jahren in seiner leider unbeachtet gebliebenen Studie zu den
Verheißungen der Dienstleistungsgesellschaft völlig zu Recht festgestellt, dass das
Misslingen, Areale oder Personengruppen mit spezifischen Bedürftigkeiten einzu-
grenzen, eine rationale Politik sozialer Dienstleistungen ins Leere stoßen lasse, es
sei denn, sie verstehe sich als Aktionsforschung großen Stils.

4. Verknappung und Konzentration – Akademische Sozialpädagogik vor der abschließenden Phase ihrer Etablierung

Auf der Basis der von mir ermittelten relativ geringen Nachfrage nach Betreuungsverhältnissen im engeren Sinn und den systematischen Überlegungen zur generellen, möglichst nicht in Beruflichkeit zu überführenden Bedürftigkeit der Gattung
im Allgemeinen, komme ich schließlich zu folgenden, berufspolitischen Vorschlägen für eine Weiterentwicklung der akademischen Sozialpädagogik:

1. Wissenschaftlich professionalisierte Sozialpädagogen stellen eine Gruppe gesellschaftlich bedeutsamer, extrem differenzierter Spezialisten zur Betreuung

für einige wenige Sondergruppen im kurativ-therapeutischen Bereich dar und
eben nicht den Typus sozialpolitisch aktiver Generalisten.

2. Daraus folgt die Forderung nach dem Ende des Wachstums sozialpädagogischer Ausbildungsstätten sowie eine interne Studienreform, die scharf zwischen einem allgemein bildenden pädagogischen Grundstudium und einem
hochschwelligen, anspruchsvollen Hauptstudium unterscheidet, das von deutlich weniger Absolventen beendet wird als bisher.

3. Langfristig wird sich die Bifurkation von immer mehr akademische Abschlüsse für sich reklamierenden Fachhochschulen hier und der in weiten Teilen an
einem Praxisdefizit laborierenden universitären Sozialpädagogik dort nicht

aufrechterhalten lassen. Daher ist mittelfristig die Zusammenführung von Fachhochschulen und universitärer Pädagogik in Form von »schools for social work« an den Universitäten zu fordern. Die in diesem Zusammenhang immer wieder gestellte Frage nach der Wissenschaftlichkeit wird sich – wie sollte es auch anders sein – einzig alleine daran bemessen, ob und in welchem Ausmaß in diesen Institutionen Forschung betrieben wird.

4. Der Preis dieser berufspolitischen Neuorientierung besteht in der Absage an eine überwölbende Metatheorie all dessen, was Pädagogik heißt. Freilich: Man muss sich schon entscheiden, ob man die immer wieder postulierte Ausdifferenzierung aller Lebensbereiche ernst nehmen will oder nicht. Tut man es, so gilt diese Einsicht auch für die Erziehungswissenschaft – und dann sollte der Verzicht auf eine zwar begrifflich konsistente, aber dafür kategorial nicht valide und in der Sache normativ unterbestimmte allgemeine Lebenslaufwissenschaft nicht weiter schwerfallen.

Literatur

ARISTOTELES: Werke, Band 6. Berlin 1983.
GROSS, P.: Die Verheißungen der Dienstleistungsgesellschaft. Opladen 1982.
KALTSCHMID, J.: Sozialisationstheorie, Sozialwissenschaften und Didaktik der Erwachsenenbildung. In: ARNOLD, R./KALTSCHMID, J. (Hrsg.): Erwachsenensozialisation und Erwachsenenbildung. Frankfurt/M. 1986.
LENZEN, D.: Lebenslauf und Humanontogenese. In: LENZEN, D./LUHMANN, N. (Hrsg.): Weiterbildung im Erziehungssystem. Frankfurt/M. 1997, S. 228-247.
MARCUSE, H.: Triebstruktur und Gesellschaft. Frankfurt/M. 1971.
OEVERMANN, U.: Theoretische Skizze einer revidierten Theorie professionalisierten Handelns. In: COMBE, A./HELSPER, W. (Hrsg.): Pädagogische Professionalität – Untersuchungen zum Typus pädagogischen Handelns. Frankfurt/M. 1996, S. 70-182.
RAUSCHENBACH, TH.: Das sozialpädagogische Jahrhundert. Weinheim/München 1999.
STATISTISCHES BUNDESAMT: Statistisches Jahrbuch 1999. Stuttgart 1999.

Die überforderte Pädagogik?

Heinz-Elmar Tenorth

I.

»Ist die Schule der Gesamtschuldner der Gesellschaft?« – so fragt ein als konservativer Kritiker der Pädagogik bekannter Journalist in einer hoch angesehenen Tageszeitung (vgl. ADAM 2000). Seine Antwort unterstellt, dass man öffentliche Erziehung, ja die Lehrer, in die von ihm problematisierte Rolle der »Universalschuldner« drängt, also überfordert. Die Botschaft seines Artikels besteht in der Abwehr solch unbescheidener Erwartungen und in der Kritik all derjenigen, die »die große Koalition der Wirtschafts-, Sozial- und Gleichstellungspolitiker« bilden und von Schule zu viel erwarten, ja sie seit den 60er Jahren, als Lehrer noch »als die Garanten einer besseren Zukunft umworben worden waren (...) aus der Mitte an den Rand der Gesellschaft gedrängt« haben (ebd.).

Ausgangssituation der »überforderten Pädagogik«

Ist das der Kontext, in dem sich die Frage nach der »überforderten Pädagogik« stellt? Tiraden eines missvergnügten Konservativismus, der die Wurzel der aktuellen Übel in den 60ern sieht? Konrad ADAM beschreibt hier ja nicht zum ersten Mal die von ihm kritisierte Situation, und er tut es kontinuierlich in einer Perspektive, in der reformorientierte Pädagogen und ihre Disziplin, die verachtete Erziehungswissenschaft, letztlich selbst die übergroßen und nicht erfüllbaren Erwartungen geweckt haben, an denen Schule und Lehrer heute kranken. Man hat es also nicht allein mit einer Situationsdiagnose zu tun und mit der aktuellen Überforderung der Pädagogik, sondern auch mit einer Ursachenerklärung quasi selbstreferentieller Natur: Die öffentliche Erziehung leidet an Überforderung, weil ihre Referenzdisziplin der Öffentlichkeit Leistungen verspricht, die sich nicht einhalten lassen. Ist das eine plausible These, beschreibt und erklärt sie das Thema der Überforderung von Pädagogik?

Die Lektüre pädagogischer Texte kann sehr wohl diesen Eindruck und diese These nahe legen: »Die vorzüglichste Ursache von dem vielen Jammer und Elend in der Welt ist in der fehlerhaften Erziehung der Menschen zu suchen«, das propagiert der Philanthrop Christian Gotthilf SALZMANN als seine zentrale Einsicht (1784). Mit derart starken Diagnosen, gefolgt von dem Versprechen der Heilung

111

des Übels durch Erziehung, tritt die Pädagogik im Ursprung der Moderne an. Es sind auch keineswegs nur die zur Selbstkritik nicht immer fähigen Philanthropen, die so formulieren. Auch andere Versprechen der Zeit zielen tatsächlich auf Mensch und Welt im Ganzen und sind wenig bescheiden: »Der Mensch kann nur Mensch werden durch Erziehung. Er ist nichts, als was die Erziehung aus ihm macht«, das schreibt immerhin Immanuel KANT (KANT 1803, S. 8). Friedrich Daniel Ernst SCHLEIERMACHER wiederum hält die Erziehung, allerdings ihre »richtige Organisation« vorausgesetzt, für so mächtig, dass er die Verhinderung der Revolution und die legitime Ordnung der Gesellschaft von ihr erwartet (vgl. SCHLEIERMACHER 1826, S. 40). Zumindest konservative Politiker des 19. Jahrhunderts – in ihrer Furcht vor der modernen Erziehung und in der Vorliebe für Indoktrination – und sozialistische Theoretiker und Politiker im 20. Jahrhundert sind ihm in diesen Thesen gefolgt und haben immer neu erwartet, dass sich die »Neue Gesellschaft« durch eine »Neue Erziehung« herbeiführen – oder verhindern – ließe (vgl. OELKERS 1999).

Eine etwas umfänglichere SCHLEIERMACHER-Lektüre hätte aber vor solcher Funktionalisierung warnen sollen; denn seine Theorie stützt solche ausgreifenden Optionen nicht. SCHLEIERMACHER führt zugleich mit der Hoffnung auf die Erziehung ja auch die Debatte über ihre Allmacht und Ohnmacht ein. Diese Debatte hat in der kontinuierlichen Analyse der »Grenzen der Erziehung« spätestens im 20. Jahrhundert eigene Kontinuität gewonnen (vgl. DUDEK 1999). Es gibt, folgt man diesen Texten, dann nicht allein eine emphatische Fraktion der Pädagogen, die sich mit Reformversprechen überbieten, sondern immer auch die Gruppe der nüchternen Beobachter, die vor den großen Ambitionen warnen, und selbstverständlich daneben den basso continuo derjenigen, die zwar Grenzen sehen, aber deren Ursachen nicht in der Logik der Pädagogik, wie SCHLEIERMACHER, sondern in den bösen Umständen von Gesellschaft, Ökonomie, Politik und den Machtverhältnissen suchen oder sie den unwilligen Berufsgenossen und missvergnügten Beobachtern aus dem feindlichen Lager zuschreiben.

Bleibt deshalb von der Rede der Überforderung nicht mehr als die Topik der Pädagogik, die der Klage zuneigt und die Verlagerung der Schuldzuweisung nach außen statt der Selbstkritik und distinkter Kausalanalysen liebt und sich deswegen immer neu mit zu großen Versprechen selbst desavouiert? Bedeutsam, so meine These, ist die Kontinuität des Problems und die wiederkehrende Situation, dass sich Versprechen und Begrenzungsappelle gegenüber stehen und begleiten, ohne dass bisher hinreichend plausible Erklärungen für dieses Phänomen gegeben werden oder gar eine Auflösung des Dilemmas in Sicht ist (sieht man von der allfälligen Ideologiekritik einmal ebenso ab wie von der beliebten Pädagogenschelte). Interessant ist ja schon, dass zwar »Allmacht«, »Ohnmacht« und »Grenzen« die historische Diskussion bestimmen, der Begriff der »Überforderung« (und Unterforderung!) in der Tradition der Pädagogik aber eher auf das lernende Kind, also den Adressaten der Erziehung, angewandt wird als auf das Erziehungssystem selbst oder seine Profession und Reflexion. Die Vermutung ist deshalb nicht abzuweisen, dass in solchen Verzerrungen von Aufmerksamkeit, Abwehr und Kritik systematische Probleme aufbewahrt sind und behandelt werden, vielleicht sogar solche, die sich einer distinkten Bearbeitung jenseits der Kontroversen entziehen, jedenfalls zur Analyse aus der Beobachterperspektive nicht gerade einladen.

112

Von dieser Situation gehen die folgenden Überlegungen aus. Meine These heißt, dass sich in der Rhetorik von »Grenze« und »Überforderung« die funktionalen und operativen Probleme der Pädagogik konzentrieren und dass sich deswegen in der Klärung der Konfrontation auch nicht allein die ideologischen, sondern die systematischen »Grenzen« klären, zumindest begrifflich bestimmen lassen. In der Logik der modernen Erziehung wird man daher den Ursprung dieses Diskurses und den Grund der kontroversen, aber offenbar nicht auflösbaren Diagnosen suchen und sich fragen, welche Möglichkeiten der Arbeit und Reflexion offen stehen, wenn man die Kontroversen nicht auflösen kann. Die Konsequenz ist jedenfalls nicht eindeutig, sie legt Reformambitionen ebenso nahe wie die beobachtende Distanz. Aber im System des Erziehungswissens, so die letzte These, muss die Instanz gefunden werden, die zwischen den Kontroversen der Reflexion und den strukturellen Defiziten des Systems selbst noch in einer Weise vermitteln kann, dass man aus der Stabilität einer Kontroverse wenigstens lernt.

II.

Grenzendebatten sind selbstverständlich Systemdiskurse; denn in der Rhetorik von »Grenze« und »Überforderung« behandelt man die Möglichkeiten, die dem Erziehungssystem von innen wie von außen, in den Erwartungen und funktionalen Imperativen, zugeschrieben werden. Systematisch gedacht werden dabei die funktionalen, auf die Gesellschaft bezogenen, und die operativen, mit der eigenen Praxis verbundenen, Probleme der Pädagogik behandelt. Konzentriert auf diese beiden Dimensionen stellt sich daher das Problem von »Möglichkeiten und Grenzen« – wie der Topos immer neu lautet (vgl. systematisch schon LITT 1926) – in zweifacher Weise, nach innen wie nach außen:

»Funktionen«, um mit der Grenze zwischen dem System der Erziehung und seiner Umwelt zu beginnen, haben in der Moderne die Eigenart, dass sie die genuine, unersetzbare Leistung ausdifferenzierter Sozialsysteme beschreiben, die gesellschaftliche Zuschreibung und Erwartung mithin fixieren, die nur vom Erziehungs- und Bildungssystem erfüllt werden kann. Was immer die historische Fassung dieser Funktion ist, »Bildung« liefert ja bekanntlich nur eine der möglichen Kontingenzformeln, in der man diese Erwartung diskutieren kann (vgl. LUHMANN/SCHORR 1979), es geht um eine zunächst ungewohnte und für die weitere Diskussion folgenreiche Leistung, die dabei definiert wird, nämlich um eine universale Spezialfunktion. Sie ist universal, weil schlechterdings jeder Heranwachsende davon betroffen ist; denn die Inklusion in das Erziehungssystem kennt keine Grenze mehr, seit auch Behinderung kein Anlass für Exklusion ist (vgl. LIST 2000); sie ist universal aber auch in dem Sinne, als der Prozess der Transformation sozialer in pädagogische Probleme keine Beschränkung kennt, außer in der Erfindungs- und Deutungskraft sowie in der Ambition der Profession der Pädagogen selbst. Nicht ohne Grund lässt sich für die moderne Gesellschaft ein Prozess der »Pädagogisierung« beschreiben, der exakt diese Grenzenlosigkeit bestätigt (vgl. POLLAK 1993).

Offenbar gibt es keine systematisch beschreibbare Limitation für den Versuch, gesellschaftliche Probleme im Modus der Pädagogik aufzufassen: Jede gesellschaftliche Aufgabe lässt sich als Lernaufgabe definieren, jedes Problem zum Gegenstand schulischen Unterrichts machen, jedes soziale Defizit den Anstrengungen der Pädagogen überantworten – und trotz aller negativen Erfahrung mit der ausbleibenden Leistungsfähigkeit der Pädagogik geschieht es immer neu: Medienerziehung als öffentliche Forderung zur Kontrolle des Internet und seiner Wirkungen, Pädagogik als Waffe gegen Fremdenfeindlichkeit, Jugendgewalt, Aids oder die ungewisse Zukunft von Nation und Kultur stellen nur die jüngsten Beispiele dar.

Erziehung als Profession Die Verankerung von Funktionen in Systemen ist nun – und zwar notwendig – von einem Mechanismus begleitet, nämlich der professionellen Bearbeitung der Aufgaben, der nicht nur die Anspruchsinflation befördert, sondern auch deren tendenziell positive Aufnahme im Erziehungssystem (wie bei Professionen angesichts der jeweiligen Aufgaben in allen anderen Sozialsystemen auch). Professionen, und Lehrer sind davon nicht ausgenommen (vgl. APEL 1999), sind nicht nur unentbehrlich, um die zugeschriebenen Aufgaben fachgerecht, d.h. fundiert in einem spezifischen Wissen und orientiert an einem ethischen Standard, zu erledigen, sie müssen das auch weitgehend »autonom« tun, ohne eindeutige Vorgaben, was die konkrete Definition der Aufgabe oder den Vollzug der Arbeit betrifft. Diese operative Seite des Problems, die als Problem der Kompetenz dann schwierige Anschlussfragen aufwirft, ist bei Professionen immer begleitet von den Statusaspekten der Verberuflichung. Nüchtern betrachtet muss die Profession nämlich auch dafür sorgen, dass sie nicht nur freigesetzt wird zur Last der Arbeit, sondern dafür auch gesellschaftliche Anerkennung und möglichst das Monopol der Leistungserbringung erwirbt. Vom Streben nach Anerkennung und der Ausschaltung der Konkurrenz werden aber nicht nur Tendenzen der Verselbständigung der Profession gegenüber der Klientel befördert, sondern auch die Spirale der immer neuen Versprechen in Gang gesetzt. »Pädagogisierung« wird deshalb nicht nur zu einem gesellschaftlichen Mechanismus, Probleme in das Erziehungssystem abzuwälzen, sie wird auch zur Strategie der Profession, die ihre eigene Unentbehrlichkeit demonstrieren will (und beim Versagen die Gründe außen suchen muss).

Das Paradoxon der Pädagogik Die Überforderung der Pädagogik und die Selbstüberforderung ihrer Profession liegen aber nicht allein in diesen gesellschaftlichen Aushandlungsstrategien von Erwartungen und Leistungen, sie sind auch mit der operativen Dimension verknüpft. Gegenstand von Systembildung werden nämlich Aufgaben, die sich durch Unbestimmtheit oder die Komplexität von Erwartungen auszeichnen. In der öffentlichen Erziehung und ihrer Organisation wird insofern das Problem bearbeitet, wie man Menschen zugleich vergesellschaften und zu Individuen bilden kann, oder – in der klassischen Formulierung von KANT – wie man das paradoxe Problem löst, dass sich ein sich selbst bestimmendes Subjekt freiwillig dem Gesetz unterwirft. »Wie kultiviere ich die Freiheit bei dem Zwange?«, das war KANTS Formel für das Problem der Pädagogik, und entsprechend dieser paradoxen Formel besteht die Aufgabe – und Schwierigkeit! – für System und Profession der Pädagogen darin, mit einem an sich unlösbaren Problem umzugehen, z.B. »Selbsttätigkeit« anzuregen, Kinder dahin zu bringen, dass sie wollen, was sie sollen.

Die Grenze der Arbeit und die besondere Anforderung an die professionelle Kompetenz besteht dabei in der systematischen und situativen Nichtkontrollierbarkeit der Wirkungen der Arbeit, jedenfalls in der Unmöglichkeit, zielgenau Intentionen und Wirkungen in der Erziehung zu verbinden. Die wesentliche Ursache dafür

114

ist beim Adressaten zu suchen; denn er ist es, der letztlich lernen muss, sich selbst zu verändern. Aber er ist – zum Leidwesen der Pädagogen – autonom darin, mit den Erwartungen von System und Profession umzugehen.

Überfordert ist deshalb jede Pädagogik, die dennoch eindeutige Wirkungen erbringen muss, *selbstüberfordert* ist die Pädagogik, wenn sie es dennoch verspricht. Die Schwierigkeit besteht nur darin, dass man diese Überforderung und Selbstüberforderung kaum systematisch vermeiden kann; denn die Funktion des Systems lebt ja fort, schon in den gesellschaftlichen Erwartungen, und sie besteht darin, dass exakt etwas, was nicht geht, nämlich die zielbezogene Veränderung von Personen, als Leistungserwartung auf Dauer gesetzt wird. Zugleich wird die Profession und der Mechanismus ihrer Anerkennung, Professionalisierung eben, verantwortlich gemacht – und alimentiert – für das, was man erwartet, aber nicht können kann, jedenfalls nicht in der Weise, wie die öffentliche Erwartung funktioniert und die professionellen Versprechen zum Erwerb der Anerkennung unterstellen. Was man kann, das sind relativ einfache Leistungen – z.B. die Verbreitung von Kulturtechniken, die Anpassung an unausweichliche und nützliche gesellschaftliche Standards – oder die Generalisierung von Prämissen, freilich ohne die Garantie der Effekte, etwa eines moralisch relevanten Verhaltens. Pädagogik kann kaum das gute Handeln, aber vielleicht das schlechte Gewissen durchsetzen.

Die Spezialfunktion bleibt insgesamt also ein spezifischer, kein universeller Mechanismus, die beanspruchte Allzuständigkeit ist nur scheinbar, jedenfalls nicht für alle Erwartungen und Versprechen einlösbar. Aber die Plausibilität und scheinbare Alltäglichkeit des Programms, den Menschen durch Erziehung zu verändern, lässt den Zugriff auf diese Funktion so nah erscheinen wie die Enttäuschung erwartbar; denn in ihr drückt sich die wirkliche Leistungsfähigkeit in der operativen Dimension aus. Dann stellt man fest, dass die Pädagogik nicht kann, was sie soll, dass sie aber so tun muss, als könne sie es, weil davon schon die Anerkennung des Berufs abhängt. Das ist im übrigen kein tragischer oder besonders singulärer Fall, weil es anderen – Medizinern bei »Gesundheit«, Juristen angesichts von »Gerechtigkeit«, Politikern z.B. angesichts der Herstellung gleicher und gerechter Lebensverhältnisse – ähnlich geht. Die Alternative schließlich, eine wirklich allmächtige Pädagogik, die Personen so verändert, wie es ihr zugeschrieben wird, das wäre eine schreckliche Alternative, wie jede Folter oder alle Gehirnwäsche zeigen. Man muss sich darauf einrichten, dass Sisyphos der Berufsheilige ist (ihn sich nur, mit CAMUS, als glücklichen Menschen vorstellen).

In den Grenzen der Erziehung, das ist die Pointe, trifft man auf die Leistungen der Pädagogik und auf die Ursachen der Überforderung zugleich. Das mag in einer fast schon anstößigen, jedenfalls die Profession kränkenden Weise geschehen. Es ist jedenfalls Grund genug, sich mit den Konsequenzen dieser ärgerlichen Tatsache der unvermeidbaren »strukturellen Defizite« moderner Sozialsysteme (vgl. LUHMANN 1987) und der notwendigen Grenzen der Erziehung intensiver zu beschäftigen.

III.

In der Reflexion der modernen Pädagogik besteht die *erste Antwort*, das ist zur Genüge bekannt, in einer Kritik der Grenzen und im Plädoyer für andere Bedingungen

Lösungsansätze für die Autonomie des Erziehungssystems

der Leistungserbringung. Für das Erziehungssystem besteht die Konsequenz einerseits in der Forderung von »Autonomie« gegenüber Außeninstanzen, z.B. gegenüber Staat und Verwaltung, Politik oder Ökonomie (vgl. GEISSLER 1929), andererseits in der Verbesserung der reflexiven Grundlagen der eigenen Arbeit, damit Verwissenschaftlichung der Erziehung und Autonomie als Disziplin dafür sorgen, dass die operative Dimension nicht nur transparenter und rationaler, sondern auch der Aufgabe und Erwartung angemessen gestaltet wird.

Diese Lösungen – Reform der Erziehung (vgl. OELKERS 1996) und Stärkung der Berufskompetenz durch Verwissenschaftlichung (vgl. TENORTH 1999) – haben

Erziehungsreformen

zwar eine große Tradition in der Pädagogik, sie haben aber selbst eigentümliche und in der Regel auch nicht intendierte Konsequenzen. Zu den eigentümlichen Konsequenzen zählt – bei der Reform des Erziehungssystems –, dass sich die öffentliche Erziehung auf einen Mechanismus der Veränderung, nämlich die Koppelung von Organisation und Profession, einlässt, der in seinen Grundlagen und Konsequenzen nur wenig kalkulierbar ist und kaum mit seinen eigenen Folgeproblemen angemes-

Verwissenschaftlichung

sen umgehen kann. Das Beispiel der Schule und der kontinuierlichen Reformen seit dem frühen 20. Jahrhundert sind der beste Beleg, dass bei der Planung von Reformen eher Weltanschauungen und Ideologien, auch Statusambitionen der Pädagogen, Aufstiegserwartungen unter Benachteiligten oder Abwehrstrategien gegen Aufsteiger regieren als die Suche nach problembezogenen Lösungen. Am Ende aller Reformen, die zielbezogen die Wirklichkeit verändern und bessere Kinder, gerechte Welten, gesellschaftliche Gleichheit und andere hehre Ziele anstrebten, steht die Einsicht, dass diese großen Ziele pädagogisch nicht einlösbar sind – ohne dass die Reformer ihre Ziele aufgeben. Wenn die Betroffenen Glück hatten, dann konnten sie an ihrer eigenen Bildung arbeiten, im schlechteren Fall wurden sie vom Zugriff der pädagogischen Reformer und ihrer Agenten überwältigt.

Die Verwissenschaftlichung der pädagogischen Arbeit weist ähnlich ambivalente und häufig enttäuschende Ergebnisse auf. Kühne Entwürfe alternativer Praxen der Erziehung, vermeintlich sicher abgestützt in der einzig wahren Lehre vom Menschen, in der natürlichen Methode oder der ethisch legitimen pädagogischen Gestaltung der Welt, entpuppten sich in der Realisierung nicht selten als Ausgeburten einer nicht gebändigten Kontrollphantasie und als Effekt ungeprüfter oder in der Ausar-

»Schwarze Pädagogik« und »Neue Erziehung«

beitung problematischer Theorien. Als »Schwarze Pädagogik« kann man schon Elemente der Pädagogik der Aufklärung, der ersten umfassenden Reformpraxis der europäischen Moderne, interpretieren (vgl. RUTSCHKY 1977); »Neue Erziehung«, wie sie im sozialistischen Milieu seit dem frühen 19. Jahrhundert und in den Sozialutopien schon früher als Mittel zur Erzeugung der neuen Welt gefordert wird, kennt zwar schöne Beispiele für die Ermöglichung autonomer Kinderwelten, z.B. bei Kurt LÖWENSTEIN, aber doch immer auch, vielleicht sogar häufiger, die Deformation zu indoktrinierenden Praxen erziehungsstaatlicher Überwältigung. Auch wenn der Anspruch weniger groß war, z.B. nur in der Durchsetzung von Unterrichtstechnologie oder in der Erfindung neuer Fächer bestand, wie bei der Mengenlehre für die Grundschule, entsprachen die Wirkungen doch nur selten den guten Absichten.

Die beobachtende Distanz bleibt in diesem Geschäft der Selbstüberbietung und immer neuen Versprechen dennoch relativ selten. Selbst die »reflektierte« und reflektierende »Reflexion« (vgl. DURKHEIM 1922), die sich zwar dem praktischen Reformanspruch und den pädagogischen Gestaltungsabsichten verpflichtet, aber zumindest die Erfahrungen im System und mit der eigenen Praxis berücksichtigt, ist nicht die Regel. Hier kann man zwar wissen, dass die kontinuierliche Variation des Erziehungssystems unausweichlich ist, weil es keine richtigen Lösungen für komplexe Probleme gibt, sondern immer nur neue Versuche, mit dem Unbestimmten umzugehen. Aber praktisch relevant werden solche Einsichten doch nur höchst selten, schon weil sie gegenüber den Schwierigkeiten des Alltags nicht konstruktiv und gegenüber den ja immer unbefriedigenden Ergebnissen zu tolerant sind. Die Zufriedenheit im Gegebenen wird sich deshalb gegen das trotz aller skeptischen Erfahrung muntere »Dennoch« der Pädagogik nicht durchsetzen.

Kontinuierliche Variation des Erziehungssystems

Am Ende bleibt dann wohl doch nur die Beobachtung der Überforderung und der kommunikative Umgang mit Anspruch und Enttäuschung. Im System des Erziehungswissens, so die letzte These, ist deshalb wahrscheinlich die Instanz zu finden, die zwischen den Kontroversen der Reflexion und den strukturellen Defiziten des Systems selbst noch in einer Weise vermitteln kann, dass man aus der Stabilität einer Kontroverse wenigstens lernt.

Aber was lernt man, zumal mit der Aussicht auf praktische Konsequenzen? Man wird sensibel für strukturelle Grenzen, kann Gründe liefern, zwischen Alternativen des Handelns zu wählen, auch dann, wenn die Differenzen nur graduell sind, und sich schließlich an dem Versuch abmühen, selbst in das Geschäft der Pädagogik einen Schuss gesunde Skepsis und Nüchternheit zu bringen (vgl. FISCHER 1989). Dann werden wahrscheinlich die Beobachter zuerst lernen müssen, dass Skepsis und Erziehung zwar zusammengehören, schon weil sie sich wechselseitig nähren und stärken, dass aber Skepsis nicht die Perspektive sein kann, mit der man Erziehung gestalten oder aushalten könnte. Nicht verzweifeln, sondern arbeiten, das war die Losung der Schulmänner seit alters her – die Überforderung gehört zur Praxis, ja sie ist wahrscheinlich der Kern, der überhaupt die Anstrengung erst lohnt.

Praktische Konsequenzen

Literatur

ADAM, K.: Abgehoben, abgeschoben. Ist die Schule der Gesamtschuldner der Gesellschaft? In: Frankfurter Allgemeine Zeitung vom 29.04.2000, S. 41.

APEL, H.-J. u.a. (Hrsg.): Professionalisierung pädagogischer Berufe im historischen Prozeß. Bad Heilbrunn 1999.

BERNFELD, S.: Sisyphos oder die Grenzen der Erziehung. (1925) Frankfurt/M. 1967.

DUDEK, P.: Grenzen der Erziehung im 20. Jahrhundert. Bad Heilbrunn 1999.

DURKHEIM, E.: Erziehung und Soziologie. (1922) Hrsg. u. übers. v. KRISAM, R. Düsseldorf 1972.

FISCHER, W.: Unterwegs zu einer skeptisch-transzendentalkritischen Pädagogik. St. Augustin 1989.

GEISSLER, G.: Die Autonomie der Pädagogik. Langensalza/Berlin/Leipzig 1929.

KANT, I.: Über Pädagogik. (1803). In: WEISCHEDEL, W. (Hrsg.): Werkausgabe Immanuel KANT. Bd. X, Darmstadt 1966.

LIST, G.: Pädagogische Inklusion und die 'Bildbarkeit' der »Taubstummen«; Nationale Inklusion und die Gebärdensprache der Taubstummen. In: Das Zeichen 14 (2000), H. 51, S. 8-18; H. 52, S. 186-196.

LITT, Th.: Möglichkeiten und Grenzen der Pädagogik. Berlin/Leipzig 2. Aufl. 1926.

OELKERS, J.: Reformpädagogik. Eine kritische Dogmengeschichte. Weinheim/München 3. Aufl. 1996.

OELKERS, J.: Von der Welt des Emile zur Erziehungsdiktatur. In: LEPP, N./ROTH, M./VOGEL, K. (Hrsg.): Der Neue Mensch. Obsessionen des 20. Jahrhunderts. Ostfildern-Ruit 1999, S. 37-47.

POLLAK, G.: Pädagogisierung. Habil. Schr. (Ms.). Regensburg 1993.

RUTSCHKY, K. (Hrsg.): Schwarze Pädagogik. Quellen zu Naturgeschichte bürgerlicher Erziehung. Frankfurt/M. (usw.) 1977 (u.ö.).

SALZMANN, C.G.: Noch etwas über die Erziehung, nebst Ankündigung einer Erziehungsanstalt. (1784) In: SALZMANN, C.G.: Ameisenbüchlein ... Krebsbüchlein. Berlin/Leipzig 1948, S. 183-248 (Pädagogische Bibliothek).

SCHLEIERMACHER, F.D.E.: Vorlesungen. (1826) Hrsg. v. WENIGER, E./SCHULZE, Th. Bd. 2, Bonn 1957.

TENORTH, H.-E.: Der Beitrag der Erziehungswissenschaft zur Professionalisierung pädagogischer Berufe. In: APEL u.a. 1999, S. 429-461.

Wie viel Staat braucht die Bildung?

Heinz Sünker

I.

Jenseits der Rede von der »Illusion der Chancengleichheit« im Bildungswesen (vgl. BOURDIEU/PASSERON 1971) bleibt die Erkenntnis unhintergehbar, dass Bildungspolitik Gesellschaftspolitik ist. Deshalb wurden in den letzten 40 Jahren Fragen zur »Interdependenz von Gesellschaftsverfassung und Bildungsinstitution« (vgl. HEYDORN 1979), Verhältnisbestimmungen von Bildungssystem und Gesellschaft, Bildungspolitik und die Reproduktion gesellschaftlicher Ungleichheit vielfältig diskutiert und mannigfache sozialwissenschaftliche und bildungstheoretische Analysen vorgetragen. Die Debatte um Staat und Bildung war und ist hierin mit den Reden vom »Bildungsnotstand« (PICHT) oder vom »Bürgerrecht auf Bildung« (DAHRENDORF) eingeschlossen; sie gewinnt Aktualität angesichts neu akzentuierter gesellschaftspolitischer, neoliberal »gestrickter« Auseinandersetzungen um Versuche, die, gesellschaftliche Beziehungen strukturierende, Markt- und Warenförmigkeit auch im Bildungsbereich durchzusetzen (vgl. HENIG 1994; MEIKSINS WOOD 1995; WHITTY 1997).

Bildung und Politik

Auch wenn man – demokratietheoretisch wie -praktisch (vgl. BOWLES/GINTIS 1987) – gegen die »Zähmungsvorstellungen« von Kapitalismus in der Gestalt der Civil Society skeptisch bleibt, kann man an eine Reihe deutscher und internationaler Diskussionen anschließen, in denen Probleme von Bildungsforschung, Bildungspolitik und Bildungstheorie, die der »Staatsfrage« unterlegt sind, miteinander vermittelt wurden bzw. werden können (vgl. APPLE 1985; Wexler 1987; Sünker u.a. 1994). Aus der – inzwischen schon klassisch zu nennenden – deutschen Tradition im 20. Jahrhundert handelt es sich zum einen vor allem um die Beiträge HEYDORNs (1979), SIEMSENs (1948) und ADORNOs (1972) zu einer gesellschaftstheoretisch akzentuierten kritischen Bildungstheorie, aus der angelsächsischen und französischen Diskussion handelt es sich zum anderen um Beiträge zu einer gesellschaftspolitisch orientierten Bildungssoziologie. Setzen die Analysen der einen mit einer Macht- und Herrschaftskritik an und die der zweiten im Rahmen ihrer aktuellen Analysen mit einer Kritik der Marktideologie im Bildungsbereich, so verhalten sie sich doch wesentlich komplementär zueinander.

Die Bearbeitung des gemeinsamen Gegenstandes »Staat, Gesellschaft, Bildung und Individuum« hat dabei gezeigt, dass bis heute immer noch in einem überwiegen-

dem Maße von einer Reproduktionsfunktion des Bildungssystems für den gesell-
Subjektivität schaftlichen Status Quo auszugehen ist. Fraglich ist damit, in welcher Weise die der
Institutionalisierung von Bildung inhärente Dialektik (vgl. HEYDORN 1979) – mit
den gesellschaftspraktisch zu bestimmenden Polen »Befreiung« und »Macht- und
Herrschaftssicherung« – in Richtung einer Überwindung dieser planen Reproduktionsfunktion von Verhältnissen sozialer Ungleichheit entwickelt werden kann.
Dazu bedarf es einer Theorie von Bildungsprozessen, die die gesellschaftliche Konstitution von Subjektivität als Ausgangspunkt nimmt und zugleich eine in diese Subjektivität eingelassene Widerständigkeit gegen gesellschaftliche Macht- und Herr-
schaftsverhältnisse zu begründen imstande ist.

Auf der strukturellen Ebene kann so einerseits Pierre BOURDIEU in seiner – immer wieder leitmotivisch in allen seinen Analysen auffindbaren – Überlegung über
die Relevanz des Bildungssystems für die »Struktur der Klassenverhältnisse« in sei-
Ungleichheit nem Text »Kulturelle Reproduktion und soziale Reproduktion« argumentieren, dass
es unter all den Lösungen, die im Laufe der Geschichte für das Problem der Übermittlung der Macht und der Privilegien gefunden wurden, zweifellos keine einzige gebe,
»die besser verschleiert ist und daher solchen Gesellschaften, die dazu neigen, die of-
fenkundigsten Formen der traditionellen Übermittlung der Macht und der Privilegien zu verweigern, gerechter wird, als diejenige, die das Unterrichtssystem garantiert, indem es dazu beiträgt, die Struktur der Klassenverhältnisse zu reproduzieren,
und indem es hinter dem Mantel der Neutralität verbirgt, dass es diese Funktion erfüllt« (BOURDIEU 1973, S. 93; vgl. weiter APPLE 1990; GIROUX/MCLAREN 1989;
COLE 1988; APPLE 1982; YOUNG/WHITTY 1977).

Andererseits kann für diesen Kontext von FRIEDEBURG in seiner Analyse »Bildungsreform in Deutschland. Geschichte und gesellschaftlicher Widerspruch«
(1989) in einer gesellschafts- und bildungspolitischen Schlussfolgerung[1] herausstellen: »Das Bürgerrecht auf Bildung ist nicht auf dem Markt der Systemkonkur-
renz, durch den Wettbewerb verschiedener Schulformen um die knapper gewordenen Schülerinnen und Schüler einzulösen, gleichgültig ob in der Form alter Drei-
oder neuer Viergliederigkeit dort, wo die regulären Gesamtschulen hinzugekom-
men sind. Auch die Vorstellung, hinter den wissenschaftspropädeutischen Gymnasien, die sich ihre Schüler aussuchen können, im zweiten Glied die Haupt-, Real-
und Gesamtschulen reformpädagogisch zusammenzuschließen, führt nicht weiter,
sondern beschwört aufs neue die alte Zweiteilung von höherem und niedrigerem
Schulwesen, mit allen Folgen für die soziale Selektion. Doch die Geschichte der
Bildungsreform zeigt, dass über ihren Fortgang nicht pädagogische Einsichten und
organisatorische Konzepte, sondern gesellschaftliche Machtverhältnisse entscheiden (...). Die individuellen Anforderungen wachsen ungeachtet überkommener
Statusdifferenzen. Andauernde Bildungsexpansion höhlt das Berechtigungssy-
stem weiter aus. Die gesellschaftliche Instrumentalisierung öffentlicher Bildung
fällt immer schwerer. Die Bildungsreform bleibt auf der Tagesordnung« (von
FRIEDEBURG 1989, S. 476 f.).

---

1 Von FRIEDEBURGs Schlussfolgerungen haben zum Ausgangspunkt, dass der gesellschaftliche Widerspruch zwischen dem mit der europäischen Aufklärung begründeten individuellen Bildungsan-
spruch (»Bildung als Menschenrecht«) und funktionalen Prozessen der »Eingliederung und Anpassung« in die Gesellschaft, immer durch die Bildungssysteme vollzogen wird –quasi als staatlicher
Auftrag.

120

II.

Eine Antwort auf die in die »Staat-Bildung-Problematik« eingehende Aufgabe, Vermittlungen zwischen gesellschaftlichen Strukturen, den Strukturierungen gesellschaftlicher Beziehungen zwischen den Mitgliedern einer Gesellschaft und den Konstitutionsbedingungen von Subjektivität zu bestimmen oder zu erforschen, hat Heinz-Joachim HEYDORN zu geben versucht, wenn er – bereits in seinen frühen Schriften – auf die Zusammenhänge zwischen der Priorität kapitalistischer Verwertungslogik, der Marktförmigkeit gesellschaftlicher Beziehungen und einer Reduktion gesellschaftlicher Existenz auf »bare Funktionsfähigkeit« (HEYDORN 1994a, S. 232) hinweist. Der dem zugrunde liegende Funktionalismus führt zur »Frage nach einer Bildung, die die maximale Effizienz des Menschen in einer technologischen Gesellschaft sicherstellt, einer Gesellschaft, die auf Anpassung, Wechsel und Mobilität in weithin determinierten sozialen Grenzen beruht« (HEYDORN 1994b, S. 284). Dabei, so heißt es bei ihm in einer an Siegfried BERNFELDS Analysen erinnernden Weise, »soll Bildung, wie stets in der Geschichte, Ideologie und Macht einer bestehenden Gesellschaft absichern; sie muss diejenige Reflexion aussparen, über die sich die Entmythologisierung der Macht vollzieht. Damit gerät sie in einen erkennbaren Widerspruch« (HEYDORN 1994b, S. 285).

Macht und Bildung

Die notwendige Arbeit an der Analyse der Vermittlung von Gesellschaftsgeschichte und Bildungsgeschichte – mit dem oben benannten herrschaftskritischen Akzent – charakterisiert Gernot KONEFFKE in folgender Weise: »Die Reflexion des Widerspruchs von Bildung und Herrschaft, die Aufnahme der objektiven, vom kapitalistischen System selbst hervorgebrachten Zwänge, die es zugleich in Frage stellen, ist die Arbeit der radikalen Bildungstheorie« (KONEFFKE 1981, S. 188). Diese Reflexionsaufgabe radikaler Bildungstheorie führt KONEFFKE zu einer These, mit der sich kennzeichnen lässt, wie Vergesellschaftungsmodus und Bildungsproduktion ineinander greifen: die konstatierbare Verkehrung von Bildung zu Erziehung ist in der bürgerlich kapitalistischen Gesellschaftsformation von der Notwendigkeit bedingt, »auch die abhängigen Massen als empirische bürgerliche Subjekte zu brauchen« (KONEFFKE 1982, S. 946); dies, so lässt sich mit MARX hinzufügen, in der Folge ihrer Spaltung in Bourgeois und Citoyen.

Gefordert ist damit eine Analyse der Dialektik der Institutionalisierung von Bildung, wie sie HEYDORN, Gesellschafts- und Bildungsgeschichte übergreifend, betrieben hat, um dann festhalten zu können: »Institution und Mündigkeit geraten in einen unüberbrückbaren Gegensatz« (HEYDORN 1979, S. 317; vgl. SÜNKER 2000; HARVEY 2000, S. 182 ff.). Denn so lautete in der Vorwegnahme entwickelter sozialwissenschaftlicher Organisationsforschung, mit der Organisation als Verkörperung von Herrschaft betrachtet wird (TÜRK 1995), die Einschätzung HEYDORNs: »Institution ist Herrschaft; Institution wird überflüssig« (HEYDORN 1979, S. 331) oder: »Mündigkeit ist Aufhebung aller Institution als Verhängtsein durch Herrschaft; ...« (ebd., S. 335). Gegen den in die Dialektik der Institutionalisierung von Bildung mitgesetzten Herrschaftscharakter rief er in Erinnerung: »Bildung wird wieder, was sie am Anfang war: Selbsthilfe« (ebd., S. 324).

Institutionalisierung von Bildung

Zu dieser Position hat HEYDORN seine Analyse gesellschaftlicher Wirklichkeiten, in die die Interdependenz von Gesellschaftsverfassung und Bildungsinstitution eingeschlossen ist, geführt (s. SÜNKER 1989a, 1993, 1999). Und daraus folgt die Aufgabe, Bildungsgeschichte und die Konzeptualisierung von Bildungstheorie im Rahmen von Gesellschaftsgeschichte zu situieren, um zu Erkenntnissen über die jeweiligen Vermittlungen zwischen gesellschaftlichen Mikro-, Meso- und Makroprozessen zu gelangen. Um nicht subjektivistischen oder objektivistischen Fehlschlüssen zu verfallen, hat eine kritische Bildungstheorie dabei an Positionen anzuschließen, die mit Hilfe eines kulturrevolutionären Impetus und einer widerspruchstheoretisch angeleiteten Auflösung des Totalitätsbegriffs arbeiten (vgl. SÜNKER 1989b, S. 25 ff., 69 ff.). Es handelt sich dabei um einen Begriff von Kulturrevolution als Revolutionierung des Alltagslebens, der Basis der individuellen und gesellschaftlichen Existenz, mit dessen Hilfe nicht allein die Abschaffung überfälliger Herrschaftsstrukturen gedacht werden kann, sondern mit dem zugleich auf die Möglichkeit der Entfaltung emanzipatorischer menschlicher Bedürfnisse insistiert wird, damit einhergehender Kompetenzen zur Gestaltung gesellschaftlicher Beziehungen, was im Rahmen der existierenden Gesellschaftsformation nicht eingelöst werden kann (vgl. dazu HEYDORN 1979, S. 12 f.; 1980a, S. 165; LEFEBVRE 1978, S. 107 ff.; ADORNO 1966, S. 97 f.).

In HEYDORNs bildungstheoretischem Ansatz verbindet sich diese Perspektive, die er mit »Totalität der Subjektwerdung« benennt (HEYDORN 1980b, S. 297), mit einer allgemeinen gesellschaftspolitischen Vorstellung, die die Aufhebung von Entfremdung, die »Revolutionierung der menschlichen Arbeit« und der Freizeit sowie der Bedürfnisse mit der Entwicklung einer radikalen Demokratie aneinander bindet (ebd., S. 295). Diese Position nimmt er ein, auch um den metaphysischen Lesarten bildungstheoretischen Denkens das Prinzip der Immanenz, damit der Veränderbarkeit von Geschichte durch menschliche Praxis, entgegenzustellen. Damit »Bildung zum Agens« werden, als »Mittel der Befreiung« (HEYDORN 1979, S. 45, S. 324) verstanden werden kann, bedarf es also einerseits der Analyse des Zusammenhangs von Bildungswesen und gesellschaftlicher Verfassung und andererseits einer Geschichtstheorie, die nicht in geschichtsphilosophischen Überlegungen aufgeht, sondern die Analyse an eine Aufschlüsselung historisch-konkreter Verhältnisse und Verkehrsformen der Menschen bindet.

Aus der Analyse der Geschichte des Verhältnisses von Bildung und Gesellschaft folgt, dass die Idee der Bildung noch immer unabgegolten ist, weil bis zur Gegenwart die Situation der Menschen sich durch »Verhängtsein« und »Determination« bestimmt (HEYDORN 1979, S. 31, 115, 300, 335; s. weiter ADORNO 1966). Damit steht die Frage nach den freiheitsverbürgenden Möglichkeiten menschlicher Geschichte auf der Tagesordnung (vgl. HEYDORN 1980a, S. 178). Weil Bildung verstanden wird als »Aktualisierung der Potentialität«, auf dass der Mensch Mensch werden kann, »sein eigener Täter« (ebd., S. 164), lässt sich der ursprüngliche Ansatz des Bildungsgedankens als Verständigung des Menschen über seine eigene Freiheit interpretieren, »als Versuch, seine Auslieferung an die Gewalt zu beenden« (HEYDORN 1979, S. 32).

Mündigkeit in der Gestalt von Selbstverfügung des Menschen bildet dabei den vornehmsten Bezugspunkt, ist diese doch »Erfüllung des humanistischen Traums und dialektisch rationales Korrelat der Entwicklung« (ebd., S. 322). Aus diesem Grunde gilt für HEYDORN: »Bildung ist rational vermittelte Spontaneität« (HEYDORN 1979, S. 24). Mit dieser Argumentationsfigur ist es ihm möglich, sowohl auf

Gesellschaftsanalyse

Befreiung von Bildung

den Spiel- und Gestaltungsraum menschlicher Subjektivität und Praxis als auch auf das historisch gesellschaftliche Bedingungsgefüge zu verweisen: Vermittelt wird dies von ihm in der Vorstellung, dass Bildung umfassend und universell werden könne, was wiederum auf der Möglichkeit eines institutionalisierten Bildungsprozesses für immer mehr Menschen aufruht (vgl. HEYDORN 1980b, S. 287) – und was sich durch neuere industriesoziologische Forschungen unterstützen lässt. Auch wenn innerhalb der gesellschaftlich bestimmten empirischen Beschränkung der Möglichkeiten von Mündigkeit das Verhältnis von praktischer Zurichtung und gleichzeitiger Subjektwerdung des Menschen zerrissen wird, so lässt sich doch eine Entwicklungsrichtung der gesellschaftlichen Grundstruktur, die nicht als linear oder irreversibel mißzuverstehen ist, erkennen. Der Grad ihrer rationalen Struktur, der inzwischen erreicht wurde, und der abstrakte Charakter der Produktion sind in einer Weise miteinander verbunden, dass »dem umfassenden Charakter, den die Bildung angesichts des Standes der technischen Entwicklung gewonnen hat«, eine umfassende Paralysierung ihrer aufklärenden und den Menschen als selbstbestimmten Akteur in sein Recht setzenden Potenzen entspricht (ebd., S. 290). Die widersprüchliche Konstitution und Realität von Gesellschaft lässt auch Bildung nicht aus, gleichwohl lässt sich mit bezug auf historisch-gesellschaftlich erreichte Potentiale folgern: »Die Allgemeinheit, die Bildung gewonnen hat, verweist darauf, dass die Momente der Bildung ihre klassengeschichtliche Zerrissenheit überwinden, in einer befreiten Gattung universell werden können« (ebd., S. 291).

Mündigkeit als Perspektive

Um diese Perspektive präzisieren zu können, um zu klären, inwiefern die wachsende Bedeutung institutionalisierter Bildung und die wachsende Gewinnung eines menschlichen Inhalts (ebd., S. 287 f.) sich zueinander verhalten, ergibt sich die Aufgabe, sich den verschütteten Inhalt des Bildungsbegriffes neu zu vergegenwärtigen (ebd., S. 291) und den Umriss eines Bildungsbegriffes zu entwerfen, »den die Gegenwart erfordert« (ebd., S. 295).

In diesem Rahmen erhält der Bezug auf die Bildung des Bewusstseins eine geschichtliche Bedeutung wie nie zuvor (ebd., S. 294). Wenn daher HEYDORN seinen »Überlebensaufsatz« mit dem Satz abschließt, »Bewusstsein ist alles« (ebd., S. 301), so beruht dies auf der Vorstellung von der Notwendigkeit und Möglichkeit von Denkprozessen, die die Entmythologisierung der Gesellschaft (ebd., S. 300) – unterstützt durch deren rationale Struktur – betreiben, und auf der Einsicht – damit einer Denkfigur HEGELs aus der Analyse des Herrschaft- Knechtschaft- Verhältnisses folgend (vgl. SÜNKER 1989b, S. 103 ff.) –, dass der Mensch erst mit seiner Fähigkeit zum Subjekt wird, die materiellen Bedingungen geistig zu durchdringen und sie bereits damit zu verwandeln (1980b, S. 294). Gerade weil Bildung für HEYDORN kein selbständiges revolutionäres Element in der geschichtlichen Bewegung ist, sie dies nur in Verbindung mit der gesamten geschichtlichen Bewegung sein kann (HEYDORN 1980a, S. 100), insistiert er darauf, dass die Bildungsinstitution »einen eigenen verändernden Beitrag, der unauswechselbar ist« (ebd., S. 167) für die Realisierung dieser Freiheit ins Auge fassenden Perspektive bietet.[2] Gegen die Strategien der Paralysierung von Bewusstsein ist damit einzuholen, was sich bildungstheoretisch mit dem Aufweis der dialogischen Struktur von Bildungsprozes-

Bewusstsein

---

2 In diesen Kontext gehört eine Diskussion der MARXchen »FEUERBACH-Thesen« – vor allem der 3. These (MARX 1969, S. 5 ff.)

sen und Bildungsverhältnissen, die ihr Zentrum im Begriff der wechselseitigen Anerkennung und der Mäeutik haben, konkretisieren lässt.

III.

Wird im Kontext des Hegemonieproblems, d.h. der herrschaftlichen Verfassung
Neoliberalismus der gegenwärtigen Gesellschaftsformation – innerhalb derer der Staat als »contested terrain« betrachtet wird – die Vermarktung und die damit einhergehende Vermachtung ins Zentrum einer Analyse gestellt, so erhellt sich daraus die besondere Bedeutung aller Auseinandersetzungen um Deregulierungsprozesse im Bildungsbereich. Insbesondere angelsächsische Beiträge haben aufgrund der Erfahrungen mit THATCHERism und REAGANism – aber auch in Neuseeland –, damit einhergehender Renaissancen neoliberaler Ökonomien und deren Folgen für alle gesellschaftlichen Beziehungen die Ideologeme von Marktapologeten sowie die Konsequenzen von Marktstrategien im Bildungsbereich analysiert – dabei auch den 'verführerischen Appeal' der Marktmetapher herausgestellt (vgl. HENIG 1994; DALE 1990; FISKE/LADD 2000).

Angesichts der Globalisierung des Kapitalverhältnisses, damit einhergehenden kapitalistischen Formierungsstrategien von Weltgesellschaft bzw. Weltsystem (vgl. AMIN 1992; WALLERSTEIN 1991, S. 227 ff.) auf der einen Seite und immer stärker zutage tretenden Spaltungsprozessen innerhalb der westlich-kapitalistischen Gesell-
Spaltung der Gesellschaft schaften, die unter anderem auch durch den Begriff »Zweidrittelgesellschaft« benannt werden können, und die auf post- oder neo-fordistischen Regulationsweisen und Akkumulationsregimen aufruhen, kommt Entpolitisierungsstrategien im Bildungsbereich, die mit Ideologien des Marktes einhergehen, eine strategische Bedeutung zu (vgl. WHITTY 1998). Dabei bleibt, wie HEYDORN dies bereits vor 35 Jahren herausgearbeitet hat, das Interesse an der Anpassung an den Produktionsprozess einerseits sowie die Entwicklung eines gesellschaftskonformen Weltbildes andererseits (vgl. HEYDORN 1994a, S. 291; vgl. MCLAREN 1993, S. 81 ff.) das Leitmotiv herrschaftssichernder Strategien jenseits allen Gestaltwandels. So wird denn auch in den bildungssoziologischen bzw. politikwissenschaftlichen Analysen angesichts der gesellschaftlichen Realität in den USA und in Großbritannien herausgestellt, dass entgegen der modischen Präferenz für institutionelle Autonomie und Elternwahlrecht, entgegen der Feier von Vielfalt und Wahlmöglichkeiten in der gesellschaftlichen Realität mit diesem Ansatz kein Beitrag zur Stärkung der Position der Mehrheit der BürgerInnen in einer Klassengesellschaft, die durch einen ungleichen Zugang zu kulturellen wie materiellen Ressourcen gekennzeichnet ist, verbunden ist (vgl. WHITTY 1997, 1998; HENIG 1994). Im Gegensatz dazu wird vielmehr immer wieder herausgearbeitet, dass die Marktstrategien in Wirklichkeit zu einer Verschärfung von Disparitäten führen, so dass die Benachteiligten in der Folge fehlender
Ungleichheit Marktmacht ihre gesellschaftliche Stellung verschlechtern und eben nicht verbessern. 'Verbessert' wird vielmehr die Reproduktion sozialer Ungleichheit mit Hilfe eines marktgerechten Bildungssystems; die Vertiefung sozialer Unterschiede wird aufgrund der Rede von Marktverhältnissen mit einer neuen Legitimationsrhetorik abgesichert (WHITTY 1998, S. 97 f.; HENIG 1994, S. 188 ff.).

124

Komplementär zur Absicherung sozialer Ungleichheit – auf realer ökonomischer wie ideologischer Ebene[3] – kommt es zu wesentlichen Neudefinitionen im Verständnis von Staatlichkeit/Staatstätigkeit sowie hinsichtlich möglicher Verhältnisbestimmungen zwischen Staat und »Civil Society«. »Dabei bedeutet die Tendenz, immer mehr Aspekte gesellschaftlicher Belange mit der Rede von 'Consumer Rights' und eben nicht mit 'Citizen Rights' zu verbinden, mehr als die Verlagerung des öffentlichen Bildungssystems auf einzelne Schulen, die auf dem Markt um Klienten werben. Während es scheint, als ob damit auf Kritik an einen überbürokratisierten Wohlfahrtsstaat geantwortet würde, beinhaltet dies de facto wesentliche Aspekte der bildungspolitischen Entscheidungen: Es handelt sich um einen Prozess, der wegführt vom öffentlichen in den privaten Bereich – mit entscheidenden Konsequenzen für die Fragen sozialer Gerechtigkeit« (WHITTY 1998, S. 100). In die gleiche Richtung zielt der Aufweis der Gefahr einer Zerstörung jener sozialen und politischen Institutionen sowie der Öffentlichkeit, die Voraussetzungen für tatsächliche Änderungen des gesellschaftlichen Systems bieten könnten (HENIG 1994, S. 193; BARBER 1998, S. 225 ff.). Staat und Gesellschaft

Die Propagierung der Marktideologie kann in diesem Zusammenhang durchaus als Beitrag zu jenen Prozessen der Paralysierung des Bewusstseins verstanden werden, die HEYDORN zufolge angesichts des erreichten rationalen Charakters gesellschaftlicher Prozesse und Produktionsformen im Spätkapitalismus notwendig werden, um Macht und Herrschaft abzusichern. Im hier interessierenden Zusammenhang geht es vor allem darum, dass die »Rückgabe« eines öffentlichen bzw. staatlichen Bildungsauftrags – auf dessen Differenz hier nur hinzuweisen ist – an eine »marketised civil society« die Möglichkeiten demokratischer Debatten, Entscheidungsprozesse sowie kollektiver Aktionen entscheidend verringert bzw. verunmöglicht (vgl. WHITTY 1998, S. 101). Hinzu kommt, dass »atomisierte Entscheidungsprozesse in einer klassenstrukturierten Gesellschaft als Beitrag zu formeller Chancengleichheit erscheinen, tatsächlich aber die Möglichkeit kollektiver Kämpfe, die den Schwächsten zugute kommen könnten, verringern« (WHITTY 1998, S. 100; vgl. GIROUX/MCLAREN 1992, S. 101 f.). Auf der Folie einer Analyse hegemonialer Verhältnisse lässt sich damit aber konstatieren, dass die Marktideologie und Vermarktungsstrategien ihr Ziel erreichen – insofern kommt es zur Destruktion der Öffentlichkeit, einer öffentlichen Sphäre, in der allgemeine Interessen gegenüber partikularen nicht nur ins Hintertreffen geraten sondern »auf der Strecke« bleiben. Klassenstruktur

Die Differenz im Charakter von öffentlichen und privaten Institutionen, von öffentlichen und privaten Handlungen, die Differenz von öffentlichen und privaten Interessen sowie die Erkenntnis, dass Individuen als Privatleute, im Kontext privater Aktivitäten und Institutionen öffentlich nicht zu verantwortende Interessen vorantreiben können, und dies auch im Bildungsbereich, führt zu der Aufgabe, sich Gedanken über mögliche Alternativen zu machen bzw. sich erst einmal der Aufgabe – trotz aller Staatskritik – einer Verteidigung gegenwärtiger Strukturen zu stellen, weil hierin noch ein Allgemeinheitsprinzip im Ansatz enthalten ist (vgl. GUTMANN 1988; SHOR 1992; WHITTY/GEWIRTZ/EDWARDS 1994; WHITTY 1997, S. 33 ff.). Öffentlichkeit

---

3 In diesem Kontext sind Probleme der Klassenanalyse sowie von klassenbasierten Strategien zu diskutieren (vgl. EHRENREICH 1992; WRIGHT 1997)

Eine Perspektive dieser Art weist STEINVORTH, indem er sich mit Institutionen und Rechten beschäftigt, die für die Sicherung gleicher Freiheit und demokratischer Gleichheit entscheidend sind, vom (für ihn konzeptuell zentralen) Erziehungs- bis zum Versicherungssystem, vom Recht auf Arbeit bis zum Krankenschutz. Leitend sind für ihn zwei Rechtsvorstellungen: die der generationalen Teilhabe an der Kultur der »vorangehenden Generation« und die der »elementaren Ausbildung« eines jeden, »die ihn zur Mitwirkung an politischen Entscheidungsprozessen befähigt« (STEINVORTH 1999, S. 221; vgl. KINCHELOE 1999; HILL/COLE 1999).

Bürgerrechte ist der Randtext.

Zusammengefasst geht es um das »Prinzip des demokratischen Mindestmaßes. Dies Prinzip verbietet eine Ressourcenzuteilung unterhalb des Standards, der zur Sicherung der Fähigkeit notwendig ist, an der Kultur und Politik der eigenen Gesellschaft teilzunehmen« (STEINVORTH 1999, S. 277). Dies aber ist angesichts von Weltlage, Massenarbeitslosigkeit, Umweltvergiftung, Knappheit natürlicher Ressourcen dringend notwendig. Zudem gilt: »Ohne diese Fähigkeit bleibt der Mensch von allen Entscheidungen ausgeschlossen, die ihn selbst betreffen und den Rahmen seiner Selbstbestimmung bilden« (ebd., S. 277).

Dementsprechend ist der Staat verpflichtet – ohne dabei zu vergessen, dass dieser kein Neutrum, vielmehr aufgebaut ist auf Gewalt und funktionalisierter Erziehung (vgl. LANGEWIESCHE 1995; MEIKSINS WOOD 1995) –, Gerechtigkeit durchzusetzen, indem er in Gestalt sozialer Rechte – auch gegen Eigentumsrechte und mithilfe von Besteuerung (vgl. STEINVORTH 1999, S. 222) – diese Ressourcen institutionell absichert und allen zugänglich macht. Gegen die »Illusion der Chancengleichheit« stellt sich dementsprechend die staatlich und gesellschaftlich verantwortete Aufgabe, Bildungsbedingungen für alle und die Möglichkeit der Bildungsprozesse aller – im Interesse aller, damit einer substantiell demokratischen Gesellschaft – zu sichern oder auch zu erkämpfen.

Literatur

ADORNO, Th. W.: Negative Dialektik. Frankfurt/M. 1966.

ADORNO, Th. W.: Theorie der Halbbildung. In: Soziologische Schriften I. Frankfurt/M. 1972, S. 93-121.

AMIN, S.: Das Reich des Chaos. Der neue Vormarsch der Ersten Welt. Hamburg 1992.

APPLE, M. (ed.): Cultural and economic reproduction in education. London 1982.

APPLE, M.: Education And Power. Boston/London/Henley 1985.

APPLE, M.: Ideology and Curriculum. 2nd ed. New York/London 1990.

BARBER, B.: Education for Democracy. In: A Passion For Democracy. Princeton 1998, S. 225-236.

BOURDIEU, P.: Kulturelle Reproduktion und soziale Reproduktion. In: PASSERON, J.-C.: Grundlagen einer Theorie der symbolischen Gewalt. Frankfurt/M. 1973, S. 88-137.

BOURDIEU, P./PASSERON, J.-C.: Die Illusion der Chancengleichheit. Stuttgart 1971.

BOWLES, S./GINTIS, H.: Democracy and Capitalism. New York 1987.

COLE, M. (ed.): Bowles and Gintis Revisited. Correspondence and Contradiction in Educational Theory. London 1988.

DALE, R.: The Thatcherite project in education: The case of the city technology colleges. In: Critical Social Policy 9 (1990), H. 3, S. 4-19.

EHRENREICH, B.: Angst vor dem Absturz. Das Dilemma der Mittelklasse. München 1992.

FISKE, E./LADD, H.: When Schools Compete. Washington 2000.

FRIEDEBURG, L. von: Bildungsreform in Deutschland. Geschichte und gesellschaftlicher Widerspruch. Frankfurt/M. 1989.

GIROUX, H./MCLAREN, P. (eds.): Critical Pedagogy, the State, and Cultural Struggle. Albany
1989.

GIROUX, H./MCLAREN, P.: America 2000 and the Politics of Erasure: Democracy and Culture
Difference under Siege. In: International Journal of Educational Reform 1 (1992), H. 2, S.
99-110.

GUTMANN, A.: Distributing Public Education and Democracy. In: Democracy and the Welfare
State. Princeton 1988, S. 107-130.

HARVEY, D.: Spaces of Hope. Berkeley/Los Angeles 2000.

HENIG, J.R.: Rethinking School Choice. Limits Of The Market Metaphor. Princeton 1994.

HEYDORN, H.-J.: Über den Widerspruch von Bildung und Herrschaft. Frankfurt/M. 1979.

HEYDORN, H.-J.: Zu einer Neufassung des Bildungsbegriffs. In: Ungleichheit für alle. Bildungstheoretische Schriften 3. Frankfurt/M. 1980, S. 95-184 (a).

HEYDORN, H.-J.: Überleben durch Bildung. Umriß einer Aussicht. In: Ungleichheit für alle. Bildungstheoretische Schriften 3. Frankfurt/M. 1980, S. 282-301 (b).

HEYDORN, H.-J.: Zur pädagogischen Situation unserer Zeit.: In: Werke. Band 1. Vaduz 1994, S.
231-238 (a).

HEYDORN, H.-J.: Zur inneren Schulverfassung. Elemente einer Kritik der deutschen Bildungs-
ideologie. In: Werke. Band 1. Vaduz 1994, S. 283-296 (b).

HILL, D./COLE, M. (eds.): Promoting Equality In Secondary Schools. London/New York 1999.

KINCHELOE, J.: Toil and Trouble. Good Work, Smart Workers, and the Integration of Academic
and Vocational Education. New York 1999.

KONEFFKE, G.: Überleben und Bildung. In: Argument-Sonderband AS 58. Berlin 1981, S.
163-193.

KONEFFKE, G.: Wert und Erziehung. Zum Problem der Normierung des Handelns in der Konstitution bürgerlicher Pädagogik. In: Zeitschrift für Pädagogik 28 (1982), H. 6, S. 935-950.

LANGEWIESCHE, D.: Nation, Nationalismus, Nationalstaat: Forschungsstand und Forschungsper-
spektiven. In: Neue politische Literatur 40 (1995), S. 190-236.

LEFEBVRE, H.: Einführung in die Modernität. Frankfurt/M. 1978.

MARX, K.: Thesen über Feuerbach. In: MARX/ENGELS Werke Bd. 3. Berlin 1969, S. 5-7.

MCLAREN, P.: Schooling as ritual performance. Towards a political economy of educational
symbols and gestures. 2nd ed. London/New York 1993.

MCLAREN, P./GIARELLI, J.M. (Eds.): Critical Theory and Educational Research. Albany 1995.

MEIKSINS WOOD, E.: Democracy Against Capitalism. Cambridge 1995.

SHOR, I.: Empowering Education. Chicago/London 1992.

SIEMSEN, A.: Die gesellschaftlichen Grundlagen der Erziehung. Hamburg 1948.

STEINVORTH, U.: Gleiche Freiheit. Politische Philosophie und Verteilungsgerechtigkeit. Berlin
1999.

SÜNKER, H.: Heinz-Joachim HEYDORN: Bildungstheorie als Gesellschaftskritik. In: HANSMANN,
O./MAROTZKI, W. (Hrsg.): Diskurs Bildungstheorie II: Problemgeschichtliche Orientierungen. Weinheim 1989, S. 447-470 (a).

SÜNKER, H.: Bildung, Alltag und Subjektivität. Weinheim 1989 (b).

SÜNKER, H.: Bildungstheorie als pädagogisch-politisches Paradigma. In: MAROTZKI, W./SÜN-
KER, H. (Hrsg.): Kritische Erziehungswissenschaft – Moderne – Postmoderne, Bd. 1. Weinheim 1993, S. 59-74.

SÜNKER, H.: Gesellschaftstheorie, Alltagstheorie und Subjektkonstitution. In: EULER, P./PON-
GRATZ, L. (Hrsg.): Kritische Bildungstheorie. Zur Aktualität Heinz-Joachim HEYDORNs.
Weinheim 1995, S. 59-74.

SÜNKER, H.: Kritische Bildungstheorie und Gesellschaftsanalyse: Bildung, Arbeit und Emanzipation. In: SÜNKER, H. /KRÜGER, H-H. (Hrsg): Kritische Erziehungswissenschaft am Neubeginn?! Frankfurt/M. 1999, S. 327-348.

SÜNKER, H.: Bildung, Emanzipation und Reflexivität beim Übergang von der Arbeits- zur Wissensgesellschaft. In: HOMFELDT, H. G./SCHULZE-KRÜDENER, J. (Hrsg.): Wissen und Nichtwissen. Weinheim 2000, S. 41-53.

SÜNKER, H./TIMMERMANN, D./KOLBE, F.-U. (Hrsg.): Bildung, Gesellschaft, soziale Ungleichheit. Internationale Beiträge zur Bildungssoziologie und Bildungstheorie. Frankfurt/M. 1994.

SÜNKER, H. /KRÜGER, H-H. (Hrsg): Kritische Erziehungswissenschaft am Neubeginn?! Frank-
furt/M. 1999.

TÜRK, K.: »Die Organisation der Welt«. Herrschaft durch Organisation der modernen Gesellschaft. Opladen 1995.

WALLERSTEIN, I.: Unthinking Social Science. Cambridge 1991.

WEXLER, P.: Social Analysis of Education. After the New Sociology. New York/London 1987.

WHITTY, G.: Creating Quasi-Markets in Education. In: Review of Research in Education Vol. 22
(1997), S. 3-47.

WHITTY, G.: Citizens or Consumers? Continuity and Change in Contemporary Education Policy.
In: CARLSON, D./APPLE, M. (eds.): Power/Knowledge/Pedagogy. The Meaning of Democratic
Educationa in Unsettling Times. Boulder 1998, S. 92-109.

WHITTY, G./GEWIRTZ, S./EDWARDS, T.: Neue Schulen für neue Zeiten? Zum Verständnis der
neuen Bildungspolitik. In: Widersprüche 14 (1994), H. 51, S. 39-52.

WRIGHT, E. O.: Class Counts. Comparative studies in class analysis. Cambridge 1997.

YOUNG, M./WHITTY, G. (eds.): Society, State and Schooling. Barcombe 1977.

128

Warum Forschung im erziehungswissenschaftlichen Studium?

Christian Lüders

1. Der Überdruss im erziehungswissenschaftlichen Studium

Es dürfte kein zweites Fach in der erziehungswissenschaftlichen Diplom- und Magister-Ausbildung geben, das so wenig von den Studierenden geschätzt wird wie die sozialwissenschaftliche Methodenausbildung. Vergleichsweise unabhängig von den Inhalten und der Qualität des Angebotes vor Ort werden die meistens vier bzw. sechs Semesterwochenstunden als echte Hürden und lästige, weil unvermeidliche, aber eigentliche überflüssige Pflichtaufgaben wahrgenommen.

Damit einher geht nicht selten eine tiefsitzende Aversion gegen Forschung selbst. Sie erscheint als reichlich lebensweltfern und abstrakt, sie hat – wie auch Theorie – nie die richtigen Antworten parat und vereinfacht komplexe Probleme auf für die Praxis meist wenig hilfreiche Fragestellungen. Sie ist ziemlich zeit- und personalaufwendig, ihre Erträge sind häufig nur schwer zu identifizieren und nur unter bestimmten Bedingungen überhaupt gültig. Forschungsberichte gelten im allgemeinen als schwer lesbare Lektüre und lassen einen nicht selten ratlos zurück, weil man nicht so recht weiß, ob man den Ergebnissen trauen kann und was man mit ihnen anfangen soll und kann. *(Methodenseminare als lästige Pflicht)*

Gelegenheiten, diese Vorurteile zu bestätigen, bietet das erziehungswissenschaftliche Studium vielfältig. Der tröge Parforceritt durch die verschiedenen Verfahren der Statistik und – im Seminar ein Semester später – durch die bunte Welt der qualitativen Interviewführung in zwei Doppelstunden tragen dazu ebenso bei wie alberne Korrelationsberechnungen zu Übungszwecken, Einführungen in die sozialwissenschaftliche Forschung, die sich ein Semester lang ausschließlich E. HUSSERL widmen, und nur begrenzt hilfreiche Einführungsliteratur.[1] Angemerkt sei auch, dass man manchmal das Gefühl nicht los wird, dass nicht immer die forschungserfahrensten und -kompetentesten Kolleginnen und Kollegen die entsprechenden Seminare abhalten dürfen bzw. müssen. Wenn Studierende – um nur ein Beispiel zu nennen – zu Übungszwecken aufgefordert werden, ein narratives Interview zu der Frage »Was ist Glück?« durchzuführen, ohne dass ihnen erläutert wird, dass diese Frageformulierung nicht gerade ein klassischer Erzählimpuls für ein narratives Interview z.B. im Sinne von F. SCHÜTZE ist, kommen Zweifel auf, was eigentlich in Methodenseminaren gelehrt wird und gelernt werden kann.

Selbstverständlich gibt es die positiven Ausnahmen, die Universitäten und Lehrenden, die nicht müde werden, das Interesse an Forschung zu wecken. Aber aufs Ganze gesehen ist es nicht übertrieben, wenn man behauptet, dass die Ausbildung von Forschungsqualifikationen in der Erziehungswissenschaft keinen besonders hohen Stellenwert besitzt und auch von Seiten der Studierenden nicht gerade übermäßig nachgefragt bzw. gefordert wird.

Man könnte nun zahlreiche Argumente dafür mobilisieren, warum dies so ist. Man käme dann über kurz oder lang auf die nach wie vor stark ausgeprägte praxeologische Orientierung der Erziehungswissenschaft, in der systematische Theoriebildung und Forschung nicht im Zentrum des disziplinären Selbstverständnisses und des disziplinären Diskurses stehen (vgl. WEISHAUPT/MERKENS 2000). Man müsste darüber hinaus auf die Motivationen der Studierenden verweisen, die nach vor wie vor überwiegend in die pädagogische Praxis streben und vor allem »mit Menschen arbeiten« wollen. Und man müsste schließlich hinzufügen, dass deutlich unter 5% der Studierenden später Arbeitsplätze im Bereich der Forschung finden.[2]

Derartige Hinweise helfen aber nicht weiter, weil sie ein Defizit zwar verständlich machen, aber keine Auswege suchen. Im Folgenden soll deshalb ein anderer Weg beschritten werden. Dabei wird von der These ausgegangen, dass die Auseinandersetzung mit Forschung, das Beherrschen und die Kenntnis von Forschungsver-

Forschungsferne der Erziehungswissenschaft

---

1 Noch immer fehlt eine ordentliche Einführung in die erziehungswissenschaftliche Forschung, in der Forschung, ihre erkenntnistheoretischen wie institutionellen Voraussetzungen, ihre Strategien und Konzepte, ihre erwartbaren Ergebnisse, die Verwendung der Ergebnisse und ihre Bedeutung im Kontext erziehungswissenschaftlicher Problemstellungen einführend erläutert werden. Die vorliegenden Methodenbücher berücksichtigen im Allgemeinen erziehungswissenschaftliche Fragestellungen so gut wie gar nicht; die vorliegenden auf Erziehungswissenschaft bezogenen methodisch orientierten Handbücher und Einführungen (vgl. z.B. FRIEBERTSHÄUSER/PRENGEL 1997; WELLENREUTHER 2000) sind entweder zu spezialisiert und voraussetzungsvoll, weil sie z.B. die für Einführungszwecke nur begrenzt nützliche Trennung in qualitative und quantitative Forschung voraussetzen oder sich auf einzelne Forschungsbereiche (z.B. Schulforschung, Jugendforschung etc.) konzentrieren. Einen hilfreichen einführenden Überblick über den engeren Bereich von erziehungswissenschaftlicher Forschung, also über einschlägige Ansätze, Konzepte, Verfahren, Standards und Forschungsfelder liefert der Band von H.-H. KRÜGER (1997). Aber auch in diesem Buch werden erziehungswissenschaftliche Theorien und Forschung als solches dargestellt und wird nur sehr kursorisch in der Einleitung der Frage nachgegangen, warum man sich damit beschäftigen sollte. In welchen Zusammenhängen erziehungswissenschaftliche Theoriebildung und Forschung stehen, in welchen institutionellen Kontexten und unter welchen Bedingungen Forschung üblicherweise stattfindet und was man mit ihnen ggf. anfangen kann bzw. wo ihre Grenzen und Möglichkeiten liegen, ist nicht Thema dieses Bandes. Wie viele andere Einführungen in diesem Bereich setzt er voraus, dass Forschung existiert, gut und nützlich ist und dass es selbstverständlich ist, dass man im Rahmen eines erziehungswissenschaftlichen Studiums sich mit Forschung beschäftigt. Dies ist im Prinzip richtig, empirisch betrachtet aber scheint mir diese Annahme keineswegs von allen Studierenden geteilt zu werden.

2 Vgl. hierzu auch die ersten Ergebnisse aus der z.Zt. noch laufenden Berufsverbleibsstudie, die an den Universitäten Dortmund und Halle durchgeführt wird.

fahren und -konzepten und eine grundlegende Forschungsorientierung bzw. ein entsprechender Habitus unverzichtbar für *alle* pädagogischen Praxisfelder, für die die Erziehungswissenschaft in ihren Diplom- und Magisterstudiengängen ausbildet, sind. Um dies zu begründen, wird in einem ersten Schritt der Versuch unternommen, zu klären, was Forschung ist und inwiefern damit ein besonderer Habitus verbunden ist. In einem zweiten Schritt soll dann deutlich gemacht werden, inwiefern der Erwerb derartiger Kompetenzen ein wesentliches Moment pädagogischer Professionalität darstellt.

2. Forschungsneugier

Wenn von Forschung gesprochen wird, denkt man üblicherweise an die verschiedenen Forschungsmethoden, also Erhebungs- und Auswertungsverfahren, an die erkenntnis- und wissenschaftstheoretischen Voraussetzungen von Forschung, die Standards- und Gütekriterien und die entsprechenden Prüfverfahren, an Fragestellungen und ihre Umsetzung bzw. Operationalisierung, an Forschungsdesigns und Stichprobenverfahren, unterschiedliche Paradigmen und Ansätze, Forschungsfelder und Forschungsergebnisse u.ä.. Zunächst sehr allgemein formuliert ließe sich Forschung dabei als systematische, d.h. theoretisch und methodologisch begründete und überprüfbare Beobachtung, Beschreibung und Rekonstruktion gesellschaftlicher Ausschnitte der Wirklichkeit auf der Basis sozialwissenschaftlicher Erhebungs- und Analyseverfahren verstehen. Zusammen mit der Theoriebildung ist sie in modernen Gesellschaften vorrangige Aufgabe der Wissenschaften und des eigens dafür ausgebildeten und an besonderen Institutionen tätigen Personals. Typisch für Forschung ist, dass sie sich den zu untersuchenden Ausschnitten der Wirklichkeit zunächst aus der Distanz bzw. aus der Beobachterperspektive und nicht aus der Teilnehmerperspektive nähert. Praktische Veränderungs- und Gestaltungsinteressen stehen also nicht an erster Stelle, was nicht heißt, dass Forschungsergebnisse gerade in dieser Hinsicht sehr folgenreich sein können. Forschung dient – anders formuliert – primär dem Erkenntnisgewinn, d.h. der Generierung generalisierten systematischen Wissens (vgl. hierzu neben den schon erwähnten Einführungen: TENORTH/LÜDERS 1994; KUCKARTZ 1994; DIEKMANN 2000; FLICK/v. KARDORFF/STEINKE 2000).

> Forschung als
> Erkenntnisgewinn

Sieht man nun genauer hin, liest man vor allem die umfangreiche einschlägige Literatur zu den Voraussetzungen, Verfahren, Strategien und Standards von Forschung, wird schnell sichtbar, dass fast jeder der eben verwendeten zentralen Begriffe klärungsbedürftig ist und dass es offene Kontroversen darüber gibt, was man jeweils darunter zu verstehen hat. Schon scheinbar so unverdächtige Begriffe wie »Ausschnitte von Wirklichkeit«, »Beobachtung«, »Beschreibung«, »Rekonstruktion«, »systematisch«, »generalisiertes systematisches Wissen« u.ä. werden sehr unterschiedlich interpretiert. Gerade für Studierende in den ersten Semestern ist dabei besonders irreführend, dass es bei diesen Kontroversen offenbar keineswegs vorrangig um gegenseitige Akzeptanz und Überzeugung durch das bessere Argument geht, sondern dass sich offenbar mehr oder weniger dogmatisierte Schulmeinungen ausgebildet haben, die sich gegenseitig befehden. Der für die Statistik zuständige

Kollege hält dann die Kollegin, die ein Seminar über sozialwissenschaftliche Hermeneutik anbietet, unter wissenschaftstheoretischen Gesichtspunkten für nicht satisfaktionsfähig, während umgekehrt dem Vorurteil, dass Statistik ohnehin nur eine lebensweltferne Artistik mit Zahlen sei, immer wieder mit kleinen Spitzen gerne Nahrung gegeben wird. Die gleichen Aversionen kann man im übrigen auch innerhalb der paradigmatischen Lager erleben. Noch immer wirkt es heute an vielen erziehungswissenschaftlichen Fakultäten durchaus provozierend, wenn sich jemand als Vertreter der reinen Lehre der objektiven Hermeneutik im Sinne U. OEVERMANNs ausgibt. Der Gipfel der Verwirrung dürfte erreicht sein, wenn schließlich von hoher theoretischer Warte empirische Forschung jedweder Art als wenig erkenntnisfördernd abgehandelt wird. Vor allem, wenn man auf Vertreter jener Spezies trifft, die davon überzeugt sind, dass G. F. HEGEL, Th. W. ADORNO, J. HABERMAS, N. LUHMANN, M. FOUCAULT, U. BECK, die pädagogischen Klassiker oder wer auch immer schon eigentlich alles Wichtige gesagt haben, erscheint empirische Forschung als ein ungemein triviales und eingeschränktes Unternehmen, dem sich nur Wissenschaftshandwerker mittlerer Intelligenz und Kreativität widmen würden.

Kontroversen um Forschung

Sieht man einmal von diesen Manifestationen akademischer Ignoranz ab und lässt die manchmal offenbar unvermeidlichen Eitelkeiten außer Acht wäre zunächst anzuerkennen, dass in der Sache vieler dieser Kontroversen sich an grundsätzlichen Problemen entzünden. Wer z.B. den jüngeren Entwicklungen konstruktivistischer Erkenntnistheorie folgt und trotzdem empirische Forschung betreiben möchte, bekommt irgendwann Probleme mit seinem Empiriebegriff. Und wer ernsthaft beansprucht, um ein zweites, etwas konkreteres Beispiel zu nennen, qualitative Sozialforschung zu betreiben, hat noch immer einen erheblichen Begründungsaufwand zu leisten, wenn es um die Güte seiner Daten und vor allem seiner Interpretationen geht, weil schon die Frage, welche Kriterien (Objektivität, Validität, Reliabilität, Kohärenz, theoretische Sättigung u.a.) überhaupt sinnvollerweise in Anspruch zu nehmen sind, wie sie überprüft werden können und wie die Ergebnisse auf der Basis von Einzelfallanalysen generalisiert werden können, höchst umstritten ist (vgl. KELLE 1994; KELLE/KLUGE 1999; KLUGE 1999; STEINKE 1999).

Forschungsinterne Probleme

So wichtig diese Probleme bei der Durchführung und Begründung von Forschung auch sind, so gehören sie doch auch aus der Perspektive von Studierenden – und um diese geht es hier – in die zweite Reihe gerückt. Sich mit derartigen Problemen der sozialwissenschaftlichen Methodologien zu befassen, macht Sinn, wenn man sich bereits für Forschung interessiert, wenn man über entsprechendes grundlegendes Wissen und Einstellungen verfügt und – vor allem – wenn man selbst Forschung betreiben möchte. Vorher ist etwas ganz anderes wichtig, nämlich Ausbildung einer eigenen Forschungsorientierung. Gemeint ist damit, dass aller Forschung eine bestimmte Haltung, spezifische Einstellungen, sozialwissenschaftlich gesprochen: ein spezifischer Habitus vorausgeht, der sich deutlich von im Alltag gelebten und erlebten Haltungen unterscheidet.

In der Literatur wurde dieser Habitus wiederholt beschrieben. F. SCHÜTZE beispielsweise bezeichnet ihn als »ethnographischen Erkenntnisstil«. Charakteristisch dafür ist eine Haltung, die den Untersuchungsgegenstand als »fremd« wahrnimmt.[3] Um diese Verfremdung zu ermöglichen, ist notwendig, »alle Vorannahmen und Teilwissensbestände des Hörensagens auszuklammern« und »die sequenziellen Verhältnisse, Gegensatzanordnungen und Identitätswandlungen in den

132

Blick« zu nehmen (SCHÜTZE 1994, S. 231 f.). R. HITZLER hat diese Haltung einmal zugespitzt als »künstliche Dummheit« (vgl. HITZLER 1986, 1997) bezeichnet. Ihm gilt diese Haltung als Voraussetzung der soziologischen Forschung, genauer noch: der »soziologisch ambitionierten Lebensweltanalyse«; doch lassen sich seine Überlegungen problemlos auf die erziehungswissenschaftliche Forschung, auf sozialwissenschaftliche Forschung überhaupt beziehen. Selbstverständlich hat er dabei nicht die Dummheit als solche gelobt und auch nicht gefordert, das eigene Wissen zu vergessen, sondern auf die Notwendigkeit hingewiesen, die Relativität und Beschränktheit des eigenen Wissens zu berücksichtigen. »'Künstliche Dummheit' dient somit als Hilfsmittel, wenn und insoweit es darum geht, die Gewißheiten des »Denkens-wie-üblich« zu hinterfragen, mit den der gemeine Alltagsverstand (auch mancher Wissenschaftlerinnen und Wissenschaftler [Einfügung C.L.]) alles zu okkupieren pflegt, was als einigermaßen vertraut oder auch nur bekannt innerhalb seines Horizonts erscheint« (HITZLER 1997, S. 17). Die Forschungshaltung der »künstlichen Dummheit«

Im Zentrum beider – hier nur exemplarisch zitierter – Positionen stehen jene besonderen Anforderungen an die Forschenden, die sich daraus ergeben, dass die *eigene* Gesellschaft, ihre Kulturen, Lebenswelten, Strukturen, Institutionen, Prozesse und Identitäten zum Gegenstand der Analyse gemacht werden. Die Verwendung des Adjektivs »ethnographisch« bei dem Zitat von F. SCHÜTZE betont dies noch einmal ausdrücklich. Gerade weil man üblicherweise glaubt, die Regeln des eigenen Alltags, die kleinen und großen Spiele zu kennen und – soweit notwendig – zu beherrschen, stehen Forschende, die die eigene Gesellschaft bzw. Aspekte davon untersuchen wollen, vor der Aufgabe, ihren Untersuchungsgegenstand als etwas wahrzunehmen, das noch nicht ausreichend vertraut und nachvollziehbar, das rätselhaft, aufklärungs- und erklärungsbedürftig ist. M.a.W. Forschung lebt davon, dass die Forschenden bereit sind, ihre Vorannahmen, ihr Wissen und Hypothesen über den jeweiligen Untersuchungsgegenstand, möglicherweise auch ihre Anteilnahme und das Bedürfnis, etwas ändern zu wollen, gleichsam einklammern und ihre Aufmerksamkeit auf noch nicht bekannte bzw. prima facie nicht sichtbare Zusammenhänge lenken. Neugier verbunden mit dem Drang, überzeugendere, besser geprüfte Antworten zu finden, Licht in das Dunkel zu bringen, ist deshalb eine entscheidende Voraussetzung jeglicher Forschung. Man könnte diesen Habitus als *Forschungsneugier* bezeichnen. Forschungsneugier

Es geht jedoch nicht allein um den Erwerb neuen Wissens. Gerade im Kontext pädagogisch Interessierter geht es auch um den vorläufigen Verzicht, so schnell wie möglich praktisch handeln zu wollen. Die Lösungen pädagogischer Aufgaben, so drängend sie auch auf den ersten Blick sein mögen, wird zurückgestellt zu Gunsten einer Haltung nach dem Motto: »Das wollen wir erst genauer wissen«. Fairerweise muss allerdings gesagt werden, dass das hoffentlich erweiterte Wissen, die gründlichere Einsicht in die Zusammenhänge, das bessere Verständnis, der neue Forschung als Handlungsverzicht

---

3 Es sei angemerkt, dass die Verwendung der Fremdheits-Metapher in pädagogischen Kontexten zu Ende gedacht zu einigen Problemen führt und deshalb mindestens nur mit Vorsicht eingesetzt werden sollte. Dies gilt vor allem für Konzeptionen, die von einer prinzipiellen Fremdheit zwischen pädagogischer Fachkraft und Adressatinnen und Adressaten ausgehen. Abgesehen davon, dass es sich bei dem Fremdheitsbegriff um einem theoretisch hochgradig aufgeladenen Begriff handelt, dessen Nützlichkeit für die pädagogische Praxis erst noch zu prüfen wäre, erscheint es hilfreicher für pädagogische und diagnostische Interaktionen von der Gleichzeitigkeit von Gemeinsamkeit und Differenz auszugehen (vgl. LÜDERS 1999, S. 213 f.).

Blick auf die Sache keineswegs zwangsläufig zu besseren und wirksameren pädagogischen Strategien und Lösungen führt. Im Gegenteil ist u.U. damit zu rechnen, dass der forschende Blick Dimensionen und Zusammenhänge sichtbar macht, die nicht von Seiten der pädagogischen Fachkräfte und der pädagogischen Arrangements beeinflusst werden können. Auf diese Weise werden dann die Grenzen pädagogischen Handelns sichtbar, und es ist keineswegs zynisch gemeint, wenn darauf hingewiesen wird, dass damit u.U. zwar nicht das konkrete Problem gelöst ist, dass man trotzdem immer noch davon lernen kann.

Den selbst vertrauten Gegenständen, dem vermeintlich Offensichtlichen und dem scheinbar Drängenden gegenüber eine beobachtende Distanz aufzubauen, ist keineswegs selbstverständlich, muss eingeübt werden und ist nicht selten mit einer Reihe von Konsequenzen, mindestens meist in Form von zusätzlichem Aufwand, häufig auch mit Unsicherheit, gelegentlich mit Ratlosigkeit verbunden. Zwei Beispiele mögen dies verdeutlichen:

• Da behauptet z.B. der Innenminister der Bundesrepublik Deutschland bei der öffentlichen Vorstellung der Polizeilichen Kriminalstatistik im Jahr 2000, die vom Bundeskriminalamt erstellt worden ist, dass die Zahl der deutschen tatverdächtigen Kinder und Jugendlichen 1999 erstmals seit Ende der 1980er Jahre zurückgegangen sei und führt dies auf die Bemühungen der Bundesregierung zurück. Ein Blick in die Statistik bestätigt zunächst einen leichten Rückgang der absoluten Zahlen der deutschen tatverdächtigen Kinder und Jugendlichen (vgl. BKA 1997, S. 72 ff.). Forschungsneugier bzw. »künstliche Dummheit« bedeutet nun z.B., dass man die Behauptung, dass wir erstmals einen Rückgang beobachten können, gleichsam mit Vorsicht zu genießen beginnt und genauer nachfragt,was es denn mit diesem Rückgang auf sich hat. Und da hilft dann schon ein klein wenig statistisches Wissen, das einen auf die Idee bringen könnte, dass die

absoluten Zahlen allein wenig aussagekräftig sind, solange man nicht die Grundgesamtheit geprüft hat. Denn es könnte sein, dass angesichts des demographischen Wandels bzw. des Rückganges der Zahl der deutschen Kinder und Jugendlichen schon allein deshalb die absoluten Zahlen rückgängig sind. Sieht man sich vor diesem Hintergrund die entsprechenden Prozentzahlen, die sogenannten Tatverdächtigenbelastungszahlen, die freundlicherweise ebenfalls vom Bundeskriminalamt berechnet werden, an und vergleicht diese mit den Vorjahren, wird sofort sichtbar, dass der verkündete Rückgang sich auflöst und man bestenfalls von einer Stagnation sprechen kann. Die Prozentwerte sind nicht wesentlich gestiegen, die Unterschiede gegenüber dem Vorjahr sind so minimal, dass daraus keine positive Entwicklung, aber auch keine Verschlechterung begründet abgelesen werden kann (vgl. BKA 1999, S. 97 ff.).
In die gleiche Sparte gehören all jene Fälle, bei denen man an Hand vorliegender amtlicher Daten überprüfen kann, ob und inwiefern immer wieder gern vertretene Behauptungen zutreffen. Nicht immer ist es so einfach, wie im geschilderten Beispiel, in dem das BKA die notwendigen Berechnungen selbst durchführte und man nur den Bericht ein paar Seiten weiter blättern musste, um Antworten auf seine Fragen zu finden. In vielen Fällen müssen Fachleute oder man selbst die vorliegenden Zahlen neu berechnen, um zu prüfen, was zutrifft.

- Schwieriger und aufwendiger wird die Sache, wenn keine verlässlichen Daten oder Informationen zur Verfügung stehen, die Antworten auf die eigenen Fragen geben könnten. So gab es beispielsweise vor einigen Jahren sowohl in der Öffentlichkeit als auch in der Fachdiskussion immer wieder Stimmen, die vor allem Eltern dafür verantwortlich machten, wenn ihre Kinder polizeilich auffällig wurden. Da war von erziehungsunwilligen und verantwortungslosen Eltern die Rede, die ihre Kinder vernachlässigen würden, und die Nachrichten waren voll mit Vorschlägen, wie dem Problem zu begegnen sei, bis hin zu der Idee, diesen Eltern das Kindergeld zu streichen, um sie an ihre Verantwortung zu erinnern. Künstliche Dummheit hieß in diesem Fall zunächst alles, was da so behauptet wird, an die Seite zu schieben und sich eine einfache Frage zu stellen: Was passiert eigentlich in den Familien, wenn Kinder polizeilich auffällig werden? Wie gehen Eltern damit um? Lassen sich wirklich massenhaft Beispiele finden, die die beliebte These von den erziehungsunwilligen Eltern bestätigen, oder bemühen sich Eltern doch in den meisten Fällen? Und wenn ja, was kommt dabei heraus und warum ändert sich in vielen Fällen so wenig? Die Beantwortung dieser und ähnlicher Fragen ist insofern folgenreich, weil sich herausstellen könnte, dass – je nach Antwort – viele der öffentlichen Vorschläge das Problem schlicht verfehlen. Das Beispiel
verantwortungslose
Eltern

  Bei dem Versuch, Antworten auf diese Fragen zu finden, stellte sich bald heraus, dass es offenbar niemand gab, der darüber ausreichend Auskunft geben konnte. Weder eine ausführliche Literaturrecherche noch ein Workshop mit Fachleuten, von denen man annehmen konnte, dass sie mit Familien, die diese Probleme haben, regelmäßig zusammenarbeiten (Jugendbeamte der Polizei, Lehrerinnen und Lehrer, Schulleitungen, Sozialpädagoginnen und Sozialpädagogen, Ärzte u.a.), lieferten verlässliche Informationen.

  Es blieb demnach nichts anderes übrig, als sich selbst Informationen zu beschaffen. Man musste also versuchen, mit betroffenen Familien, wenn möglich auch mit den Kindern, zu sprechen, also Interviews zu führen und alle Beteiligten über die Vorgeschichte, ihre Erfahrungen und ihre aktuelle Situation berichten zu lassen. Und weil die familiären Situationen, die Schwere der Delikte, deren man die Kinder verdächtigte, und viele andere Aspekte von Bedeutung sein können, reicht es nicht aus, drei oder vier Familien aufzusuchen, sondern es bedarf einer gewissen Systematik, eines Spektrums an Konstellationen und entsprechender Begründungen. Auf diese Weise entwickelte sich ein umfangreiches, dreijähriges Forschungsprojekt, das schließlich vom BUNDESMINISTERIUM FÜR FAMILIE, SENIOREN, FRAUEN und JUGEND finanziert und am DEUTSCHEN JUGENDINSTITUT in München und Leipzig durchgeführt wurde (vgl. HOOPS/PERMIEN/RIEKER 2000).

Es müssen nicht immer die öffentlichen Diskussionen sein, die die Forschungsneugier wecken. Es können ebenso die Lektüre großer und kleiner Theoretiker sein, ein merkwürdiges Alltagsphänomen, ein Forschungsbericht, ein Roman, ein ordentlicher Streit in der Kneipe oder vieles andere Anlass sein, mehr und gründlicher bzw. systematischer etwas wissen zu wollen. Forschung fängt dort an, wo man Fragen beantworten möchte und dabei sich systematischer Untersuchungsverfahren bedient und an den Standards sozialwissenschaftlicher Forschung orientiert.

Der distanziert-beobachtende Blick auf die Wirklichkeit ist darüber hinaus nicht nur als Anlass zur Forschung und als eine wichtige Voraussetzung, Fragestellungen zu entwickeln und Forschungsgegenstände zu bestimmen, von Bedeutung, sondern auch während des Forschungsprozesses. Die Regeln, Verfahren und Methodologien von Forschung, so wie sie in den zahlreichen Handbüchern und Einführungen zu finden sind, können dabei als bewährte und pragmatisch sinnvolle Strategien gelesen werden, jenen für Forschung so wichtigen distanzierten Blick zu entwickeln und während des Forschungsprozesses aufrechtzuerhalten. In diesem Sinne erweisen sich z.B. die diversen Prüfstrategien der quantifizierenden Sozialforschung ebenso wie z.B. die Regeln der narrativen Interviewführung, das Prinzip der Sequenzanalyse oder dokumentarischen Interpretation, also etwas allgemeiner formuliert: die verschiedenen Erhebungs- und Auswertungsverfahren,

Die Anstrengungen der Forschung — ihre Voraussetzungen und die mit ihnen verbundenen Prüfverfahren als nichts anderes als hilfreiche Regeln wider den alltäglichen Neigungen, alles schnell einordnen und verstehen zu wollen. Wer jemals eine Interviewpassage, und sei sie nur eine halbe Seite lang, zuerst auf der Basis seiner Alltagsgewissheiten »normal« gelesen und verstanden hat und dann unter strikter Beachtung etwa der Regeln der Sequenzanalyse, also z.B. der inneren und äußeren Kontexte, die gleiche Passage Sequenz für Sequenz interpretiert, um auf diese Weise z.B. die zugrundeliegenden Deutungsmuster zu rekonstruieren, wird erleben, dass der gleiche Text völlig neue Bedeutungsdimensionen erhält (vgl. zur Deutungsmusteranalyse und Sequenzanalyse einführend LÜDERS/MEUSER 1997; als nach wie vor eindrückliches, wenn auch anspruchsvolles Beispiel für eine Sequenzanalyse vgl. OEVERMANN/ALLERT/ KONAU/KRAMBECK 1979, S. 354 ff.).[4]

Was auf den ersten Blick einigermaßen schwierig und mühselig aussieht, kann man erlernen. Und es erweist sich als eine der großen Fortschritte der Diskussion um qualitative Sozialforschung, dass in den letzten Jahren eine ganze Reihe von Konzepten entwickelt worden sind, wie man in einem zeitlich begrenzten Rahmen mit überschaubaren Ressourcen so etwas wie einen Forschungshabitus einüben kann – z.B. durch den methodisch kontrollierten Umgang mit biographischen Materialien bzw. durch die Ausbildung eines ethnographischen Blicks im Rahmen von Studienprojekten. Derartige Lehrveranstaltungen firmieren unter unterschiedlichen Namen z.B. als Interpretations- und Forschungswerkstätten (vgl. RIEMANN/ SCHÜTZE 1987; RIEMANN 1991; SCHÜTZE 1993, S. 205 ff.), als Forschungsseminare (JAKOB 1998, S. 204 ff.), als Innovationswerkstätten (GLINKA 1997), als Angebote zum forschenden Lernen u.a. (vgl. FRIEBERTSHÄUSER 1996, S. 79; SCHUMANN 1997, S. 671).

---

4 Selbstverständlich gehören zu diesem Themenkomplex auch die verschiedenen logischen Modelle der Schlussfolgerung (Induktion, Deduktion, Abduktion) und ihre Begründungen, weil auch sie letztendlich Regelsysteme darstellen, die sicherstellen sollen, dass das Verfahren eingehalten, nachvollziehbar und prüfbar ist. Weil dies aber eine reichlich komplizierte Materie ist, wird hier verzichtet, näher darauf einzugehen (für die Diskussion um Abduktion vgl. REICHERTZ 1993, 1999).

3. Forschungsneugier und pädagogische Praxis

Nun scheinen die angeführten Beispiele alle darauf hinzudeuten, dass der skizzierte Habitus vor allem für jene von Bedeutung ist, die selbst forschen wollen. Unter den Studierenden der erziehungswissenschaftlichen Studiengänge wäre dies die deutliche Minderheit. Und es sei angemerkt, dass dies bedauerlich ist, weil eine fatale Folge davon ist, dass es ausgesprochen schwierig ist, für erziehungswissenschaftliche Forschungsprojekte qualifiziertes Personal zu finden. Die Erfahrung zeigt, dass selbst dort, wo man bestrebt ist, vorrangig Diplom- bzw. Magister-Pädagoginnen und -Pädagogen in einem Forschungsprojekt einzustellen, weil man annimmt, dass diese sich sowohl im Gegenstandsbereich des Projektes (also z.B. in der Erwachsenenbildung, der Schulentwicklungsdiskussion, der Kinder- und Jugendhilfe) auskennen als auch entsprechende Methoden-Kenntnisse besitzen, man immer wieder überrascht wird, wie gering die Kompetenzen sind. In Bewerbungsgesprächen zeigt sich dann,

Geringe Forschungskompetenz in der Erziehungswissenschaft

- dass meist nur einzelne Verfahren oberflächlich bekannt sind,
- dass ein angemessenes Verständnis eines Forschungsprozesses von der Entwicklung und Begründung einer Fragestellung über die Entwicklung eines Designs einschließlich der Auswahl geeigneter Erhebungs- und Auswertungsverfahren bis hin zu den verschiedenen Problemen unterschiedlicher Auswertungsstrategien nur selten vorhanden ist,
- dass nur wenige eine Ahnung davon haben, was es heißt, Daten auszuwerten und wie viel Zeit und Energie dafür notwendig sind,
- nur vage Vorstellungen darüber vorherrschen, wie unter realen Bedingungen, ggf. sogar unter Auftragsbedingungen, Forschung stattfindet, und
- dass nur wenige im Studium zumindest ansatzweise so etwas wie Forschungsneugier ausgebildet haben und stattdessen doch wieder unmittelbare pädagogische Lösungen anstreben.

Am deutlichsten wird dieses Defizit gegenwärtig im Bereich der Evaluationsforschung. Obwohl allerorten von der pädagogischen Fachpraxis erwartet wird, dass sie begründet Auskunft über ihre Leistungen gibt und obwohl ein großer Bedarf an entsprechenden Studien besteht, haben Studierende im Allgemeinen keine Vorstellungen darüber, was Evaluationsforschung ist, welche Konzepte und Verfahren es in diesem Bereich gibt, welche besonderen Probleme damit verbunden sind und wie man in der Praxis Evaluationsforschung betreibt.

Die Folge davon ist, dass erziehungswissenschaftliche Projekte immer wieder genötigt sind, Kompetenzen aus anderen Disziplinen – vor allem der Soziologie – einzuwerben. Dies wiederum wirkt sich üblicherweise auch auf die Ergebnisse aus. Es macht eben doch einen Unterschied, ob man – um nur ein Beispiel zu nennen – die Freizeitgestaltung von Jugendlichen aus einer eher jugendsoziologischen, entwicklungspsychologischen oder erziehungswissenschaftlichen, vielleicht noch genauer: bildungstheoretischen Perspektive untersucht, bei der die Selbstbildungsprozesse, die autonomen Aneignungs- und Auseinandersetzungsprozesse und die sich dabei ausbildenden Ressourcen in den Mittelpunkt der Aufmerksamkeit gerückt werden. Die von Studierenden immer beklagte inhaltliche Ferne vieler For-

Unterschiede zwischen pädagogischem und soziologischem Blick

schungsprojekte hat u.a. hier *eine* Ursache: Wenn große Teile der eigentlich einschlägigen Forschung in anderen Disziplinen bzw. unter nicht erziehungswissenschaftlichen Vorzeichen durchgeführt werden, darf man sich nicht wundern, wenn dann Ergebnisse veröffentlicht werden, die mit dem eigenen disziplinären Blick wenig zu tun haben und die – im günstigen Fall – erst »übersetzt« werden müssen.

Bezogen auf den Bereich Evaluationsforschung sind die Folgen noch gravierender, weil angesichts des offensichtlichen Mangels tragfähiger erziehungswissenschaftlich-orientierter Projekte Anbieter aus eher pädagogik-fernen Felder, z.B. der Betriebswirtschaft, beauftragt werden, mit der Folge, dass niemand so recht glücklich mit den Ergebnissen wird.

Dies ist jedoch nur die eine Seite. Auf der anderen Seite steht, dass das, was von F. SCHÜTZE »ethnographischer Erkenntnisstil«, von R. HITZLER als »künstliche Dummheit« und was hier immer wieder als Forschungsneugier beschrieben worden ist, einen Habitus darstellt, der keineswegs nur für eine winzige Gruppe von forschenden Erziehungswissenschaftlerinnen und -wissenschaftlern von Be-

Forschungsneugier als Voraussetzung professioneller Praxis

deutung ist, sondern angesichts der aktuellen Herausforderungen auch eine wesentliche Voraussetzung professioneller pädagogischer Praxis darstellt. Dafür sind vor allem folgende Gründe ausschlaggebend:

• Unabhängig davon, ob man die These vom Anbruch der Wissensgesellschaft teilt oder nicht, so lässt sich nicht leugnen, dass wir in einer im hohen Maße sozialwissenschaftlich geprägten Welt leben und dass vor allem das professionelle Wissen im Bereich der Erziehungswissenschaft und ihrer Nachbardisziplinen im Wesentlichen sozialwissenschaftlich fundiert ist. Ebenso gilt, dass mittlerweile die meisten politischen Entscheidungsprozesse wissenschaftlich mit Expertisen abgesichert und auf der Basis von Gegenexpertisen kritisiert werden. Die Ergebnisse der sozialwissenschaftlichen Verwendungsforschung (vgl. BECK/BONSS 1989) haben unmissverständlich deutlich gemacht, dass der Umgang mit sozialwissenschaftlichem Wissen mittlerweile nahezu alle Bereiche der Gesellschaft erfasst hat und in vielfältiger Weise erfolgt.

Daraus ergibt sich, dass eine kompetente Gestaltung und Reflexion pädagogischer Praxis nur dann denkbar ist, wenn man in der Lage ist, sozialwissenschaftliche Texte zu lesen und zu verstehen. Dazu gehört aber nicht nur Beherrschung der entsprechenden Semantiken, sondern eben auch ein fundiertes Wissen über die Grundlagen sozialwissenschaftlicher Forschung. Wer heute z.B. im Bereich der Arbeit mit Jugendlichen professionell tätig ist, zu dessen Qualifikation gehört die kritische Auseinandersetzung mindestens mit den jeweils aktuellen Jugendstudien. Wer aber allen Studien kritiklos glaubt, weil er oder sie die Datengrundlage, die Angemessenheit der eingesetzten Verfahren und die Reichweite der gewonnenen Ergebnisse nicht einschätzen kann, ist bald verloren. Unvermeidlich werden er oder sie bald auf eklatante Widersprüche innerhalb und zwischen Studien und auf wenig plausible, weil nicht abgesicherte Ergebnisse stoßen. Die Ratlosigkeit angesichts einzelner Daten und der auf diese Weise manifest werdenden Heterogenität der Verhältnisse wird kontinuierlich gesteigert, und wenn man dann nicht aufhört zu lesen, weiß man über kurz oder lang nicht mehr, wo einem der Kopf steht.

Die Kompetenz des Hinterfragens

M.a.W.: Pädagogische Fachkräfte müssen in der Lage sein, sozialwissenschaft-

138

liche Daten und Statistiken fachlich interpretieren zu können. Dieses Wissen ist nicht nur notwendig, um die Lebenslagen der eigenen Adressatinnen und Adressaten analysieren und einschätzen zu können, sich abzeichnende Probleme wahrnehmen zu können, sondern auch für die Begründung der eigenen Praxis nach innen wie nach außen. So kann die Legitimation pädagogischer Praxis z.B. gegenüber den Kommunalverwaltungen und -parlamenten, aber auch gegenüber der Öffentlichkeit schon lange nicht mehr auf die kompetente Nutzung sozialwissenschaftlichen Wissens verzichten.

- Neben der Rezeption von Forschungsergebnissen unter den Bedingungen einer versozialwissenschaftlichten Fachdiskussion und Öffentlichkeit stehen pädagogische Fachkräfte immer wieder vor der Situation, selbst Daten produzieren zu müssen. Sei es die Erstellung von Statistiken, Tabellen und Graphiken für den Jahresbericht, sei es die Vorlage von Daten im Rahmen eines internen Berichtswesens bzw. eines Controllings, seien es notwendige Bedarfanalysen, z.B. im Rahmen der Jugendhilfeplanung nach § 80 des Kinder- und Jugendhilfegesetzes (KJHG), oder andere Gelegenheiten: Jede pädagogische Fachkraft kommt unweigerlich immer wieder in die Lage, mehr oder weniger systematisch Daten zu erheben und sieht sich dann mit der Frage konfrontiert, ob man den Daten und den auf ihnen basierenden Schlussfolgerungen trauen darf. Wer in dieser Situation nicht schon bei der ersten Nachfrage die Segel streichen will, muss über Kenntnisse in sozialwissenschaftlicher Methodenlehre verfügen und glaubhaft machen können, dass man selbst – soweit dies unter den gegebenen Bedingungen möglich war – mit einem sachlich-distanzierten Blick versucht hat, die Sachlage zu beschreiben.

  Die Kompetenz des eigenen Forschens

- Bleibe als dritter Aspekt die indirekte Interaktion mit den Adressatinnen und Adressaten. Vor allem für den Bereich der Sozialpädagogik, aber auch der Erwachsenenbildung wurde in jüngerer Zeit vorgeschlagen, Forschungsmethoden für eine fundiertere Praxis zu übernehmen. Auf den ersten Blick überzeugend wirken diese Vorschläge für jene Praxisbereiche, in denen detaillierte Fallanalysen erstellt werden müssen und in denen biographisches Erzählen eine wesentliche Voraussetzung für die weitere Arbeit darstellt. Es ist deshalb auch nicht überraschend, dass primär von Seiten der Biographieforschung entsprechende Vorschläge gemacht wurden (vgl. JAKOB/v. WENSIERSKI 1997; GRODDECK/ SCHUMANN 1994). Den verschiedenen Vorschlägen ist gemeinsam, dass sie – wenn auch auf unterschiedlichen Wegen – eine Verbesserung der professionellen Beschreibung, Rekonstruktion und Analyse der »Weltsicht und Lebensperspektive der Problembetroffenen« (SCHÜTZE 1994, S. 194) in der beruflichen pädagogischen Praxis anstreben. Dies soll mit Hilfe sozialwissenschaftlich fundierter Verfahren und vor dem Hintergrund der schon erwähnten spezifischen Erkenntnishaltung geschehen. Ziel ist es, »die klientenbezogene Arbeit auf eine solide sozialwissenschaftliche Grundlage« (NITTEL 1994, S. 175; im Original kursiv) zu stellen (vgl. hierzu ausführlich LÜDERS 1999).

  Forschungsmethoden als Handlungsmethoden

Es erscheint jedoch notwendig, angesichts einiger dieser Vorschläge, zwischen forschungsorientiertem Habitus, der durchaus in der Praxis hilfreich sein kann, und der Übernahme von Forschungsverfahren zu unterscheiden. Wie schon angedeutet, könnte ein entsprechend eingeübter Habitus in der pädagogischen Praxis mit

139

Adressatinnen und Adressaten helfen, vorschnelle Einschätzungen und Lösungswege zu vermeiden, auch Kleinigkeiten am Rande Aufmerksamkeiten zu schenken und der Vielschichtigkeit der Situation gerecht zu werden.

In Bezug auf die Verfahren wäre mindestens jedoch deutlich zu machen, dass den in die Praxis adaptierten »Forschungsverfahren« andere Standards bzw. Verfahrensregeln zugrunde liegen als Forschungsverfahren im Zusammenhang von sozialwissenschaftlicher Forschung. Geht es in der pädagogischen Praxis üblicherweise um die Analyse des individuellen Falles und die praktische Bewältigung einer konkreten pädagogischen Aufgabe, strebt erziehungswissenschaftliche Forschung wie jede sozialwissenschaftliche Forschung die Erzeugung systematisierten und generalisierten Wissens an. Während die pädagogische Praxis von einem individuellen Problem oder einer individuellen Aufgabe ausgeht und damit zufrieden sein kann,[5] wenn dafür eine für die betroffenen Adressatinnen und Adressaten tragfähige Lösung gefunden wurde, besitzen in der Forschung individuelle Probleme bestenfalls exemplarische Funktion. Ausgangspunkt sind dort üblicherweise allgemeine, theoretisch begründete Fragestellungen.

Differenz von Forschung und Praxis

Die Übernahme von Forschungsverfahren in die pädagogische Praxis suggeriert allzu leicht, dass damit auch alle entsprechenden Qualitätsversprechen gleichsam mitgeliefert werden könnten. Das ist aber genau nicht der Fall und wäre in der Sache auch letztlich unsinnig, weil – wie angedeutet – Praxis und Wissenschaft unterschiedlichen Standards und Ansprüchen unterliegen. Abgesehen davon, dass die kunstgerechte Anwendung von Forschungsverfahren unter den üblichen Bedingungen pädagogischer Praxis gar nicht möglich ist, weil die dafür notwendigen Ressourcen nicht zur Verfügung stehen, man also am Ende nur als Dilettant dastehen kann, erscheint allein die Entwicklung und Erprobung praxistauglicher pragmatischer Verfahren und entsprechender Gütekriterien ein aussichtsreicher Weg zu sein. Man mag sich dabei von dem ein oder anderen Verfahren der Sozialforschung anregen lassen. Dabei könnte es sich als hilfreich herausstellen, von einer grundsätzlichen Differenz zwischen der Logik der Forschung und der Logik pädagogischer Praxis auszugehen, um dann erst der Frage nachzugehen, welche gegenseitigen Lern- und Anregungspotentiale es dennoch gibt und wie diese genutzt werden können.

Persönliches Postskriptum:
Jenseits aller ernsten Überlegungen über die Lage der Disziplin, die Forschungsdefizite, die Herausforderungen professioneller pädagogischer Praxis, die Einübung von künstlicher Dummheit u.a. sei ergänzt, dass Forschung richtig Spaß machen kann und meistens höchst interessant ist – vorausgesetzt, man bringt eine ordentliche Portion Neugier mit. Zugegeben sei, dass man nach der Lektüre der meisten Methodenbücher und dem Besuch der einschlägigen universitären Pflichtseminare eher geneigt sein dürfte, zu einem gegenteiligen Urteil zu kommen (vgl. als eine lo-

---

5 Dies ist natürlich sehr vereinfachend und idealtypisch gedacht. Die Argumentation bezieht sich vorrangig auf jene pädagogischen Prozesse, bei denen bewusste einzelfallverstehende Analysen wesentlicher Bestandteil der Praxis sind. De facto zeigt sich jedoch, dass personenbezogene Einschätzungen, nur meist eher intuitiv und gleichsam nebenbei gewonnen, nahezu jeder pädagogischen Praxis zugrunde liegen.

benswerte Ausnahme, weil mit netten Beispielen versehen trotz knochentrockener Materie DIEKMANN 2000). Da aber Forschung nie so stattfindet, wie es in den Lehrbüchern steht, besteht viel Spielraum für eigene Wege und Entdeckungen.

Literatur

BECK, U./BONß, W. (Hrsg.): Weder Sozialtechnologie noch Aufklärung? Analysen zur Verwendung sozialwissenschaftlichen Wissens. Frankfurt/M. 1989.

BUNDESKRIMINALAMT (Hrsg.): Polizeiliche Kriminalstatistik Bundesrepublik Deutschland. Berichtsjahr 1999. Wiesbaden, BKA 2000.

DIEKMANN, A.: Empirische Sozialforschung. Grundlagen, Methoden, Anwendungen. Reinbek[6] 2000

FLICK, U./KARDORFF v., E./STEINKE, I. (Hrsg.): Qualitative Forschung. Ein Handbuch. Reinbek 2000.

FRIEBERTSHÄUSER, B.: Feldforschende Zugänge zu sozialen Handlungsfeldern. Möglichkeiten und Grenzen ethnographischer Feldforschung. In: neue praxis 26 (1996), S. 75-86.

FRIEBERTSHÄUSER, B./PRENGEL, A. (Hrsg.): Handbuch Qualitative Forschungsmethoden in der Erziehungswissenschaft. Weinheim und München 1997.

GLINKA, H.-J.: Die Forschungs- und Innovationswerkstatt. Ein konzeptioneller Rahmen für Lehr und Lernorte zur Förderung professioneller sozialpädagogischer Handlungsorientierungen. In: Archiv für Wissenschaft und Praxis der sozialen Arbeit 28 (1997), S. 311-347.

GRODDECK, N./SCHUMANN, M. (Hrsg.): Modernisierung Sozialer Arbeit durch Methodenentwicklung und -reflexion. Freiburg/Br. 1994.

HITZLER, R.: Die Attitüde der künstlichen Dummheit. Zum Verhältnis von Soziologie und Alltag. In: Sowi. Sozialwissenschaftliche Informationen H. 3, 15 (1986), S. 53-59.

HITZLER, R.: Perspektivenwechsel. Über künstliche Dummheit, Lebensweltanalyse und Allgemeine Soziologie. In: Soziologie 4/1997, S. 5-18.

HOOPS, S./PERMIEN, H./RIEKER, P.: Zwischen null Toleranz und null Autorität. Strategien von Familien und Jugendhilfe im Umgang mit Kinderdelinquenz. München, DJI 2000.

JAKOB, G.: Forschendes Lernen – Lernendes Forschen. Rekonstruktive Forschungsmethoden und pädagogisches Handeln in der Ausbildung. In: RAUSCHENBACH, TH./THOLE, W. (Hrsg.): Sozialpädagogische Forschung. Gegenstand und Funktionen, Bereiche und Methoden. Weinheim und München 1998, S. 199-223.

JAKOB, G./WENSIERSKI v., H.-J. (Hrsg.): Rekonstruktive Sozialpädagogik. Konzepte und Methoden sozialpädagogischen Verstehens in Forschung und Praxis. Weinheim und München 1997.

KELLE, U.: Empirisch begründete Theoriebildung. Zur Logik und Methodologie interpretativer Sozialforschung (Status Passages and the Life Course, Vol. VI). Weinheim 1994.

KELLE U./KLUGE, S.: Vom Einzelfall zum Typus. Fallvergleich und Fallkonstrastierung in der qualitativen Sozialforschung (Qualitative Sozialforschung, Bd. 4). Opladen 1999.

KLUGE, S.: Empirisch begründete Typenbildung. Zur Konstruktion von Typen und Typologien in der qualitativen Sozialforschung. Opladen 1999.

KRÜGER, H.-H.: Einführung in Theorien und Methoden der Erziehungswissenschaft (Einführungskurs Erziehungswissenschaft, Bd. II). Opladen 1997.

KUCKARTZ, U.: Methoden erziehungswissenschaftlicher Forschung 2: Empirische Methoden. In: LENZEN, D. (Hrsg.): Erziehungswissenschaft. Ein Grundkurs. Reinbek 1994, S. 543-567.

LÜDERS, CH.: Das Programm der rekonstruktiven Sozialpädagogik. Eine Kritik seiner Prämissen und Anmerkungen zu einigen Unterschieden zwischen sozialpädagogischem Handeln und Forschen. In: FATKE, R./HORNSTEIN, W./LÜDERS, CH./WINKLER, M. (Hrsg.): Erziehung und sozialer Wandel. Brennpunkte sozialpädagogischer Forschung, Theoriebildung und Praxis (39. Beiheft der Zeitschrift für Pädagogik). Weinheim und Basel 1999, S. 203-219.

LÜDERS, CH./MEUSER, M.: Deutungsmusteranalyse. In: HITZLER, R./HONER, A. (Hrsg.): Sozialwissenschaftliche Hermeneutik. Eine Einführung. Opladen 1997, S. 57-79.

NITTEL, D.: Biographische Forschung – ihre historische Entwicklung und praktische Relevanz in der sozialen Arbeit. In: GRODDECK, N./SCHUMANN, M. (Hrsg.): Modernisierung Sozialer Arbeit durch Methodenentwicklung und -reflexion. Freiburg/Br. 1994, S. 147-188.

OEVERMANN, U./ALLERT, T./KONAU, E./KRAMBECK, J.: Die Methodologie einer »objektiven Hermeneutik« und ihre allgemeine forschungslogische Bedeutung in den Sozialwissenschaften. In: SOEFFNER, H.-G. (Hrsg.): Interpretative Verfahren in den Sozial- und Textwissenschaften. Stuttgart 1979, S. 352-434.

REICHERTZ, J.: Abduktives Schlussfolgern und Typen(re)konstruktion. In: JUNG, TH./MÜLLER-DOHM, S. (Hrsg.): »Wirklichkeit« im Deutungsprozess. Verstehen und Methoden in den Kultur- und Sozialwissenschaften. Frankfurt/M. 1993, S. 258-282.

REICHERTZ, J.: Gültige Erkenntnis des Neuen? Zur Bedeutung der Abduktion in der qualitativen Sozialforschung. In: Österreichischen Zeitschrift für Soziologie Heft 4, 24 (1999), S. 47-64.

RIEMANN, G.: Arbeitsschritte, Anwendungsgebiete und Praxisrelevanz der sozialwissenschaftlichen Biographieanalyse. In: Sozialwissenschaften und Berufspraxis 14 (1991), S. 253-264.

RIEMANN, G./SCHÜTZE, F.: Some Notes on a Student Research Workshop on »Biography Analysis, Interaction Analysis, and Analysis of Social Worlds« In: Biography & Society, Newsletter # 8 of the International Sociological Association Research Committee no 38, July 1987, S. 54-70.

SCHUMANN, M.: Qualitative Forschungsmethoden in der (sozial)pädagogischen Ausbildung. In: FRIEBERTSHÄUSER, B./PRENGEL, A. (Hrsg.): Handbuch Qualitative Forschungsmethoden in der Erziehungswissenschaft. Weinheim und München 1997, S. 661-667.

SCHÜTZE, F.: Die Fallanalyse. Zur wissenschaftlichen Fundierung einer klassischen Methode der Sozialen Arbeit. In: RAUSCHENBACH, TH./ORTMANN, F./KARSTEN, M.-E. (Hrsg.): Der sozialpädagogische Blick. Lebensweltorientierte Methoden in der Sozialen Arbeit. Weinheim und München 1993, S. 191-221.

SCHÜTZE, F.: Ethnographie und sozialwissenschaftliche Methoden der Feldforschung. Eine mögliche Orientierung in der Ausbildung und Praxis der Sozialen Arbeit. In: GRODDECK, N./SCHUMANN, M. (Hrsg.): Modernisierung Sozialer Arbeit durch Methodenentwicklung und -reflexion. Freiburg/Br. 1994, S. 189-297.

TENORTH, H.-E./LÜDERS, CH.: Methoden erziehungswissenschaftlicher Forschung 1: Hermeneutisches Methoden. In: LENZEN, D. (Hrsg.): Erziehungswissenschaft. Ein Grundkurs. Reinbek 1994, S. 519-542.

STEINKE, I.: Kriterien qualitativer Forschung. Ansätze zur Bewertung qualitativ-empirischer Sozialforschung. Weinheim und München 1999.

WEISHAUPT, H./MERKENS, H.: Forschung und wissenschaftlicher Nachwuchs. In: OTTO, H.-U./KRÜGER, H.-H./MERKENS, H./RAUSCHENBACH, TH./SCHENK, B./WEISHAUPT, H./ ZEDLER, P.: Datenreport Erziehungswissenschaft. Befunde und Materialien zur Lage und Entwicklung des Faches in der Bundesrepublik. Erstellt im Auftrag der Deutsche Gesellschaft für Erziehungswissenschaft. Opladen 2000, S. 117-134.

WELLENREUTHER, M.: Quantitative Forschungsmethoden in der Erziehungswissenschaft. Eine Einführung. Weinheim und München 2000.

Wie viel Management vertragen pädagogische Organisationen?

Dieter Timmermann

Inhalt

1. Einleitung

Ich möchte mit drei Assoziationen beginnen, die mich veranlassen, den Fokus dieses Beitrags zunächst auf Bildung zu richten in der Annahme, dass es Pädagogen und Pädagoginnen in letzter Instanz nicht um pädagogische Organisationen an sich, sondern immer um die Bildung der Menschen geht, die in und durch pädagogische Organisationen angeregt wird. Zugegebenermaßen fallen diese Assoziationen etwas grobschlächtig aus:

Erstens impliziert das Thema ein Managementdefizit von und in pädagogischen Organisationen und damit indirekt auch von Bildung, was immer das im Zusammenhang mit dem Begriff »Bildung« heißen mag, und es suggeriert, dass sowohl pädagogische Organisationen als auch, wie ich hinzufügen möchte, Bildung mehr Management benötigten. Dies kann allerdings ein Doppeltes bedeuten, nämlich zum einen ein Defizit an Managementfähigkeiten bzw. Managementhandeln und zum anderen einen Mangel an Managementwissen.

Zweitens könnte man das Thema einfach umdrehen und fragen »Wie viel Bildung braucht bzw. verträgt Management?«, eine sicherlich ebenfalls nicht uninteressante Fragestellung.

Drittens ließe sich das Thema sinnvoll umwandeln in die Frage »Welches Management vertragen pädagogische Organisationen bzw. welches Management verträgt Bildung?«, womit nicht eine ohnehin nur schwer vorstellbare quantitative Dimension von Management, sondern eine qualitative Ebene angeschnitten wäre.

In diesem Beitrag werde ich auf die erste und die dritte Assoziation näher eingehen. Die erste Assoziation bzw. die Themenstellung wird genährt durch einen Be-

Marginalien:

Drei Themenassoziationen:

- Defizite an Managementwissen und -kompetenz
- Bildungsdefizite von Bildungsmanagement
- Managementbedarf von Bildung

143

fund, den wir an der erziehungswissenschaftlichen Fakultät in Bielefeld im Rahmen einer Absolventen- und Absolventinnenbefragung erhoben haben (vgl. BRINK-MANN u.a. 1995). In einer Befragung aller Absolventen und Absolventinnen des Diplomstudiengangs Erziehungswissenschaft der Jahre 1991 bis 1994 (die Anzahl der Befragten lag bei knapp 150 Personen) zeigte sich ein doppeltes Managementdefizit:

Managementschwächen in der Studienorganisation

Erstens wurden der Fakultät Managementschwächen insofern bescheinigt, als etwa 60 Prozent der Befragten »Orientierungsprobleme durch zu wenig Struktur, eine zu große Vielzahl der Möglichkeiten und Unübersichtlichkeit des Studiums«, »inhaltliche Defizite im Bereich praktischer pädagogischer Fertigkeiten bzw. von Didaktik und Methodik«, »unzureichende Qualität der Lehre« (d.h. unzureichende Seminarvorbereitung und Seminarstruktur, unbefriedigendes Engagement der Lehrenden), ein Defizit an bestimmten Theorieansätzen, eine »unzureichende Vorbereitung auf den Studienabschluss« und »fehlender Kontakt zwischen Lehrenden und Studierenden« beklagten.

Es wurde aber *zweitens* ein Managementdefizit auch insofern angeprangert, als 18 Prozent der Absolventen und Absolventinnen »inhaltliche Defizite im Bereich Organisation, Verwaltung, Management und Betriebswirtschaftslehre« bemängelten. Über 40 Prozent der Befragten sahen ihren Weiterbildungsbedarf vorrangig »im Bereich der Verwaltungs-, Organisations- und Managementkenntnisse«, wobei der Schwerpunkt auf Führungs- und Leitungsaufgaben gelegt wurde (ebd., S. 65 ff.).

Defizite an Mangementkompetenzen

Die Absolventenstudie schließt dann auch mit folgendem Fazit: »Sucht man ... nach strukturellen Gemeinsamkeiten in den Aufgaben und Tätigkeitsschwerpunkten [von Diplompädagogen und Diplompädagoginnen, D.T.] über alle Berufsfelder hinweg, so fällt vor allem der Bereich der 'pädagogischen Managementaufgaben' ins Auge. Leitung von Einrichtungen und Vertretung nach außen, Mitarbeiterführung, Organisation, Planung, Ziel- und Konzeptentwicklung sind Funktionsbereiche, die bei einem gelungenen Übergang ins Berufsleben offenbar von vielen [Absolventen und Absolventinnen, D.T.] ausgefüllt werden« (ebd., S. 70). »Im Rückblick auf das Studium erscheinen die Kompetenzbereiche eines 'pädagogischen Managements' jedoch nicht ausreichend angelegt zu sein und müssen durch Einarbeitung und Weiterqualifizierung entwickelt werden« (ebd., S. 72). Diese zunächst auf Bielefelder Absolventen und Absolventinnen beschränkten Befunde, die vermutlich für Absolventen anderer Studienstandorte in gleicher Weise gelten dürften, lassen den Schluss zu, dass Bildung im oben genannten doppelten Sinn mehr Management nicht nur vertragen kann, sondern geradezu nötig hat: Zum einen verträgt die Fakultät als für die Lehre verantwortliche Einrichtung mehr und besseres »Lehr«-Management, und zum anderen würden offensichtlich den Studierenden im Hinblick auf ihre spätere pädagogische Berufstätigkeit mehr Managementwissen und Managementfähigkeiten gut tun.

Allerdings mögen sich diese Managementbedarfe in den verschiedenen pädagogischen Handlungsfeldern (Kindergarten, Schule, Hochschule, Ausbildungsbetrieb, Weiterbildungseinrichtung, Institution der Sozialarbeit) unterschiedlich darstellen. Diese möglichen Differenzen können hier nicht ausgelotet werden. Daher verlangt die Generalität der Argumentation ein gewisses Abstraktionsniveau, das nur beispielhaft aus den Bereichen Schule, Sozialwesen und Hochschule konkretisiert wird.

2. Was heißt »pädagogische Organisationen und damit *Bildung* managen«?

Einigen LeserInnen mag die Vorstellung, dass Bildung »gemanaged« werden könnte, nicht geheuer sein, denn der Gedanke, dass Bildung als der Inbegriff der zweckfreien Entfaltung des Selbst etwas mit Management, einem modischen, das Bildungswesen kolonialisierenden Begriff aus dem Wirtschaftsleben in Verbindung gebracht wird, scheint in der Tat befremdlich, zumindest auf den ersten Blick. Ich will aber versuchen zu zeigen, dass sich ein Zusammenhang herstellen lässt, der nicht befremdlich bleiben muss. Um diesen Kontext ein wenig zu entfalten, greife ich zunächst auf die Charakterisierung von Bildung zurück, wie sie von Friedrich KRON in Anlehnung an einige der großen Bildungstheoretiker entwickelt wird. KRON verweist auf den Bedeutungswandel des Bildungsbegriffs von einem religiösen zu einem weltlichen Begriff, der den Bezug des menschlichen Subjekts zu Gott ablöst durch den Bezug des autonomen Menschen zu seiner heteronomen natürlichen und gesellschaftlichen Umwelt. Bildung erhielt dadurch zugleich »den Sinngehalt der kritischen und emanzipatorischen Distanz« bzw. Bildung gewann »die Bedeutung der Aktualisierung der eigenen Kräfte in der Gestaltung der kulturellen und sozialen Welt« (KRON 1991, S. 70 ff.). Mit HUMBOLDT, dessen Gedankenführungen um den Primat des Individuums bzw. der individuellen Selbstgestaltung kreiste, gesteht KRON dem Individuum eine Kraft zu, »die es erst in der Auseinandersetzung mit der Welt, also den kulturellen und sozialen Institutionen gewinnt« (ebd., S. 71) und vermittels derer es sich selbst bestimmt. Diese im Verhältnis zur Welt realisierte Selbstbestimmung bezeichnet KRON mit Selbst- und Weltreflexivität, durch die der einzelne Mensch seine Bildung hervorbringe und in verantwortetes gesellschaftliches Handeln umsetze (ebd., S. 72).

Nun besteht Einigkeit, dass die eigenen Kräfte, deren Aktualisierung der Selbstbestimmung und Selbstentfaltung dient, weder allein Ausdruck genetischen Erbes sind noch wie 'Manna vom Himmel fallen'. Vielmehr – so nehmen wir an – sind diese Kräfte auch Ergebnis von Lernprozessen. Mit Heinrich ROTH (1962, S. 205) können wir Lernen folgendermaßen beschreiben: »Pädagogisch gesehen bedeutet Lernen die Verbesserung oder den Neuerwerb von Verhaltens- und Leistungsformen und ihren Inhalten. Lernen meint aber meist noch mehr, nämlich die Änderung bzw. Verbesserung der diesen Verhaltens- und Leistungsformen *vorausgehenden* und sie *bestimmenden* seelischen Funktion des Wahrnehmens und Denkens, des Fühlens und Wertens, des Strebens und Wollens, also eine Veränderung der inneren Fähigkeiten und Kräfte, aber auch der durch diese Fähigkeiten und Kräfte aufgebauten inneren Wissens-, Gesinnungs- und Interessensbestände des Menschen. Die Verbesserung oder der Neuerwerb muss aufgrund von Erfahrungen, Probieren, Einsicht, Übung oder Lehre erfolgen und muss dem Lernenden den künftigen Umgang mit sich selbst oder der Welt erleichtern, erweitern oder vertiefen. Das Lernen muss ihm helfen, sich selbst besser zu verwirklichen, d.h. sich selbst besser in die Welt hineinzuleben, und das Lernen muss ihm auch helfen, die Inhalte und Forderungen der Welt besser zu verstehen und zu erfüllen, d.h. ihnen besser gewachsen zu sein. Wir hoffen nach einem gelungenen Abschluss eines Lernprozesses, dass wir gleiche, ähnliche und neue Aufgaben des Lebens besser lösen können. Lernen umfasst auch

(Randnotizen:)
Bildung managen?

Bildung als Aktualisierung der eigenen Kräfte

Lernen geht Bildung voraus

145

den Abbau von Verhaltens- und Leistungsformen, die dem Lernenden den Umgang mit sich oder der Welt erschweren, beengen oder verflachen.«

KRON zufolge wird der Lernprozess zum Bildungsprozess, wenn der Mensch sein Lernen reflexiv auf sich selbst rückbezieht und dadurch auf die reflexive Metaebene hebt (vgl. KRON 1991, S. 69). Wir können somit festhalten: Ein Bildungsprozess ist ohne Lernprozess nicht möglich, Bildung hat Lernen zu Voraussetzung. Nun ist Lernen als ein subjektiver, von außen nicht beobachtbarer Prozess von Veränderungen beschreibbar, die nicht bloße Folge von biologischer Reifung sind, sondern durch Anregungen aus der Umwelt des Subjekts kommunikativ erzeugt werden. Freilich können sowohl die Anregungen selbst vielfältiger Art sein (z.B. visuelle, akustische, taktile Anregungen) als auch die Umwelten sich unterscheiden: Familien, Freunde, Cliquen, Kindergärten, Schulen, Straßen- und Stadträume, Kirchen, Sportclubs, Medien u.a. gehören dazu.

Bildung als selbstreflexiver Lernprozess

Hält also die Gesellschaft für ihre Mitglieder einerseits eine Vielzahl von Lerngelegenheiten bereit, so hat sie andererseits zugleich eine Reihe von Einrichtungen geschaffen, welche die genuine Aufgabe haben, Lernprozesse anzuregen und Lernräume bereitzustellen, die eine sachliche, soziale, zeitliche, strukturelle und örtliche Dimension haben und systematisch Lernprozesse erlauben, die ihrerseits in Bildungsprozesse münden können. Somit können wir aus der Sicht der Lernenden sagen, dass die Gesellschaft bestimmte sachlich, zeitlich, sozial und örtlich strukturierte Lernräume bereitstellt, die Lernen wie auch Bildung *ermöglichen und anregen* sollen. Ergänzen müssen wir diese Feststellung um die These, dass es in diesen Lernräumen Personen geben muss, welche die Lerngelegenheiten bzw. die Lernarchitekturen arrangieren und gestalten und die in differenter Abhängigkeit von der Art der Lernräume, von den Eigenschaften der Lernenden und von den erwarteten Arrangements und Lerninhalten für diese Tätigkeiten qualifiziert sein müssen. Aus der Sicht der Arrangeure nennen wir das Gesamt dieser Tätigkeiten pädagogisches Handeln, das in den Handlungsformen Informieren, Unterrichten, Beraten, Arrangieren, Animieren, Beurteilen, Erziehen, Prüfen, Evaluieren und möglicherweise auch Managen (früher sprach man von »verwalten«) konkretisiert werden kann. Letzteres möchte ich für den Moment noch offen lassen.

Die Bedeutung sachlich, zeitlich, sozial und örtlich strukturierter Lernräume

Von LUHMANN wissen wir, dass pädagogisches Handeln von eigens qualifizierten Personen, den sog. Professionellen, in den systematisierten Lernräumen im Hinblick auf die gewünschten Lern- und Bildungswirkungen eine notwendige, aber keine hinreichende Bedingung darstellt, somit kontingent ist. M.a.W.: *Ohne* systematische Lernanregungen durch pädagogisches Handeln gibt es *keine* der erwünschten Lern- und Bildungswirkungen, *mit* systematischen Lernanregungen allenfalls die *Möglichkeit* oder *Wahrscheinlichkeit* von Lern- und Bildungswirkungen. An dieser Stelle ist es notwendig, pädagogisches Handeln zu definieren. Versteht man mit TAUSCH/TAUSCH (1968) unter *Verhalten* eine beobachtbare Reaktion eines Individuums auf einen Stimulus, der von außen auf das Individuum einwirkt etwa durch die Aufforderung einer anderen Person, etwas zu tun oder zu unterlassen, so geht der *Begriff des Handelns* mit Max WEBER darüber hinaus, indem er auf ein »Sich- Verhalten« in einer sozialen Situation, d.h. in einer Interaktionssituation zwischen Menschen symbolisch-interaktiv ausgeweitet wird. Dabei wird unterstellt, dass die Subjekte ihrem Tun eine *Absicht* unterlegen und dass sie sich dabei *zu etwas verhalten*, nämlich zur Intentionalität des Sich- Verhaltens der Interaktionspartner in einer so-

Die Kontingenz pädagogischen Handelns

146

zialen Beziehung. Diese *Rückbezüglichkeit* des Sich- Verhaltens zu etwas verweist darauf, dass die sich gegenüber stehenden und verhaltenden Personen gegenseitig dem Sinn nach aneinander orientieren und ihr Tun interpretieren. Pädagogisches Handeln soll also mit KRON jene pädagogisch relevanten Prozesse beschreiben, »die als Interaktion begriffen werden und in denen den handelnden Subjekten eine Sinnauslegung ihres Tuns unterstellt werden kann bzw. wird« (KRON 1991, S. 78).

Auf dieser Definitionsbasis kann *pädagogisches Handeln* in Anlehnung an BOKELMANN (1970) und GIESECKE (1986) durch ein Handlungsmodell beschrieben werden, das sich durch neun Kontext- und Eigenschaftsmerkmale konkretisieren lässt (vgl. TIMMERMANN 1996). Da pädagogisches Handeln stets in einem *gesellschaftlichen Kontext* stattfindet, lassen sich folgende Merkmale festhalten:

- *Erstens* ist es grundlegenden gesellschaftlichen Normen bzw. Werten verpflichtet, die jeweils konstitutiv für die Gesellschaft sind.
- Zugleich begründet *zweitens* die gesellschaftliche Eingebundenheit pädagogischen Handelns seine Zweckhaftigkeit bzw. seine Funktionalität: es soll dazu beitragen, das Überleben und die Evolution der Gesellschaft zu ermöglichen, indem es den nachwachsenden Generationen in den Lernräumen Lerngelegenheiten bereitstellt, die integrierende Lern- und Bildungsprozesse induzieren.

Neun Merkmale eines pädagogischen Handlungsmodells

- *Drittens* geschieht pädagogisches Handeln *durch Menschen*, und es ist auf andere Menschen gerichtet, die zum Lernen angeregt werden sollen; insofern ist es Teil einer spezifischen Kommunikation zwischen Menschen, deren Spezifik darin liegt, dass sie *asymmetrisch und machthaltig* ist, insofern als die pädagogisch Handelnden über etwas verfügen (Informationen, Wissen, Fertigkeiten, Einstellungen), das die Adressaten noch nicht haben, das sie aber haben sollen, hoffentlich auch wollen und das ihnen vermittelt werden soll. Dieses pädagogische Verhältnis konkretisiert sich in vielen Unterscheidungen wie z.B. Erzieher/Zögling, Lehrer/SchülerIn, SozialarbeiterIn/KlientIn usw.
- *Viertens* ist pädagogisches Handeln an bestimmten Zielen orientiert, wobei sowohl die Handelnden als auch die AdressatInnen je eigene, u.U. konfliktträchtige Ziele haben können.
- *Fünftens* ist davon auszugehen, dass Handelnde und AdressatInnen durch je spezifische Motive zur Teilnahme am Prozess veranlasst werden.
- *Sechstens* stehen den pädagogisch Handelnden, aber auch den AdressatInnen Mittel und Ressourcen zur Verfügung, die das Handeln bzw. den pädagogischen Prozess erst ermöglichen. Hierbei ist es zweckmäßig, zwischen Mitteln und Ressourcen zu unterscheiden: während die Mittel auf pädagogische Handlungsingredienzien wie z.B. Didaktik und Methodik, Inhalte, Handlungs- und Lerntechnologien abstellen, ist mit den Ressourcen der materielle Handlungsinput an Zeit (und zwar der Handelnden *und* der AdressatInnen) an Geld, und anderen materiellen Gütern gedacht.
- *Siebtens* ist das Handeln und Lernen in bestimmte gesellschaftliche und organisatorische Rahmenbedingungen eingebettet. Mit *gesellschaftlichen* Rahmenbedingungen sind z.B. die Wirtschaftsordnung, das politische System, die Bildungs- und Sozialpolitik, das Rechtssystem u.a. makrogesellschaftliche Aspekte thematisiert. Die *organisatorischen* Rahmenbedingungen decken hingegen

die Strukturen ab, die das pädagogische Handeln entlang der bisher genannten Merkmale auf der Meso- und Mikroebene prägen und ordnen.

- *Achtens* unterliegt pädagogisches Handeln sachlich, zeitlich und räumlich konkreten situativen Bedingungen, welche unmittelbar strukturierend auf den pädagogischen Prozess, auf das Handeln der PädagogInnen einwirken und die Handlungswirkungen beeinflussen.
- Damit sind als *neuntes Merkmal* des pädagogischen Handlungsmodells die Handlungswirkungen und deren Kontrolle bzw. Evaluation benannt. Als Wirkungen können wir einmal *erwartete und tatsächliche* Wirkungen im Sinne von Zielerreichungsgraden bzw. Lerneffekten unterscheiden (wobei das Verhältnis von tatsächlichen zu erwarteten Wirkungen die Grundlage für das Urteil bildet, ob ein Handlungs- bzw. Lernerfolg oder -misserfolg vorliegt). Zum anderen ist zu unterscheiden zwischen *pädagogischen Wirkungen* pädagogischer Prozesse und pädagogischen Handelns (Output) und den *nicht- bzw. außerpädagogischen Effekten* (Outcome), die zwar außerhalb pädagogischer Prozesse auftreten, aber an sie anschließen.

Die Merkmale drei bis neun verweisen auf Kontexte bzw. Eigenschaften des Handlungsmodells, die einen unmittelbaren Bezug herstellen zu der Beobachtung, dass

Handeln in pädagogischen Organisationen

das systematische pädagogische Handeln i.d.R. in besonderen Organisationen konzentriert ist. *Pädagogische Organisationen* stellen folglich den sozialen und strukturellen Raum dar, in welchem systematisches pädagogisches Handeln stattfinden kann. Sie existieren allerdings nicht per se, sondern sie müssen errichtet und strukturiert werden, damit sie die von der Gesellschaft zugedachten Aufgaben erfüllen können. Daher bedürfen sie eines Funktionsbereichs, dessen Aufgabe in der Gestaltung, Entwicklung, Führung und Steuerung *der* und Verantwortung *für* die Organisation liegt. Genau dies ist die Funktion des Managements einer Organisation. Gehen wir von einem ersten funktionsbezogenen Verständnis von Management als das Gesamt der Funktionen Planung, Organisation, Entscheidung, Führung und Kontrolle aus, so kann man diese Funktionen im Rahmen eines pädagogischen Prozesses doppelt definieren: einmal aus der Perspektive der pädagogischen Organisation und der pädagogisch Handelnden, zum anderen aus der Perspektive der Lernenden.

Gestaltung der organisatorischen Lerngelegenheiten

Aus der *Perspektive der pädagogischen Organisation und der in ihr Handelnden* beziehen sich die Managementfunktionen auf die Planung, Entscheidung, Organisation und Kontrolle der Gestaltung der Lerngelegenheiten und auf die Führung der Organisationsmitglieder, welche die Entscheidungen auszuführen haben. Aus der *Perspektive des oder der Lernenden als autopoietisches psychisches System* beziehen sich die Gestaltungs- bzw. Managementfunktionen (Planen, Organisieren, Entscheiden, Kontrollieren) auf die Gestaltung des eigenen Lern- und Bildungsprozesses. Denn wie Ulrich BECK (1983) zurecht sagt: Der oder die einzelne ist sein bzw. ihr eigenes Planungsbüro. Oder anders ausgedrückt: Der oder die einzelne Lernende ist sein eigener Manager bzw. ihre eigene Managerin, er bzw. sie

Fokus: Gestaltung des subjektiven Bildungsprozesses

betreibt Selbstmanagement. Das bedeutet, dass das reflexive Lernverhalten der Lernenden einem Handeln entsprechen sollte, das durch das Modell des intentional rationalen Handelns beschrieben ist. Dieses Handlungsmodell geht davon aus, dass lern- und bildungswillige bzw. -motivierte Individuen sich Lern- und Bildungsziele setzen, dass sie ihre Mittel und Ressourcen im Hinblick auf die Chancen des Zieler-

148

reichungsgrades abschätzen, dass sie alternative Lernwege hinsichtlich des Zieler-
reichungsgrades abschätzen, dass sie dabei systematisch Informationen suchen, die
ihre Entscheidung verbessern sollen, dass sie die unter den gegebenen Informa-
tions- und sonstigen Randbedingungen subjektiv beste Alternative realisieren und
dass sie die Ergebnisse kontrollieren oder – anders ausgedrückt – evaluieren. Meine
Antwort auf die Frage »Was heißt 'pädagogische Organisationen und damit Bildung managen'?« lautet also: In und durch pädagogische Organisationen induzierte
Bildung managen heißt zu versuchen, unter Bedingungen von Unsicherheit (und
zwar über die Güte und den Wert von Informationen, über die eigene Informations-
verarbeitungskapazität, über die möglichen Wirkungen von Alternativentscheidun-
gen) den eigenen Bildungsprozess so rational wie möglich zu gestalten.

3. Was heißt »Bildung in pädagogischen Organisationen managen«?

Hatten wir eben die Frage nach dem Zusammenhang von Bildung und Management
mit der Betonung auf Bildung letztlich aus der Perspektive des oder der Lernenden
bzw. des sich bildenden Subjekts beantwortet, so geht es nun mit der Betonung auf
managen um die institutionelle Perspektive, d.h. um die Gestaltung der Lernräume
und Lernarrangements in pädagogischen Organisationen. Erst seit relativ kurzer
Zeit ist in diesem Zusammenhang von Management die Rede. In dieser Phase hat
eine regelrechte *Inflation des Managementbegriffs* bzw. seiner Benutzung stattge-
funden. Eine Kostprobe der Nutzungsvielfalt bekommt man relativ schnell nach einem einwöchigen Studium größerer Tageszeitungen. Dort ist dann zu lesen von:
Lean Management, Produktions- und Leistungsmanagement, Umsatz- und Ein-
kaufsmanagement, Kosten-, Anlagen- und Finanzmanagement, Ressourcen-, Zeit-,
Informations- und Wissensmanagement, Selbst- und Qualitätsmanagement, Public
Relations Management, um nur einige der geläufigen Konnotationen zu nennen.
Viele Jahrzehnte war, wenn Bildungsorganisationen wie Schulen oder Organisationen der Sozialarbeit wie Jugendämter im Gespräch waren, von Verwaltungsein-
richtungen und bürokratischen Organisationen die Rede. Unter Verwaltung verstand und versteht man auch heute noch *eine Grundfunktion der Organisation* einer
Einrichtung. Diese Grundfunktion dient nur mittelbar den eigentlichen Zweckauf-
gaben und hat im Verhältnis dazu *Hilfsprozesscharakter*, indem sie den reibungslo-
sen Betriebsablauf und seiner Teile, d.h. die Hauptfunktionen der Einrichtung un-
terstützend zu gewährleisten hat, und zwar dadurch, dass sie Rechtsnormen vollzieht. Zu solchen Hilfsfunktionen gehören z.B. das Rechnungswesen, die Finanz-
wirtschaft, die Personalverwaltung, die Anlagen- und Materialverwaltung und die
Organisationsabteilung einer Institution.

Ist mit der Bezeichnung Verwaltung einerseits eine institutionelle Teilfunktion
beschrieben, so steht Verwaltung andererseits für den bürokratischen Organisa-
tionstypus. Dieser wurde lange Zeit in Anlehnung an Max WEBER und häufig zugleich in Verkennung von WEBERs Intentionen nicht als *Idealtypus,* sondern als
Realtypus empirisch vorfindlicher Organisationen bzw. Organisationsstrukturen

Fokus:
Gestaltung der
Lehr-Lern-Architektur in
pädagogischen
Organisationen

Management versus
Verwaltung

fehlgedeutet und ohne genaue empirische Organisationsanalyse unzulässigerweise auf die meisten zumindest *staatlichen* Bildungseinrichtungen übertragen, allen voran auf die Schulen, Universitäten und Einrichtungen im Sozialwesen. Dieses Missverständnis und der Missbrauch des WEBERschen Bürokratiemodells konnten aufkommen, weil alle staatlichen pädagogischen Organisationen beobachtbare Merkmale aufwiesen und auch heute immer noch aufweisen, die WEBER für seinen bürokratischen Idealtypus postuliert hat. Danach wird Bürokratie als ein geordnetes System von Regeln auf der Basis einer Satzung verstanden, welche die von der Organisation erwarteten oder zu erbringenden Leistungen in voneinander möglichst scharf und eindeutig abgegrenzte Aufgaben zerlegt und diesen Aufgaben Funktionen sowie Kompetenzen im Sinne von Befugnissen und Verantwortlichkeiten zuordnet.

Aus der Perspektive der Aufbauorganisation von Organisationen übersetzt sich dieses Aufgaben- und Funktionsgefüge in hierarchische Strukturen von Stellen und Instanzen, die durch konkrete Bündel von Arbeits- und formalen Qualifikationsanforderungen beschreibbar sind. Die Besetzung der Stellen erfolgt im Idealfall durch die Auslese der Funktionsträger bzw. potentiellen Stelleninhaber nach formalen Qualifikationen, besetzte Stellen versprechen für ihre Inhaber langfristige Zukunftssicherung und vorgezeichnete Laufbahnen in ämterhierarchischen Strukturen, die entlang der vorgegebenen Linien die Dienstwegkommunikation vorsehen. Die schriftliche aktenförmige Erfassung und Dokumentation aller Vorgänge ist dabei nicht nur Ausdruck der Transparenz aller Vorgänge für die jeweilige Vorgesetztenebene, sondern zugleich auch Teil des bürokratischen Kontrollsystems. Aus diesen und weiteren hier nicht erwähnten Merkmalen bürokratischer Idealorganisationen leitete WEBER die *Vorteile* der Objektivität, der Stetigkeit und Berechenbarkeit, der Planbarkeit und Zuverlässigkeit bürokratischen Handelns ab.

Für WEBER war die bürokratische Organisation die *reinste Form legaler Herrschaft* und die *höchste Stufe organisatorischer Rationalität*, die sich durch Sachlichkeit, Unpersönlichkeit und Berechenbarkeit auszeichnet (vgl. KIESER 1993, S. 45). Damit war WEBER zufolge die bürokratische Organisation zugleich die Organisationsform, die allen anderen Formen der Verwaltung an *Effizienz* eindeutig überlegen sei (vgl. ebd., S. 48). Aber schon WEBER sah die *problematischen Implikationen des Bürokratiemodells*, soweit reale – private wie staatliche – Organisationen versuchten, das Bürokratiemodell umzusetzen: KIESER beschreibt das so (1993, S. 49): »WEBER beklagt eindringlich, dass die Verfolgung des Prinzips der Rechenhaftigkeit in kapitalistischen Arbeitsorganisationen und in Bürokratien deren Entpersönlichung vorantreibt und damit ein selbstverantwortliches Handeln unmöglich macht«. Diese und ähnliche Einsichten konnten sich jedoch zunächst nicht durchsetzen, da die bürokratisch-rationalistische Sichtweise durch Anleihen im Ansatz des TAYLORismus (nach F.W. TAYLOR 1913) unterstützt wurde, der postulierte, dass die Effizienz, also die Leistungsfähigkeit von Organisationen

- *erstens* durch weitestgehende Arbeitsteilung vor allem auch zwischen Hand- und Kopfarbeit, oder wie wir heute mit dem Betriebswirt Erich Gutenberg sagen würden: zwischen dispositivem und ausführendem Faktor,
- *zweitens* durch die Ersetzung von Erfahrungswissen durch wissenschaftlich gewonnenes Wissen (Arbeitswissenschaften) und

150

- *drittens* durch die Ersetzung persönlicher Kontrolle und Steuerung durch unpersönliche Steuerung und Kontrolle in Form von Regeln und Verhaltensrichtlinien erhöht werde (vgl. KIESER 1993, S. 72 ff.).

Es scheint, als habe der erziehungswissenschaftliche Mainstream pädagogische Institutionen lange Zeit als bürokratische Organisationen konstruiert und dadurch in einen unüberbrückbaren *Gegensatz* zum personalistischen Verständnis pädagogischen Handelns gestellt. Das Ergebnis des Zusammenwirkens beider Konstruktionen war nach TERHART (1986, S. 206) »die Ausgrenzung der Organisationsproblematik aus dem Feld des 'eigentlich' Pädagogischen und die Konstruktion eines unüberbrückbaren Gegensatzes zwischen Organisation und pädagogischem Handeln.« TERHART verweist u.a. auf die *Human-Relations-Bewegung* und die aus ihr entwickelte Organisationspsychologie, die mit dem Verweis auf die faktischen informellen sozialen Realitäten unterhalb der formalen Ordnungsstrukturen ein ganz anderes Verständnis von pädagogischen Organisationen zeichnet, dessen Botschaft lautet: jede pädagogische Organisation ist anders, hat Handlungsspielräume für alle Organisationsmitglieder, die sich erweitern und humanisieren lassen, hat ein besonderes Organisationsklima bzw. eine spezifische Organisationskultur, die durch die Persönlichkeiten der Organisationsmitglieder und deren situatives Verhalten geprägt wird (vgl. KIESER 1993, S. 95 ff.). In seiner modernen Variante entwickelte sich die Human-Relations-Bewegung zum *Ansatz der Organisations- und Personalentwicklung*, der das Problem aufgreift, dass in einer sich immer stärker individualisierenden und globalisierenden Gesellschaft (vgl. FLÖSSER 1994, S. 8 ff.) bürokratische Organisationsstrukturen die *Anpassung* von Organisationen *an sich verändernde Umwelten* anscheinend immer schwerer bewältigen und zugleich die wachsenden Ansprüche der Mitglieder an die Leistungen der Organisation und an die Partizipation in der Organisation immer weniger befriedigen können. Organisationsentwicklung soll helfen, *einerseits* die Organisationsziele Effizienz, Flexibilität, Innovativität und *andererseits* die Ziele der Organisationsmitglieder gleichzeitig und gleichwertig verfolgen zu können. Sowohl die neuen Schulentwicklungsstrategien wie auch die Reformierung sozialer Dienste zu kunden- und produktorientierten Dienstleistungsunternehmen (vgl. BANNER 1991; FLÖSSER 1994; SCHAARSCHUCH 1998) verdanken sich der Idee der Organisationsentwicklung, aber auch dem Konzept dezentraler Kontextsteuerung.

Der Zweifel an der Triftigkeit des bürokratischen Modells für pädagogische Organisationen wird organisationstheoretisch auch durch das *Konzept der lose gekoppelten organisationsinternen Systeme (loosely coupled systems)* von WEICK (1976) genährt. In Anwendung auf pädagogische Organisationen stellt dieser Ansatz darauf ab, dass zwar die Leistungsbeziehungen zwischen den Instanzen, die im wesentlichen die äußere bzw. formale Organisationsstruktur determinieren, bürokratieartig festgeschrieben werden können, so z.B. die Rechte und Pflichten von Lehrern und Schulleitungen sowie der Schulaufsicht wie auch die Instanzenwege, die zwischen ihnen zurückzulegen sind, doch der Raum der pädagogischen Handlungen selbst, das Unterrichten in der Klasse, die Beratung des Klienten entzieht sich dieser formalen Struktur und der direkten Einwirkung »von oben«. Wenn aber pädagogische Organisationen sich im Kern ihrer Aufgaben rationalistischer Steuerung durch die oberen Instanzen entziehen, dann scheint die *Verlagerung von Ent-*

Das erziehungswissenschaftliche Erbe: der Gegensatz von Organisation und Pädagogik

Zweifel an der o.g. Dichotomisierung durch
- HumanRelations Ansatz
- Ansatz der Organisationsentwicklung
- Ansatz der lose gekoppelten Systeme

151

scheidungskompetenzen an die Basis, der Abbau von vertikaler Kontrolle zugunsten von Selbststeuerung und Selbstkontrolle sowie die stärkere Orientierung pädagogischen Handelns an den Wünschen der »Kunden« konsequent.

Beschreiben die Ansätze der Human-Relations-Bewegung, der Organisationsentwicklung und der lose gekoppelten Systeme sowie WILLKES Modell der dezentralen Kontextsteuerung (vgl. dazu EICHMANN 1989) die organisatorischen Bedingungen von pädagogischem Handeln und die Anforderungen an die Gestaltungsstrukturen pädagogischer Organisationen *angemessen*, so kann daraus die Schlussfolgerung gezogen werden, dass pädagogische Organisationen in der Tat erhebliche Handlungs- und Gestaltungsspielräume haben, die sie nutzen können und sollten. Dazu bedarf es in den Organisationen einer bestimmten Kompetenz, nämlich *der Kompetenz bzw. der Befugnis zu entscheiden,* denn durch Entscheidungen werden Organisationen strukturell gestaltet und in ihrer Aufgabenerfüllung gesteuert. *Gestaltung und Steuerung von Organisationen* ist aber nichts anderes als ihre *Führung* bzw. ihr *»Management«* (vgl. dazu STEINMANN 1993; MERK 1992, 1993; STAEHLE 1987, S. 40 ff.; HUB 1990, S. 85 ff.). Das Management einer Organisation ist folglich eine ausdifferenzierte Funktion in einer Organisation, deren Aufgabe in der Gestaltung und Steuerung der Organisation besteht, und die für den Fortbestand, für die Weiterentwicklung und für die Aufgabenerfüllung der Organisation verantwortlich ist. Zu den Aufgaben des Managements gehören z.B.:

Implikationen: erhebliche Gestaltungsspielräume in pädagogischen Organisationen

- Die Definition der Organisationsaufgaben, die Setzung von Zielen und Prioritäten, die Entwicklung eines Organisationsleitbildes;
- Problemsuche, Problemerkennung und Problemlösungsinitiativen, Planung und Entscheidung von Handlungsprogrammen;
- Durchsetzung von Programmentscheidungen mittels Information, Instruktion, Anweisung, Befehl, Motivation und durch Gestaltung der Organisationsstrukturen;
- Personalführung und -entwicklung;
- Organisationsentwicklung, d.h. Planung der und Entscheidung über die Organisationsstruktur;
- Kontrolle und Steuerung der Aufgabenerfüllung und des Mitgliederverhaltens;
- Evaluation und Controlling.

Verweisen auf die Bedeutung der Managementfunktion

Die Managementfunktionen können durch unterschiedliche Managementkonzeptionen wahrgenommen werden, worunter Systeme aufeinander abgestimmter, in den Rahmen von Leitvorstellungen über die Beeinflussung menschlichen Verhaltens integrierte *Prinzipien, Instrumente, Methoden und Techniken des Führens der Organisationsmitglieder* gemeint sind, die praktiziert werden, um die Organisationsziele zu erreichen. Derartige Konzeptionen umfassen *erstens* Führungsprinzipien, *zweitens* Führungstechniken und -instrumente, *drittens* Personalentwicklungssysteme, *viertens* Motivationskonzepte und Anreizsysteme und *fünftens* Informations- und Controllingsysteme. Diese Komponenten können unterschiedlich gestaltet und zu differenzierten Managementsystemen kombiniert werden, die sich vor allem durch ihre *Führungsprinzipien und Führungsstile* unterscheiden. Der Gruppe der *direktiven, stark zentralistischen Managementmodellen* steht die Gruppe der *nichtdirektiven Modelle* gegenüber, die sich durch das Delegationsprinzip und die Dezentralisierung von Entscheidungen sowie von Verantwortung für Entscheidungen auszeichnen. In der neuesten Ausgabe von GABLERs Wirtschaftslexikon (1996, S. 2528 ff.) werden allein zwölf sog. »management by ...« Konzepte unterschieden, die sich eine Organisation alternativ zu eigen machen kann: management by alternatives, management by breakthrough, management by communication, management by control and direction, management by decision rules, management by delegation, management by exceptions, management by objectives, management by participation, management by results, management by self-control and example und management by system.[1]

Alternative Managementmodelle

Festzuhalten gilt es, dass sich das *Handeln in pädagogischen Organisationen* nicht auf pädagogisches Handeln im Sinne der Kommunikation zwischen Lehrenden und Lernenden reduziert, sondern es *umfasst Handeln, das sich auf die Gestaltung des sozialen Lernraumes und seiner Ordnung selbst bezieht*. Dies ist das Management pädagogischer Organisationen. Es scheint, als bestehe zwischen Organisationstyp und Managementkonzeption eine Beziehung der Komplementarität. Dies führt im Zusammenhang mit den bisherigen Organisationserfahrungen in pädagogischen Einrichtungen zunehmend zu der *Vermutung*, dass die steigenden Leistungserwartungen der Gesellschaft, vor allem aber der direkten »Kunden« an die pädagogischen Organisationen nur *über integrative bis hin zu demokratischen Managementkonzepten* erfüllt werden können, die sich ihrerseits nur in *offenen, flexiblen, unbürokratischen Organisationsformen* entfalten können. Mir scheint aber die Feststellung unabweisbar, dass pädagogische Organisationen ein Mehr an Management vertragen im Sinne von benötigen als in der Vergangenheit, insofern bedarf es *auch aus der Sicht des Gelingens von Bildung* einem Mehr an integrativem Management.

Erweiterter Begriff von pädagogischem Handeln

Zum Schluss bleibt die Frage, welcher Profession das Management von und in pädagogischen Organisationen überantwortet werden sollte. Eine Möglichkeit wäre, das Management Betriebswirten oder Soziologen zu überlassen und damit pädagogisches Handeln und das Management des pädagogischen Handelns zu dichotomisieren. Eine andere Möglichkeit, für die ich plädiere, ist, den *Begriff des pädagogischen Handelns zu erweitern und die Managementkompetenz in das Anforderungsprofil pädagogischen Handelns mit aufzunehmen*, wie es eigentlich auch in den Diplomstudiengängen Erziehungswissenschaft beabsichtigt gewesen war. Hier nun schließt sich der Argumentationskreis: Wenn wir Management von und in pädagogischen Organisationen als Element des Handlungsprofils und damit der Qualifikationsanforderungen von Diplompädagogen und -pädagoginnen verstehen, dann verträgt deren Bildung erheblich mehr Management in einem doppelten Sinn: einmal als *Managementwissen*, das wir in der Universität vermitteln müssten, und zum anderen *im Sinne von beruflicher Handlungskompetenz*, die es unter Rückgriff auf dieses Wissen in der beruflichen Praxis zu erwerben, zu entwickeln und umzusetzen gälte.

Managementwissen und Managementkompetenzen als Element pädagogischer Handlungskompetenz

---

1 Diese Konzeptionen können hier nicht weiter erläutert werden, vgl. dazu ausführlich GABLER (1996, S. 2528 ff.).

Literatur

BANNER, D.: Von der Behörde zum Dienstleistungsunternehmen. In: VOP 1 (1991), S. 6-11.

BECK, U.: Jenseits von Klasse und Stand? In: KRECKEL, R. (Hrsg.): Soziale Ungleichheiten. Soziale Welt, Sonderband 2. Göttingen 1983, S. 35-74.

BOKELMANN, H.: Pädagogik: Erziehung, Erziehungswissenschaft. In: SPECK, J./WEHLE, G. (Hrsg.): Handbuch pädagogischer Grundbegriffe, Band II. Bad Heilbrunn 1970, S. 178-267.

BRINKMANN, D./NAHRSTEDT, W./TIMMERMANN, D.: Diplom – und dann ..... Untersuchung zum Verbleib von Absolventinnen und Absolventen des Diplomstudiengangs Erziehungswissenschaft der Jahre 1990-1994. Bielefeld 1995.

BUDÄUS, D.: Public Management. In: GABLERs Wirtschaftslexikon, 14. Auflage. Wiesbaden 1997, S. 3146-3149.

EICHMANN, R.: Diskurs gesellschaftlicher Teilsysteme: zur Abstimmung von Bildungssystem und Beschäftigungssystem. Wiesbaden 1989.

FLÖSSER, G.: Soziale Arbeit jenseits der Bürokratie. Über das Management des Sozialen. Neuwied/Kriftel/Berlin 1994.

GIESECKE, H.: Was ist des Pädagogen Profession? Ein Versuch über pädagogisches Handeln. In: Neue Sammlung 16 (1986), S. 205-215.

HUB, H.: Unternehmensführung. Praxisorientierte Darstellung, 3. Auflage. Wiesbaden 1990

KIESER, A. (Hrsg.): Organisationstheorien. Stuttgart/Berlin/Köln 1993.

KOMMUNALE GEMEINSCHAFTSSTELLE: Das neue Steuerungsmodell. Bericht Nr. 5 (1993), S. 3-24.

KRON, F. W.: Grundwissen Pädagogik. München/Basel 1991.

MERK, R.: Weiterbildungsmanagement: Bildung erfolgreich und innovativ managen. Neuwied 1992.

MERK, R.: Kommunikatives Management. Erwachsenenbildung, Weiterbildung, Personalentwicklung. Neuwied/Kriftel/Berlin 1993.

ROTH, H.: Pädagogische Psychologie des Lehrens und Lernens. 6. Auflage. Hannover 1962.

SCHAARSCHUCH, A.: Theoretische Grundelemente Sozialer Arbeit als Dienstleistung. Perspektiven eines sozialpädagogischen Handlungsmodus, Habilitationsschrift. Bielefeld 1998.

SEIDEL, E./JUNG, R.H./REDEL, W.: Führungsstil und Führungsorganisation, 2 Bände. Darmstadt 1988.

STAEHLE, W. H.: Management. Eine verhaltenswissenschaftliche Einführung, 3. Auflage. München 1987.

STEINMANN, H.: Management: Grundlagen der Unternehmensführung. Konzepte, Funktionen, Fallstudien. Wiesbaden 1993.

TAUSCH, R./TAUSCH, A.M.: Erziehungspsychologie. Psychologische Vorgänge in Erziehung und Unterricht. 3. Auflage. Göttingen 1968.

TAYLOR, F. W. : The Principles of Scientific Management. New York/London 1913.

TERHART, E.: Organisation und Erziehung. Neue Zugangsweisen zu einem alten Dilemma. In: Zeitschrift für Pädagogik 32 (1986), Heft 2, S. 205-223.

TIMMERMANN, D.: Organisation, Management, Planung, In: KRÜGER, H. H./HELSPER, W. (Hrsg.): Einführung in Grundbegriffe und Grundfragen der Erziehungswissenschaft. 2. Auflage 1996, S. 139-156.

WEBER, M.: Wirtschaft und Gesellschaft. Tübingen 1972.

WEICK, K. E.: Educational Organizations as Loosely Coupled Systems. In: Administrative Science Quarterly 21 (1976), Nr. 1, S. 1-19.

Lernende Organisationen – Umrisse einer neuen Schule?

Hans-Günter Rolff

Inhalt

In den 50er und 60er Jahren des letzten Jahrhunderts dominierte in Deutschland ein Verständnis von Schule als Lernschule. Das Erbe der Reformpädagogik war mit und nach der Hitlerzeit vergessen. Die Schulen, vor allem das alle anderen Schulformen überstrahlende Gymnasium, waren in erster Linie dem Lernen verpflichtet. Gelernt wurden vornehmlich Sprachen, auch Fremdsprachen, Geschichte, Mathematik und Naturwissenschaften. Fächer wie Kunst und Musik spielten ebenso wie Geographie oder Sport nur eine Nebenrolle. Erziehung galt kaum als Aufgabe der Sekundarschule, sie wurde der Familie und den Kirchen überlassen und der Volksschule, die bis zum Ende der 60er Jahre mehr als drei Viertel der Bevölkerung besuchten. *Schule als Lernschulen*

Schulkritiker brandmarkten diese Schule als Paukschule. Diese Schulkritiker gewannen mit der Studentenbewegung die Oberhand und trugen wesentlich dazu bei, dass sich die Schulen der 70er Jahre zunehmend als Lebensschulen verstanden, in denen man nicht nur für das Lernen lernte, sondern die auch eine lebenswerte Lernkultur entwickelten. Die Schulen öffneten sich dem Leben in Stadtteilen und in öffentlichen Einrichtungen, und sie versuchten , die innerschulische Lebensqualität zu verbessern. Einer der bekanntesten deutschen Pädagogikprofessoren, Hartmut v. HENTIG, gab dafür auch eine einprägsame Begründung, indem er pointiert formulierte: Lernprobleme sind Lebensprobleme, nämlich die Probleme der heranwachsenden Kinder und Jugendlichen, die erst gelöst, zumindest aber angesprochen werden müssen, bevor Lernen überhaupt möglich wird (vgl. v. HENTIG 1993). *Lebensschulen*

1. Ein neues Schulkonzept entsteht

In den 80er Jahren wurde die Einzelschule als Gestaltungseinheit entdeckt. Das bedeutete einerseits einen Abschied von der in Deutschland besonders heftigen Debatte um eine Strukturreform des Schulwesens mit dem Ergebnis, dass die Gesamtschule das herkömmliche dreigliedrige Schulwesen nicht ablöste, sondern um eine vierte (quantitativ nicht allzu belangreiche Schulform) lediglich ergänzte. Das bedeutete andererseits, den Blickwinkel auf die Einzelschule als Ganzer zu richten: auf ein das Unterrichtsgeschehen prägendes System. Aus dem Angelsächsischen importierte empirische Untersuchungen hatten ergeben, dass das gesamte Klima bzw. Ethos einer Schule bestimmt, welche Lernleistungen eine Schule erbringen kann. Das konventionelle Verständnis der Lehrerrolle im Sinne von »Ich und meine Klasse« oder »Ich und mein Fach« wurde abgelöst durch das neue Motto: »Wir und unsere Schule«. Das bedeutete zudem, sich am Leitbild einer selbständigeren, teilautonomen Schule zu orientieren, damit die Schule das Subjekt ihrer Entwicklung werden konnte. Dieser – etwas pathetisch – Paradigmenwechsel genannte Wandel gipfelte in der zweiten Hälfte der 80er Jahre im Leitbild der Schule als lernende Organisation, die ihre Aktivitäten selbst zu steuern und ihre Probleme selbst zu lösen versucht.

Einzelschule als Gestaltungseinheit

Wie kam es zu dieser Entwicklung und welche schultheoretischen Vorstellungen verbergen sich dahinter? Gänzlich neu ist das Leitbild einer teilautonomen Schule nicht. Zu erinnern ist an die Empfehlungen der Bildungskommission des DEUTSCHEN BILDUNGSRATES zur »Verstärkten Selbständigkeit der Schule« von 1973. Die dort gegebene Begründung, dass komplexe soziale Systeme nicht mehr ausschließlich zentral verwaltet werden können, sondern Schulen in die Lage versetzt werden müssen, auf die immer differenziertere Wirklichkeit flexibel und situationsgerecht zu reagieren, und dass darüber hinaus ein wachsendes Bedürfnis in der Bevölkerung nach Partizipation festzustellen ist, hat heute verstärkt Gültigkeit. Offenbar fehlte für diese Überlegungen wie für die noch ältere Kritik an der »verwalteten Schule« zu ihrer Zeit noch die gesamtgesellschaftliche Resonanz.

Verstärkte Selbständigkeit der Schule

Dies hat sich aufgrund durchgreifender Veränderungen im Wirtschaftsbereich und durch neue Verwaltungsreformkonzepte entscheidend verändert: Die gegenwärtigen nationalen und internationalen Reformbestrebungen im Bereich der Wirtschaft und im Feld der allgemeinen Verwaltung zielen – bei aller Unterschiedlichkeit im einzelnen – darauf ab, die jeweiligen institutionellen Rahmenbedingungen durch »Delegation von Verantwortung« und »Dezentralisierung« von Entscheidungsstrukturen so umzugestalten, ein Mehr an Entscheidungskompetenzen für kleinere »teilautonome« Organisationseinheiten verbunden wird mit einem Mehr an ganzheitlicher Verantwortung. Dies gilt für den Prozess der Leistungserstellung, dessen Ergebnisse und die eingesetzten Ressourcen. Hierarchisch gesteuerte Organisationsstrukturen sollen sich verändern zu einem System von sich weitgehend selbst steuernden, miteinander kooperierenden Einheiten.

Organisationsreform in Wirtschaft und Verwaltung

Wenn der Wandel weder voraussehbar noch planbar ist, muss man offenbar neue, gänzlich anders gelagerte Lösungen finden. Es scheint so, als verlange die Dynamik des Wandels weltweit nach Organisationen, die sich flexibel auf neue, auch unerwartete Situationen einstellen und ihre eigene Problemlösungsfähigkeit erhöhen, die also lernen können. ARGYRIS/SCHÖN haben Lernen dieser Art schon 1978 »Organisationales Lernen« genannt (vgl. ARGYRIS/SCHÖN 1978 und 1999). Deren Schüler SENGE veröffentlichte 1990 einen Weltbestseller zur »Kunst und Praxis der lernenden Organisation« (vgl. SENGE 1990).

Lernende Organisationen

Im Schulbereich publizierten HOLLY und SOUTHWORTH bereits 1989 ein Buch über organisationales Lernen. In Deutschland verwendeten DALIN/ROLFF dieses Konzept erstmalig 1990, um ihr Konzept des institutionellen Schulentwicklungsprozesses theoretisch zu begründen (vgl. DALIN/ROLFF 1990, S. 38 und 80 f.). Sich offen und lernfähig auf jede Art des Wandels einzustellen, ist im Schulbereich offensichtlich auch naheliegend. Denn gerade für den Schulbereich gilt, dass vieles unvorhersehbar geworden ist, z.B. welches Wissen vermittelt werden soll, wie die künftige Schülerpopulation aussieht oder welche Veränderungen die Multimedia bewirken.

Die BILDUNGSKOMMISSION NRW hat das Leitbild der Schule als lernender Organisation 1995 aufgenommen und mit einer spezifisch schulpädagogischen Begründung unterfüttert: »Pädagogische Freiheit ist unverzichtbar, ist eine grundlegende Voraussetzung professionellen Lehrerhandelns. Ihre derzeitig vorherrschende Erscheinungsform, ihr Verständnis als Methodenfreiheit der einzelnen Lehrerin, des einzelnen Lehrers im Unterricht, bedarf aber einer korporativen, auf die gesamte Schule bezogenen Erweiterung. Denn Erziehung und Bildung gelingen nicht als additive Verknüpfung von isolierten Einzelunterweisungen, sondern nur als gemeinsame Leistung. Diese kooperative Leistung erfordert bewusste gemeinsame Gestaltung, die als kontinuierlicher Entwicklungsprozess vorstellbar ist, als Entwicklung der Schule zu einer lernenden Organisation, die ihre Gestaltungsfreiheit im Interesse innerer, pädagogischer Reform verantwortlich nutzt« (BILDUNGSKOMMISSION NRW 1995, S. 62).

Schulpädagogische Begründung

2. Schule als lernende Organisation: Das Konzept der lernenden Schule

HOLLY und SOUTHWORK, die auch schon den bündigen Begriff der 'lernenden Schule' benutzten, verstehen darunter »einen Platz, der für das Lernen erdacht ist. Lernende Schulen geben sich Mühe, um sich die ihrem Handeln zugrundeliegende Philosophie bewusst zu machen und sie den Eltern und Schülern zu erklären. Beratung, Teamwork und Beteiligung kommt immer mehr Bedeutung zu« (HOLLY/ SOUTHWORK 1989, S. 3). Sie betonen, dass »der wichtigste Faktor für den Erfolg Lernender Schulen in der Leitung besteht« (ebd.). Sie zählen anschließend fünf untereinander verbundene Charakteristika auf, die eine Lernende Schule ausmachen:

Lernende Schulen

- Der Fokus liegt auf dem Lernen von Schülern;
- Die einzelnen Lehrpersonen werden ermuntert, selber kontinuierliche Lerner zu sein;
- Das Kollegium wird darin bestärkt, zusammenzuarbeiten und miteinander wie voneinander zu lernen;
- Die Schule als Ganze wird als Lernsystem verstanden;
- Der Schulleiter ist der »führende Lerner«.[1]

Die konkreten Umrisse einer neuen Schule sind durch die bereits erwähnte Empfehlung der BILDUNGSKOMMISSION NRW wie durch novellierte Schulgesetze bzw. Erlasse deutlicher geworden, vor allem in den Stadtstaaten Bremen und Hamburg sowie den Ländern NRW, Hessen, Schleswig-Holstein und Rheinland-Pfalz, aber auch durch Initiativen in Bayern und Baden-Württemberg. Dabei lassen sich sechs Komponenten unterscheiden:

1. Erweiterte Selbständigkeit

Die Einzelschule wird nicht mehr als nachgeordnete Dienststelle oder unselbständige Verwaltungseinheit betrachtet, sondern als mehr oder weniger selbständige Handlungseinheit. Das Maß der Selbständigkeit hängt ab von den Entscheidungsrechten der Schule über Budget, Personal und das schuleigene Profil des Lehrplans.

2. Evaluation

Je mehr Verantwortung Einzelschulen erhalten, desto mehr werden sie rechenschaftspflichtig. Als Verfahren der Rechenschaftslegung (aber auch der Reflexion und der Stimulierung von Schulentwicklung) setzen sich interne und externe Evaluation durch.

3. Schulprogramm/Leitbild

Je größer der Handlungsspielraum von Einzelschulen wird, desto stärker wachsen die Möglichkeiten und die Notwendigkeit der Zielklärung und -vereinbarung. Deshalb gehört zu den Umrissen der neuen Schule das Schulprogramm bzw. Leitbild als Ausdruck des gemeinsamen pädagogischen Selbstverständnisses von Lehrpersonen, Schülern und Eltern.

4. Gestärkte Schulleitung

In Schulen mit erweiterter Selbständigkeit werden Schulen mehr Aufgaben übertragen, die bisher Behörden, vor allem der Schulaufsicht oblagen, z.B. Genehmigung aller Art und vor allem die Personaleinstellung und -beurteilung. Das führt zu einer Stärkung der Schulleitung.

5. Teamarbeit

Lehrerinnen und Lehrer, durch die Arbeitsorganisation der herkömmlichen Schule eher an Einzelarbeit orientiert, sind vermehrt zur Teamarbeit aufgefordert, was im übrigen auch für Schulleitungsmitglieder gilt. Teamarbeit und Evaluation führen zu einer Veränderung der Lehrerrolle. Lehrerinnen und Lehrer erfahren in der Lernenden Schule einen Professionalisierungsschub in Richtung des »reflektierenden Praktikers« (vgl. SCHÖN 1983).

6. Lehrerprofessionalität

Die genannten fünf Komponenten stehen nicht isoliert nebeneinander, sondern sind in einer lernenden Organisation systemisch aufeinander bezogen. Der Fokus ist dabei wachsende Professionalität des Personals.

---

1 H. MEYER sowie SCHRATZ/LÖFFLER haben die Idee der Lernenden Schule popularisiert und weiter differenziert (vgl. ausf. MEYER 1997; SCHRATZ/LÖFFLER 1998).

Man kann sich die Gesamtkonstellation bspw. wie bei einer Jazzband vorstellen: In einer Jazzband hört jeder auf jeden und geht jeder auf jeden ein, sonst gäbe es keinen Drive, sondern nur Missklänge. Einzelne können das Tempo erhöhen, müssen aber die anderen mitziehen. Dasselbe gilt für Verlangsamung. Viele der Mitglieder sind Solisten. Während sie im Vordergrund stehen, werden sie von den anderen begleitet und getragen. Sie treten immer wieder ins Glied zurück. Wenn gute Solisten dabei sind, ist es von Vorteil für die ganze Gruppe. Es gibt einen Rahmen für den Ablauf (»Arrangement«), aber gleichzeitig viel Spielraum für Improvisationen. Eine Jazzband hat auch einen Leader, aber auch ein starker Leader weiß, dass er ohne die anderen nichts aufführen kann.

Jazzband als Metapher

Diese Metapher vermag die Umrisse einer neuen Schule vielleicht mit etwas Leben zu erfüllen, was aber den besonderen Charakter organisatorischen Lernens ausmacht, ist noch klärungsbedürftig.

3. Kennzeichen lernender Schulen

Lernende Schulen sind nicht nur Einrichtungen, in denen die Schüler lernen, sondern auch solche, die selber zum Lernen fähig sind. Dazu müssen sie – genau wie Individuen – Lernstrukturen und Lernkapazitäten pflegen und z. T. erst aufbauen. Das gilt einmal für das Lehrpersonal selbst, und das gilt zum anderen für die Schule als Organisation, was eine ziemlich neuartige Vorstellung ist, die aber plausibler wird, wenn die Lernfelder genannt werden: Schulen, die sich bewusst entwickeln, lernen ihr Schulcurriculum zu klären, eine gemeinsame Diagnose der Stärken und Schwächen durchzuführen, Prioritäten für Entwicklungsvorhaben zu setzen, Teams zu bilden und Projekte zu managen und die Wirkung dieser neuartigen Prozesse zu evaluieren.

Lernfelder für Organisationen

In Lernenden Schulen sind die Lehrpersonen selbst Lernende. Die Lernkapazität der ganzen Schule ist indes mehr als die bloße Summe der Lernpotentiale ihrer Mitglieder. Wenn eine Organisation lernt, erhöht sie ihre Problemlösungskapazität und verbessert ihr Handlungsrepertoire. Dieses Lernen ereignet sich jedoch nicht »naturwüchsig«, sondern muss eigens herbeigeführt werden. Dies geschieht dadurch, dass bestimmte Mitglieder der Organisation – und hier kann Leitenden eine besondere Rolle zugemessen werden – Lernprozesse initiieren. »Organisationen 'lernen' daher nicht einfach irgendwie emergent, sondern Mitglieder einer Organisation schaffen Bedingungen und Organisationsformen, in denen Organisationslernen möglich ist«, betont KRAINZ-DÜRR (1999, S. 320).

Lehrer als Lerner

Peter SENGE verdanken wir die in der Abbildung unten wiedergebene Darstellung der »Architektur« der lernenden Organisation als Dreieck mit den Ecken: Leitgedanken, Innovationen der Infrastruktur sowie Methoden und Werkzeuge (vgl. SENGE u.a. 1996, S. 24). Dies lässt sich ohne störende Brüche auf Schulen übertragen. Die Leitgedanken werden in Schulentwicklungsprozessen Schulprogramm genannt; zu den Innovationen der Infrastruktur gehören neue Kooperationsstrukturen und Prozesssteuerung, und der Werkzeugkasten der Methoden und Techniken der Schulentwiclung ist reichhaltig gefüllt (vgl. ROLFF u.a. 1998).

»Senge-Dreieck«

Die Leitgedanken der Lernenden Schule sind Ausdruck der Visionen bzw. der Zielklärung eines Kollegiums. Wenn sie Bestandteil eines Schulprogramms werden, stellen sie eine Art Zielvereinbarung dar. Die Leitgedanken dienen auch als Folie für die Prioritätensetzung hinsichtlich der Entwicklungsschwerpunkte der nächsten Jahre.

Abbildung: Architektur der lernenden Organisation nach Peter SENGE

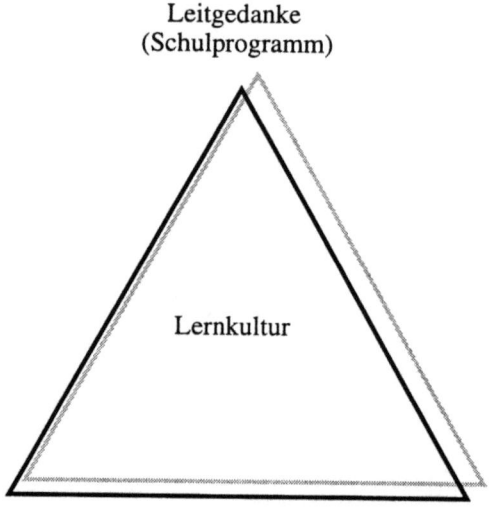

Leitgedanke
(Schulprogramm)

Lernkultur

Innovation der Infrastruktur
(Arbeitsorganisation und
Prozesssteuerung)

Methoden und Werkzeuge
(Selbstreflexion und
-organisation)

Die Innovationen der Infrastruktur einer Lernenden Schule beziehen sich zum einen auf die Arbeitsorganisation und zum anderen auf die Prozesssteuerung. Mit Arbeitsorganisation ist in erster Linie die Organisation des Unterrichts gemeint, also ob Lehrkräfte kooperieren (auf Fach-, Klassen- oder Jahrgangsebene) und ob diese kooperierenden Gruppen bzw. Teams lernende Gruppen sind, die manchmal auch Qualitätszirkel heißen. Die Arbeitsstruktur betrifft ebenso die Schulleitung, bei der es ebenfalls um Kooperation und Lernfähigkeit geht.

Neue Arbeitsorganisation

Hinsichtlich der Prozesssteuerung sind in Lernenden Schulen sog. Steuergruppen üblich geworden, die aus Vertretern des Kollegiums sowie dem Schulleiter bzw. der Schulleiterin bestehen, der/die in der Regel allerdings die Gruppe nicht leitet. Steuergruppen stellen so etwas wie eine Infrastruktur für die aktive Beteiligung des Kollegiums an der Entwicklung der ganzen Schule dar. Sie sind eine relativ neue Einrichtung, die zahlreiche Fragen aufwirft u.a. nach der Rolle der Schulleitungen, dem Problem der Verdoppelung von Leitungsstrukturen und den Möglichkeiten und Grenzen des Selbststeuerungspotentials von Schulen.

Bedeutsamkeit von
Prozessen

160

Die Methoden und Werkzeuge einer Lernenden Schule beziehen sich auf Selbstreflexion und auf Selbstorganisation: Zur Selbstreflexion gehören alle Methoden und Techniken der Evaluation, die sich auf Fächer, Projekte oder die ganze Schule beziehen können, sowie auf Personalberatung und -beurteilung. Diese Methoden sind in Schulen heute noch wenig verbreitet und selten genutzt. Die Methoden der Selbstorganisation sind den Schulen vertrauter in Form von Bestandsanalysen und Diagnosen, Prioritätensetzung, Projektmanagement oder Budgetverwaltung. Methoden und Werkzeuge

In der Abbildung wird das SENGE-Dreieck ergänzt durch den zentralen Bereich der Lernkultur. Die Lernkultur einer Lernenden Schule ist im Idealfall gekennzeichnet durch eine unterstützende Atmosphäre, die Fehler verzeiht und auch verrückte Ideen gutheißt, wenn sie nur anregend sind, ferner durch ein akzeptiertes Netz von Normen und Spielregeln, an denen sich Verhalten orientiert, sowie durch ein Ambiente wechselseitigen Austausches, gegenseitiger Beratung und kollegialen Feedbacks. Dies schafft die Bedingungen dafür, dass aus Lehrern auch Lerner werden. Lernkultur

Im Mittelpunkt der Lernkultur steht der Unterricht. Schülerinnen und Schüler werden dabei nicht als Kunden, das hieße Konsumenten, verstanden, sondern als Lernpartner oder Koproduzenten des Lernens. Sie lernen nicht nur rezeptiv, sie lernen vor allem aktiv, d. h. eigentätig und aneignend. Deshalb wird Unterricht in einer Lernenden Schule auch aus der Perspektive des Eigenanteils der Schüler gedacht und gestaltet.

Kurz und bündig könnte man eine Lernende Schule definieren als eine Schule, die sich selbst steuert, selbst reflektiert und selbst organisiert. Da es jedoch nicht nur um Lernen geht, sondern auch darum, Gelerntes zu speichern und abrufbar zu halten, gehört eine vierte Dimension unabdingbar dazu, die des »systemischen Wissensmanagements«. »Lernen ist der Prozess, Wissen ist das Ergebnis« formuliert WILKE (1998, S. 39) bündig. »Immer noch fällt es allerdings vielen schwer«, heißt es ebenfalls bei WILKE, »sich überhaupt organisationales Wissen vorzustellen, also Wissen, das nicht in den Köpfen von Menschen gespeichert ist, sondern in den Operationsformen eines sozialen Systems. Organisationales oder institutionelles Wissen steckt in den personen-unabhängigen, anonymisierten Regelsystemen, welche die Operationsweise eines Sozialsystems definieren. Vor allem sind dies Standardverfahren, Leitlinien, ... Routinen, Traditionen, spezialisierte Datenbanken, kodiertes Produktionswissen und die Merkmale der spezifischen Kultur einer Organisation« (ebd., S. 16). Wissensmanagement

WILKE erläutert, wie Organisationen zu ihrem Wissen kommen, indem ein für die Organisation relevantes Wissen von Personen formuliert, aufgeschrieben und schließlich dieses symbolisch repräsentierte Wissen in eine »Wissensbank« eingebracht wird, die in die Abläufe der Organisation eingebunden ist. Das Wissen wird so unabhängig von den Personen, die das Wissen liefern, und kann als organisationales Wissen weitergegeben, geheimgehalten, verändert und sogar verkauft werden. Der Kern der Idee kollektiven Wissens ist die Beobachtung, dass der Gehalt dieses Wissens nicht von den einzelnen Wissenspartikeln geprägt ist, welche in den Köpfen von Personen oder sonst wie dokumentiert vorhanden sind, sondern von den Relationen und Verknüpfungsmustern zwischen Wissenselementen. Die Verknüpfungen selbst konstituieren das eigenständige kollektive oder systemische Wissen der Organisation.

WILKE betont, dass die Wissensbasis einer Organisation – ähnlich wie die Regeln und Strukturen der Kommunikation – von den Personen zwar getrennt ist, aber nicht unabhängig von ihnen in Gebrauch kommt. Besonderes Augenmerk gilt deshalb dem Zusammenspiel von individuellem und organisationalem Wissen.

Mangel an
Organisationswissen

KRAINZ-DÜRR hat beobachtet, dass in »Schulen mit Wissen recht sorglos umgegangen wird. Es gibt kaum Traditionen, die z.B. Projekterfahrungen in einer Schule systematisch auswerten, um sie neuen Projektteams zugänglich zu machen, nur in Ausnahmefällen werden 'Fortbildungstage' dokumentiert oder einer Reflexion unterzogen, selbst Materialienpools oder der Austausch von Lernmaterialien sind eher die Ausnahme als die Regel. Es gibt in Schulen kaum Strukturen, die einen Wissenstransfer unter LehrerInnen fördern oder vorhandenes Wissen speichern helfen. Oft ist nicht einmal den eigenen KollegInnen bekannt, welche Initiativen oder Projekte an der Schule gerade laufen« (KRAINZ-DÜRR 1999, S. 35).

Viele herkömmliche Schulen ähneln 'Bermuda-Dreiecken', in denen vieles spurlos verschwindet. Sie haben, um einen Begriff von GEISSLER zu benutzen, kein oder nur ein gering ausgeprägtes »Organisationsgedächtnis«. Ohne Organisationsgedächtnis kann bewährtes Veränderungswissen jedoch nicht entstehen, geschweige denn erhalten bleiben.

Organisationsgedächtnis
als Perspektive

GEISSLER bezeichnet die Entstehung eines »Organisationsgedächtnisses« als eine »Frage ... von zentraler Bedeutung« für Organisationslernen (GEISSLER 1995, S. 13). Er meint damit »ein von weiten Kreisen der Organisation gemeinsam geteiltes Wissen über die Organisation, das der Wirklichkeit zwar nicht unbedingt entsprechen muss, aber dennoch gültig ist, weil es von der Mehrheit der Organisationsmitglieder als richtig empfunden und ihrem Verhalten praktisch folgenreich zugrundegelegt wird« (ebd., S. 12).

Es gehört demnach zu den Schlüsselproblemen einer Schule, ein Organisationsgedächtnis zu entwickeln, damit weder Erfahrungen, noch Orientierungen, noch Kompetenzen, Werkzeuge oder Methoden verloren gehen, sondern im Gegenteil zur Erhöhung des Problemlösepotentials dauerhaft zur Verfügung stehen.

4. Einwände

Das Leitbild der Lernenden Schule ist nicht ohne Kritik geblieben. Die Einwände sind bildungspolitischer wie grundsätzlicher Art.

Auseinanderdriften der
Schulprofile?

So wird vor allem in bezug auf die Teilautonomie Lernender Schulen geargwöhnt, dass sie zu einem Auseinanderdriften der Schulprofile führt. Dabei wird eine Zunahme der in Deutschland ohnehin ausgeprägten Ungleichheit der Bildungschancen befürchtet. Grundlage dieser Kritik ist der Umstand, dass die größeren Handlungsspielräume der Lernenden Schulen eine marktähnliche Dynamik entfesseln könnte, welche gute Schulen besser und weniger gute Schulen schlechter werden ließe.

Über einen ebenfalls weit verbreiteten Einwand berichtet Hilbert MEYER: »Als ich einem meiner Kollegen, Jörg SCHLEE, erzählte, dass ich einen Vortrag mit diesem Titel halten wolle, wurde er ungehalten! Das sei eine völlig missglückte Formulierung! Nicht die Schule als Institution lerne, sondern einzig und allein die

Menschen, die an diesen Schulen arbeiten. Ich habe den Einwand gründlich durch-dacht, bleibe nun aber doch bei dem Begriff. Er ist für mich kein Kategorienfehler, auch keine bloße Metapher, sondern eine wissenschaftliche Hypothese, die ausformuliert folgendermaßen lautet: Eine Schule ist ein soziales System, das sich durch das Handeln seiner Subjekte verändern kann. Die Schule als Ganzes macht dabei einen Lernprozess durch. Sie lernt anders, anderes, weniger und mehr als jedes einzelne Mitglied der Schule« (MEYER 1997, S. 114). Können nur Individuen lernen?

Von grundsätzlichem Charakter ist der Einwand, dass es sich bei der Redeweise von der lernenden Organisation um eine bloße Metapher handelt, die keine Entsprechung in der Wirklichkeit hat. In der Tat leugnet der Ansatz des Organisationsler-nens nicht, dass Organisationslernen ohne Bezug auf das individuelle Lernen der einzelnen Organisationsmitglieder nicht konzipiert werden kann: Ohne lernende Personen vermag eine Organisation nicht zu lernen. Andererseits kann davon ausge-gangen werden, dass Organisationslernen etwas qualitativ Eigenständiges ist. Ein Organisationsgedächtnis ist etwas anderes als ein Einzelgedächtnis, und mit am In-dividuum orientierten Lerntheorien kann nicht geklärt werden, wie es kommt, dass ein Großteil der Lehrkräfte durch Fortbildung für sich zu lernen vermag, ihre Schule als Organisation davon jedoch weitgehend unberührt bleibt. Wenn schließlich ein ganzes Kollegium lernt, sich Regeln zu geben und bisher vorhandene zu verändern oder ein Schulprogramm zu verabschieden, überschreitet das ebenfalls den Bereich individuellen Lernens. Metapher – oder mehr?

Eine ganz andere Frage ist, ob Schulen überhaupt zum Lernen fähig sind. Ver-mutlich ändern sich Schulen tatsächlich behäbiger als andere Organisationen. Das liegt unter anderem im ursprünglichen Anstaltscharakter von Schule (nachgeordnete Dienststelle, keine Ermächtigung zur eigenständigen Außenvertretung, bürokrati-sche Arbeitsorganisation) begründet, und ist zum anderen in der Berufskultur von Lehrpersonen verankert, die als Einzelarbeiter sozialisiert wurden und die ihre pro-fessionellen Referenzgruppen vielfach eher außerhalb als innerhalb der Schule ha-ben, was zumindest für Sekundarschullehrer zutrifft. Zudem scheint es im Klassen-zimmer eher auf die einzelne Person anzukommen und weniger auf die Organisation.

Andererseits zeigen immer mehr Schulen (etwa anlässlich des BERTELS-MANN-Preises für innovative Schulen), dass sie bereits Lernende Schulen sind – oder doch einen großen Schritt weit auf dem Wege dahin. Im übrigen darf nicht übersehen werden, dass fast alle Schulen längst Problemlösestrategien, Selbstorga-nisationsfähigkeit und Techniken des Umgangs mit Störungen herausgebildet ha-ben. Im gewissen Sinne sind diese Alltagsroutinen bereits die Grundmauern, auf die Lernende Schulen weitergebaut werden können. Ausblick

Literatur

ARGYRIS, C./SCHÖN, D.: Die lernende Organisation. Stuttgart 1999.
BILDUNGSKOMMISSION NRW: Zukunft der Schule – Schule der Zukunft. Neuwied 1995.
DALIN, P./ROLFF, H.-G.: Institutionelles Schulentwicklungs-Programm. Soest 1990 (ab 1995 er-weitert und neu aufgelegt im Kettler-Verlag, Bönen).
DEUTSCHER BILDUNGSRAT: Verstärkte Selbständigkeit der Schule. Stuttgart 1973.
GEISSLER, H.: Grundlagen des Organisationslernens. Weinheim 1994.
HENTIG, H.v.: Die Schule neu denken. München 1993.

HOLLY, P./SOUTHWORTH, G.: The developing school. London 1989.

KRAINZ-DÜRR, M.: Wie kommt Lernen in die Schule? Innsbruck 1999.

MEYER, H.: Schulpädagogik, Bd. II. Berlin 1997.

ROLFF, H.-G. u.a.: Manual Schulentwicklung. Weinheim 1998.

SCHÖN, D.: The reflective practitioner. How professionals think in action. London 1983.

SCHRATZ, M./STEINER-LÖFFLER, U.: Die Lernende Schule. Weinheim 1998.

SENGE, P.: Die Fünfte Disziplin. Kunst und Praxis der lernenden Organisation. Stuttgart 1996 (Original 1990).

SENGE, P. u.a.: Das Fieldbook zur Fünften Disziplin. Stuttgart 1996.

WILKE, H.: Systemisches Wissensmanagement. Stuttgart 1998.

Materialien

Bevormundung der Erziehung durch Politik?
Erziehung im Spannungsfeld gesellschaftlicher und politischer Zugriffe.

Eine Textsammlung[1]

Zusammengestellt von Peter Kauder

Die Sache der Erziehung – so kann man es sinngemäß schon in Texten der griechischen Antike lesen – sei zu wichtig, als dass man sie nur einigen Erziehern überlassen könne. Schon im »Höhlengleichnis«, bezeichnenderweise ein Bestandteil von Platons Werk »Der Staat« (!), sind die Ziele von Bildung und Erziehung nicht ausschließlich im Sinne eines »l'art pour l'art«, also nicht nur und allein das Individuum betreffend gezeichnet, sondern der zu bildende Mensch wird kategorisch daraufhin in Anspruch genommen, seine Bildung und Erziehung in den Dienst der Gemeinschaft und des Staates zu stellen.[2] Mit dem »Höhlengleichnis« liegt also einer der frühesten Textklassiker der Pädagogik vor, in dem bereits das Problem exponiert ist, dass Erziehung sozusagen »Begehrlichkeiten« auf Seiten von Gesellschaft und Politik weckt. Bis zur aktuellen Gegenwart – das belegt die Textauswahl – durchzieht dieses Problem die Zeugnisse pädagogischen Denkens.

Die Zusammenstellung mit Passagen zum Spannungsfeld »Erziehung vs. Gesellschaft/Politik« – begrenzt auf die Zeit von den Anfängen der Pädagogik als Wissenschaft bis zur Gegenwart – enthält Äußerungen von vierzehn überwiegend deutschen, zwischen 1632 und 1928 geborenen Pädagogen. (Dass mit Rosenberg und Sturm auch Aussagen von zwei NS-Pädagogen aufgenommen worden sind, liegt bei der beschriebenen Problematik nahe und hat dokumentarische Gründe, denn gerade die Nationalsozialisten waren in besonderer Weise daran interessiert, Erziehung und Bildung für ihre Zwecke zu missbrauchen). Die Reihenfolge, in der die ausgewählten Personen zu Wort kommen, ist diese:

---

1 Die Orthographie der Texte wird weitgehend beibehalten, wodurch gelegentliche sprachliche Eigentümlichkeiten zu erklären sind; behutsam modernisiert worden sind hingegen einige heute unübliche Schreibweisen (z.B. wird »Theil« zu »Teil«).

2 Näheres dazu bei KAUDER, P.: Der Gedanke der Bildung in Platons Höhlengleichnis. Baltmannsweiler 2001. Bes. S. 75 ff.

John Locke (1632-1704)	Siegfried Bernfeld (1892-1953)
Jean-Jaques Rousseau (1712-1778)	Herman Nohl (1879-1960)
Johann B. Basedow (1724-1790)	Friedrich W. Foerster (1869-1966)
Immanuel Kant (1724-1804)	Alfred Rosenberg (1893-1946)
Wilhelm von Humboldt (1767-1835)	Friedrich K. Sturm (1890-ca. 1950)[3]
Friedrich Schleiermacher (1768-1834)	Wolfgang Fischer (1928-1998)
Georg Kerschensteiner (1854-1932)	Hartmut von Hentig (*1925)

Die Reihenfolge entspricht, wie die Lebensdaten zeigen, nicht immer dem Geburtsjahr der Autoren, sondern dem Jahr, in dem das Buch mit der jeweils wiedergegebenen Passage erschienen ist[4]: Diese Reihung macht die Abfolge der Äußerungen besser miteinander vergleichbar, da man annehmen darf, dass in einigen Fällen die Autoren die Schriften ihrer Vorgänger gekannt haben.

Auch wenn die Beiträge sich nicht direkt aufeinander beziehen, so wird doch ersichtlich, daß die abgedruckten Passagen sich in immer neuen Anläufen und Facetten an einem pädagogischen Dauerthema abarbeiten und die meisten Autoren den Schwerpunkt auf »Erziehung und *Politik*« legen. Drei einführende Bemerkungen mögen dem Leser Orientierung geben:

1. Da stellt etwa Locke Erziehung in den Dienst am Vaterland, während gleich anschließend Rousseau eine von Locke an der Gesellschaft orientierte Erziehung vehement bekämpft und durch eine »natürliche« ersetzen will. Mit diesen beiden Partien sind zwei wichtige entgegensetzte Positionen zum Verhältnis Erziehung und Gesellschaft/Politik erreicht: Auf der einen Seite gibt es Autoren, die dem Staat ein Recht auf Eingriff in und Regelung von Erziehung einräumen bzw. die ein gesellschaftliches Interesse an Erziehung bejahen. Auf der anderen Seite kann man Rousseau und Humboldt als Verbündete erkennen, denn für Humboldt ist zu viel staatlicher Eingriff in die Erziehung schädlich, und seine Überlegungen laufen letztlich darauf hinaus, dass der Staat den Rahmen für die Erziehung zu schaffen, sich im übrigen aber herauszuhalten habe. Freilich ist Humboldts Standpunkt nicht nur in der vorliegenden Textsammlung ein Minderheitenvotum.

2. Auf das nicht unproblematische Wort Schleiermachers soll hingewiesen werden, der »die Pädagogik [...] der Politik koordiniert«. Wie problematisch diese Wendung ist, wird klar, wenn man die Texte von Bernfeld, vor allem von Rosenberg und Sturm studiert, die in einer solchen Weise Politik und Pädagogik einander zu koordinieren trachteten, wie Schleiermacher es sicherlich für undenkbar gehalten hätte.

---

3 Dessen Todesdatum ist nicht exakt zu ermitteln.
4 Für den Fall, dass zwei Texte im gleichen Jahr erschienen sind – das betrifft Partien Rosenbergs und Sturms –, ist alphabetisch sortiert worden.

3. Am Ende der Texte stehen zwei Äußerungen, die wiederum eher der Tradition Humboldts verpflichtet sind. In völlig unterschiedlichen Zugriffen plädieren Fischer und Hentig für ein distanziertes Verhältnis der Erziehung zur Politik. Beide Autoren haben die nationalsozialistische Verzahnung von Erziehung und Politik am eigenen Leib erlebt und wissen, dass die Berufung auf »Heilswege«, um deretwillen Gesellschaft oder Politik auf Erziehung zugegriffen haben, trügerisch sein kann und schädlich gewesen ist.

Genug der Vorgaben! Die Leser und Leserinnen sind mündig genug, sich selbst ein Urteil über die zusammengestellten Texte zu bilden und historisch bis zur Gegenwart der Frage nachzuspüren, wie nah oder wie fern Erziehung der Gesellschaft und der Politik stehen soll, kann, darf ....

John LOCKE 1692

»Ich halte es für die unumgängliche Pflicht eines jeden Mannes, seinem Vaterlande jeden möglichen Dienst zu leisten.«[5]

»Die gute Erziehung der Kinder ist so sehr die Pflicht und das Angehen der Eltern und die Wohlfahrt und das Gedeihen der Nation hängt so sehr davon ab, daß ich gern sähe, ein jeder ließe sie sich ernsthaft angelegen sein. Nachdem er gut geprüft und unterschieden hat, was Laune, Herkommen oder Vernunft in dem Falle anrät, leihe er seine helfende Hand, um überall *die* Art und Weise zu fördern, die Jugend aufzuziehen – und zwar in stetem Hinblick auf ihre verschiedenen Lebensumstände und Veranlagungen –, welche die leichteste, kürzeste und aussichtsreichste ist, tugendhafte, nützliche und tüchtige Männer in ihren verschiedenen Berufen hervorzubringen. Am meisten jedoch sollte man sich um die Berufserziehung des Gentleman sorgen. Denn wenn die Angehörigen dieses Standes durch ihre Erziehung einmal auf die rechte Bahn gebracht worden sind, so werden sie bald alles übrige in Ordnung bringen.«[6]

»Wer es versteht, sich denen angenehm zu machen, mit denen er verkehrt, ohne sich zu gemeiner, knechtischer Schmeichelei zu erniedrigen, ist im Besitz der wahren Kunst, in der Welt zu leben und überall willkommen und geschätzt zu sein. Die Höflichkeit ist es daher, die man zu allernächst und mit großer Sorgfalt Kindern und jungen Leuten zur Gewohnheit machen sollte.«[7]

Jean-Jacques ROUSSEAU 1762

»Alles ist gut, wie es aus den Händen des Schöpfers kommt; alles entartet unter den Händen des Menschen. Der Mensch zwingt ein Land, die Erzeugnisse eines ande-

---

5 LOCKE, J.: Einige Gedanken über die Erziehung [1692]. Besorgt von J.H. DEERMANN. Paderborn 1967, S. 5.
6 Ebd., S. 6 f.
7 Ebd., S. 133.

ren hervorzubringen, einen Baum, die Früchte eines anderen zu tragen. Er vermengt und vertauscht das Wetter, die Elemente und die Jahreszeiten. Er verstümmelt seinen Hund, sein Pferd, seine Sklaven. Alles dreht er um, alles entstellt er. Er liebt die Mißgeburt, die Ungeheuer. Nichts will er haben, wie es die Natur gemacht hat, selbst den Menschen nicht. Man muß ihn, wie ein Schulpferd, für ihn dressieren; man muß ihn nach seiner Absicht stutzen wie einen Baum seines Gartens.

Ohne das wäre alles noch schlimmer, denn der Mensch gibt sich nicht mit halben Maßnahmen ab. Unter den heutigen Verhältnissen wäre ein Mensch, den man von der Geburt an sich selbst überließe, völlig verbildet. Vorurteile, Macht, Notwendigkeit, Beispiel und alle gesellschaftlichen Einrichtungen, unter denen wir leben müssen, würden die Natur in ihm ersticken, ohne etwas anderes an ihre Stelle zu setzen. Sie gliche einem Baum, der mitten im Wege steht und verkommt, weil ihn die Vorübergehen von allen Seiten stoßen und nach allen Richtungen biegen.«[8]

»Der natürliche Mensch ruht in sich. Er ist eine Einheit und ein Ganzes; er bezieht sich nur auf sich oder seinesgleichen. Als Bürger ist er nur ein Bruchteil, der vom Nenner abhängt, und dessen Wert in der Beziehung zum Ganzen liegt, d. h. zum Sozialkörper. Gute soziale Einrichtungen entkleiden den Menschen seiner eigentlichen Natur und geben ihm für seine absolute eine relative Existenz.«[9]

»Wer innerhalb der bürgerlichen Ordnung seine natürliche Ursprünglichkeit bewahren will, der weiß nicht, was er will. Im Widerspruch mit sich selbst, zwischen seinen Neigungen und Pflichten schwankend, wird er weder Mensch noch Bürger sein. Er ist weder sich noch anderen nützlich. Er wird ein Mensch von heute sein, ein Franzose, ein Engländer, ein Spießbürger: ein Nichts.«[10]

»Eine öffentliche Erziehung gibt es nicht mehr und kann es nicht mehr geben, denn wo kein Vaterland ist, gibt es auch keine Bürger mehr. Diese beiden Wörter *Vaterland* und *Bürger* müssen aus den modernen Sprachen ausgemerzt werden. [...]
Unsere lächerlichen Kollegien kann man nicht als öffentliche Erziehungseinrichtungen ansehen. Die Erziehung durch die Gesellschaft zähle ich auch nicht dazu, weil sie zwei entgegengesetzte Ziele im Auge hat und beide verfehlt: sie erzieht Menschen mit zwei Seelen, die an andere zu denken scheinen, in Wirklichkeit aber nur an sich denken. Die Beweise, die man beibringt, täuschen niemanden und sind daher zwecklos.
Aus diesen Widersprüchen ergibt sich ein weiterer, den wir unaufhörlich in uns selbst erfahren. Durch Natur und Menschen hin- und hergezogen und gezwungen, diesen verschiedenen Anstößen zu folgen, gelangen wir weder zu dem einen noch zum anderen Ziel. Bestürmt und schwankend verbringen und beschließen wir unser Leben, ohne mit uns selbst eins geworden zu sein und uns und anderen geholfen zu haben.
Bleibt noch die häusliche Erziehung oder die der Natur, aber was bedeutet ein Mensch dem anderen, der einzig für sich allein erzogen wurde? Könnte man das vorgenommene, doppelte Ziel in eines vereinen, indem man die Widersprüche im

8 ROUSSEAU, J.-J.: Emil oder Über die Erziehung [1762]. Besorgt von L. SCHMIDTS. Paderborn ¹¹1993, S. 9.
9 Ebd., S. 12.
10 Ebd., S. 13.

Menschen aufhebt, dann hätte man ein großes Hindernis zu seinem Glück hinweg- geräumt. Um das zu beurteilen, müßte man ihn fertig ausgebildet sehen. Man müß- te seine Neigungen beobachtet, seine Fortschritte gesehen, seinen Weg verfolgt ha- ben; kurz, man müßte den natürlichen Menschen kennen. Ich glaube, daß man nach der Lektüre dieses Buches, in diesen Untersuchungen einige Schritte weitergekom- men sein wird.

Was muß man tun, um diesen seltenen Menschen heranzubilden? Zweifellos viel: nämlich verhindern, daß etwas getan wird. Bei Gegenwind muß man lavieren; bei stürmischer See muß man den Anker werfen, wenn man auf der Stelle bleiben will. Paß auf, junger Steuermann, daß dir dein Tau nicht entgleitet, dein Anker nicht schleppt und dein Schiff nicht abtreibt, ehe du dich's versiehst!

In der Sozialordnung sind alle Plätze gekennzeichnet; jeder muß für seinen Platz erzogen werden. Verläßt einer seinen Platz, so ist er zu nichts mehr zu gebrauchen. Die Erziehung ist nur insofern von Nutzen, als die Berufung mit der Berufswahl der Eltern übereinstimmt. In jedem anderen Fall schadet sie dem Schüler, und sei es durch die Vorurteile, die sie ihm beigebracht hat. In Ägypten mußte der Sohn den Beruf des Vaters übernehmen, und die Erziehung hatte wenigstens ein gesi- chertes Ziel. Bei uns bleiben nur die Ränge bestehen, und die Menschen wechseln ständig. Niemand weiß, ob er seinem Sohn nicht schadet, wenn er ihn für seinen Stand erzieht.

In der natürlichen Ordnung sind alle Menschen gleich; ihre gemeinsame Beru- fung ist: Mensch zu sein. Wer dafür gut erzogen ist, kann jeden Beruf, der damit in Beziehung steht, nicht schlecht versehen. Ob mein Schüler Soldat, Priester oder Anwalt wird, ist mir einerlei. Vor der Berufswahl der Eltern bestimmt ihn die Natur zum Menschen. Leben ist ein Beruf, den ich ihn lehren will. Ich gebe zu, daß er, wenn er aus meinen Händen kommt, weder Anwalt noch Soldat noch Priester sein wird, sondern in erster Linie Mensch. Alles, was ein Mensch zu sein hat, wird er genau sein wie jeder andere auch; und wenn das Schicksal ihn zwingt, seinen Platz zu wechseln, er wird immer an seinem Platz sein. [...]

Unser wahres Studium gilt den Lebensbedingungen. Nach meiner Meinung ist der am besten erzogen, der die Freuden und Leiden dieses Lebens am besten zu er- tragen vermag. Daraus folgt, daß die wahre Erziehung weniger vorschreibt als praktisch übt. Wir lernen vom ersten Augenblick unseres Lebens. Unsere Erzie- hung beginnt mit der Geburt. Unsere erste Lehrerin ist die Amme. Erziehung (édu- cation) bedeutete bei den Alten Ernährung. [...] Also sind Aufzucht, Erziehung und Unterricht drei ebenso verschiedene Dinge wie die Kinderfrau, der Erzieher und der Lehrer. Aber diese Unterscheidungen werden mißverstanden; um gut geführt zu werden, darf das Kind nur einem Führer folgen.

Wir müssen also unsere Ansichten allgemeiner fassen und in unserem Schüler den Menschen an sich sehen, der allen Zufällen des Daseins ausgesetzt ist. Wenn der Mensch immer in seinem Lande verhaftet bliebe, wenn immer das gleiche Wet- ter herrschte, wenn niemand seinen Stand wechselte, so wäre die bestehende Praxis in gewisser Hinsicht gut. Das Kind, einmal für seinen Beruf erzogen, brauchte ihn niemals mehr zu verlassen und wäre niemals den Unbequemlichkeiten eines ande- ren ausgesetzt. Aber die Verhältnisse ändern sich ständig, der Geist des Jahrhun- derts ist unruhig und stürzt von Generation zu Generation alles um. Ist es daher nicht unsinnig, ein Kind so zu erziehen, als brauchte es sein Zimmer nie zu verlassen, als bliebe es immer inmitten seiner Leute? Wenn das unglückliche Geschöpf auch nur einen Schritt ins Freie tut, wenn es eine Stufe hinabsteigt, ist es verloren. So lehrt man es nur, Leiden zu empfinden, aber nicht, sie zu ertragen.

Man möchte nur sein Kind behalten; aber das ist nicht genug. Man muß es lehren, sich selbst als Mann zu erhalten, Schicksalsschläge zu ertragen, Reichtum und Armut hinzunehmen, und, wenn es sein muß, im Eis Islands und auf den glühenden Felsen Maltas zu leben. Trotz aller Vorsicht, seinen Tod zu verhüten, muß es dennoch einmal sterben. Und wenn sein Tod auch nicht das Werk eurer Fürsorge ist, so ist sie dennoch fehl am Platz. Es handelt sich weniger darum, den Tod zu verhindern, als es leben zu lehren. Leben ist nicht atmen; leben ist handeln, d. h. von unseren Organen, Sinnen, Fähigkeiten, von allen unseren Bestandteilen Gebrauch zu machen. Sie geben uns das Gefühl, daß wir existieren. Nicht wer am ältesten wird, hat am längsten gelebt, sondern wer am stärksten erlebt hat. Mancher wird mit hundert Jahren begraben, der bei seiner Geburt gestorben war. Es wäre ein Gewinn gewesen, wenn er als Kind gestorben wäre, wenn er wenigstens bis dahin gelebt hätte.

Unsere ganze Weisheit besteht aus Lakaienvorurteilen. All unsere Gewohnheiten sind nur Unterwerfung, Bedrängnis und Zwang. Der Gesellschaftsmensch wird als Sklave geboren und lebt und stirbt als Sklave. Bei seiner Geburt näht man ihn in einen Wickel ein, bei seinem Tode nagelt man ihn in einen Sarg. Solange er Mensch ist, ist er durch unsere Einrichtungen gebunden.«[11]

Johann Bernhard BASEDOW 1768

»Ihr vernünftigen Patrioten des menschlichen Geschlechts und der Staaten, ihr seid mit mir einig, daß die öffentliche Glückseligkeit (was man auch für die Vermehrung des Reichtums, der Macht, der Bevölkerung und des äußerlichen Aufsehens der Künste und Wissenschaften, wenn sie der öffentlichen Tugend zum Schaden geschieht, nach der falschen Politik schwatzen mag), ihr seid, sage ich, dennoch mit mir einig, daß die *Glückseligkeit des Staats* von der gemeinen *Glückseligkeit der Bewohner* nicht unterschieden sei; daß diese Glückseligkeit mit der öffentlichen *Tugend* in Proportion stehe; daß die öffentliche Tugend von der gewöhnlichsten *Erziehung* aller und von dem *Unterrichte* derer abhange, welche in den vornehmern Ständen die Sitten und das Schicksal der übrigen bestimmen werden; daß eine zur öffentlichen Tugend führende Erziehung und Unterweisung außer den beständigen Regeln auch solche beobachten müsse, welche nach dem Unterschiede der Zeiten, der Gegenden und der Regierungsformen einer oftmaligen Abänderung bedürfen. Ihr seid mit mir einig, daß das Wesen der Schulen und Studien *das brauchbarste und sicherste Werkzeug sei, den ganzen Staat* nach seiner besonderen Beschaffenheit glücklich zu machen oder glücklich zu erhalten; daß also die beständige Aufsicht auf den Gebrauch dieses Werkzeuges ein unmittelbares Geschäft eines solchen patriotischen Kollegiums sein müsse, von welchem die Majestät ebenso oft Vorstellungen anhören könnte als von dem Kollegio der Finanzen, des Kriegswesens und des richterlichen Ausspruchs über Ehre und Güter.«[12]

---

11 Ebd., S. 13-16.

»Ich kehre auf meinem Weg gerade zurück durch Wiederholung des Gedankens, daß die Oberaufsicht über die Erziehung und den Unterricht wegen ihrer Wichtigkeit ein angesehenes *Staatskollegium* erfordere. Allerdings ein angesehenes Kollegium, welches von der Majestät des Landes angehört zu werden Gelegenheit hätte; welches nicht nur die Menschen und die Wissenschaften, sondern auch im ganzen das Land, und sowohl die Bedürfnisse als die Kräfte des Staates nach seiner besonderen Regierungsform kennte und von den Beschwerlichkeiten oder anfänglichen Nachteilen, welche mit jeder großen Veränderung verbunden sind, desto unparteiischer urteilte, je weniger es selbst dadurch leiden oder gewinnen könnte. *Der Beweis dieser Bedürfnis, welcher auch von anderen eingesehen wird, ist klar.* Denn die Oberaufsicht, die jetzt und von angesehenen Staatsmännern ausgeübt wird, muß zur nötigen Verbesserung des Studienwesens sehr unwirksam bleiben, weil sie das hundertste ihrer Geschäfte oder wohl gar eines einzigen Ministers, der, so groß er auch immer sein mag, [...] doch seiner Länge keine Elle zusetzen oder sie nicht über die äußerste menschliche Höhe erheben kann. Daher sind an den meisten Orten sehr subalterne Gesellschaften und Personen die eigentlichen wirksamen Aufseher über das Wesen der Erziehung, der Schulen und der Studien. Diese Subalternen sind zuweilen eben dieselbigen, welche auch die Last und die Nachrede, die mit allen Neuerungen verknüpft ist, selbst ertragen müssen, wie die *Professoren der Universitäten.* Oder es ist etwa einer dem Amte nach vornehmer Geistlicher, dem es an nötiger Kenntnis der öffentlichen Bedürfnisse, des Umfangs der Wissenschaften und der Proportion in der Notwendigkeit und Ausdehnung ihrer Teile fehlet. Besitzt er aber diese Erkenntnis, wie ich denn einige Geistliche auch allerdings dafür verehre, so übt er doch seine Aufsicht mehr als ein Kirchengeschäfte, als wie ein Staatsgeschäfte aus, welches es doch nach der Natur der Sache sein muß. Dazu hat er entweder eine mit dem Amte gemeiniglich verbundene Neigung; oder wenn er gerne anders wollte, so darf er in seinen Anschlägen nicht so sehr von dem Gewöhnlichen abgehen. Denn die Professoren und Schulmänner müssen bei allen Neuerungen von dem gebahnten Wege weichen und auf rauheren Straßen anfangs fortstolpern lernen, ehe sie bequem gehen können. Dieses tut natürlicherweise ein Mann sehr ungerne, der auch seiner Familie genießen will, sein Glück und seine Methode festgesetzt hat und eine Abänderung seiner Geschäfte wenigstens anfangs für einen Eingriff in die von der Majestät erteilte Vokation halten muß. Die meisten werden sich in solchem Falle widersetzen und für schädlich oder unmöglich ausgeben, was höchst nützlich und nur mit Beschwerlichkeit möglich ist. Will der geistliche Aufseher durchdringen, so hat er Feinde, die in keinem Stande als in dem seinigen unerträglicher sind. Denn nichts ist leichter, als einem Geistlichen empfindlich zu schaden, besonders wenn er etwas geschrieben und also zu allerlei Anschuldigungen, bis sogar des Irrglaubens, Anlaß gegeben hat. Um des Wesens der Studien willen, die mehr den Staat als die Kirche angehen, um der unleugbaren Gewohnheit vieler Geistlichen willen und ihres eigenen nötigen Friedens halber ist es also eine Frage, ob es zu wünschen sei, daß die angesehenen *Geistlichen, die ohnedies sehr belästiget sind, von der gewöhnlichen Oberaufsicht über das Wesen der Erziehung, Schulen und Studien möchten befreiet werden.*«[13]

---

12 BASEDOW, J.B.: Vorstellung an Menschenfreunde und vermögende Männer über Schulen, Studien und ihren Einfluß in die öffentliche Wohlfahrt [1768]. In: BASEDOW, J.H.: Ausgewählte pädagogische Schriften. Besorgt von A. Reble. Paderborn 1965, S. 5-80. Hier: S. 6-7.

»Ein mit hundert wichtigen Geschäften *belästigter Minister,* ein Kollegium von Professoren und Schulmännern, einzelne oder versammelte Geistliche können also die für den Staat erstaunlich wichtige und sehr beschäftigende Aufsicht über das Wesen der Schulen und Wissenschaften nicht haben, wenn der Staat nach der Proportion der Wichtigkeit in dieser Sache handeln will, wovon die weisern alten Völker uns das Muster geben. *Kurz, ich sehe nicht, wie diese Oberaufsicht nach Würden und nach dem Bedürfnisse, außer jenem zum Teil beschriebenen Staatskollegio, verwaltet werden könne.* Denn nur eine Gesellschaft solcher Männer, wenn nach Endigung einiger Studien und nach einigen Auskultanten-Jahren in diesem Kollegio das Lesen merkwürdiger Schriften und Vorschläge, der Gebrauch der Nachrichten aus den Provinzen, die gemeinschaftlichen Beratschlagungen und die Vorstellungen vor dem Throne oder vor der Regierung ihr einziges und höchst angesehenes Hauptgeschäfte wäre, nur ein solches Kollegium ist alsdann imstande, eines der wichtigsten Geschäfte des Vaterlandes mit dem nötigen Nachdrucke zu treiben; ohne Schaden der nötigen Einförmigkeit dennoch guten neuen Anschlägen Raum zu lassen, für die Moralität sowohl in der dissidentischen als in der zahlreichsten Kirche zu sorgen; die Erziehung nach der Beschaffenheit des Landes und der Regierungsform einzurichten; jedem politischen Stande und Amte die erforderlichen jugendlichen Studien anzumessen; das Verhältnis der Zeiten, in welcher der Vortrag einer öffentlichen Wissenschaft dauern soll, zu bestimmen; eine sowohl dem Staate nützliche als der Privatfreiheit nicht nachteilige Reformation des Bücherwesens vorzunehmen; die in den meisten Staaten zureichenden Fonds zu dem Wesen der Schulen und Studien zu untersuchen; sich nützliche Veränderungen des Gebrauchs, der Zusammenschmelzung und der Trennung derselben vortragen zu lassen; die nötige Verminderung oder Vermehrung, die Örter und die Polizei der öffentlichen Schulanstalten und der Akademien zu überlegen; den Staat zum nötigen Aufwande (wenn die bisherigen Fonds, wie fast nirgends der Fall ist, nicht zureichend wären) durch den Vorschlag der leidlichsten Mittel zu bereden; und endlich solche Versuche zu erleichtern und zu begünstigen, welche wichtig genug dazu sind und doch nur einige Wahrscheinlichkeit und keine Gewißheit für sich haben. Ich rede von Versuchen, die im Falle des Mißlingens gar nicht oder wenig schaden, aber ohne öffentliche Begünstigung nicht können angestellt werden. Ich glaube also, meinen Satz von der Notwendigkeit eines höchst angesehenen Edukations- und Studienkollegii bei jeder Regierung erwiesen zu haben.«[14]

Immanuel KANT 1803

»Der *scholastischen* Bildung oder der Unterweisung bedarf der Mensch, um zur Erreichung aller seiner Zwecke geschickt zu werden. Sie gibt ihm einen Wert in Ansehung seiner selbst als Individuum. Durch die Bildung zur *Klugheit* aber wird er zum Bürger gebildet, da bekommt er einen öffentlichen Wert. Da lernt er sowohl die bürgerliche Gesellschaft zu seiner Absicht lenken, als sich auch in die bürgerli-

---

13 Ebd., S. 8-10.
14 Ebd., S. 10-11.

che Gesellschaft schicken. Durch die *moralische* Bildung endlich bekommt er einen Wert, in Ansehung des ganzen menschlichen Geschlechts.«[15]

Wilhelm von HUMBOLDT ca. 1810

»Was man daher höhere wissenschaftliche Anstalten nennt, ist, von aller Form im Staate losgemacht, nichts Anderes als das geistige Leben der Menschen, die äußere Muße oder inneres Streben zur Wissenschaft und Forschung hinführt. Auch so wurde Einer für sich grübeln und sammeln, ein anderer sich mit Männern gleichen Alters verbinden, ein Dritter einen Kreis von Jüngern um sich versammeln. Diesem Bilde muß auch der Staat treu bleiben, wenn er das in sich unbestimmte und gewissermaßen zufällige Wirken in eine festere Form zusammenfassen will. Er muß dahin sehen,

1. die Tätigkeit immer in der regsten und stärksten Lebendigkeit zu erhalten;
2. sie nicht herabsinken zu lassen, die Trennung der höheren Anstalt von der Schule (nicht bloß der allgemeinen theoretischen, sondern auch der mannigfaltigen praktischen besonders) rein und fest zu erhalten.

Er muß sich eben immer bewußt bleiben, daß er nicht eigentlich dies bewirkt noch bewirken kann, ja, daß er vielmehr immer hinderlich ist, sobald er sich hineinmischt, daß die Sache an sich ohne ihn unendlich besser gehen würde, und daß es sich eigentlich nur so damit verhält:

daß, da es einmal in der positiven Gesellschaft äußere Formen und Mittel für jedes irgend ausgebreitete Wirken geben muß, er die Pflicht hat, diese auch für die Bearbeitung der Wissenschaft herbeizuschaffen;

daß etwa nicht bloß die Art, wie er diese Formen und Mittel beschafft, dem Wesen der Sache schädlich werden kann, sondern der Umstand selbst, daß es überhaupt solche äußere Formen und Mittel für etwas ganz Fremdes gibt, immer notwendig nachteilig einwirkt und das Geistige und Hohe in die materielle und niedere Wirklichkeit herabzieht;

und daß er daher nur darum vorzüglich wieder das innere Wesen vor Augen haben muß, um gut zu machen, was er selbst, wenngleich ohne seine Schuld, verdirbt oder gehindert hat.

Ist dies auch nichts als eine andere Ansicht desselben Verfahrens, so muß sich doch der Vorteil dann auch im Resultat ausweisen, da der Staat, wenn er die Sache von dieser Seite betrachtet, immer bescheidener eingreifen wird, und im praktischen Wirken im Staat auch überhaupt eine theoretisch unrichtige Ansicht, was man immer sagen möge, nie ungestraft bleibt, da kein Wirken im Staat bloß mechanisch ist.«[16]

15 KANT, I.: Über Pädagogik. In: I. Kant. Ausgewählte Schriften zur Pädagogik und ihrer Begründung. Ausgewählte pädagogische Schriften. Besorgt von H.-H. GROOTHOFF. Paderborn ²1982, S. 7-59. Hier: S. 21.

16 Von HUMBOLDT, W.: Über die innere und äußere Organisation der höheren wissenschaftlichen Anstalten in Berlin [ca. 1810]. In: von HUMBOLDT, W.: Bildung und Sprache. Besorgt von C. MENZE. Paderborn ³1979, S. 118-126. Hier: S. 119.

»Was nun aber das Äußere des Verhältnisses zum Staat und seine Tätigkeit dabei betrifft, so hat er nur zu sorgen für Reichtum (Stärke und Mannigfaltigkeit) an geistiger Kraft durch die Wahl der zu versammelnden Männer und für Freiheit in ihrer Wirksamkeit. Der Freiheit droht aber nicht bloß Gefahr von ihm, sondern auch von den Anstalten selbst, die, wie sie beginnen, einen gewissen Geist annehmen und gern das Aufkommen eines anderen ersticken. Auch den hieraus möglicherweise entstammenden Nachteilen muß er vorbeugen.«[17]

»Der Staat muß seine Universitäten weder als Gymnasien noch als Spezialschulen behandeln, und sich seiner Akademie nicht als einer technischen oder wissenschaftlichen Deputation bedienen. Er muß im Ganzen [...] von ihnen nichts fordern, was sich unmittelbar und geradezu auf ihn bezieht, sondern die innere Überzeugung hegen, daß, wenn sie ihren Endzweck erreichen, sie auch seine Zwecke und zwar von einem viel höheren Gesichtspunkte aus erfüllen, von einem, von dem sich viel mehr zusammenfassen läßt und ganz andere Kräfte und Hebel angebracht werden können, als er in Bewegung zu setzen vermag.

Auf der anderen Seite aber ist es hauptsächlich Pflicht des Staates, seine Schulen so anzuordnen, daß sie den höheren wissenschaftlichen Anstalten gehörig in die Hände arbeiten. Dies beruht vorzüglich auf einer richtigen Einsicht ihres Verhältnisses zu denselben und der fruchtbar werdenden Überzeugung, daß nicht sie als Schulen berufen sind, schon den Unterricht der Universitäten zu antizipieren, noch die Universitäten ein bloßes, übriges gleichartiges Komplement zu ihnen, nur eine höhere Schulklasse sind, sondern daß der Übertritt von der Schule zur Universität ein Abschnitt im jugendlichen Leben ist, auf den die Schule im Falle des Gelingens den Zögling so rein hinstellt, daß er physisch, sittlich und intellektuell der Freiheit und Selbsttätigkeit überlassen werden kann und, vom Zwange entbunden, nicht zu Müßiggang oder zum praktischen Leben übergehen, sondern eine Sehnsucht in sich tragen wird, sich zur Wissenschaft zu erheben, die ihm bis dahin nur gleichsam von fern gezeigt war.«[18]

Friedrich SCHLEIERMACHER 1826

»Es bietet sich hier ein Punkt als Parallele dar. Fragen wir, wie lange diese Einwirkung des älteren Geschlechts auf das jüngere fortgesetzt wird, so läßt sich im allgemeinen keine Grenzbestimmung geben. Aber es gibt dann immer auch ein solches Zusammensein zweier der Zeit nach verschiedenen Generationen, in welchem nicht bloß die ältere auf die jüngere, sondern beide miteinander wirken zu einem Ziel. In dem Maße als dieses Zusammenwirken zunimmt, nimmt die Einwirkung der älteren Generation auf die jüngere ab, und wird am Ende gleich Null. Dann hat die Erziehung aufgehört. Nun aber bildet jede große Masse von Menschen ein gemeinsames geistiges Leben; wo dies bis zu einem gewissen Punkt entwickelt ist, entsteht ein großes lebendiges Ganzes – der Staat. Dieser besteht durch nichts anderes fort als durch menschliche Handlungen; denn er ist nur ein Komplex von sol-

---

17 Ebd., S. 121.
18 Ebd., S. 121-122.

chen. Insofern der Staat derselbe bleibt, aber so, daß seine Vervollkommnung nicht ausgeschlossen wird, sondern das geistige Leben sich in ihm steigert, so müssen auch die Handlungen sich gleich bleiben dem Typus nach, aber fortschreiten der Vollkommenheit nach. Dies gemeinsame Leben im Staate ist etwas so Bedeutendes, daß von einer gewissen Ansicht aus die gesamte sittliche Tätigkeit darin aufgeht; und wenn wir auch diese Ansicht nicht teilen können, so geben wir doch zu, daß in Beziehung auf die richtige Gestaltung und Anordnung des gemeinsamen Lebens im Staate eine Theorie notwendig ist, welche ergibt, wie jenes Ziel zu erreichen, daß der Staat dem Wechsel der Generationen fortbestehe und sich in seiner Gesamttätigkeit steigere. Es ist dies die Politik. Beide Theorien, die Pädagogik und die Politik, greifen auf das vollständigste ineinander ein; beide sind ethische Wissenschaften und bedürfen einer gleichen Behandlung. Die Politik wird nicht ihr Ziel erreichen, wenn nicht die Pädagogik ein integrierender Bestandteil derselben ist, oder als ebenso ausgebildete Wissenschaft neben ihr besteht. Je mehr das Gesamtleben im Staate praktisch gestört, theoretisch angesehen mißverstanden ist, umso weniger kann eine richtige Ansicht bestehen in Beziehung auf die Einwirkung der älteren Generation auf die jüngere. Hier haben wir also den Standpunkt, von dem aus wir unsern Gegenstand behandeln wollen. Die Pädagogik ist eine rein mit der Ethik zusammenhängende, aus ihr abgeleitete angewandte Wissenschaft, der Politik koordiniert.«[19]

Georg KERSCHENSTEINER 1901

»Jedermann, der ein Haus besitzt, weiß, daß der beste Schutz für sein Eigentum darin besteht, dasselbe von Zeit zu Zeit sorgfältig zu untersuchen, alle Schäden, die entstanden sind, baldmöglichst zu beheben und verderblichen Einflüssen durch geeignete Verbesserungen von vornherein zu begegnen. Diese einfache Wahrheit gilt zweifellos in erhöhtem Maße von dem Gebäude, das wir als *Staat* bezeichnen. Aber die Schäden dieses Baues, der in seiner ganzen Gestalt nicht so einfach zu überschauen ist, von dem wir nur immer die einzelnen Bausteine, unsere Mitbürger, und nicht das verwickelte Gefüge sehen, sind selten so rasch zu erkennen; und wenn selbst, so haben wir uns gerade im vergangenen Jahrhundert lange Zeit der optimistischen Meinung hingegeben, daß ein Bau dieser Art, der gewissermaßen ein organisches Gefüge hat, aus sich selbst heraus, ohne Arzt und Arzneimittel, einen Heilungsprozeß an sich vollziehen müsse, wenn es nur ein gesunder Organismus sei. Aber was heißt: ein Staat ist ein gesunder Organismus? Vor fast zweieinhalbtausend Jahren hat schon PLATO darauf die Antwort gegeben: Nur *der* Staat ist gesund und kann gedeihen, der ohne Unterlaß sich bestrebe, die Menschen, die ihn bilden, zu verbessern. Er selbst sucht hierbei nach der besten Staatsform, nach einem Idealstaat, und entwirft in seinem herrlichen Gespräch 'Der Staat, oder was ist Gerechtigkeit' die Grundzüge für einen solchen Bau und die Statuten für dessen Erhaltung. Und als er erkennen muß, daß er die Menschen zu hoch eingeschätzt

19 SCHLEIERMACHER, F.: Grundzüge der Erziehungskunst (Vorlesungen 1826). In: SCHLEIERMACHER, F.: Texte zur Pädagogik. Kommentierte Studienausgabe. Herausgegeben von M. WINKLER und J. BRACHMANN. Frankfurt am Main 2000, S. 126 f.

hat, daß vieles in seinem Entwurfe nur Göttergleiche würden leisten können, legt er der Welt einen zweiten Plan vor, den er nennt: 'Die Gesetze'. Aber in beiden Werken ist in breitem Maße dem Gedanken Rechnung getragen, daß die staatsbürgerliche Erziehung eines der wichtigsten Fundamente des Staatsgebäudes ist. Dieser Gedanke kehrt später – ich meine nicht bei den großen Pädagogen, die man ja in dieser Sache gewissermaßen als Partei ansehen könnte, – sondern bei vielen bedeutende Staatsmännern bis zum Anfange des 19. Jahrhunderts in immer größerer Allgemeinheit, wenn auch nicht immer in gleicher Tiefe durchdacht, wieder.«[20]

»So drängt sich mit dem Ende des Jahrhunderts das Bewußtsein von der Notwendigkeit der Fortsetzung der Volkserziehung nach dem volksschulpflichtigen Lebensalter immer mehr allen Denkenden auf, und gerade wie in früheren Zeiten sind es wieder Volkswirtschaftler und Ethiker, geistlichen wie weltlichen Standes, die mit allem Ernste auf den Ausbau der staatsbürgerlichen Erziehung hinweisen. Man kann sagen, die Hauptfragen der Nationalökonomie sind auf das engste mit Erziehungsfragen verknüpft, so zwar, daß eine wirkliche Besserung der Erziehungsverhältnisse ohne eine Besserung der wirtschaftlichen, sozialen, ja teilweise sogar der politischen Verhältnisse nicht möglich erscheint. Wenn die harte Not ans Fenster klopft, wo tausende mit dem Hunger kämpfen, da fehlt Wille und Kraft, den Stab zu ergreifen, der die Armen aufwärts führen soll. Wo erbärmliche Wohnungsverhältnisse mit all ihrer Korruption den familiären und häuslichen Sinn ertöten, da geht der beste Teil noch so überlegter Erziehungseinrichtungen fast spurlos vorüber. Wo die oberen Stände den festen sittlichen Halt verloren haben, da werden wir uns vergeblich bemühen, die unteren Stände sittlich aufzurichten. Wenn wir solche Zusammenhänge näher ins Auge fassen, so erkennen wir aber, daß die Erziehungsaufgabe des Staates eine ungemein verwickelte ist, und daß sie sich nicht lösen läßt, ohne eine große weltausschauende Erziehungspolitik, die ebensoviel pädagogische als volkswirtschaftliche Kenntnisse und ebensoviel Mut und Tatkraft als Warmherzigkeit voraussetzt. Eine weltausschauende Erziehungspolitik muß aber vor allem ein festes, klares Ziel bezeichnen, zu dem wir unsere Staatsbürger führen wollen. Aber schon über dieses Ziel der staatsbürgerlichen Erziehung gehen die Meinungen [...] weit auseinander [...].«[21]

»In diesem Widerstreit der Meinungen ist es nützlich und notwendig, einige Augenblicke bei der Frage zu verweilen: 'Welche Aufgabe hat der *Staat an sich* zu lösen?' Es genügt zu diesem Zwecke die vergangenen historischen Staaten und Staatsform zu betrachten, um zu erkennen, daß die Fassung, wie sie PAULSEN in seiner Ethik gibt, als eine zutreffende bezeichnet werden kann. Er sagt: 'Die Aufgabe des Staates ist die Durchsetzung der Lebensinteressen der Gesamtheit, zunächst durch den Schutz gegen äußere und innere Feinde, sodann durch Übernahme notwendiger Tätigkeit auf Gebieten, wo die Tätigkeit des einzelnen unzulänglich bleibt, oder den Interessen der Gesamtheit nicht geregelt wird.' Soweit wir bis auf unsere Zeit in dem Entwicklungsgang der Geschichte die Staatsgebilde aller Art verfolgen, sehen wir wohl sehr oft weniger, nie aber mehr Aufgaben als die erwähnten beiden erfüllen.

20 KERSCHENSTEINER, G.: Staatsbürgerliche Erziehung der deutschen Jugend [1901]. In: G. KERSCHENSTEINER: Berufsbildung und Berufsbildung. Ausgewählte pädagogische Schriften, Bd. 1. Besorgt von G. WEHLE. Paderborn 1966, S. 5-88. Hier: S. 5-6.
21 Ebd., S. 12.

Indem wir kurz sagen: die Erhaltung des Volkes und die Fürsorge um seine Wohlfahrt war bisher die Aufgabe des Staates, ersehen wir, daß diese Aufgabe im wesentlichen eine egoistische ist. Dieser egoistischen fügt nun die soziale Ethik gewissermaßen eine altruistische hinzu. Das letzte Ziel aller Erziehung ist eine menschliche Gesellschaft, die soweit als möglich aus selbständigen, harmonisch entwickelten, sittlich freien Personen besteht. Wie es nun Aufgabe der Familie ist, auch der Staatsidee zu dienen und für sie vorzubereiten, so könnte man es als Aufgabe des Staates bezeichnen, die Humanitätsidee, das Weltbürgertum, zu fördern. Allein ein Staat, der seine egoistische Aufgabe, die wir in Selbsterhaltung und Volkswohlfahrt kurz zusammengefaßt haben, einsichtsvoll erfüllt, fördert an sich schon die allgemeine Humanitätsidee, weil nur durch die Ausbildung selbständiger, harmonisch entwickelter, sittlich freier Bürger, die ein kräftiger Altruismus beseelt, die Erfüllung der egoistischen Aufgabe in ihrer besten Form ermöglicht wird. Erziehen wir gute Staatsbürger, so erziehen wir stets auch gute Weltbürger, und je größer der soziale Körper, je mannigfaltigere Sonderinteressen zueinander ins Gleichgewicht zu bringen sind, desto mehr wird mit der Staatsidee zugleich die Humanitätsidee notwendig gefördert. Wie weit aber ein Staat über seinen Selbstzweck hinaus seine Kraft in den Dienst der Humanitätsidee zu stellen hat, wie weit er beispielsweise im Dienste dieser Forderung schwächeren Staaten seinen moralischen und tatkräftigen Schutz soll angedeihen lassen, das hängt davon ab, inwieweit dadurch eine vornehmste Aufgabe, um deretwillen er gerade gegründet ist, die Aufgabe der Selbsterhaltung und Volkswohlfahrt, gefährdet erscheint oder nicht. Die Forderung, daß ein Staat ohne Rücksicht auf seine eigene Existenz gegen jedes Unrecht, das in der Welt einzeln oder zwischen Staaten geschieht, im Interesse der Humanitätsidee eintreten müsse, ist auf einer Kulturstufe, wie die heutige, in der die Staaten zueinander gleichsam noch in einem Naturzustande leben, in der die Idee der Kulturgemeinschaft den einzelnen Staaten noch etwas völlig Fremdartiges ist, zum mindesten eine verfrühte Forderung. Das Reich der Humanität, das der sozialen Ethik als letztes Ziel vorschwebt, wird gerade dann in unendliche Ferne gerückt, wenn die sittlich hochstehenden Staaten die Erhaltung ihrer Art in diesem Kulturzustande auf das Spiel setzen oder wenn sie gar den sittlich tiefer stehenden, die eben das Unrecht begangen haben, zum Opfer fallen würden. Dies mögen diejenigen nicht außer acht lassen, welche an Stelle der zum Staatsbürger heute schon die Erziehung zum Weltbürger gesetzt wissen wollen.

Diese Betrachtungen mögen zeigen, daß der Staat seine Aufgabe in unserer Zeit erfüllt, wenn er auf seine Selbsterhaltung und auf die Volkswohlfahrt bedacht ist.«[22]

Siegfried BERNFELD 1925

»Dennoch bleibt auch in Bezug auf die Prognose die Erziehbarkeit des Kindes ein reichlich optimistisches Kapitel. Denn bei aller Unsicherheit der eindeutigen individuellen Prognose ist eine kollektive Prognose möglich, die auf der weitgehenden Ähnlichkeit der Geschichte der Menschen und der Ähnlichkeit ihres psychischen Verhaltens beruht. Die Kenntnis der menschlichen Seelengeschichte, der allgemei-

---

22 Ebd., S. 14-15.

nen und der individuellen, wie sie die Psychoanalyse bietet, die Erfahrung, welche die Erziehungswissenschaft wird bieten können – sie erlauben vor einer Gruppe von Kindern zu prognostizieren, daß ihrer eine beträchtliche Zahl, die überwiegende Mehrzahl vielleicht, auf eine geplante Maßnahme in einer bestimmten Weise reagieren wird. Kein Mittel könnte ausgedacht werden, das garantiert, aus jedem kindlichen Verwahrlosten ein erträgliches Wesen zu machen; wohl aber gibt es Mittel, die versprechen, daß dies mit einiger Wahrscheinlichkeit gelingen werde. Diese Selbstverständlichkeit ist von immenser Bedeutung, mag sie auch anscheinend nicht mehr sein als die vorsichtige Formulierung, die der Unvollkommenheit aller menschlichen Erkenntnis Rechnung trägt. In Wahrheit ist sie ein Prinzip für sich. Denn aus ihr folgt eine Prognose, die unter gewissen sozialen Gegebenheiten ausreicht, um auf ihr eine völlig genügend sichere Basis für erzieherische Maßnahmen zu errichten. Handelt es sich nicht mehr um das Kind der Eltern Mayer, sondern um die ganze heute geborene Kindergeneration des Staates, so hat sich der Wert der kollektiven Prognose verändert. Sie ist nicht mehr die vorsichtige, unverbindliche Formulierung der individuellen Prognose, sondern eine eindeutige Auskunft, auf Grund deren Entscheid über Wert und Wünschbarkeit einer Maßnahme getroffen werden kann. Denn eine sozialistische Ordnung wird wissen, daß sie jene Maßnahme durchzuführen hat, die ihr einen gewünschten Erfolg bei sagen wir 80% der ihr unterworfenen Kinder garantiert. Sie ist gar nicht interessiert, wessen Sprößlinge unter dieser Mehrzahl, wessen unter der unbeeinflußt gebliebenen Gruppe der Minorität sich befinden werden, während die heutige Pädagogik gerade darauf gerichtet ist, bei den kleinen Mayers einen bestimmten Erfolg zu erzielen, das Schicksal der übrigen Millionen oder Prozente ist ihr Hekuba.

Es drängt sich hier der Vergleich mit der Strategie auf, die – Verwirrung und Unheil genug – sozialistische Methoden Menschentötung verwendet, in einer Ordnung, die für friedlichere und sympathischere Zwecke die mörderischen Mittel der Haßgesellschaft Kapitalismus eingeführt hat.

Die Armeeleitung schätzt die bei einem Angriff zu erwartenden Verluste; findet sie sich mit ihrer Höhe ab, so wird sie ihn wagen und zufrieden sein, wenn ihre Schätzung sich nicht als zu niedrig erweist. Ob Mayer unter den Toten oder Lebenden ist, eine Frage, die dessen Verwandten und Freunden – mit Recht – die wichtigste des Krieges dünkt, ist dem Kommando völlig gleichgültig. Vorausgesetzt, daß die Strategie nicht durch Protektion gestört oder vielmehr gemildert wurde. Die Erziehung wird sich immer, welcher sozialen Ordnung sie auch diene, um die Einzelschicksale kümmern und sorgen. Aber der Entwurf des Grundrisses des Erziehungswesens und die Bewertung der Erziehungseinflüsse und -mittel im allgemeinen wird in einer Gesellschaft, deren Erziehungsproblem das Gesamtschicksal der ebengeborenen Kindergeneration und nicht das des Säuglings Mayer ist, weitgehend rationalisiert sein können und müssen. Sie wird unter Verwendung der Erkenntnisse, welche die Psychologie über die Kinderseele und ihre Entwicklung, welche die Erziehungswissenschaft über die sozialen Wege der Erziehung und die Konstante im Erziehungssubjekt vermittelt, entworfen sein, von ideologischer Rechtfertigung unbewußter Wünsche auch von verborgenen Tendenzen der herrschenden Minderheit weitgehend befreit sein können.

Hier liegt innerhalb der drei Grenzen die Möglichkeit der Erziehung. Ich hoffe, der Leser hat mich nicht im Verdacht, ich möchte nun die Erziehung und ihre Lehre, wenn auch auf einen von hohen Mauern umgebenen, so doch windgeschützteren Raum überpflanzen, sie im übrigen belassend, wie sie ist. Er wird – so hoffe ich – nicht vergessen haben, daß die Erziehbarkeit des Kindes nicht nur nicht allein, sondern nicht einmal hauptsächlich von den Handlungen des einzelnen Erziehers bis an ihre Grenze fruchtbar gemacht werden kann, daß sich die kollektive Prognose demnach nicht auf die Erziehung im engeren Sinn beschränkt, sich nicht einmal auf sie bezieht, sondern auf das Ganze der Erziehung, auf die Reaktion der Gesellschaft auf die Entwicklungstatsache in ihrer Gesamtheit. Soll die Möglichkeit der Erziehung irgend einem Zweck zu Nutz gedeihen, in irgend einem Maße vom Willen und den Zwecken einer Gruppe bewußt gestaltet werden, muß sie aus der Einstellung erlöst werden, die als Ziel die Erwachsenheit eines einzelnen Individuums, als Mittel die Handlungen eines einzelnen Erziehers vor allem sieht. Jenes ist nie voraussagbar: dieses nie entscheidend; die Grundlage solcher Orientation ist im Ödipuskomplex verankert, darum rettungslos jeder Rationalisierung entzogen. Die Voraussetzung aber, dies müssen wir wissen, um das Richtige zu tun für eine nach dem Kollektivum gerichtete Zielsetzung und Prognostizierung, auf die Totalität der beeinflussenden Faktoren eingestellte Erziehungsgesinnung, ist nur in einer sozialistischen Gesellschaft gegeben, ist jedenfalls in einer von der Tendenz der herrschenden Kapitalistengruppe kontrollierten und gefärbten nicht möglich.«[23]

Herman NOHL 1933/1935

»HERBART hat einmal gesagt: ohne die Einstellung von LOCKE und ROUSSEAU auf das Individuell-Persönliche eines bestimmten Zöglings wäre das wahre Wesen der Erziehung nie zutage gekommen. 'So mußte der Standpunkt genommen werden, wenn das Eigentümliche der Pädagogik gegenüber der Sittenlehre sein bestimmtes Gepräge zeigen sollte.' 'Was kann aus dem einzelnen zur Erziehung dargebotenen Subjekt werden oder nicht werden?', das sei die wahre pädagogische Frage, die dem Begriff der Pädagogik entspreche. Wenn man das interpretiert, so heißt es: stand die Pädagogik bis dahin im Dienst objektiver Aufgaben, wo das Individuum nur der an sich unwesentliche Träger solcher objektiven Ziele war wie Staat, Kirche, Wissenschaft, Stand und Beruf, so nahm sie jetzt zum ersten Mal mit vollem Bewußtsein der Tragweite einen radikalen Wechsel des Blickpunktes vor und stellte sich das in das Individuum und sein subjektives Leben. War bis dahin das Kind das willenlose Geschöpf, das sich der älteren Generation und ihren Zwecken anzupassen hatte und dem die objektiven Formen eingeprägt wurden, so wird es jetzt in seinem eigenen spontanen produktiven Leben gesehen, hat seinen Zweck in ihm selber, und der Pädagoge muß seine Aufgabe, ehe er sie im Namen der objektiven Ziele nimmt, im Namen des Kindes verstehen. In dieser eigentümlichen Umdrehung, die man sich in ihrer vollen Bedeutung vor Augen stellen muß, liegt das Geheimnis des pädagogischen Verhaltens und sein eigenstes Ethos. Wenn SOKRATES, statt Bücher zu schreiben, lieber in die lebendige jugendliche Seele schreiben und zugleich doch nur Hebammendienste an ihr leisten wollte, so war das echt pädago-

23 BERNFELD, S.: Sisyphos oder über die Grenzen der Erziehung [1925]. Frankfurt am Main ⁷1994, S. 147-150.

gisch, und die Entwicklung von ROUSSEAU, PESTALOZZI und FRÖBEL bis zu der heutigen Jugendkunde und Jugendbewegung, Berthold OTTO und MONTESSORI meint immer dasselbe. Diese Umdrehung hat damals die Welt des Kindes erst entdeckt, und von dieser Grundeinstellung her ergaben sich die wichtigsten pädagogischen Begriffe, wie die Entwicklung der Individualität, Selbsttätigkeit und Selbstverwaltung, der Selbstwert jedes Moments im Zusammenhang des forschreitenden Lebens, die Ausbildung des *ganzen* Menschen. In dieser Einstellung auf das subjektive Leben des Zöglings liegt das pädagogische Kriterium: was immer an Ansprüchen aus der objektiven Kultur und den sozialen Bezügen an das Kind herantreten mag, es muß sich eine Umformung gefallen lassen, die aus der Frage hervorgeht: welchen Sinn bekommt diese Forderung im Zusammenhang des Lebens dieses Kindes für seinen Aufbau und die Steigerung seiner Kräfte, und welche Mittel hat dieses Kind, um sie zu bewältigen?«[24]

Friedrich Wilhelm FOERSTER 1935

»Die politische Bedeutung sozialer Bildung«

»Die Einführung in das richtige politische Denken und Handeln besteht *nicht nur in der direkten* politischen Erziehung und Führung, sondern nicht weniger in der Sorge um *die fundamentale, soziale und persönliche Haltung,* die eine Vorbereitung und Schulung für das richtige Verständnis auf dem Gebiete der politischen Verantwortlichkeiten und Einsichten ist. Hier hat eine konkrete soziale Erziehung ihren Platz, wobei stets im Auge zu behalten ist, daß die bloße soziale Bereitschaft und alles das, was man 'kooperative Tugend' nennt, zwar die Voraussetzung der politischen Bildung, aber noch keineswegs mit ihr identisch ist, eben weil die sozialen Zwecke oft in Widerspruch zu den obersten politischen Notwendigkeiten treten können, die stets die staatlichen Gesamtinteressen gegenüber allen bloßen Teilzwecken zu wahren haben. In diesem Sinne kann man direkt sagen, daß die rechte politische Gesinnung darin besteht, niemals den Teil an die Stelle des Ganzen zu setzen. Dies muß immer aufs neue vorbeugend allen denjenigen zum Bewußtsein gebracht werden, die berufsmäßig und mit aufrichtiger Hingebung in kooperativen Einheiten tätig sind.«[25]

»Zur Anwendung der Pädagogik auf die Behandlung Erwachsener«

»Die Pädagogik wird meist nur als eine Angelegenheit der Kinderstube und der Schulstube betrachtet. Es gibt aber auch eine erziehende und leitende Einwirkung auf *Erwachsene.* Wo wir gehen und stehen, haben wir ja auf menschliche Charaktere einzuwirken, sind für Seelen verantwortlich, haben den Widerstand eines entgegengesetzten Willens zu brechen. Unsere ganze Lebensleistung hängt davon ab,

24 NOHL, H.: Die pädagogische Bewegung in Deutschland und ihre Theorie [1933, 1935]. Frankfurt am Main ⁹1982.
25 FOERSTER, F.W.: Schriften zur politischen Bildung. Besorgt von K.G. FISCHER. Paderborn 1964, S. 5.

ob wir unseren Willen wirklich auf andere zu übertragen, die Charaktere an der empfänglichsten Stelle zu treffen und starren Widerstand in freudiges Entgegenkommen zu verwandeln wissen, oder ob wir uns nur durch mechanische Einwirkung und durch Appell an die niedersten Motive durchzusetzen wissen.

Der Staatsmann, der einer schreienden Opposition gegenüber die Würde des staatlichen Willens zu vertreten hat, der Arbeiterführer, der Arzt, der die Lebensführung seiner Patienten regeln, der Fabrikant, der Konflikte mit seinem Personal lösen, der Offizier, der seine Mannschaft zu taktischer Einheit bringen, die Hausfrau, die ihre Angestellten zu zuverlässiger Pflichterfüllung anleiten will – sie alle haben eine pädagogische Aufgabe zu erfüllen, ja sie werden ihrer Verantwortlichkeit nur in dem Maße gerecht werden, als sie erzieherisch zu wirken, d. h. die Seelen von innen her zu fassen und zu bewegen verstehen, statt nur von außen zu drohen, zu drücken und zu stoßen.

In diesem Sinne ist die Pädagogik nicht nur eine Wissenschaft für Jugendbildner, sondern eine Hilfswissenschaft für alle Berufe.«[26]

»Der Staatsmann als Erzieher«

»Wir wissen alle: Ohne das Beispiel ist alle pädagogische Bemühung vergeblich. Wer daher von den pädagogischen Aufgaben und Verantwortlichkeiten des Staates spricht, der kann das Verhältnis des Staates zum Sittengesetz nicht unbesprochen lassen. Denn für die pädagogische Wirkung des Staatsgedankens auf das egoistische Triebleben und Interessentum ist nichts wichtiger, als daß der Staat selber in *all* seinen Praktiken nach außen und nach innen den sittlichen Mächten einen *vorbildlichen* Gehorsam erweist. Diese staatspädagogische Wahrheit hat besonders GÖRRES mit großer Schärfe erfaßt: 'Sagt ihnen (den Fürsten), daß, wenn sie Recht und Unrecht, Gesetzlichkeit und Tyrannei, Gerechtigkeit und Gewalt vermengen, verwirren, *dieselbe* Verwirrung auch bald der Masse sich mitteilen wird ..., alle Heere der Welt mögen nicht eine einzige mathematische Wahrheit zunichte machen. Jedes Unrecht ist von Gott verlassen – der Gewissenloseste verwickelt sich allzubald in seine eigenen Widersprüche und wird in seinen Sophismen verfangen und in seinen Inkonsequenzen verstrickt.'

Diese Worte können als Motto für die folgenden Ausführungen über Staat und Sittengesetz stehen; denn eben jene Rückwirkung der äußeren Politik auf alle *inneren* Ordnungen des Staates wird im Vordergrund unserer Betrachtungen über politische Ethik stehen; nur von hier aus kann jene einseitige Beurteilung politischer Handlungen, die nur mit den gröbsten Machteffekten rechnet und ganz über die tiefsten inwendigen Lebensbedingungen des Staates hinwegsieht, überwunden werden. Und zugleich wird diese Betrachtungsweise den engen Zusammenhang zwischen dem Werk des leitenden *Staatsmannes* und dem Werke des *Volkserziehers*, zwischen Staatspolitik und Pädagogik, stets näherücken und uns auf die Konsequenzen dieses Zusammenhanges aufmerksam machen.«[27]

---

26 Ebd., S. 61.
27 Ebd., S. 82.

Alfred ROSENBERG 1936

»Es gab einmal eine Zeit, da große deutsche Träumer von einer *'Erziehung des Menschengeschlechts'* sprachen und alle ihre Kräfte dafür einsetzten, dem lang ersehnten Ziel einer *'Humanisierung der Menschheit'* erfolgreich zustreben zu können. Niemand von uns wird diese große innere Bereitschaft und die Kraft des Überzeugungsmutes, der einst von LESSING und HERDER ausging, geringschätzen, verdankt doch Deutschland ihnen viele seiner schönsten Antriebe. Und doch werden wir heute sagen müssen, daß, so reich die Schätze sind, die uns die Großen des 18. Jahrhunderts hinterlassen haben, die Gedanken einer Menschheitserziehung in den Händen kleiner Epigonen des 19. Jahrhunderts doch in einen alles verflachenden Schematismus und schließlich in einen hohlen Internationalismus mündeten. Die Erziehung wurde im letzten halben Jahrhundert unbiologisch und allen inneren Gesetzen der Rassen und Völker entgegen als ein magisches Zaubermittel hingestellt. Das Wort, daß man durch Erziehung schließlich *alles* erreichen und daß fast nur sie den Charakter des Menschen, sein Schicksal und sein Handeln bestimme, wurde nahezu Zwangsglaubenssatz vieler Geschlechter und verhinderte immer wieder das Aufkommen eines den Seelengeboten und organischen Naturgesetzen entsprechenden Denkens. Die herrschenden, von rein wirtschaftlichen Interessen bestimmten Anschauungen besagten, daß Weltanschauungen nichts mehr und nichts weniger bedeuteten als die wahllose Ausdehnung des Entwicklungsdogmas auf alle Gebiete des Lebens. Daraus folgte unausgesprochen der Glaubenssatz, daß aus einem bestimmt gearteten Wesen eine ganz anders geartete Gestalt durch Erziehungsmethoden erreicht werden könne. Noch tiefer ausgedrückt, wurde damit gesagt, daß aus dem Nichts eine geistige und politische Gestalt geboren werden könne.

Diese rein abstrakte Erziehungsphilosophie war die Parallelerscheinung, genauer, die *Voraussetzung* des demokratischen politischen Gedankens und damit des parlamentarischen Systems. Denn auch dieses demokratische System behauptete, daß durch Zusammenlegung von vielerlei Gedanken ein neuer schöpferischer Staatsgedanke, eine allen Erfordernissen entsprechende staatsmännische Tat geboren werden könne, ja, daß dieses System die eigentliche höchste Errungenschaft des menschlichen Denkens darstelle. Nun sagt uns das Leben zwar tausendfach, daß *nie* aus Zusammenstampfen vieler Samenkörner eine Gestalt entsteht, sondern daß für ewige Zeiten nur aus *einem,* ganz bestimmt gearteten Samen der Weizen und aus einem *andersgearteten* etwa die Gerste entsprießt. Aber die Gelehrtenwelt des 19. Jahrhunderts und die naturentfremdeten Menschen der Weltstädte hatten das *Sehen* verlernt, *mit der Kraft der Anschauung aber schwand auch die Klarheit des Denkens dahin,* und es hat einer jahrzehntelang sich vorwärtstastenden geistigen Revolution bedurft, um schließlich, auch nach schwersten Erschütterungen des staatspolitischen Lebens, den Sieg über die Gedankenwelt des 18. und 19. Jahrhunderts zu erringen.«[28]

»Ich glaube, daß mit diesen Feststellungen der Kern der Erziehungsaufgaben für das deutsche Volk deutlich hervorgetreten ist. Die deutsche Erziehung wird nicht

---

28 ROSENBERG, A.: Grundzüge nationalsozialistischer Erziehung [1936]. In: BAUMGART, F. (Hrsg.): Erziehungs- und Bildungstheorien. Erläuterungen – Texte – Arbeitsaufgaben. Bad Heilbrunn 1997, S. 183-186. Hier: S. 183-184.

formal-ästhetisch sein, sie wird nicht eine abstrakte Vernunftsgestaltung anstreben, sondern sie wird in erster Linie eine *Erziehung des Charakters darstellen*. Damit wird das Erziehungsideal des 18. und 19. Jahrhunderts bewußt und instinktiv beiseite geschoben und angeknüpft an alle großen Gestalten deutscher Vergangenheit und deutscher Gegenwart. Ein großer Mensch und seine Tat erscheinen uns tausendmal wichtiger und erzieherisch wirksamer als eine scheinbar noch so kluge, vernunftmäßige Theorie. Im Mittelpunkt der deutschen Erziehung werden deshalb die großen Menschen der deutschen Erde stehen und nicht danach, ob sie einem humanistischen oder international-universalistischen Idealbild dienten, zu werten sein, sondern danach, mit welcher Kraft und welchen Charakterwerten sie dieses umgestaltet oder sich zum deutschen Menschen schlechtweg bekannt haben. Und zu gleicher Zeit wird eine deutsche Erziehung zeigen müssen, wie sich dieser Gedanke der Ehre immer gepaart hat mit dem Gedanken einer Gewissens- und Forschungsfreiheit, wie den Gedanken der Ehre nicht nur gekämpft worden ist auf den Schlachtfeldern Europas und auf dem Gebiet der Politik, sondern auch in den Gelehrtenstuben und in der Seele aller großen Künstler. Die Schlacht von Leuthen ist für uns hier ein gleiches Beispiel größter Charaktererziehung wie der Faust oder eine heroische Symphonie BEETHOVENS. Zu gleicher Zeit findet durch diesen Gedanken eine echte *Rückkehr zur Natur* in einem ganz anderen Sinne statt, als es die Anhänger des Träumers ROUSSEAU oder des chaotischen TOLSTOJ jemals geahnt hatten. Denn die Rückkehr zur Natur, zu ihren Gesetzen und ihren Schönheiten, die wir heute aus der Sehnsucht des Weltstadtmenschen heraus erleben, ist nicht eine sentimentale Verzückung, sondern bedeutet das Neuerleben der deutschen Landschaft, der deutschen Erde und des damit verbundenen Wesens und ebenso deshalb auch ein tiefes Bejahen des deutschen *Bauern* als des stärksten Trägers dieses *Schicksals* und als des ewigen Erneuerers des deutschen *Blutes,* das wieder die Voraussetzung herstellt zu kraftvoller Verteidigung des deutschen *Bodens.*«[29]

Friedrich Karl STURM ca. 1938

»Früher galten Eltern und Lehrer als *'die'* Erzieher, neben ihnen vielleicht noch Dienstboten und Lehrmeister. Heute wissen wir: 'Alle erziehen alle.' Jeder Mensch wirkt erziehend auf seine Mitmenschen, selbst dann, wenn er es weder will noch weiß, schon durch sein Dasein und Sosein. Erziehung kann ihrem Begriffe nach nicht grundsätzlich eingeschränkt werden auf bewußtes und absichtliches Tun. Neben den 'Erziehern' als einzelnen Wesen erziehen Gemeinschaften: Familie, Schule, Verbände jeder Art. Auch die *'fest'* gewordenen und dauernden Erzeugnisse und Werke des Gemeinschaftslebens – Mythen und Symbole, Sprache und Sitte, Recht und Wirtschaft, Wissenschaft und Kunst – formen den Menschen, der mit ihnen in Berührung kommt. Wann und wo immer ein Mensch lebt, da steht er unter erziehenden Einflüssen. Erziehung ist vor allem Lebensfunktion ganzheitlicher Gebilde. Sie wird überall wirksam, wo solche Gebilde leben, ohne daß es hierzu zweckbewußter und vorbedachter Betätigung eines persönlichen Erziehers bedürfte. Wann und wo

29 Ebd., S. 185-186.

immer Völker, Staaten und Kulturen leben, da erziehen sie notwendigerweise ihre Glieder durch ihre objektiven Ordnungen und die Gesetzlichkeiten ihrer Sachgebiete. Vor und neben der rationalen und intentionalen Erziehung steht immer die funktionale. Damit ist die intentionale Erziehung für unser Verständnis ihres Wesens und ihrer Aufgaben in neue und weite Horizonte gestellt.«[30]

»Dieser funktionale Erziehungsbegriff hat unseren Blick dafür geschärft, daß sich der Sinn der Erziehung niemals darin erschöpft, den Einzelnen nach Maßgabe seiner individuellen Anlagen zu entfalten und zu gestalten. Sie ist niemals bloß und nicht einmal zuerst Dienst am einzelnen, sondern trägt allewege überindividuellen Sinn. Als Funktion, als ungewolltes und nichtorganisiertes allmenschliches Geschehen und Wirken kann sie nur voll verstanden werden, wenn wir sie betrachten innerhalb der großen geschichtlichen Zusammenhänge. Sie ist nicht autonom, sondern eng und unabtrennbar mit anderen Gemeinschaftsfunktionen verbunden. Sie erweist sich als Voraussetzung und Folge alles geschichtlichen und Gemeinschaftslebens. Sie ist geistiger Erbgang, Überlieferung eines bestimmten Wahrheits- und Geltungsbestandes von einer Generation auf die nachfolgenden, Selbsterhaltung und Fortpflanzung des Volksganzen im Wechsel der Generationen. Sie ist als solche wesenhaft gerichtet auf Einverleibung des einzelnen in die Gemeinschaften, auf die Erzeugung eines durch den Grundcharakter und die geschichtliche Lage der Gemeinschaft bestimmten Menschenschlags, eines typischen Gemeinschaftsgliedes. Sie schafft 'Reife der Gliedschaft', die ebenso persönliche Entfaltung und Selbständigkeit bedeutet wie zugleich Gebundenheit in der Norm, Ausrichtung nach den die Gemeinschaft bestimmenden Werten. Im Funktionscharakter der Erziehung gründet ihr Dienstschaftsverhältnis zu Volk, Staat und Kultur.«[31]

Wolfgang FISCHER 1991

»Unter dem wenig geglückten Namen des distanztheoretischen Ansatzes fasse ich solche pädagogischen Konzeptionen zusammen, die der Aufnahme politischer Aktivitäten in Erziehung und Unterricht prinzipiell ablehnend gegenüberstehen, ohne die 'Sphäre des Politischen' (LITT) von vornherein und schlechterdings für Pädagogik-unwürdig zu halten. Pädagogische Apolitie ist also nicht gleichbedeutend damit, unpolitische Menschen bilden zu wollen. [...]

Wiederum lautet die Frage, was wesentliche Gründe sein mögen, die es Pädagogen aus unterschiedlichen Epochen und 'Richtungen' geboten erscheinen ließen und lassen, politische Maßnahmen pädagogisch auszusperren [...].«[32]

---

30 STURM, K.F.: Erziehung und Gemeinschaft [4. Auflage 1938]. In: BAUMGART, F. (Hrsg.): Erziehungs- und Bildungstheorien. Erläuterungen – Texte – Arbeitsaufgaben. Bad Heilbrunn 1997, S. 187-189. Hier: S. 187.

31 Ebd., S. 187-188.

32 FISCHER, W.: Einige Bemerkungen über die (Un-)Verträglichkeit von Pädagogik und Politik [1991]. In: FISCHER, W./RUHLOFF, J. (Hrsg.): Skepsis und Widerstreit. Neue Beiträge zur skeptisch-transzendentalkritischen Pädagogik. Sankt Augustin 1993, S. 191-209. Hier: S. 201.

[Nachdem FISCHER zwei Argumente referiert hat, schreibt er:] '*Zum dritten Argument*: Seine Besonderheit kann über weitgestreute theoretische Varianten hinweg folgendermaßen auf den ausschlaggebenden Punkt gebracht werden. Politischen Ambitionen, Diskussionen, Aktionen, aber auch Auflagen ist darum unter dem Dache der Pädagogik kein Recht, sich häuslich niederzulassen, zu gewähren, weil sie zu verstellen und zu verfälschen geeignet sind, was in Ansehung des Politischen die Sache der Bildung ist. In diese Richtung zielt schon die dem Verhältnis von politikè prâxis und Philosophie zugewandte sokratische These, daß 'ein Mensch oder sonst etwas', das an zwei grundverschiedenen, wenn auch heilsamen Dingen in deren Mitte sich bewegend Anteil nimmt, 'schlechter ist als jedes von beiden in bezug auf das, wozu ein jedes ... gut ist'. Bei Theodor LITT heißt es sinngemäß, daß die Erziehung die Politik, insofern sie mehr ist als die Summe ihrer momentanen Erlebnisse, gemachten Erfahrungen, konkreten Aufgaben, mehr auch als die gerade praktizierte oder eine andere Form ihrer selbst, 'in einer Höhenlage' aufzusuchen habe, die es ermöglicht, der 'Idee', dem 'Wesen' des Politischen – wie man damals zu sagen pflegte – auf die Spur zu kommen. Und deutlich warnt Alfred PETZELT davor, pädagogisch das Politische in Kenntnissen steckenbleiben wie auch in entschlossenem 'Tätigsein' 'nach außen' drängen lassen. Auf beiden Abwegen trete das in dialogischer 'Gemeinsamkeit' anzugehende Problem des 'Maßes' und Sinns von Politik in den Hintergrund, könne sein theoretisches Eigenrecht nicht geltend machen – obwohl noch kein politisches Urteil und keine politische Tat nicht einmal ideologisch fixierte, frei von dem Anspruch sind, dem Sinn des Politischen zu entsprechen. Kurz und ohne nähere Ausführungen: Pädagogisch lautet die vordringliche Aufgabe, das Politische in seiner Eigentümlichkeit, seiner offensichtlichen Unvermeidbarkeit, den ihm eingeschriebenen oder zu ziehenden Grenzen, seinen mannigfaltigen Gestalten und Verschiebungen usw. usw. zu begreifen und zu denken, und just das fällt nicht mit politischem Agieren zusammen, sondern setzt Distanz zur Praxis voraus. Oder in anderer Akzentuierung ein wenig flüchtig und mißverständlich ausgedrückt: Wenn die Sache der Pädagogik und die der Politik nicht identisch sind beziehungsweise in nichts Gemeinsamen *differenzaufhebend* konvergieren – wie immer ihr Verhältnis untereinander zu bestimmen sein mag –, dann besteht systematisch-pädagogisch kein Grund, das Politische in der Weise politischer Maßnahmen mit solchen der Pädagogik unerläßlich zu verschränken. Das eine kann das andere nicht vertreten.«[33]

Hartmut von HENTIG 1999

»Pädagogik ist nicht dazu da – und hat also in ihrer Geschichte nicht gelernt –, die Welt in Ordnung zu bringen oder gar zu verbessern. Sie hilft vielmehr der kommenden Generation, in ihre Kultur hineinzuwachsen und diese zu verstehen; sie ist genötigt, diese Anstrengung für jedes einzelne Kind zu unternehmen – nach dem Maß seiner Möglichkeiten: seiner bisherigen Erfahrungen, seiner Anlagen, seiner Lebenssituation. Sie wird es darum schwer haben, einer Idee brauchbare Dienste zu leisten, die sich weit vom einzelnen und seinem Leben zu entfernen scheint: der

---

33 Ebd., S. 205.

Verzögerung oder Bekämpfung eines 'allgemeinen Werteverfalls', der Verwirklichung der Menschenrechte, der Erfüllung von Menschheitspflichten, der Entwicklung eines Weltethos. Daß die Schule solche Dienste auch anderwärts auf sich genommen hat – zum Beispiel ein Geschichtsbewußtsein zu schaffen oder der jungen Generation das Austragen einer belastenden Vergangenheit nahezulegen oder ihr eine Loyalität zu dem Abstraktum Staat einzugeben, in dem sie lebt –, rechtfertigt nicht, daß sie sich abermals überschätzt; der neue falsche Dienst vermehrt den Ärger, oder er verfällt der Gleichgültigkeit. Ja, ich sähe in der Abwehr einer 'Werterziehung' zur Eindämmung des Zivilisationsverlustes eine gesunde Reaktion der Schule, wenn sie damit ihr Geschäft von therapeutischen Ansinnen befreite. Pädagogik und Unterricht haben nichts mit Heilung zu tun. Sie gehen mit ihren Bemühungen von den Menschen (den Kindern) und den Verhältnissen (der Gesellschaft) aus, wie diese sind. Wenn dabei Mängel des Ganzen ausgeglichen werden, um so besser. Wo sie dessen Auflösungserscheinungen oder Reformbedürfnisse zum Ausgang nehmen, betreiben sie die Politik.«[34]

34 Von HENTIG, H.: Ach, die Werte! Ein öffentliches Bewußtsein von zwiespältigen Aufgaben. Über eine Erziehung für das 21. Jahrhundert. München 1999, S. 52 f.

Die Entstehung einer Disziplin.
Zur institutionellen Entwicklung der Erziehungswissenschaft in Deutschland

Eine tabellarische Chronik

Klaus-Peter Horn

In die folgende Übersicht über die institutionelle Entwicklung der wissenschaftlichen Pädagogik resp. Erziehungswissenschaft in Deutschland sind Daten, Ereignisse und Personen aus der Geschichte der wissenschaftlichen Pädagogik/Erziehungswissenschaft in Deutschland seit dem 18. Jahrhundert aufgenommen, die für die institutionelle Entwicklung von Bedeutung waren. Dabei werden, entsprechend der Vorgabe, begriffs- und theoriegeschichtliche Aspekte ausgeklammert, die Entwicklung des pädagogischen und erziehungswissenschaftlichen Denkens und Wissens bleibt also unberücksichtigt (vgl. dazu Heinz-Elmar TENORTH: Erziehungswissenschaft. Erscheint in: Dietrich BENNER/Jürgen OELKERS (Hrsg.): Historisches Wörterbuch der Pädagogik. Weinheim und Basel 2001.

Die Darstellung ist zweigeteilt: In der linken Spalte werden die institutionellen Entwicklungen, die mit den Universitäten und der höheren Lehrerbildung zusammenhingen, vorgestellt, in der rechten Spalte werden die Entwicklungen in der nicht-akademischen Lehrerbildung berücksichtigt, weil und soweit sie für die Entwicklung der Disziplin Erziehungswissenschaft relevant waren.

Die dauerhafte Institutionalisierung der Erziehungswissenschaft an den Universitäten beginnt zwar erst im ausgehenden 19. Jh., doch gab es auch vorher schon vereinzelt Vertreter pädagogischer Theoriebildung an den Universitäten, zumeist im Schnittbereich von Philosophie und Pädagogik (HERBART, DILTHEY) oder Theologie und Pädagogik (SCHLEIERMACHER). Nur wenige dieser frühen Fachvertreter werden namentlich erwähnt, wie überhaupt die Übersicht keine Vollständigkeit, aber doch die Auflistung der wichtigsten Daten und Ereignisse beansprucht.

Zur Institutionalisierung der wissenschaftlichen Pädagogik/Erziehungswissenschaft gehören auch Fachorganisationen, Fachlexika und Fachzeitschriften, die selbst Teil der Institutionalisierung eines Faches sind und ihre Präsenz in der (wissenschaftlichen) Öffentlichkeit mitgestalten. Fachorganisationen gab es schon seit dem ausgehenden 19. Jahrhundert als pädagogische Vereine mit wissenschaftlichen Ansprüchen, z.B. den Verein für wissenschaftliche Pädagogik (seit 1868) oder den Verein für christliche Erziehungswissenschaft (seit 1907). In den 1920er Jahren war der Deutsche Ausschuß für Erziehung und Unterricht prominent, in dem u.a. Fachvertreter der Pädagogik/Erziehungswissenschaft an Universitäten versammelt waren. In der Nachkriegszeit kam es seit Beginn der 1950er Jahre in der Bundesrepublik zu regelmäßigen Zusammenkünften der Westdeutschen Universitätspädagogen, aus deren Kreis dann 1963 die Deutsche Gesellschaft für Erziehungswissenschaft gegründet wurde.

Auch außeruniversitäre erziehungswissenschaftliche Forschungsinstitute sind zu nennen, an erster Stelle dass Zentralinstitut für Erziehung und Unterricht in

Berlin (1915-1945). In der Bundesrepublik sind v.a. das UNESCO Institut für Pädagogik in Hamburg, die Hochschule (später Deutsches Institut) für Internationale Pädagogische Forschung in Frankfurt/M., das Deutsche Jugendinstitut und das Max-Planck-Insititut für Bildungsforschung in Berlin prominent geworden. Für die DDR ist parallel auf das Deutsche Pädagogische Zentralinstitut (1949-1970) und die Akademie der Pädagogischen Wissenschaften (1970-1990) zu verweisen. Kodifizierungen des pädagogischen/erziehungswissenschaftlichen Denkens finden sich in pädagogischen/erziehungswissenschaftlichen Enzyklopädien, Handbüchern und Lexika. Seit dem Ende des 19. Jahrhunderts sind solche Kodifizierungen in einer Vielzahl erschienen. Mit Beginn des 20. Jahrhunderts setzte eine Gründung von qualitativ neuen Fachzeitschriften der wissenschaftlichen Pädagogik/Erziehungswissenschaft ein. Von den Fachlexika und den Fachzeitschriften werden in der Zeittafel einige besonders wichtige genannt.

Hinzugefügt wurde eine Übersicht über die Entwicklung der Pädagogischen resp. Erziehungswissenschaftlichen Institute oder Seminare an den deutschen Universitäten seit dem Beginn des 20. Jahrhunderts bis in die 1960er Jahre. Die Tabelle und die Grafik zeigen, dass sich die universitäre Pädagogik/Erziehungswissenschaft im Lauf der Jahrzehnte aus der engen Verbindung mit der Philosophie gelöst und auch organisatorisch Eigenständigkeit gewonnen hat. Interessant ist die engere Verbindung mit der Psychologie in der Zeit des Nationalsozialismus, die durch die deutlich frühere Einführung eines Diplomstudiengangs in Psychologie erklärbar ist (vgl. dazu U. GEUTER: Die Professionalisierung der deutschen Psychologie im Nationalsozialismus. Frankfurt/M. 1984) .

Die Literatur am Schluss der Darstellung umfasst verschiedene neben einer älteren Arbeit zur Wissenschaftsgeschichte der Erziehungswissenschaft einige neuere Überblicksdarstellungen zur Bildungsgeschichte mit einschlägigen Abschnitten zur Geschichte der wissenschaftlichen Pädagogik/Erziehungswissenschaft.

Zeit	Universitäten	Außeruniversitäre Lehrerbildung
1707	August Hermann FRANCKE richtet am Pädagogium der Stiftungen zu Halle das »Seminarium selectum praeceptorum« zur Ausbildung der Lehrer ein.	
1737	Gründung eines philologischen Seminars an der Universität Göttingen, um »gute geübte Schullehrer zu bekommen«.	
1748		Nach vereinzelten Vorläufern in Halle, Stettin und Kloster Berge gründet Johann Julius HECKER in Berlin ein Seminar, das als erste preußische Lehrerbildungseinrichtung regelmäßig staatlich unterstützt wird (1817 nach Potsdam verlegt).
Ca. 1770 ff.		Errichtung von Normalschulen und Lehrerseminaren in Bayern.
1777	Eröffnung des »Seminarium philologicum sive scholasticum« an der Univers. Erlangen (theologische, philosophische und philologische Studien, aber keine Pädagogik).	

Zeit	Universitäten	Außeruniversitäre Lehrerbildung
1779	An der Universität Halle wird der erste Lehrstuhl für Pädagogik (»philosophiae ordinario und in specio der Pädagogik«), verbunden mit einem pädagogischen Seminar in der Theologischen Fakultät, mit Ernst Christian TRAPP besetzt. Nach dessen Rückzug wird die Professur 1783 mit Friedrich August WOLF besetzt, der in der Folge ein philologisches Seminar zur Ausbildung von Lehrern für die höhere Schule begründet, in dem die pädagogische Ausbildung keine Rolle spielt. Gründung eines philologisch-pädagogischen Instituts an der Universität Helmstedt (bis zur Auflösung der Universität 1810).	
1787	Errichtung des »Seminars für gelehrte Schulen« am Friedrichswerderschen Gymnasium in Berlin zur praktischen Ausbildung der höheren Lehrer (Friedrich Gedike).	
Um 1800		In Preußen existieren 9, in anderen mittel- und norddeutschen Ländern 12 Lehrerbildungseinrichtungen. Beginn der geregelten Ausbildung der Elementarschullehrer durch den Auf- und Ausbau von Lehrerseminaren in Preußen.
1802	Johann Friedrich HERBART (1776-1841) hält pädagogische Vorlesungen an der Universität Göttingen.	
1804/05	Neuaufbau einer pädagogischen Klasse in der Theologischen Fakultät der Universität Halle unter August Hermann NIEMEYER (bis 1884)	
1809	Einführung des ersten Lehramtsexamens für Kandidaten des höheren Lehramts in Bayern.	Mit dem »Allgemeinen Regulativ für die Ordnung der Schullehrerseminarien und der Bildung der Volksschullehrer überhaupt« wird in Bayern das Seminar zur Regelausbildungsstätte für die künftigen Volksschullehrer.
1810	Einführung des »examen pro facultate docendi« (Preußen) für Kandidaten für das Lehramt an höheren Schulen zur Prüfung der »Tauglichkeit der Subjekte für die verschiedenen Arten und Grade des Unterrichts im Allgemeinen«; die Prüfungskandidaten sollen in der Regel in schriftlichen Arbeiten, einer mündlichen Prüfung und einer Probelektion ihre Befähigung zum Lehramt nachweisen, wobei philologische, historische und mathematische, jedoch keine pädagogisch-didaktischen Kenntnisse erwartet werden.	

Zeit	Universitäten	Außeruniversitäre Lehrerbildung
Um 1810	Gründung weiterer Pädagogischer Seminare für höhere Lehrer an den Universitäten Heidelberg (1809, Friedrich Heinrich Christian SCHWARZ), Königsberg (1810-1833, J. F. HERBART) und Breslau (1811/13). Ein mit der Schule verbundenes Seminar wird in Stettin (1804) errichtet, das GEDIKEsche Seminar wird in das »Königliche Pädagogische Seminar« (1812) umgewandelt. 1811 gründet Friedrich THIERSCH ein philologisches Seminar, das 1826 mit seiner Berufung an die Universität München zu einem Universitätsinstitut wird.	
1813/14	Friedrich Daniel Ernst SCHLEIERMACHER (1768-1834) hält seine erste Vorlesung über Pädagogik (weitere Pädagogik-Vorlesungen SCHLEIERMACHERs 1820/21 und 1826) an der Berliner Universität.	
1824	Gründung des pädagogischen Seminars (verbunden mit dem philologischen Seminar) an der Theologisch-philosophischen Akademie in Münster i.W.	
1825		In Preußen bestehen 28 Lehrerseminare.
1826	Einführung des Probejahrs an einer Schule für die Kandidaten des Lehramts an höheren Schulen.	
1829	Verselbständigung des pädagogischen Seminars der Theologischen Fakultät der Universität Halle.	
1831	Die preußische Prüfungsordnung für das höhere Lerhamt sieht zum ersten Mal eine Prüfung in »den Wissenschaften ... Philosophie und Pädagogik« vor.	
1837	Gründung des Pädagogischen Seminars an der Universität Göttingen (bis 1891/93).	
1843	Karl Volkmar STOY gründet in Jena eine »pädagogische Gesellschaft«, aus der später, verbunden mit einer Übungsschule, das Pädagogische Seminar der Universität Jena hervorgeht.	
1848		Auf der »Tivoli-Versammlung« in Berlin wird von Lehrern u.a. die Forderung nach Anbindung der Elementarschullehrerausbildung an die Universität erhoben: »Die Lehrerbildungsanstalt ist ein Zweig der Universität und gibt theoretische und praktische Ausbildung ...«.
1854		Die »STIEHLschen Regulative« begrenzen die pädagogische Ausbildung der künftigen Elementarschullehrer in Preußen auf 6 Wochenstunden im Rahmen der dreijährigen Ausbildung an einem Lehrerseminar, die praktische Ausbildung soll durch die Übungsschule gewährleistet werden.

Zeit	Universitäten	Außeruniversitäre Lehrerbildung
1855	Übernahme des 1843 privat gegründeten Pädagogischen Seminars von Gustav Ferdinand THAULOW an die Universität Kiel (bis 1883).	
1861	Tuiskon ZILLER baut in Leipzig ein privates Pädagogisches Seminar auf (bis 1882). Daneben existiert seit 1862 das »Wissenschaftliche-pädagogische Praktikum«. Nachfolger des ZILLERschen Seminars ist das Königliche pädagogische Seminar (mit zwei Abteilungen: philosophisch-pädagogisch und praktisch-pädagogisch) an der Universität Leipzig. Zudem besteht an der Universität noch ein Pädagogisches Seminar in der Theologischen Fakultät.	
1866	Das neue Reglement für die Prüfungen der Kandidaten des höheren Schulamts sieht im Bereich der »allgemeinen Vorbildung« eine Prüfung in »Philosophie und Pädagogik« (»allgemeine Bekanntschaft der Geschichte der neueren Pädagogik und der wesentlichsten Bestimmungen der Methodik«) vor.	Nach dem »Normativ über die Bildung der Schullehrer im Königreich Bayern« steht neben der fachlichen die schulpraktische Ausbildung im Vordergrund.
1868	Gründung des Vereins für wissenschaftliche Pädagogik.	
Ca. 1870 – Mitte der 1880er Jahre	Lehrermangel sowohl bei den Gymnasial- als auch bei den Volksschullehrern. Verstärkte Bemühungen um einen Ausbau der Lehrerbildung in beiden Bereichen.	
1872		Die »Allgemeinen Bestimmungen« erhöhen in Preußen den Stundenanteil für die pädagogische Ausbildung auf 7 Wochenstunden und weiten den Anteil der Hospitationen und eigenen Unterrichtsversuche in den Übungsschulen aus.
1876-1887	Encyklopädie des gesamten Erziehungs- und Unterrichtswesens. Hrsg. v. Karl A. SCHMID. 2. Aufl. 10 Bde. Leipzig (1. Aufl. 11 Bände, 1857-1878).	
Ab ca. 1877	Ausbau der Gymnasialseminare für die Kandidaten des Lehramts an höheren Schulen in Preußen (Danzig 1877, Magdeburg 1884, Kassel 1885, Münster 1888, Koblenz 1889). In Gießen wird 1876 ein pädagogisches Seminar für die Oberlehrerausbildung unter der Leitung des Professors für Pädagogik an der Universität Gießen und Gymnasialdirektors Hermann SCHILLER begründet. 1881 wird in Halle das »Seminarium praeceptorum« in den Franckeschen Stiftungen wiederbelebt.	

Zeit	Universitäten	Außeruniversitäre Lehrerbildung
1890	Einführung des verpflichtenden Seminarjahres für Lehrer an Höheren Schulen in Preußen zur Einführung in die Methodik des Unterrichts »durch Darbietung vorbildlichen Unterrichts und durch Anleitung zu eigenen Unterrichtsversuchen« und durch theoretische Übungen im Umfang von zwei Stunden wöchentlich, in denen »planmäßig geordnete pädagogische Besprechungen« über Fragen der Gymnasialpädagogik und der Didaktik stattfinden. In der Folge wird das Seminarjahr auch in fast allen anderen Ländern des Deutschen Reiches (z.B. Bayern 1895) eingeführt.	
1897	Begründung der Zeitschrift »Die Deutsche Schule« (1897-1943 und 1956 ff.).	
1898	In der preußischen Prüfungsordnung für das Lehramt an höheren Schulen ist das Fach Pädagogik neben Philosophie, deutscher Literatur und Religion Teil der »Allgemeinen Prüfung am Ende des Studiums. Die Prüfungskandidaten sollten die philosophischen Grundlagen der Pädagogik und die wichtigsten Erscheinungen ihrer Entwicklung seit dem 16. Jahrhundert kennen und bereits »einiges Verständnis« für die Aufgaben ihres künftigen Berufes gewonnen haben.	
1900	An 5 der 21 deutschen Universitäten bestehen Professuren bzw. Honorarprofessuren für Pädagogik (Berlin, Halle-Wittenberg, Jena, Leipzig, München).	
Ab ca. 1900	Erneuter Lehrermangel im Volksschulbereich. und an höheren Schulen.	
1901		Der neue Lehrplan für die Lehrerseminare in Preußen sieht 9 Wochenstunden Pädagogik, 10 bis 14 Wochenstunden (Fach-)Methodik und »Lehranweisung und Lehrproben« sowie 4 bis 6 Wochenstunden »Unterrichten in der Schule« vor.
1903-1910	Encyklopädisches Handbuch der Pädagogik. Hrsg. von Wilhelm REIN. 2. Aufl. 10 Bände. Langensalza (1. Aufl. 7 Bände, 1895-1899).	
1907	Gründung des Vereins für christliche Erziehungswissenschaft.	
1909		In Württemberg werden 11 Lehrerseminare errichtet (7 evangelisch, 4 katholisch).
1910	An 10 der 21 deutschen Universitäten bestehen Professuren bzw. Honorarprofessuren für Pädagogik (Berlin, Erlangen, Freiburg, Gießen, Halle-Wittenberg, Königsberg, Jena, Leipzig, München, Würzburg).	Nach dem Badischen Schulgesetz wird die Lehrerbildung in einem zweijährigen Lehrgang in den Lehrerbildungsanstalten Freiburg (katholisch), Heidelberg (evangelisch) und Karlsruhe (simultan) durchgeführt.
1912	Einführung des zweiten, pädagogischen Examens für Kandidaten des höheren Lehramts in Bayern, aber Festhalten an der einjährigen Vorbereitungszeit im Seminar.	Verlängerung der Ausbildung an den bayerischen Lehrerseminaren von zwei auf drei Jahre.

Zeit	Universitäten	Außeruniversitäre Lehrerbildung
1913-1917	Lexikon der Pädagogik. Hrsg. von Ernst M. ROLOFF. 5 Bände. Freiburg im Breisgau.	
1914		204 Lehrerseminare arbeiten in Preußen, davon 16 für Lehrerinnen
1915	Gründung des Zentralinstituts für Erziehung und Unterricht in Berlin (bis 1945).	
1917	Konferenz im Preußischen Ministerium der geistlichen und Unterrichts-Angelegenheiten am 24. und 25. Mai zur Frage von Lehrstühlen für Pädagogik an den Universitäten (Teilnehmer u.a. Max FRISCHEISEN-KÖHLER, Richard HÖNIGSWALD, Theodor LITT, Ferdinand Jakob SCHMIDT, Eduard SPRANGER, Julius ZIEHEN). Im Ergebnis wird ein Ausbau der Pädagogik an den preußischen Universitäten vom Ministerium eher abgelehnt.

Am 31.7. wird vom selben Ministerium eine Neufassung der Prüfungsordnung für das Lehramt an höheren Schulen vorgelegt: Einführung der zweiten, pädagogisch-praktischen Prüfung am Ende der Seminarzeit (nunmehr zwei Jahre). Pädagogik ist in der ersten Prüfung nun nicht mehr obligatorisches Prüfungsfach, sondern kann lediglich als Zusatzfach gewählt werden. Damit findet eine Verlagerung der Prüfung im Fach Pädagogik von der Abschlussprüfung am Ende des Studiums auf die praktische Prüfung am Ende der Seminarzeit statt. | |
| 1919 | | Art. 143,2 der Weimarer Reichsverfassung legt fest, dass die Lehrerbildung »nach den Grundsätzen, die für die höhere Bildung allgemein gelten, für das Reich einheitlich zu regeln« ist. In der Folge wird das Abitur zur Vorbedingung für die Ausbildung zum Volksschullehrer.

Die reichseinheitliche Regelung kommt jedoch nicht zustande, in den Ländern wird die Bestimmung des Art. 143,2 unterschiedlich umgesetzt (Lehrerbildungsanstalten bzw. -seminare in Baden, Bayern und Württemberg, Pädagogische Lehrgänge in Oldenburg, Ausbildungsgang an der Deutschen Oberschule Köthen in Anhalt, Pädagogische Akademien in Preußen, Anlagerung der Volksschullehrerausbildung an Universitäten und Technische Hochschulen in Braunschweig, Hamburg, Hessen, Sachsen, Mecklenburg-Schwerin und Thüringen; ohne eigene Einrichtungen bleiben Mecklenburg-Strelitz, Lippe-Detmold, Schaumburg-Lippe, Lübeck und Bremen). |

Zeit	Universitäten	Außeruniversitäre Lehrerbildung
1920 ff.	Überfüllungskrise: Überangebot an Absolventen der Lehramtsstudiengänge an den Universitäten und des Lehrernachwuchses im Bereich der Volks- und Mittelschulen.	
1920	An 14 der 23 deutschen Universitäten bestehen Professuren bzw. Honorarprofessuren für Pädagogik (Berlin, Erlangen, Frankfurt/M., Freiburg, Gießen, Göttingen, Halle-Wittenberg, Jena, Köln, Königsberg, Leipzig, München, Rostock, Würzburg).	
1923	Gründung des pädagogischen Landesseminars für Studienreferendare in Stuttgart mit einjähriger Vorbereitungszeit.	
1925	Gründung der Fachzeitschriften »Vierteljahrsschrift für wissenschaftliche Pädagogik« (bis 1933 und wieder 1950 ff.), Zeitschrift des (katholischen) Deutschen Instituts für wissenschaftliche Pädagogik in Münster i.W; »Die Erziehung« (bis 1943), Gründer: Aloys FISCHER, Wilhelm FLITNER, Theodor LITT, Herman NOHL und Eduard SPRANGER. Neue Prüfungsordnung für das höhere Schulamt in Sachsen: Jeder Lehramtsanwärter muss nach dem 4. Semester an zwei aufeinander folgenden Halbjahrskursen des praktisch-pädagogischen Universitätsseminars teilnehmen, um zum 1. Examen zugelassen zu werden. Nach dem Examen folgt eine einjährige Vorbereitungszeit an einer Schule, die ohne eine zweite Prüfung abschließt.	
1926	Der »Deutsche Ausschuß für Erziehung und Unterricht« (Vorsitzender Georg KERSCHENSTEINER), ein »unabhängiger Zusammenschluss sachverständiger Frauen und Männer« (Erich WENIGER), veranstaltet in Weimar seinen ersten Pädagogischen Kongreß zum Thema »Die moderne Kultur und das Bildungsgut der deutschen Schule«, u.a. mit Beiträgen von Theodor LITT, Gertrud BÄUMER und Georg KERSCHENSTEINER. 1928 folgt ein zweiter Pädagogischer Kongreß in Kassel zum Thema »Wesen und Wert der Erziehungswissenschaft«, u.a. mit Beiträgen zur Frage der »Stellung der Erziehungswissenschaft in der Ausbildung der Volksschullehrer« (Gustav DEUCHLER), »... der Berufsschullehrer« (Alfred KÜHNE) und ».... der Philologen« (Felix BEHREND).	
1926		Auflösung der Lehrerseminare und Aufbau der akademischen Lehrerbildung in Preußen durch die Errichtung von Pädagogischen Akademien; bis 1930 werden 15 Pädagogische Akademien gegründet, davon sind zwei katholisch, 12 evangelisch und zwei simultan; 14 sind für beide Geschlechter zugänglich, eine nur für Männer.
1928	Regelung der Prüfungen und des Vorbereitungsdienstes der höheren Lehrer in Baden: an der Universität findet so gut wie keine pädagogische Ausbildung statt, es ist lediglich eine pädagogische Hauptvorlesung vorgesehen; nach dem ersten Examen folgt eine »Einführung in Theorie und Praxis der Erziehung und Bildung« im Pädagogischen Seminar (1,5 bis 2 Jahre).	

196

Zeit	Universitäten	Außeruniversitäre Lehrerbildung
1929-1933	Handbuch der Pädagogik. Hrsg. von Herman NOHL und Ludwig PALLAT. 5 Bände. Langensalza, Berlin, Leipzig (Faksimile-Nachdruck Weinheim 1966).	
1929	Denkschrift der Philosophischen Fakultät der Berliner Friedrich-Wilhelms-Universität zur »Universitätsausbildung für das höhere Lehrfach« fordert die Rückverlegung der Pädagogik in das erste Examen und ein »Studium der Erziehungswissenschaften in wissenschaftlicher, jedoch nicht lebensferner Weise«, das »zur Besinnung über den Bildungsvorgang in weitester Bedeutung führen und dadurch die richtige geistige und ethische Einstellung zum Erzieherberuf ... wecken« soll. Vorgeschlagen wird die Beschäftigung mit: Geschichte der Erziehung, Bildungswesen der Gegenwart, Jugendpsychologie, pädagogischer Psychologie, allgemeinen Grundformen der Unterrichts- und Erziehungsmethoden.	
1930	An 21 der 23 deutschen Universitäten bestehen Professuren bzw. Honorarprofessuren für Pädagogik (Berlin, Bonn, Erlangen, Frankfurt/M., Freiburg, Gießen, Göttingen, Greifswald, Halle-Wittenberg, Hamburg, Heidelberg, Jena, Kiel, Köln, Königsberg, Leipzig, München, Münster, Rostock, Tübingen, Würzburg).	
1931	Gründung der Fachzeitschrift »Internationale Zeitschrift für Erziehungswissenschaft« (bis 1934 sowie 1947 ff.) durch Friedrich SCHNEIDER. Diese Zeitschrift wurde 1934/35 von Alfred BAEUMLER übernommen und erschien zwischen 1935 und 1944 unter dem Titel »Internationale Zeitschrift für Erziehung« unter der Schriftleitung von Theodor WILHELM. Wilhelm HEHLMANN: Pädagogisches Wörterbuch. Leipzig. (Dieses Wörterbuch erscheint kontinuierlich in neuen Auflagen in der Weimarer Republik, in der Zeit des Nationalsozialismus und in der Bundesrepublik Deutschland, zuletzt in neuer Bearbeitung von Winfried BÖHM; aufgrund der langen Erscheinungsdauer ist es eine geeignete Quelle, um Veränderungen des pädagogischen und erziehungswissenschaftlichen Denkens und Diskurses zu erfassen.)	
		An den preußischen Pädagogischen Akademien sind im Rahmen der zweijährigen Ausbildung insgesamt 38 Wochenstunden, in Braunschweig innerhalb eines drei Jahre umfassenden umfassenden Studiums an der Technischen Hochschule insgesamt 67 Wochenstunden für die theoretische und praktische pädagogische Ausbildung vorgesehen.
1932		Schließung von 8 der 15 Pädagogischen Akademien im Rahmen von Sparmaßnahmen der preußischen Regierung.
1933		Umbenennung der verbliebenen Pädagogischen Akademien in Hochschulen für Lehrerbildung.

Zeit	Universitäten	Außeruniversitäre Lehrerbildung
Ab ca. 1935	Erneuter Lehrermangel im Volksschulbereich und an höheren Schulen.	
1935		Einführung der Hochschulen für Lehrerbildung in allen deutschen Ländern (z.B. je eine Hochschule für Lehrerbildung in Württemberg und in Baden, drei in Bayern). Auch die an Universitäten (Hamburg, Leipzig, Rostock) und Technischen Hochschulen (Braunschweig, Darmstadt, Dresden) angelagerten Institute werden in selbständige Hochschulen für Lehrerbildung umgewandelt.
1936	Die 1. Ausgabe der Zeitschrift »Weltanschauung und Schule«, hrsgg. von Alfred BAEUMLER, erscheint (bis 1944).	
1937	Die Richtlinien für die Ausbildung der Lehrer an höheren Schulen schreiben u.a. ein einjähriges Studium an einer Hochschule für Lehrerbildung (die ersten beiden Semester), die Verkürzung des universitären Studiums auf sechs Semester (1939 wieder aufgehoben) sowie die Verkürzung der zweiten Phase auf ein Jahr vor. An den Hochschulen für Lehrerbildung soll die »grundlegende politisch-weltanschauliche« Ausbildung in den Fächern Erziehungswissenschaft, Charakter- und Jugendkunde, Vererbungslehre und Rassenkunde sowie Volkskunde stattfinden.	
1940	An allen 23 deutschen Universitäten bestehen Professuren bzw. Honorarprofessuren für Pädagogik (Berlin, Bonn, Breslau, Erlangen, Frankfurt/M., Freiburg, Gießen, Göttingen, Greifswald, Halle-Wittenberg, Hamburg, Heidelberg, Jena, Kiel, Köln, Königsberg, Leipzig, Marburg, München, Münster, Rostock, Tübingen, Würzburg).	
1941		Umwandlung der Hochschulen für Lehrerbildung in Lehrerbildungsanstalten in ganz Deutschland; Wegfall des Abiturs als Zugangsvoraussetzung.
1940 ff.	Mit Kriegsbeginn verschärft sich der Lehrermangel, der in beiden Teilen Deutschlands bis in die 1970er Jahre anhält.	
1945/46	Gründung der Pädagogischen Fakultäten an den Universitäten in der Sowjetischen Besatzungszone (Berlin, Greifswald, Halle-Wittenberg, Jena, Leipzig, Rostock); Integration der Ausbildung aller Lehrer an den Universitäten. In den Pädagogischen Fakultäten werden neben Professuren für Allgemeine Pädagogik auch schulpädagogisch-didaktische Professuren eingerichtet. In Berlin wird zudem die Ausbildung der Lehrer für die Sonder- und Berufsschulen	In der Sowjetischen Besatzungszone werden 8-monatige Neulehrerkurse zur Behebung des schlimmsten Lehrermangels durchgeführt. In Berlin wird zugleich eine für die ganze Stadt zuständige Pädagogische Hochschule aufgebaut. In der Folge kommt es in der Sowjetischen Besatzungszone zum Aufbau von Instituten für Lehrerbildung für die Ausbildung von Unterstufenlehrern (Zugang ohne Reifeprüfung) und von Pädagogischen

198

Zeit	Universitäten	Außeruniversitäre Lehrerbildung
	an der Universität institutionalisiert. In den Westzonen bleibt es an den Universitäten bei der Ausbildung der Gymnasiallehrer und bei der Ausstattung mit in der Regel einer Professur für Pädagogik (oft auch noch mit Philosophie verbunden). Im Hinblick auf die zweite Phase der Ausbildung kehren die westdeutschen Länder zu den Regelungen zurück, die bis 1933 auf ihrem Gebiet gültig waren.	Instituten, später Pädagogischen Hochschulen für die Ausbildung von Lehrern der anderen Klassenstufen. Damit ist die Lehrerbildung auch in der Sowjetischen Besatzungszone und später in der DDR wieder geteilt. In den Westzonen kommt es ebenfalls zu Kurzlehrgängen für neue Lehrer und Schulhelfer an den Volks- und Mittelschulen. Zugleich wird anknüpfend an die Institutionen der Weimarer Republik die (akademische) Lehrerbildung in den Ländern entsprechend den jeweiligen Regelungen vor 1933 wieder aufgebaut.

Begründung der Zeitschriften

»Pädagogik«, ab 1950 herausgegeben vom Deutschen Pädagogischen Zentralinstitut in der DDR (Mitherausgeber u.a. Robert ALT);

»Sammlung« (bis 1960, danach »Neue Sammlung«, begründet von Herman NOHL u.a.

Zeit		
1947/48	Begründung der Zeitschriften »Pädagogische Rundschau«, gegründet im Umkreis der Pädagogischen Akademien/Hochschulen, und »Bildung und Erziehung«, begründet von Franz HILKER und Erich HYLLA.	
1949	Gründung des Deutschen Pädagogischen Zentralinstituts (DPZI) in der Sowjetischen Besatzungszone (kurz vor der Gründung der DDR) als Forschungszentrum der marxistisch-leninistischen Pädagogik und Institution für die planmäßige Zusammenarbeit der pädagogischen Wissenschaftler der DDR. Seine Aufgaben erfüllt das DPZI durch Anleitungen, Konferenzen und Fernstudien. Seit 1954 wird »Kader«-Ausbildung v.a. durch die wissenschaftliche Aspirantur betrieben.	
1950/51	Gründung der Hochschule für Internationale Pädagogische Forschung, später Deutsches Institut für Internationale Pädagogische Forschung in Frankfurt/M.	
1951	Gründung des UNESCO-Instituts für Pädagogik in Hamburg.	
1951		Gründung der Arbeitsgemeinschaft Pädagogischer Hochschulen, ab 1966 Konferenz Pädagogischer Hochschulen, ab 1971 Hochschulkonferenz für Erziehungswissenschaft und Fachdidaktik, als Interessenvertretung der lehrerbildenden Institutionen in der Bundesrepublik Deutschland. Die APH/KPH/HEF gehören somit die Institutionen an, die durch Vertreter der einzelnen Pädagogischen Hochschulen und vergleichbaren Institutionen repräsentiert werden. Neben regelmäßigen Vertretertagungen werden Pädagogische Hochschultage veranstaltet. Die APH/KPH/HEF nimmt zu allen Fragen der Lehrerbildung Stellung, wobei sie besonders die Bedeutung der eigenständigen Pädagogischen Hochschulen betont. Mit der Integration der Volksschullehrerausbildung in die Universitäten löst sie sich zu Beginn der 1970er Jahre auf.

Zeit	Universitäten	Außeruniversitäre Lehrerbildung
1952	Seit 1952 finden jährliche Tagungen der Vertreter der Pädagogik/Erziehungswissenschaft an den Universitäten statt, die später unter dem Titel »Konferenzen der Westdeutschen Universitätspädagogen« firmieren. Den engeren Kreis dieser Konferenzen bilden die Ordinarien. Die Konferenz geht 1969 in der von ihr 1963 gegründeten Deutschen Gesellschaft für Erziehungswissenschaft (s.u.) auf.	
1953	Beschluss zur Auflösung der Pädagogischen Fakultäten an allen Universitäten der DDR bis auf Berlin-Ost (hier erst 1967/68), stattdessen werden Pädagogische Institute in den Universitäten gegründet.	
1954	Beschlüsse der Kultusministerkonferenz (BRD) zur pädagogischen Ausbildung und zur pädagogischen Prüfung der Anwärter für das Lehramt an Gymnasien: Der Vorbereitungsdienst sollte zwei Jahre umfassen und mit einer Prüfung nach dem Muster der preußischen Prüfungsordnung von 1917 abschließen.	
1955	Begründung der »Zeitschrift für Pädagogik« durch Fritz BLÄTTNER, Otto Friedrich BOLLNOW, Josef DOLCH, Wilhelm FLITNER und Erich WENIGER.	
1956		»Gutachten über die Ausbildung der Lehrer an Volksschulen« des Deutschen Ausschusses für das Erziehungs- und Bildungswesen (BRD): Die Ausbildung der Lehrer an Volksschulen soll an eigenständigen Pädagogischen Hochschulen in einem 6 Semester umfassenden Studium stattfinden, verbunden mit einem anschließenden 2 Jahre umfassenden berufspraktischen Vorbereitungsdienst.
		In der Bundesrepublik sind in den Bundesländern folgende Einrichtungen für die Volksschullehrerbildung vorhanden (in Klammern die Ausbildungsdauer in Semestern):
		Bayern: 22 Institute für Lehrerbildung (4);
		Baden-Württemberg: 9 Pädagogische Institute/Akademien (4);
		Berlin: 1 Pädagogische Hochschule (6);
		Bremen: 1 Pädagogische Hochschule (6);
		Hamburg: 1 Pädagogisches Institut der Universität Hamburg (6);
		Hessen: 2 Pädagogische Institute (6);
		Niedersachsen: 8 Pädagogische Hochschulen (6);
		Nordrhein-Westfalen: 10 Pädagogische Akademien (4, ab 1957 6);
		Rheinland-Pfalz: 5 Päd. Akademien (4);

Zeit	Universitäten	Außeruniversitäre Lehrerbildung
		Schleswig-Holstein: 2 Pädagogische Hochschulen (4).
		Für die Zulassung zur Ausbildung ist das Reifezeugnis die Regel. In Baden-Württemberg, Bayern und Rheinland-Pfalz gibt es 5 Einrichtungen für Frauen und 2 für Männer, alle anderen stehen Studierenden beider Geschlechter offen. In den genannten Ländern sowie in Nordrhein-Westfalen sind 18 Institute etc. nur für katholische und 10 nur für evangelische Studierende zugänglich, die restlichen 33 Institute etc. sind simultane Ausbildungsstätten.
1957		Eingliederung des Saarlandes in die Bundesrepublik Deutschland. Dort existieren 3 Lehrerbildungsanstalten und Abiturientenlehrgänge zur Ausbildung von Volksschullehrern, aus denen 2 konfessionell getrennte Pädagogische Hochschulen mit anfangs 4, dann 6 Semestern Ausbildungsdauer in Saarbrücken hervorgehen.
1958		Das »Jahr der Lehrerbildung« (Helmut KITTEL) in der Bundesrepublik Deutschland: Lehrerbildungsgesetze in Baden-Württemberg (Errichtung von 8 Pädagogischen Hochschulen »eigenständiger Prägung« mit 6 Semestern Ausbildungsdauer), Bayern (Errichtung von 7 institutionell selbständigen Pädagogischen Hochschulen der Landesuniversitäten und 1 Bischöflichen Pädagogischen Hochschule mit 6 Semestern Ausbildungsdauer), Berlin und Hessen (Errichtung von 2 selbständigen Hochschulen für Erziehung an den Universitäten Frankfurt/M. und Gießen mit 6 Semestern Ausbildungsdauer).
1960	Während in der DDR die Berufsschullehrer aller Sparten an Universitäten und Technischen Hochschulen ausgebildet werden, stellt sich die Situation in der Bundesrepublik heterogener dar: In Baden-Württemberg, Bayern, Hessen und Nordrhein-Westfalen findet die Gewerbelehrerausbildung an nichtuniversitären Berufspädagogischen Instituten, in Berlin und in Niedersachsen an Pädagogischen Hochschulen statt. Lediglich in Hamburg und im Saarland werden künftige Gewerbelehrer an den Universitäten ausgebildet. Die Ausbildungsdauer beträgt in der Regel 6 Semester (im Saarland 8), Zugangsvoraussetzung sind Abitur und Berufsausbildung oder Fachschulabschluss mit Sonderreife- oder Begabtenprüfung oder der Abschluss als Diplom-Ingenieur. Die Ausbildung der Diplom-Handelslehrer ist an den Universitäten angesiedelt.	
	In den »Empfehlungen des Wissenschaftsrates zum Ausbau der wissenschaftlichen Einrichtungen« wird auch der Ausbau der Professuren für Pädagogik vorgeschlagen (von 30 Ordinariaten und Extraordinariaten in den Philosophischen Fakultäten der 18 Universitäten in der Bundesrepublik	Rheinland-Pfalz: Umwandlung der Pädagogischen Akademien in Pädagogische Hochschulen mit 6 Semestern Ausbildungsdauer.

Zeit	Universitäten	Außeruniversitäre Lehrerbildung
	Deutschland auf 35 Ordinariate und Extra-ordinariate) (vgl. Tab. 2). Im Bereich der Erziehungswissenschaft werden an den westdeutschen Universitäten 26 Promotionen abgeschlossen.	
1962		Umbenennung der Pädagogischen Akademien in Nordrhein-Westfalen in Pädagogische Hochschulen.
1963	Gründung der Deutschen Gesellschaft für Erziehungswissenschaft (DGfE), in der, anders als bei der Konferenz der Westdeutschen Universitätspädagogen oder der Konferenz der Pädagogischen Hochschulen, jeder Mitglied werden kann, der sich »durch wissenschaftliche Arbeiten so ausgewiesen hat, daß sich die Gesellschaft von seiner Mitarbeit Gewinn versprechen darf«. Die DGfE ist keine Standesvertretung mehr, sondern ein Zusammenschluss aller Erziehungswissenschaftler unabhängig von ihrer institutionellen Herkunft. Gründung des Deutschen Jugendinstituts in München. Gründung des Max-Planck-Insituts für Bildungsforschung in Berlin (West).	
1965	An den 19 westdeutschen Universitäten bestehen 48 Professuren für Pädagogik/Erziehungswissenschaft, darunter 38 für (Allgemeine) Pädagogik/Erziehungswissenschaft. Die anderen pädagogischen Professuren sind vor allem der Wirtschaftspädagogik, z. T. in Verbindung mit Sozialpädagogik gewidmet; schulpädagogische Professuren existieren noch nicht.	In Nordrhein-Westfalen werden die bisherigen Pädagogischen Hochschulen in größeren Einheiten zusammengefasst. Es kommt zur Errichtung der Pädagogischen Hochschulen Rheinland (Verwaltungssitz Köln, Zusammenfassung der bisherigen Pädagogischen Hochschulen Aachen, Bonn, Neuß, Köln, Wuppertal und der Abteilung für Heilpädagogik Köln), Ruhr (Verwaltungssitz Dortmund, Zusammenfassung der bisherigen Pädagogischen Hochschulen Dortmund, Duisburg <Kettwig>, Essen, Hagen, Hamm und der Abteilung für Heilpädagogik Dortmund) und Westfalen-Lippe (Verwaltungssitz Münster, Zusammenfassung der bisherigen Pädagogischen Hochschulen Bielefeld, Münster I, Münster II, Paderborn und Siegerland). Die bisherigen Pädagogischen Hochschulen werden Abteilungen der drei neuen Pädagogischen Hochschulen.
1967	Im Rahmen der 3. Hochschulreform in der DDR Gründung von Sektionen für Pädagogik an allen Universitäten. Das Gewerbelehrerstudium ist nunmehr in der Regel an Universitäten und Technischen Hochschulen angesiedelt. Seine Dauer beträgt 8 Semester (Hamburg 6). Zulassungsvoraussetzung ist überall das Abitur; an den meisten Standorten genügt auch eine fachgebunde Hochschulreife, meist ein Ingenieurschulabschluss mit der Mindestnote »gut«. In jedem Fall wird eine ausreichende (abgeschlossene) Berufsausbildung oder umfangreiche Praktikumszeit vor der Aufnahme des Studiums vorausgesetzt. Der Anteil der »Erziehungswissenschaften« (inkl. Didaktik, Psychologie,	Berlin (West): Gesetz über die Zusammenarbeit der Freien Universität und der Pädagogischen Hochschule: Vorbereitung der »möglichst baldige(n) Eingliederung der Pädagogischen Hochschule in die Freie Universität«, eine »spätere räumliche Zusammenlegung ... ist anzustreben«. Umwandlung der Hochschulen für Erziehung an den hessischen Universitäten Frankfurt/M. und Gießen in Abteilungen für Erziehungswissenschaften, später Zusammenlegung mit den Pädagogischen Seminaren zu erziehungswissenschaftlichen Fachbereichen.

Zeit	Universitäten	Außeruniversitäre Lehrerbildung
1968/69	Philosophie) am Studium variiert von 18 Stunden (TH Stuttgart) bis 60 Stunden (TH München), d.h. von 8,0 % Anteil an der Gesamtstundezahl bis zu 38,5 %. Im Wintersemester 1968/69 sind 39.620 Studierende für das Lehramt an Gymnasien an den westdeutschen Universitäten eingeschrieben.	
1969	Einführung des Diplom-Studiengangs Erziehungswissenschaft als Hauptfachstudium an Universitäten und Pädagogischen Hochschulen in der Bundesrepublik Deutschland. Im Bereich der Erziehungswissenschaft werden an den westdeutschen Universitäten 74 Promotionen abgeschlossen.	Gründung der Pädagogischen Hochschule Niedersachsen, in der die bisherigen 8 Pädagogischen Hochschulen des Landes zusammengefasst werden. Auflösung des Pädagogischen Instituts der Universität Hamburg und Zusammenführung mit dem Seminar für Erziehungswissenschaft im Fachbereich Erziehungswissenschaft. Zusammenführung der Pädagogischen Hochschulen in Rheinland-Pfalz in der Erziehungswissenschaftlichen Hochschule Rheinland-Pfalz.
1970	Der Deutsche Bildungsrat legt den »Strukturplan für das Bildungswesen« vor: Im Rahmen einer stufen- und nicht mehr schultypbezogenen Lehrerausbildung sollen in den Ausbildungsgängen aller künftigen Lehrer die Erziehungs- und Gesellschaftswissenschaften, die Fachwissenschaften, die Fachdidaktik, die praktische Erfahrung und Erprobung sowie deren kritische Auswertung als Teile eines Ganzen integriert werden; die Praxis soll in Form von Praktika in das Studium einbezogen werden. Zugleich spricht sich der Bildungsrat für eine Übernahme der gesamten Lehrerbildung in den Hochschulbereich durch Integration der Pädagogischen Hochschulen in Universitäten oder ihren Ausbau zu Universitäten mit Aufgaben über die Lehrerbildung hinaus oder durch Neugründungen von Universitäten, »die von Aufgaben der Lehrerbildung ihren Ausgang nehmen, aus. Als Nachfolgerin des DPZI wird die Akademie der Pädagogischen Wissenschaften (APW) als Leitzentrum der pädagogischen Wissenschaft und Forschung in der DDR gegründet. Die APW besitzt das Promotionsrecht A und B (vergleichbar der Habilitation).	
1971		Integration der Pädagogischen Hochschule Bremen in die neugegründete Universität Bremen.
1972		Bayern: Die Pädagogischen Hochschulen werden als Erziehungswissenschaftliche Fakultäten in die Universitäten eingegliedert
	In den 1970er Jahren beginnt in der BRD erneut eine Phase der Überfüllung im Lehrerberuf. Auch in der DDR ist eine Überfüllung festzustellen, allerdings verdeckt durch die staatliche Berufslenkung.	
1972/73	61.507 Studierende an den westdeutschen Universitäten sind für das Lehramt an Gymnasien, 13.425 Studierende für das erziehungswissenschaftliche Diplomstudium eingeschrieben. Der Anteil der Pädagogik-Ausbildung am Lehramtsstudium für Gymnasien beträgt in	

Zeit	Universitäten	Außeruniversitäre Lehrerbildung
	Baden-Württemberg 2 Semesterwochen-stunden (SWS), in Bayern 4 SWS, im Saarland 6 SWS, in Berlin 8 SWS, in Nordrhein-Westfalen und Schleswig-Hol-stein 10 SWS, in Hessen, Niedersachsen und Rheinland-Pfalz 12 SWS und in Ham-burg 20 SWS (hier inkl. Fachdidaktik).	
1973	In den Frankenthaler Beschlüssen kommt es kurzzeitig zu einer Einigung der Länder der Bundesrepublik Deutschland auf eine stufenbezogene Lehrerausbildung. Letztlich jedoch wird die stufenbezogene Lehrerausbildung nur in einigen Ländern umgesetzt.	
1974		Das Bayerische Lehrerbildungsgesetz sieht die Auflösung der Erziehungswissenschaft-lichen Fakultäten und ihre Eingliederung in Fachbereiche der Universitäten vor (In-krafttreten 1977).
1976	An den bundesdeutschen Universitäten sind 405 erziehungswissenschaftliche Pro-fessuren vorhanden.	
1978		Integration der Abteilungen der Pädagogi-schen Hochschule Niedersachsen sowie der Pädagogischen Hochschulen Rheinland, Ruhr und Westfalen-Lippe in Nordrhein-Westfalen in bestehende oder neugegrün-dete Universitäten.
		Auflösung der Pädagogischen Hochschule Berlin (West) und Integration in die beste-henden Universitäten (Freie und Techni-sche Universität) und in die Hochschule der Künste.
1980	In den erziehungswissenschaftlichen Hauptfachstudiengängen an den bundes-deutschen wissenschaftlichen Hochschulen (Diplom und Magister) befinden sich ca. 24.000 Studierende, in Lehramtsstudien-gängen ca. 208.000.	
	Im Bereich der Erziehungswissenschaft werden an den westdeutschen Universitä-ten 243 Promotionen und 29 Habilitationen abgeschlossen.	
1982-1986	Enzyklopädie Erziehungswissenschaft. Hrsg. von Dieter LENZEN. 11 Bände u. ein Re-gisterband. Stuttgart.	
1984	976 erziehungswissenschaftliche Professu-ren (inkl. Sozialwesen) existieren an den bundesdeutschen Universitäten, ca. 1.600 an allen wissenschaftlichen Hochschulen (inkl. den Pädagogischen Hochschulen); auf einen Professor kommen ca. 32 Studie-rende.	
1990	In den erziehungswissenschaftlichen Hauptfachstudiengängen an den bundes-deutschen wissenschaftlichen Hochschulen (Diplom und Magister) befinden sich ca.	Auflösung der Erziehungswissenschaftli-chen Hochschule Rheinland-Pfalz und Gründung der Universität Koblenz-Landau.

204

Zeit	Universitäten	Außeruniversitäre Lehrerbildung
1994	29.000 Studierende, in Lehramtsstudiengängen ca. 141.000. Im Bereich der Erziehungswissenschaft werden an den westdeutschen Universitäten 205 Promotionen und 19 Habilitationen abgeschlossen. Bei den erziehungswissenschaftlichen Professuren an den bundesdeutschen wissenschaftlichen Hochschulen ist ein Rückgang auf 1.134 zu verzeichnen; die Lehrbelastung beträgt 44 Studierende pro Professor.	Mit dem Ende der DDR und der Vereinigung der beiden deutschen Staaten wird weitgehend das westdeutsche Modell auf die Hochschullandschaft des Ostens übertragen: Die Pädagogischen Hochschulen werden, vorerst bis auf Erfurt, aufgelöst bzw. in Universitäten und Technische Hochschulen integriert; die erziehungswissenschaftlichen Hauptfachstudiengänge werden an den ostdeutschen Universitäten aufgebaut. Integration der Pädagogischen Hochschule Kiel in die Universität Kiel als Erziehungswissenschaftliche Fakultät und Umwandlung der Pädagogischen Hochschule Flensburg in die Bildungswissenschaftliche Hochschule Flensburg, Universität (seit 2000 Universität Flensburg). Damit sind in der Bundesrepublik (bis auf Baden-Württemberg) alle Pädagogischen Hochschulen aufgelöst, in Universitäten oder Gesamthochschulen eingegliedert oder in Universitäten umgewandelt.
1998	Begründung der »Zeitschrift für Erziehungswissenschaft«.	
	Über 52.000 Studierende an den deutschen wissenschaftlichen Hochschule studieren in erziehungswissenschaftlichen Hauptfachstudiengängen, über 217.000 in Lehramtsstudiengängen. Im Bereich der Erziehungswissenschaft werden an den deutschen wissenschaftlichen Hochschulen 266 Promotionen und 39 Habilitationen abgeschlossen. Die Zahl der erziehungswissenschaftlichen Professoren an den deutschen wissenschaftlichen Hochschulen fällt auf 908; etwa 90 Studierende kommen auf einen erziehungswissenschaftlichen Professor.	
1999/ 2000	An 47 Hochschulen in Deutschland kann man im Diplom-Studiengang Erziehungswissenschaft studieren, an 46 Hochschulen ein Magisterstudium und an insgesamt 73 Hochschulen Lehramtsstudiengänge absolvieren.	

Tab. 1: Pädagogische Institute an den Universitäten in Deutschland (1900–1964)

Form	1900 (N= 20)	1920 (N= 23)	1930 (N= 23)
Kein eigenes Pädagogisches Seminar /Institut	Berlin Bonn Erlangen Freiburg Gießen Göttingen Greifswald Halle-Wittenberg Heidelberg Kiel Königsberg Marburg München Münster Rostock Tübingen Würzburg	Bonn Erlangen Freiburg Greifswald Hamburg Heidelberg Kiel Köln Königsberg Marburg Rostock Würzburg	Bonn Erlangen Freiburg Greifswald Heidelberg Kiel Marburg Rostock Würzburg
Abteilung/Institut/ Seminar für Psychologie und Pädagogik	Breslau	Breslau Gießen	Breslau Gießen Königsberg
Seminar für Philosophie und Erziehungswissenschaft			
Pädagogische Abt. im Philosophischen Seminar		Münster	Münster
Pädagogisches/Erziehungswissenschaftliches Seminar/Institut; Pädagogische Fakultät (PF)	Jena Leipzig	Berlin Frankfurt/M. Göttingen Halle-Wittenberg Jena Leipzig München Tübingen	Berlin Frankfurt/M. Göttingen Halle-Wittenberg Hamburg Jena Köln Leipzig München Tübingen

1940 (N= 23)	1950 (N= 23)	1955 (N= 23)	1964 (N= 24)
Bonn Greifswald Heidelberg Kiel Marburg Rostock Würzburg	Heidelberg Marburg Saarbrücken Würzburg	Würzburg	
Breslau Erlangen Gießen Göttingen Königsberg Leipzig Tübingen	Erlangen Kiel	Kiel	
Freiburg	Freiburg	Freiburg	Freiburg
Münster			
Berlin Frankfurt/M. Halle-Wittenberg Hamburg Jena Köln München	Berlin (West) Berlin (Ost) (PF) Bonn Frankfurt/M. Göttingen Greifswald (PF) Halle-Wittenberg (PF) Hamburg Jena (PF) Köln Leipzig (PF) Mainz München Münster Rostock (PF) Tübingen	Berlin (West) Berlin (Ost) (PF) Bonn Erlangen Frankfurt/M. Göttingen Greifswald Halle-Wittenberg (PF) Hamburg Heidelberg Jena (PF) Köln Leipzig (PF) Mainz Marburg München Münster Rostock Saarbrücken Tübingen	Berlin (West) Berlin (Ost) (PF) Bochum Bonn Erlangen-Nürnberg Frankfurt/M. Gießen Göttingen Greifswald Halle-Wittenberg Hamburg Heidelberg Jena Kiel Köln Leipzig Mainz Marburg München Münster Saarbrücken Tübingen Würzburg

Abb. 1: Entwicklung der Pädagogischen/Erziehungswissenschaftlichen Institute/Seminare an deutschen Universitäten (1900-1964)

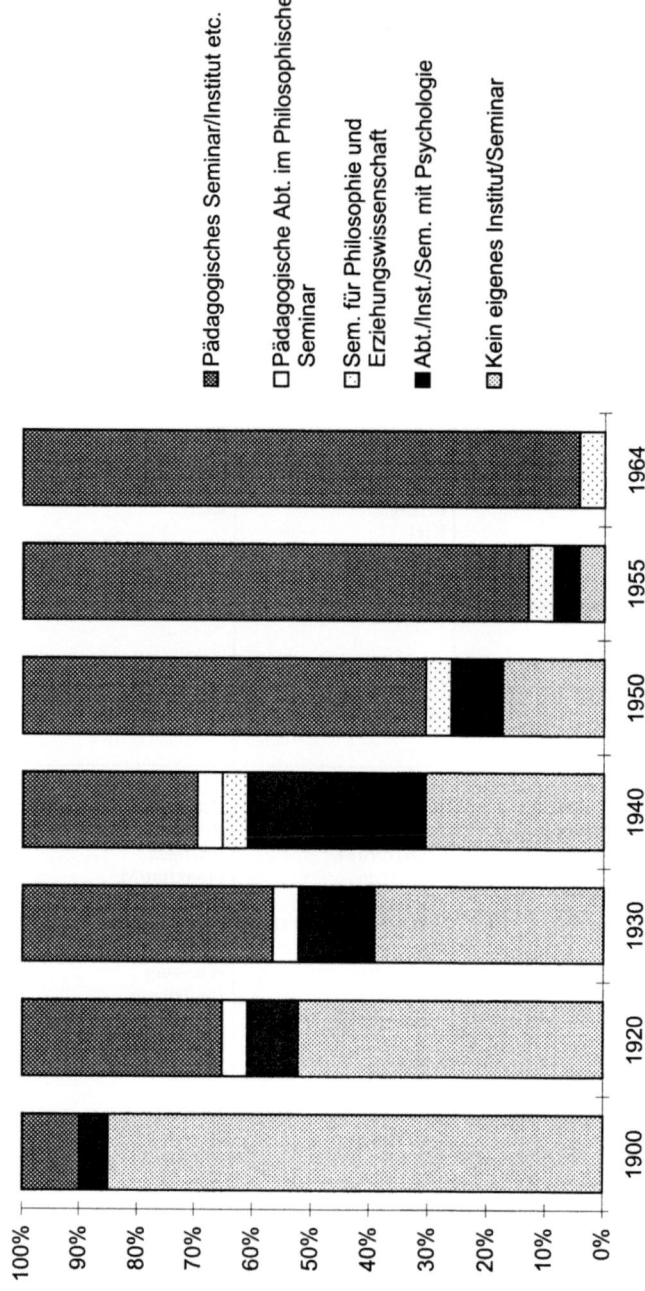

Tab. 2: Stellenbestand und Ausbauvorschläge für Pädagogik an den Universitäten der Bundesrepublik Deutschland nach den »Empfehlungen des Wissenschaftsrates zum Ausbau der wissenschaftlichen Einrichtungen. Teil I: Wissenschaftliche Hochschulen«. o.O. (Bonn) 1960, S. 172 ff. (hier nur Philosophische Fakultäten)

Hochschule	Bestand		Ausbauvorschlag
Berlin (FU)	1	O. Pädagogik	—
	1	EO. Pädagogik	
Bonn	1	O. Philosophie und Pädagogik	1 EO. Pädagogik
Erlangen	1	O. Pädagogik	—
Frankfurt/M.	1	O. Pädagogik	—
	1	O. Philosophie und Pädagogik	
Freiburg	1	O. Philosophie und Erziehungswissenschaft	—
Gießen	1	O. Pädagogik	—
Göttingen	1	O. Pädagogik	1 O. Pädagogik
Hamburg	2	O.e Erziehungswissenschaft	—
	1	O. Vergleichende Pädagogik	
	1	EO. Erziehungswissenschaft	
	1	EO. Berufspädagogik	
Heidelberg	1	O. Philosophie und Pädagogik	—
	1	O. Pädagogik	
Kiel	1	O. Pädagogik	—
Köln	1	O. Pädagogik	1 O. Pädagogik
Mainz	2	O.e Philosophie, Psychologie und Pädagogik	—
	1	EO. Pädagogik	
Marburg	1	O. Pädagogik	—
München	1	EO. Pädagogik	1 O. Pädagogik
Münster	1	O. Pädagogik	—
	1	EO. Pädagogik	
Saarbrücken	1	O. Pädagogik	-
Tübingen	1	O. Philosophie und Pädagogik	1 O. Pädagogik
	1	O. Pädagogik	
Würzburg	1	O. Philosophie und Pädagogik	—
	1	O. Pädagogik	

O. = Ordinariat
EO. = Extraordinariat

Literatur

BERG, C. u.a. (Hrsg.): Handbuch der deutschen Bildungsgeschichte. 6 Bände. München: BECK 1987 ff. (In jedem Band gibt es gesonderte sozialhistorische Darstellungen der Entwicklung des Pädagogischen Denkens und der Pädagogik als Wissenschaft sowie der Lehrerausbildung.)

HARNEY, K./KRÜGER, H.-H.(Hrsg.): Einführung in die Geschichte von Erziehungswissenschaft und Erziehungswirklichkeit. Opladen 1997. (Vier Beiträge zur Entwicklung der »Pädagogische(n) Theorien-, Ideen- und Disziplingeschichte seit der Aufklärung«.)

LIEDTKE, M. (Hrsg.): Handbuch der Geschichte des Bayerischen Bildungswesens. 4 Bände. Bad Heilbrunn 1991 ff. (In den Bänden I bis III über das Register zu erschließende Ausführungen über die Ausbildung der Lehrer, in Band IV epochenübergreifende Darstellungen der »Geschichte der Lehrerbildung in Bayern« und der »Geschichte der Universitäten und Hochschulen«.)

OTTO, H.-U. u.a.: Datenreport Erziehungswissenschaft. Befunde und Materialien zur Lage und Entwicklung des Faches in der Bundesrepublik. Opladen 2000. (Enthält aktuelle Daten zur Fachentwicklung und bietet einen informativen Bericht über die Situation der Erziehungswissenschaft am Ende des 20. Jahrhunderts.)

TENORTH, H.-E.: Geschichte der Erziehung. Einführung in die Grundzüge ihrer neuzeitlichen Entwicklung. 3., völlig überarb. u. erw. Aufl. Weinheim/München 2000. (Einschlägige Abschnitte zur Sozialgeschichte des pädagogischen Denkens und der Erziehungswissenschaft für die Zeit seit der Aufklärung.)

THIERSCH, H./RUPRECHT, H./HERRMANN, U.: Die Entwicklung der Erziehungswissenschaft. München 1978. (Überblick über die hermeneutisch-pragmatische und die erfahrungswissenschaftliche Tradition der Erziehungswissenschaft sowie über die Historische Pädagogik.)

Personal – Nachwuchs – Standorte – Studiengänge: Erziehungswissenschaft im Hochschulsystem

Eine Zusammenstellung quantitativer Befunde

Ivo Züchner

In Ergänzung zu den Beiträgen dieses Bandes soll ein kurzer Überblick einerseits über das Personal und die Nachwuchsqualifikation im Fach Erziehungswissenschaft in Deutschland und andererseits ein Überblick über Standorte und Studienangebote an den deutschen Hochschulen mit erziehungswissenschaftlichem Schwerpunkt gegeben werden. Diese beiden Materialsammlungen lehnen sich an die bereits für den Datenreport Erziehungswissenschaft (vgl. OTTO u.a. 2000) erhobenen Daten an, sind jedoch in Einzelfällen aktualisiert oder neu recherchiert worden.[1]

1. Personal und Nachwuchs

Die Erziehungswissenschaft hat sich als akademische Disziplin etabliert und ist an den meisten Universitäten Deutschlands mit Professuren und MitarbeiterInnen vertreten (vgl. Tippelt in diesem Band). Auch in iher Personalstärke ist sie eines der größeren Fächer (vgl. Tab. 1).

Trotz aller statistischen Probleme und den damit verbundenen Einschränkungen (vgl. KRÜGER/WEISHAUPT 2000, S. 77) lassen sich aus der Tabelle Tendenzen ablesen. So hat die Erziehungswissenschaft seit den 80er Jahren und auch in den 90er Jahren stetig Personal verloren. Allerdings zeichnet sich auf professoraler Ebene ein relative Konstanz für die 90er Jahre ab, indem jeweils etwa 1.000 ProfessorInnen verzeichnet werden. In der zweite Hälfte der 90er Jahre ist jedoch ein allmählicher Rückgang festzustellen: 1998 fiel die Zahl der erziehungswissenschaftlichen und sonderpädagogischen ProfessorInnen mit 908 erstmals – und dann gleich deutlich – unter 1.000. Dagegen verhielt sich die Zahl der MitarbeiterInnen und Akademischen Räte in den 90er Jahren bei 1.500 in etwa konstant.

Für einen vollständigen Überblick über das Personal der Erziehungswissenschaft ist dieses durch jenes zu ergänzen, das mit sozialpädagogischem Schwerpunkt in der Statistik unter dem Fach Sozialwesen firmiert. Diese Personen bilden – zumindest für die Wissenschaftlichen Hochschulen – eine Restkategorie, da davon

---

1 Diese Materialensammlung wurde erst kurz vor Drucklegung abgeschlossen; damit konnte in Einzelfällen auf aktuellere Daten Bezug genommen werden als die, die den Autoren der Beiträge vorlagen. Für die Recherchearbeiten zu den Studienangeboten sei besonders Sibylle Meeßen gedankt..

Tab. 1: Hauptberufliches wissenschaftliches Personal in Erziehungswissenschaft (inkl. Sonderpädagogik) an Wissenschaftlichen Hochschulen

Jahr	Wiss. Personal insgesamt	Professo- rInnen	Assisten- tInnen/ DozentInnen	Akad. Räte, wiss. Mitar- beiterInnen	Lehrkräfte für besonde- re Aufgaben
1980	3.783	1.749	26	1.598	410
1981	3.577	1.639	75	1.454	409
1982	3.377	1.655	80	1.258	384
1984	3.433	1.678	109	1.304	342
1985	3.285	1.626	95	1.212	352
1986	3.060	1.443	102	1.202	313
1988	2.714	1.170	76	1.209	259
1990	2.736	1.134	115	1.292	195
1991	2.686	1.068	127	1.300	191
1992	3.490	1.087	427	1.513	493
1993	3.328	1.119	337	1.558	314
1994	3.236	1.074	270	1.598	294
1995	3.199	1.076	312	1.529	282
1996	3.141	1.036	285	1.496	324
1997	3.066	1.005	273	1.504	284
1998	3.037	908	320	1.518	294
1999	2.959	949	257	1.487	267

Ab 1992 alte und neue Bundesländer
AsisstentInnen = HochschuldozentenInnen, UniversitätsassistentInnen
Lehrkräfte für besondere Aufgaben = u.a. Studienräte im Hochschuldienst
Quelle: KRÜGER/WEISHAUPT (2000); Statistisches Bundesamt (2001)

auszugehen ist, dass z.B. erziehungswissenschaftliche Professuren mit sozialpädagogischem Schwerpunkt im Regelfall unter dem Bereich Erziehungswissenschaft
aufgenommen sind. Damit treten zu den aufgeführten noch entsprechend eingrup-
pierte ProfessorInnen, DozentInnen, MitarbeiterInnen etc. mit sozialpädagogischem Schwerpunkt hinzu. Da die amtliche Statistik nicht zwischen den verschiedenen Professuren und unterschiedlichem Lehrdeputat unterscheidet, werden diese
Ergebnisse jedoch durch die Fachhochschulprofessoren an Gesamthochschulen
verzerrt und daher nur nachrichtlich dargestellt. So fanden sich in dieser Kategorie
1999 insgesamt 118 hauptberufliche Personen, davon 43 ProfessorInnen und 58
Akademische Räte/wissenschaftliche MitarbeiterInnen (vgl. STATISCHES BUNDES-
AMT 2001).

Versucht man diese Daten im Vergleich zu andern universitären Fächern einzuordnen, so ist in der bloßen Anzahl des Personals die Erziehungswissenschaft
deutlich größer als beispielsweise die Fächer der Sozialwissenschaften oder Psychologie. Schaut man jedoch auf die Entwicklung in den 90er Jahren und die Rela-

tion der Professuren und MitarbeiterInnen, so wird ein verstärkter Abbau gerade in der Erziehungswissenschaft und auch eine im Fächervergleich relativ ungünstige Mittelbauverteilung auf die Professuren deutlich (vgl. hierzu ausführlich KRÜGER/ WEISHAUPT 2000). Gleichzeitig zeigt sich unter der Geschlechterperspektive der gegenüber anderen Fächern erhöhte und gegenüber der Verteilung im Studium der Erziehungswissenschaft deutlich geringere Frauenanteil im wissenschaftlichen Personal. Für entsprechende vertiefende Untersuchungen sei an dieser Stelle auf SCHENK (2000) und FAULSTICH-WIELAND (Band 2 des Einführungskurses) verwiesen.

Für eine wissenschaftliche Disziplin ist neben Forschung und Lehre (vgl. WEISHAUPT/MERKENS 2000; WEISHAUPT/ZEDLER 2000) die eigene Reproduktion, also die Ausbildung und Förderung des wissenschaftlichen »Nachwuchses« von zentraler Bedeutung. Als Indikatoren für Selbstreproduktion und Förderung junger WissenschaftlerInnen lassen sich in der amtliche Statistik die Anzahl der Promotionen und Habilitationen verwenden (vgl. Tab. 2).

Tab. 2: Promotionen und Habilitationen in Erziehungswissenschaft (inkl. Sonderpädagogik und Sozialpädagogik)

Jahr	Promotionen	Habilitationen
1980	245	30
1985	175	28
1990	211	21
1992	233	33
1993	230	34
1994	258	26
1995	243	36
1996	273	32
1997	264	36
1998	272	41
1999	288	35

Ab 1992 alte und neue Bundesländer

Quelle: Statistisches Bundesamt: Fachserie 11, Reihe 4.2 und Reihe 4.4, verschiedene Jahrgänge

Die Zahl der Promotionen hat seit Anfang der 90er Jahre wieder zugenommen und erreichte 1999 mit 288 einen neuen Höchststand. Die Zahl der Habilitationen verhielt sich in den letzten Jahren relativ stabil und schwankte zwischen 30 und 40 pro Jahr. Auf die Anzahl der Professuren gerechnet kann jedoch sowohl für die Promotionen als auch für die Habilitationen von einem deutlichen Anstieg in den 90er Jahren gesprochen werden: Kamen beispielsweise noch 1992 etwa 21 Promotionen auf 100 Professoren waren es 1999 etwa 30 (vgl. WEISHAUPT/MERKENS 2000, S. 132). Im Vergleich zu den Sozialwissenschaften und der Psychologie wird jedoch ein »Rückstand« deutlich: In diesen Fächern werden pro Professur deutlich mehr Promotionen und Habilitationen abgeschlossen (vgl. dazu ausführlich WEISHAUPT/MERKENS 2000).

2. Standorte und Studiengänge

Das Fach Erziehungswissenschaft ist in Deutschland an fast allen Wissenschaftlichen Hochschulen vertreten. Zum einen ist es als Fachgebiet Bestandteil sämtlicher Lehramtsstudiengänge, wenngleich quantitativ mit landes- und schulstufenspezifischen Unterschieden. Zum anderen existiert an der Mehrzahl der Wissenschaftlichen Hochschulen ein erziehungswissenschaftlicher Hauptfachstudiengang, der in der Regel mit einer erziehungswissenschaftlichen Diplomprüfung abgeschlossen wird oder aber in Form eines Magisterabschlusses (als erstes bzw. zweites Hauptfach oder als Nebenfach). Darüber hinaus gibt es im Rahmen der Lehramtsstudiengänge für die Sekundarstufe II an einigen Universitäten noch die Möglichkeit, entweder Pädagogik als Unterrichtsfach oder aber Sozialpädagogik bzw. Sonderpädagogik im Rahmen der beruflichen Fachrichtungen als Fach zu studieren (vgl. RAUSCHENBACH/ZÜCHNER 2000). Neuerdings kommen schließlich – neben verschiedenen Aufbaustudiengängen – noch »Bachelor-« (B.A.) und »Master«-Abschlüsse (M.A.) hinzu (vgl. Tab. 3).

Tab. 3: Erziehungswissenschaftliche Hauptfach- und Lehramtsstudiengänge nach Bundesländern und Hochschulstandorten (Stand: 2000)[2]

Hochschulstandorte – nach Bundesland –	Hauptfach		Lehramt				
	Dipl.	Mag.	Insg.	Prim.	Sek I	Sek II	Hauptfach
BADEN-WÜRTTEMBERG							
Freiburg PH	√		√	√	√		
Freiburg U		√	√			√	Pädagogik
Heidelberg PH	√		√	√	√		
Heidelberg U		√	√			√	Pädagogik
Hohenheim U			√			√	
Karlsruhe PH	√		√	√	√		
Karlsruhe U		√	√			√	
Konstanz U			√			√	
Ludwigsburg PH	√		√	√	√		
Mannheim U		√	√			√	Pädagogik
Schwäb. Gmünd PH	√		√	√	√		

---

2 Die hier im weiteren dargestellten Übersichten sind eine Momentaufnahme, für Korrekturen oder Ergänzungen ist der Autor dankbar. Aufgrund der besseren Lesbarkeit und der Vorschläge des Expertenrates wurde bei den U/GH Nordrhein-Westfalens der Zusatz Gesamthochschule weggelassen.

| Hochschulstandorte | Hauptfach | | Lehramt | | | | |
– nach Bundesland –	Dipl.	Mag.	Insg.	Prim.	Sek I	Sek II	Hauptfach
Stuttgart U		√	√			√	
Tübingen U	√	√	√			√	Pädagogik
Ulm U			√			√	
Weingarten PH	√		√	√	√		
BAYERN							
Augsburg U	√	√	√	√	√	√	
Bamberg U	√	√	√	√	√	√	Sozialpäd.
Bayreuth U		√	√	√	√	√	
Eichstätt KU	√	√	√	√	√	√	
Erlang.-Nürnberg U		√	√	√	√	√	
München U		√	√	√	√	√	
München U-BW	√						
München TU			√		√	√	
Passau U		√	√	√	√	√	
Regensburg U	√	√	√	√	√	√	
Würzburg U	√	√	√	√	√	√	
BERLIN							
Berlin FU	√	√	√	√	√	√	
Berlin HU	√	√	√	√	√	√	Sonderp.
Berlin TU		√	√	√	√	√	
BRANDENBURG							
Potsdam U		√	√	√	√	√	
BREMEN							
Bremen U	√		√	√	√	√	Sozialpäd.
HAMBURG							
Hamburg U	√	√	√	√	√	√	
Hamburg U-BW	√						

Hochschulstandorte	Hauptfach		Lehramt				Hauptfach
– nach Bundesland –	Dipl.	Mag.	Insg.	Prim.	Sek I	Sek II	
HESSEN							
Darmstadt TU		√	√			√	
Frankfurt U	√	√	√	√	√	√	
Gießen U	√	√	√	√	√	√	
Kassel U/GH	√	√	√	√	√	√	
Marburg U	√		√			√	
MECKLENBURG-VORPOMMERN							
Greifswald U		√	√		√	√	
Rostock U	√	√	√	√	√	√	
NIEDERSACHSEN							
Braunschweig TU	√	√	√	√	√	√	
Göttingen U		√	√			√	
Hannover U	√	√	√	√	√	√	
Hildesheim U	√		√	√	√		
Lüneburg U	√		√	√	√	√	Sozialpäd.
Oldenburg U	√	√	√	√	√	√	Sonderp.
Osnabrück U		√	√	√	√	√	
Vechta H	√		√	√	√		
NORDRHEIN-WESTFALEN							
Aachen TH			√		√	√	
Bielefeld U	√		√	√	√	√	Pädagogik
Bochum U		√	√			√	Pädagogik
Bonn U		√	√			√	Pädagogik
Dortmund U	√		√	√	√	√	Sozialpäd.
Duisburg U	√		√		√	√	Pädagogik
Düsseldorf U	√	√	√			√	

Hochschulstandorte	Hauptfach		Lehramt				
– nach Bundesland –	Dipl.	Mag.	Insg.	Prim.	Sek I	Sek II	Hauptfach
Essen U	√1		√	√	√	√	Pädagogik
Hagen Fern U		√					
Köln U	√	√	√	√	√	√	Pädagogik/ Sonderp.
Münster U	√	√	√	√	√	√	Pädagogik
Paderborn U	√		√	√	√	√	Pädagogik
Siegen U	√		√	√	√	√	Pädagogik
Wuppertal U	√2		√	√	√	√	Pädagogik
RHEINLAND-PFALZ							
Kaiserslautern U			√		√	√	
Koblenz-Landau U	√		√	√	√	√	
Mainz U	√	√	√			√	
Trier U	√		√		√	√	
SAARLAND							
Saarbrücken U		√	√	√	√	√	
SACHSEN							
Chemnitz TU	√	√	√		√	√	
Dresden TU	√	√	√	√	√	√	Sozialpäd.
Leipzig U		√	√	√	√	√	
SACHSEN-ANHALT							
Halle-Wittenberg U	√	√	√	√	√	√	
Magdeburg U		√	√		√	√	
SCHLESWIG-HOLSTEIN							
Flensburg U	√		√	√	√	√	
Kiel U	√	√	√		√	√	
THÜRINGEN							
Erfurt U		B.A.	√	√	√	√	

Hochschulstandorte	Hauptfach		Lehramt				
– nach Bundesland –	Dipl.	Mag.	Insg.	Prim.	Sek I	Sek II	Hauptfach
Jena U		√	√		√	√	
Standorte insgesamt	**47**	**46**	**73**	**47**	**57**	**65**	**21**

1 = Weiterführung unklar
2 = wird voraussichtlich eingestellt

- Aufgenommen in die Übersicht wurden nur Wissenschaftliche Hochschulen mit einem eigenständigen erziehungswissenschaftlichen Lehrangebot.
- Nicht aufgenommen wurden auslaufende Studiengängen, etwa im Diplomstudiengang der Berlin TU oder Erfurt U.
- Folgende Standorte bieten Erziehungswissenschaft im Magisterstudiengang ausschließlich als Nebenfach an: Bamberg U, Bremen U, Marburg U, Vechta H, Duisburg U, Paderborn U, Siegen U, Wuppertal U, Koblenz-Landau U.
- Einen Bachelorabschluss (B.A.) in Erziehungswissenschaft haben bislang eingerichtet: Bochum U, Erfurt U, Greifswald U, Hagen Fern U, teilweise auch schon in Verbindung mit einem Masterabschluss
- Folgende Wissenschaftliche Hochschulen bieten ebenfalls Lehramtsstudiengänge an, allerdings ohne ein eigenständiges erziehungswissenschaftliches Lehrangebot (das i.d.R. von einer anderen Hochschule erbracht wird): Hamburg-Harburg TU (Pädagogik an Hamburg U), Ilmenau TU und Weimar U (Pädagogik an Erfurt U), Sporthochschule Köln (Pädagogik an Köln U).
- Hinzu kommen noch folgende Theologische Hochschulen und Kunsthochschulen: Frei-burg HfM, Heidelberg-Mannheim HfM, Karlsruhe AkdBK, Karlsruhe HfM, München HfM, München AkdBK, Trossingen HfM, Stuttgart HfM, Stuttgart AkdBK, Würzburg AkdBK, Würzburg HfM, Berlin HdK, Hamburg HfBK, Hamburg HfM, Frankfurt HfM, Rostock HfM, Bethel KiH, Detmold HfM, Düsseldorf KuAk, Essen HfM, Köln HfM, Münster KuAk, Paderborn ThFak, St. Augustin PhThH, Wuppertal KiH, Braun-schweig HBK, Hannover HfM, Trier ThFak, Vallendar PTHV, Saarland HfM, Dresden HfM, Leipzig HfM, Halle HfKuD, Lübeck GfM, Erfurt PhThSt, Weimar HfM.

Quelle: RAUSCHENBACH/ZÜCHNER (2000, S. 27-29)

Summiert man die Angebote im Fach Erziehungswissenschaft getrennt nach den einzelnen Studiengängen auf, so gibt es gegenwärtig 47 Hochschulstandorte mit einem aktuellen Diplomstudiengang und 46 Hochschulen, in denen das Fach Erziehungswissenschaft (bzw. Teildisziplinen der Erziehungswissenschaft) im Magisterstudiengang als Hauptfach gewählt werden kann (die Standorte mit einem Nebenfachangebot kommen noch hinzu). Vier Standorte boten im WS 2000/2001 einen B.A.-Abschluss in Erziehungswissenschaft an. Darüber hinaus gibt es 21 Hochschulstandorte, an denen im Rahmen des Lehramts für die Sekundarstufe II Pädagogik, Sozialpädagogik oder Sonderpädagogik als Unterrichtsfach bzw. als berufliche Fachrichtung studiert werden kann. Erziehungswissenschaftliche Angebote in den diversen Lehramtsstudiengängen gibt es darüber hinaus an 72 Standorten (vgl. auch Tab. 3). Mit anderen Worten: Erziehungswissenschaft wird damit an 73 Standorten im Rahmen des Lehramtes angeboten und kann darüber hinaus an 81 Wissenschaftlichen Hochschulen in irgendeiner Form als eigenständiges (Haupt-)Fach studiert werden

218

Tab. 4: Erziehungswissenschaftliche Studienkombinationen (Stand: 1999; ohne erziehungswissenschaftliche Lehramtsstudiengänge Sek. II)

Standortkombinationen	Abs.
Lehramt + Diplom + Magister	22
Lehramt + Diplom	23
Lehramt + Magister[1]	21
Nur Lehramt	8
Nur Diplom	2
Nur Magister[2]	1
Insgesamt	77

1 Inkl. 3 Standorte, an denen auch ein Bachelorabschluß existiert
2 Iinkl. Bachelorabschluß.

Quelle: RAUSCHENBACH/ZÜCHNER (2000, S. 31)

Von insgesamt 77 Wissenschaftlichen Hochschulen mit einem eigenständigen erziehungswissenschaftlichen Studienangebot verfügen immerhin 22 Standorte über ein Parallelangebot von Diplom-, Magister- und Lehramtsstudiengängen.[3] An diesen Standorten bestehen mithin die größten Wahlmöglichkeiten zwischen den einzelnen erziehungswissenschaftlichen Angeboten.[4] Daneben bieten weitere 23 Wissenschaftliche Hochschulen neben dem Lehramt einen erziehungswissenschaftlichen Diplom-[5] und 21 einen Magisterstudiengang (teilweise mit Bachelor-Abschlussmöglichkeit) in Erziehungswissenschaft an, eine Hochschule neben dem Lehramt einen Bachelorstudiengang mit konsekutiven Mastermodulen. Das heißt, daß unter dem Strich an 68 Hochschulstandorten das Fach Erziehungswissenschaft im Studium in einem Nebeneinander von Hauptfach und Lehramt angeboten wird.

Demgegenüber beschränkt sich nur eine geringe Zahl von 6 Universitäten auf ein reines Lehramtsstudienangebot, zu denen in der Summe noch 37 Lehramtshochschulstandorte hinzukommen mit einer besonderen Ausrichtung wie etwa Kunst- und Musikhochschulen oder auch Theologische Hochschulen. Drei spezielle Standorte offerieren Erziehungswissenschaft nur im Diplomstudiengang (die Universitäten der Bundeswehr Hamburg und München) bzw. als Magister- sowie B.A.-Studiengang (FernU Hagen).

Allerdings sind aktuell Bestrebungen im Gange, das Studienangebot abzubauen. So sehen Vorschläge und Pläne z.B. der Länder NRW und Sachsen die Streichung von Diplom- und Magisterstudiengängen vor, und es existieren auch Überlegungen zur Konzentration der Lehramtsausbildung in NRW. Vorschläge zur Streichung oder grundlegenden Neuerung der Hauptfachstudiengänge wurden ge-

---

3 Nicht eingerechnet wurden die in der Legende von Tab. 3 ausgewiesenen Hochschulen mit besonderer Ausrichtung.
4 Dies führt u.a. dazu, dass an diesen Standorten mit Blick auf die Wahlmöglichkeit zwischen Diplom und Magister – zumindest in Relation zum Bundesdurchschnitt – deutlich stärker das Diplomangebot nachgefragt wird. Stark nachgefragt wird der Magisterstudiengang scheinbar insbesondere dort, wo durch keine unmittelbare lokale Konkurrenz zum Diplomstudiengang Erziehungswissenschaft existiert.
5 Ohne Wuppertal U

macht für die Universitäten Bonn, Bochum, Duisburg, Wuppertal und die TU Dresden. Nach einer Phase des Ausbaus könnte jetzt eine Phase der Konsolidierung folgen.

Schaut man detaillierter auf das Studienangebot in den erziehungswissenschaftlichen Diplomstudiengängen, so zeigt sich eine gewisse Vielfalt an Profilen. Darauf hinzuweisen ist, dass eigenständige Abschlüsse wie Diplom-Rehabilitationspädagogik (HU Berlin, U Dortmund), Diplom-Heilpädagogik (U Köln) oder Diplom-Sozialpädagogik (U Bremen, U Lüneburg, U Hildesheim) in die Übersichten mit aufgenommen wurden soweit sie in der Tradition und in Anlehnung an die Rahmenordnung Erziehungswissenschaft konzipiert sind und Erziehungswissenschaft oder eines seiner Teilgebiete zum zentralen Inhalt des Studiums haben.

Tab. 5: Studienrichtungen und Praktika im Diplomstudiengang Erziehungswissenschaft

Hochschulstandorte		Studienrichtungen	Länge der Pflichtpraktika G = Grundsstudium H = Hauptstudium
BADEN-WÜRTTEMBERG			
Freiburg, PH	x	Erw, Schul (a), Soz (a), Medien (a)	G: 8 Wochen H: 4 Monate
Heidelberg, PH	a	Schul, Son	k. A.
Karlsruhe, PH	a	Interkul, Schul	begleitende Praktika
Ludwigsburg, PH	x	Erw, Schul, Son (a)	G: 8 Wochen H: 6 Monate
Schwäb.-Gmünd, PH	a	Schul, Interkul	6 Wochen
Tübingen, U	x	Erw, Schul, Son, Soz	G: 8 Wochen H: 6 Monate
Weingarten, PH	a	Schul	3 Monate (+ Nachweis über 18 Monate Berufserfahrung)
BAYERN			
Augsburg, U	x	Erw u., Pädfrüh, Schul	G: 4 Wochen H: 3 Monate
Bamberg, U	x	Erw, Pädfrüh, Schul, Soz	G: 6 Wochen H: 8 Wochen
Eichstätt, kath. U	x	Beruf, Erw, Schul, Soz	G: 2 Monate H: 4 Monate
München, U BW	x	Beruf, Soz	G: 4 Wochen H: 6 Wochen

Hochschulstandorte		Studienrichtungen	Länge der Pflichtpraktika G = Grundsstudium H = Hauptstudium
Regensburg, U	x	Erw, Schul	G: 4 Wochen H: 6 Wochen
Würzburg, U	x	Erw, Pädfrüh, Schul, Son	G: 8 Wochen H: 4 Wochen
BERLIN			
Berlin, FU	x	Erw, Pädfrüh, Soz,	TPS Seminar (3 Semester) oder 6 Monate (nur im Hauptstudium)
Berlin, HU	x	Son (als eigener Studiengang)	G: 2 Monate H: 9 Monate
BREMEN			
Bremen, U	x	Erw, Son, Schul (a); Soz (als eigener Studiengang)	Erw+Son: 6 Monate Schul: 3 Monate Soz: 6 Wochen/12 Wochen (in mehrsemestrige Seminare eingebunden)
HAMBURG			
Hamburg, U	x	Bild, Erw, Schul	G: 3 Monate H: 3 Monate
Hamburg, U BW	x	Beruf, Erw	G: 4 Wochen H: 4 Wochen
HESSEN			
Frankfurt, U	x	Erw, Schul, Son, Soz	G: 8 Wochen H: 6 Monate
Gießen, U	x	Beruf, Erw, Schul, Son	G: 7 Wochen H: 7 Wochen
Kassel, U-GH	i.D.	Soz (im Genehmigungsverfahren)	
Marburg, U	x	Erw, Son, Soz,	G: 6 Wochen H: 8 Wochen

Hochschulstandorte		Studienrichtungen	Länge der Pflichtpraktika G = Grundsstudium H = Hauptstudium
MECKLBENBURG-VORPOMMERN			
Rostock, U	x	Erw, Son, Soz	G: 2 Monate H: 6 Monate
NIEDERSACHSEN			
Braunschweig, TU	x	Bildung, Beratung, Schul	6-8 Monate
Hannover, U	x	Erw, Son, Schul (a)	G: 6 Wochen H: 6 Wochen
Hildesheim, U	x	Kult, Soz als eigene Abschlüsse	G: 6 Wochen H: 6 Monate
Lüneburg, U	x	Beratung, Bild, Soz (als eigener Abschluß)	G: 2 Monate H: 6 Monate
Oldenburg, U	x	Erw, Soz, Interkul, Son (eigene Abschlüssse)	Summe 12 Wochen
Vechta, H	x	Soz	G: 6 Wochen H: 6 Wochen
NORDRHEIN-WESTFALEN			
Bielefeld, U	x	Erw, Freiz, Schul, Soz	G: 2 Monate H: 5 Monate
Dortmund, U	x	Soz, Erw, Org/Son (als eigener Studiengang)	G: 8 Wochen H: 6 Monate
Düsseldorf, U	x	Erw	Summe 6 Monate
Duisburg, U-GH	x	Schul, Soz	G: 4 Wochen H: 4 Wochen
Essen, U-GH[1]	x	Erw, Interkul	G: 8 Wochen H: 8 Wochen
Köln, U	x	Erw, Pädfrüh Son, Soz (als Dipl. Heilpäd.)	G: 8 Wochen H: 6 Wochen
Münster, U	x	Erw, Pädfrüh, Schul, Son, Soz	G: 6 Wochen H: 6 Monate
Paderborn, U-GH	x	Erw, Beruf, Medien	G: 6 Wochen H: 12 Wochen
Siegen, U-GH	i.D.	Soz	Praktisches Jahr
Wuppertal, U-GH[2]	x	Erw, Beruf, Schul, Soz	G: 6 Wochen H: 6 Wochen

Hochschulstandorte		Studienrichtungen	Länge der Pflichtpraktika G = Grundsstudium H = Hauptstudium
RHEINLAND-PFALZ			
Koblenz-Landau, U	x	*Koblenz:* Erw, Pädfrüh, Schul, Soz, Did. *Landau:* Erw, Pädfrüh, Schul, Son, Soz, Did, Beruf, Sprech, Medien, Interkul	G: 2 Monate H: 4 Monate
Mainz, U	x	Erw, Son, Soz	G: 1 Monat H: 3 Monate
Trier, U	x	Erw, Soz	G: 4 Wochen H: 5 Monate
SACHSEN			
Chemnitz, TU	a	Soz (als eigener Abschluß)	Nachweis ≥ 6 Mo. Berufstätig oder 6 Monate Praktikum
Dresden, TU	x	Soz	G: 2 Monate H: 6 Monate
SACHSEN-ANHALT			
Halle-Wittenberg, U	x	Erw, Son, Soz	G: 2 Monate H: 6 Monate
SCHLESWIG-HOLSTEIN			
Flensburg, H	x	Erw, Schul	G: 2 Monate H: 6 Monate
Kiel, U	x	Schul, Son, Soz	G: 2 Monate H: 6 Monate

x   = Grundständiger Studiengang
a   = Aufbaustudiengang
i.D.   = Integrierter Diplomstudiengang
Erw   = Erwachsenenbildung
Interkul = Interkulturelle Pädagogik
Pädfrüh = Pädagogik der frühen Kindheit
Schul   = Schulpädagogik
Son   = Sondererziehung/Rehabilitationspädagogik
Soz   = Sozialarbeit/Sozialpädagogik

Quellen: HOCHSCHULREKTORENKONFERENZ (2000); MARTIN (1994); eigene Internetrecherchen

Betrachtet man das Angebot der Diplom-Studiengänge, die in Deutschland mal zulassungsfrei, mal zulassungsbeschränkt auf Hochschulebene und in NRW sogar nur über ein von der ZVS geregeltes Landeszulassungsverfahren studiert werden können, so werden in der Tabelle die Unterschiede in Praktikumslängen und Studienrichtungen deutlich. Als am häufigsten vertretene Studienrichtung findet sich die Erwachsenenbildung (32), gefolgt von der Studienrichtung Sozialarbeit/Sozialpädagogik (29).[6] Am dritthäufigsten vertreten ist die Schulpädagogik, die – nach vorläufigen Ergebnissen einer bundesweiten Verbleibsstudie – allerdings nur von einer Minderheit an Studierenden gewählt wird. Unter den Studierenden stark nachgefragt ist die Studienrichtung Sondererziehung/Rehabilitation (19 Standorte), die gerade an den größten Diplomstandorten Köln, Frankfurt, Dortmund angeboten wird (vgl. OTTO u.a. 2000). Hinzuweisen ist auf eine Vielzahl weitere unterschiedlicher Studienrichtungen, die jedoch zumeist nur an wenigen oder nur einer Hochschule studiert werden können (wie z.B. Freizeitpädagogik, Interkulturelle Pädagogik, Medienpädagogik) (vgl. auch HOCHSCHULREKTORENKONFERENZ 2001 und MARTIN 1994).

Praktika sind im Diplomstudiengang verpflichtend vorgeschriebene Bestandteile des Studiums (vgl. SCHULZE-KRÜDENER/HOMFELDT in Band 2 des Einführungskurses). Sieht die derzeitige Rahmenordnung ein zweimonatiges Praktikum im Grundstudium und ein sechsmonatiges im Hauptstudium vor, so finden sich demgegenüber Gesamtlängen der im Studium verpflichtend vorgeschriebenen Praktika zwischen 8 Wochen bis hin zu 11 Monaten. Aber: Es finden sich 2001 entsprechende Regelungen immerhin an 14 – bei etwas großzügiger Auslegung des Praxissemesters – sogar 19 der 39 Standorten mit grundständigem Angebot.[7]

Die Angebote eines Magisterstudiengangs mit erziehungswissenschaftlichem Hauptfach erweisen sich als noch heterogener. Ohne eigene erziehungswissenschaftliche Rahmenordnung finden sich Studiengänge mit einem Studienrichtungskonzept als auch Studiengänge, die ihren Schwerpunkt im Studium auf die Allgemeine Erziehungswissenschaft legen. Auch über die Verpflichtung zu Praktika und deren Länge liegen unterschiedlichste Regelungen vor.

Literatur

HOCHSCHULREKTORENKONFERENZ (Hrsg.): Studienangebote deutscher Hochschulen 2000/2001, Bad Honnef 2000.

KRÜGER, H.-H./WEISHAUPT, H.: Personal. In: OTTO u.a. (2000), S. 75-97.

MARTIN, L. R.: Diplom-Pädagoge/Diplom-Pädagogin und Magister der Erziehungswissenschaft, Blätter zur Berufskunde, herausgegeben von der Bundesanstalt für Arbeit, Bielefeld [7]1994.

OTTO, H.-U. u.a. (Hrsg.): Datenreport Erziehungswissenschaft, Opladen 2000.

RAUSCHENBACH, Th./ZÜCHNER, I.: Standorte und Studiengänge. In: OTTO u.a. (2000), S. 25-32.

SCHENK, B.: Geschlechterverhältnis. In: OTTO u.a. (2000), S. 99-116.

STATISTISCHES BUNDESAMT: Fachserie 11: Bildung und Kultur, Reihe 4.2: Prüfungen an Hochschulen 1999, Wiesbaden 2001.

STATISTISCHES BUNDESAMT: Fachserie 11, Bildung und Kultur Reihe 4.4. Personal an Hochschulen, Wiesbaden 2001.

WEISHAUPT, H./MERKENS, H.: Forschung und wissenschaftlicher Nachwuchs. In: OTTO u.a. (2000), S. 117-134.

WEISHAUPT, H./ZEDLER P.: Lehre und Prüfung. In: OTTO u.a. (2000), S. 135-144.

---

6 Überschneidungen zu Erwachsenbildung und Sozialarbeit/Sozialpädagogik finden sich z.B. in thematisch teilweise ähnlichen Studienrichtungen wie »Bildung/Bildungsmanagement« oder »Interkulturelle Pädagogik«

7 Ohne Wuppertal U; Kassel U/GH und Siegen U haben im i. D. -Studiengang ein Praxisjahr.

Verzeichnis der Autorinnen und Autoren

Brumlik, Micha, geb. 1947, Dr. phil., Professor am Institut für allgemeine Erziehungswissenschaft der Johann Wolfgang Goethe-Universität Frankfurt/Main mit dem Schwerpunkt »Theorie der Erziehung und Bildung«. Arbeitsschwerpunkte: Theorien der Sozialpädagogik, Ethik und Moralentwicklung, Familienerziehung.

Drewek, Peter, geb. 1950, Dr., Professor für Erziehungswissenschaft an der Universität Mannheim. Arbeitsschwerpunkte: Historisch-Vergleichende Bildungsforschung und Wissenschaftsgeschichte der Erziehungswissenschaft.

Gogolin, Ingrid, geb. 1950, Dr., Professorin am Institut für Schulpädagogik an der Universität Hamburg. Vorsitzende der Deutschen Gesellschaft für Erziehungswissenschaft. Arbeitsschwerpunkte: Erziehungswissenschaftliche Migrationsforschung, Interkulturelle Bildung, Mehrsprachigkeit und international vergleichende Bildungsforschung.

Horn, Klaus-Peter, geb. 1960, Dr. phil., Dipl.-Pädagoge, wissenschaftlicher Assistent an der Humboldt-Universität zu Berlin; zur Zeit Vertretung der Professur für Allgemeine Erziehungswissenschaft mit dem Schwerpunkt Sozialgeschichte der Erziehung an der Universität Dortmund. Arbeitsschwerpunkte: Theorie, Geschichte und Empirie pädagogischen und erziehungswissenschaftlichen Wissens.

Kade, Jochen, geb. 1943, Dr., Professor für Erziehungswissenschaften an der Universität Frankfurt/Main. Arbeitsschwerpunkte: Theorie der Erwachsenenbildung/Weiterbildung, Umgang mit Wissen und Pädagogik der Medien.

Kauder, Peter, geb.1960, M.A., wiss. Angestellter an der Universität Dortmund. Arbeitsschwerpunkte: Systematische und historische Pädagogik, Philosophiedidaktik und Wissenschaftsforschung der Erziehungswissenschaft.

König, Eckhard, geb. 1944, Dr. phil. habil., Professor im Fachbereich Erziehungswissenschaften an der Universität Paderborn. Arbeitsschwerpunkte: Grundlagenforschung, Organisationsberatung und Weiterbildung.

Lenzen, Dieter, geb. 1947, Dr., Professor für Philosophie der Erziehung und erster Vizepräsident an der Freien Universität Berlin. Arbeitsschwerpunkte: Systemtheorie/-forschung, Schulforschung und erziehungswissenschaftliche Medienforschung.

Lüders, Christian, geb. 1953, Dr. phil., Leiter der Abteilung »Jugend und Jugendhilfe« am Deutschen Jugendinstitut (DJI) in München, Arbeitsschwerpunkte: Kinder- und Jugendhilfe, qualitative Sozialforschung, Theorie der Sozialpädagogik, Kriminalitätsprävention.

Nolda, Sigrid, Dr. phil., Professorin für Erwachsenenbildung am Institut für Sozialpädagogik, Erwachsenenbildung und Pädagogik der Frühen Kindheit (ISEP) der Universität Dortmund. Arbeitsschwerpunkte: Diskurs-, Interaktions- und Wissensforschung.

Otto, Hans-Uwe, geb. 1940, Dr. Dr. hc., Honorarprofessor an der University of Pennsylvania (USA), Professor der Fakultät für Pädagogik (AG Sozialarbeit/Sozialpädagogik) an der Universität Bielefeld. Vorsitzender des wissenschaftlichen Beirats am Zentrum für Schulforschung und Fragen der Lehrerbildung an der Universität Halle-Wittenberg. Arbeitsschwerpunkte: Professionalisierungstheorie, soziale Dienstleistung und Theorie der Jugendhilfe.

Rauschenbach, Thomas, geb. 1952, Dr. rer. soc., Professor für Sozialpädagogik der Universität Dortmund. Arbeitsschwerpunkte: Soziale Dienste und soziale Organisationen, Arbeitsmarkt- und Berufsforschung in Non-Profit-Organisationen, Ehrenamt und Freiwilligendienste, Sozialberichterstattung der Kinder- und Jugendhilfe, Theorie der Sozialen Arbeit.

Rolff, Hans-Günter, geb. 1939, Dr. rer. pol., Professor für Bildungsforschung und Leiter des Instituts für Schulentwicklungsforschung an der Universität Dortmund. Arbeitsschwerpunkte: Schulentwicklung, Internationale und nationale Vergleiche von Schulleistungen.

Sünker, Heinz, geb. 1948, Dr. phil., Professor für Sozialpädagogik an der Universität-Gesamthochschule Wuppertal. Arbeitsschwerpunkte: Theorie und Geschichte Sozialer Arbeit, Kindheit/Jugend/Jugendhilfe und Bildungsforschung.

Tenorth, Heinz- Elmar, geb.1944, Dr., Professor und Vizepräsident für Lehre und Studium an der Humboldt-Universität Berlin. Arbeitsschwerpunkte: Historische Bildungsforschung.

Timmermann, Dieter, geb. 1943, Dr. rer. pol., Rektor der Universität Bielefeld. Arbeitsschwerpunkte: Effizienz im Bildungswesen, Bildungs- und Beschäftigungssystem, Bildungsfinanzierung.

Tippelt, Rudolf, geb. 1951, Dr., Professor und geschäftsführender Direktor am Institut für Pädagogik an der Universität München. Arbeitsschwerpunkte: Bildungsforschung, Erwachsenen- und Weiterbildung, Allgemeine Pädagogik.

Vogel, Peter, geb. 1947, Dr., Professor für Allgemeine Pädagogik an der Universität Dortmund. Arbeitsschwerpunkte: Ideen- und Wissenschaftsgeschichte der Pädagogik, Pädagogik der Aufklärung, pädagogische und didaktische Probleme der Sekundarstufe II, Systematik pädagogischen Wissens.

Wulf, Christoph, geb 1944, Dr., Professor für Allgemeine und Vergleichende Erziehungswissenschaft an der Freien Universität Berlin. Arbeitsschwerpunkte: Pädagogische und Historische Anthropologie, Interkulturelles Lernen und Ritualforschung.

Züchner, Ivo, geb. 1971, Dipl.-Pädagoge, wiss. Mitarbeiter am Institut für Sozialpädagogik, Erwachsenenbildung und Pädagogik der frühen Kindheit der Universität Dortmund. Arbeitsschwerpunkte: Entwicklung sozialer Dienste im internationalen Vergleich, Arbeitsmarkt und Ausbildung für soziale Berufe, theoretische Grundfragen der Sozialen Arbeit.